Karrieren im Nationalsozialismus

Gerhard Hirschfeld, Dr. phil., ist Direktor der Bibliothek für Zeitgeschichte und Professor am Historischen Institut der Universität Stuttgart. *Tobias Jersak*, Ph. D., ist wissenschaftlicher Mitarbeiter an der Universität Münster.

Gerhard Hirschfeld, Tobias Jersak (Hg.)

Karrieren im Nationalsozialismus

Funktionseliten zwischen Mitwirkung und Distanz

Campus Verlag
Frankfurt/New York

Bibliografische Information der Deutschen Bibliothek

Die Deutsche Bibliothek verzeichnet diese Publikation in der Deutschen Nationalbibliografie.
Detaillierte bibliografische Daten sind im Internet über http://dnb.ddb.de abrufbar.
ISBN 978-3-593-37156-6

Copyright © 2004 Campus Verlag GmbH, Frankfurt/Main
Umschlaggestaltung: Atelier Warminski, Büdingen
Gedruckt auf säurefreiem und chlorfrei gebleichtem Papier.
Printed in Germany

Besuchen Sie uns im Internet: www.campus.de

Inhalt

III. Offiziere

IV. Wissenschaftler

Einleitung

Gerhard Hirschfeld

Seit einigen Jahren macht in der Geschichtsschreibung über den Nationalsozialismus ein neues Wort von sich reden: *Täterforschung*. Hinter diesem eher unspezifischen juristisch-historischen Begriff verbirgt sich die Suche von Historikern nach jenen Personen und Gruppen, die entweder direkt oder aber indirekt an den schlimmsten Untaten des NS-Regimes beteiligt waren. Der bemerkenswerte Anklang, den das Wort von der Täterforschung unter den Historikern inzwischen gefunden hat, dürfte vor allem darin zu suchen sein, daß es höchst unterschiedliche, teilweise sich sogar widersprechende Herangehensweisen und Interpretationen zu verbinden, ja zu harmonisieren scheint. „Hitlers willige Vollstrecker" (Daniel Goldhagen), die eine ganze Nation als Täterkollektiv erscheinen ließen, oder Christopher Brownings Studie über die „ganz normalen Männer", die als dienstverpflichtete Polizeibeamte auch jüdische Frauen, Kinder und greise Menschen nicht verschonten, lassen sich diesem Begriff ebenso unterordnen, wie Michael Wildts beeindruckende Darstellung des sich überwiegend aus dem akademischen Bürgertum rekrutierenden Führungskorps des Reichssicherheitshauptamts, dessen Angehörige sich als „Generation des Unbedingten" empfunden haben mochten. Ob „Täterforschung" tatsächlich die erhoffte Wende zum „Konkreten" darstellt, indem das Wort bereits die historische Verbindung jener Zeit zur eigenen Gegenwart aufscheinen läßt, wie der New Yorker Literatur- und Kulturwissenschaftler Bernd Hüppauf in einem Essay vermutet, wird sich indes noch erweisen müssen. Nicht nur historiographisch scheint es zudem angebracht, auch den Begriff des Täters – jenseits der zweifelsfreien juristischen Verantwortlichkeit – noch einmal zu überdenken. Der Blick auf das „Fußvolk der Endlösung" (Gerhard Paul) sollte insbesondere nicht die Verantwortung der hinter dem Regime stehenden Funktionsträger in Staat und Verwaltung, in Wehrmacht, Wirtschaft und Gesellschaft negieren. Es sind mehrheitlich diese Personen und ihre Institutionen, deren Rolle und Bedeutung in diesem Band beleuchtet werden.

Eine der Fragestellungen, die sich gleichsam wie ein roter Faden durch die nachfolgenden Beiträge zieht, lautet: Welches waren die Gründe für die zunehmende Bereitschaft weiter Teile der so genannten Funktionseliten, die verbrecherischen Taten der Nationalsozialisten nicht nur zu billigen, sondern sich auch auf die eine oder andere Weise an der „Realisierung des Utopischen" (Hans Mommsen) zu beteiligen? Dabei geht es nicht allein um die Verfolgung und Vernichtung der deutschen und europäischen Juden – auch andere nationalsozialistische Verbrechen und deren Umfeld werden hier exemplarisch behandelt – jedoch steht der Zivilisationsbruch der Moderne, den der Holocaust darstellt, im Zentrum unserer Betrachtungen. Einmal mehr erweist er sich gleichsam als Lackmustest für das Verhalten der über Kompetenz und Verantwortung in Staat und Gesellschaft gebietenden Personen und Institutionen.

Eine wichtige Voraussetzung für die relative „Effizienz", mit der die soziale Ausgrenzung, die Entrechtung und schließlich die physische Vernichtung der Juden vonstatten ging, war zweifellos die Existenz von so genannten „Verfolgungsnetzwerken" (Wolfgang Seibel) in Deutschland wie in den von der Wehrmacht unterworfenen und besetzten Ländern Europas. Derartige Netzwerke formierten sich aus den neuen und alten Bürokratien, aus Polizei und Militär, aus der Wissenschaft aber ebenso häufig auch unter Beteiligung von Banken, Wirtschaftsunternehmen und Verbänden. Ihr hervorstechendes Merkmal war eine offen zutage tretende bürokratische und institutionelle Arbeitsteilung bei den anti-jüdischen Verfolgungsmaßnahmen.

Doch ebenso entscheidend war das betont professionelle „Mittun" von Angehörigen dieser „Funktionseliten" und ihre häufig von Nützlichkeitserwägungen und Zweckorientierungen bestimmten Verhaltensweisen. Nicht selten offenbarte sich bei ihnen eine gewisse Zwiespältigkeit des Verhaltens wie der vorgetragenen Begründungen. Nicht wenige dieser Funktionsträger betonten im privaten Umgang eine persönliche Distanz zum NS-Regime und seinen Protagonisten, insbesondere gegenüber der Person Hitlers. Gleichwohl sahen diese Beamten, Militärs, Wissenschaftler und Unternehmer keinen oder nur einen geringen Widerspruch darin, durch ihr Engagement und die schiere Professionalität ihres Handelns das Regime und seine verbrecherische Politik zu stützen – oder sogar zu befördern.

Einige Historiker haben für dieses widersprüchliche Verhalten den Begriff der Ambivalenz verwendet. Der Begriff entstammt ursprünglich der psychoanalytischen Betrachtung: Sigmund Freud sprach von Gefühlsambivalenzen, wenn er die Zerrissenheit und Widersprüchlichkeit einer Persönlichkeit analysierte. Bei unserer Einladung an die Autoren dieses Bandes haben wir die Angehörigen der Funktionseliten mit einer zugespitzten Formulierung als „ambivalente Funktionäre" des Dritten Reiches bezeichnet und vorgeschlagen, den Begriff der Ambivalenz als einen möglichen Interpretationsansatz aufzugreifen. Nahezu alle Beiträger haben dies getan, zugleich jedoch erwies sich die Formel von der vermeintlichen oder tatsächlichen Ambivalenz wesentlich komplexer als erwartet. Zweifellos lassen sich bei der Mehrzahl der im folgenden behandelten Funktionsträger politische und gesellschaftliche Unvereinbarkeiten und häufig genug auch Widersprüche in den Biographien konstatieren, dennoch stellt sich die Frage, ob die Feststellung dieser Ambivalenzen nicht auch auf einem schiefen oder vielleicht sogar beschönigenden Bild von der nationalsozialistischen Realität beruht. Für *Ulrich Herbert* entlarvt sich sogar die „Vokabel von den ambivalenten Funktionären als ein falscher Gegensatz". Die Mehrzahl der NS-Funktionäre waren weder ideologisierte Exzesstäter noch skrupellose Massenmörder, wie sich dies die deutsche Nachkriegsgesellschaft lange Zeit über beruhigend eingeredet hat. Stattdessen wurden die Untaten und Verbrechen des Regimes überwiegend von Menschen angeordnet und ausgeführt, denen gelegentliche Zweifel an ihrem Tun und mitunter sogar der partielle Dissens zur Staatsführung keineswegs fremd waren.

Dies ist ein höchst irritierender Befund, der allerdings durch die meisten der nachfolgenden Fallstudien bestätigt wird. Er gilt besonders für die Angehörigen der alten wie der neuen Bürokratien, die mit dem vom NS-Staat begangenen „Verwaltungsmassenmord" (Hannah Arendt), der arbeitsteilig vollzogenen Vernichtung der Juden, befaßt waren. Angesichts des hierbei unter Beweis gestellten institutionellen und individuellen Handelns verwischen sich auch die Unterschiede von Normen- und Maßnahmenstaat (Ernst Fraenkel): Beide Bereiche staatlichen Handelns entwickelten, wie *Frank Bajohr* in seinem Beitrag erhellend aufzeigt, ein „erstaunliches Maß an Konsens und Kooperation". Das gewählte Beispiel der „Arisierung" jüdischen Vermögens illustriert zudem anschaulich, wie sich neben den eigentlichen Zuständigkeiten der Finanzbürokratien ein „substrukturelles Beziehungsgeflecht" aus Kameraderien und Seilschaften ausbreitete, das vor allem, aber keineswegs ausschließlich, die persönlichen Interessen von Funktionären und regionalen wie lokalen Machtträgern bediente. Das so entstehende „Interessenkartell der Arisierung" mit dem sich ausbreitenden Nährboden für private Korruption wirkte zugleich in hohem Maße gesellschaftlich integrierend, indem es Täter und Nutznießer der Judenenteignung miteinander verband. In welchem Maße sich die Protagonisten des Normenstaates an einer quasi legalen „Ausplünderung per Formular" der deutschen Juden beteiligten, schildert *Alfons Kenkmann* am Beispiel eines höheren westfälischen Finanzbeamten und Leiters der „Dienststelle für die Einziehung von [jüdischen] Vermögenswerten". Die Segmentierung des Verfolgungsgeschehens und dessen Umsetzung in gleichsam erprobte, routinisierte Verwaltungsabläufe gestattete es diesem wie anderen gehorsamen Beamten, sich auf einen vorgeblich moralfreien „Effektivitätsstandpunkt" (Eberhard Kolb) zurückzuziehen und dabei sogar ein subjektiv gutes Gewissen zu pflegen. Für moralische Skrupel oder gar Ambivalenzen bot eine solche Denk- und Handlungsweise hingegen kaum einen öffentlichen Raum.

Dies trifft erst recht auf die Angehörigen der vom Nationalsozialismus neu geschaffenen bürokratischen Institutionen zu, die sich etwa dem von Himmler und Heydrich geführten SS-Komplex zuordnen lassen – darunter auch jene 500 zumeist akademisch ausgebildeten Experten des Rasse- und Siedlungshauptamts der SS, denen unter anderem die ethnische Neuordnung des besetzten Europa oblag. Bei diesen „Sozialingenieuren" handelte es sich beinahe ausnahmslos, wie *Isabel Heinemann* dies eindringlich darlegt, um ideologisch hoch motivierte und professionell geschulte „konsequente Rassisten, die von der Richtigkeit ihrer weltanschaulichen Mission überzeugt waren". Ebenso wie zahlreichen in die Untaten des Regimes involvierten Beamten aus den traditionellen Verwaltungen gelang es auch den meisten SS-Rasseexperten, ihre berufliche bzw. wissenschaftliche Karrieren nach dem Krieg ohne große Schwierigkeiten fortzusetzen.

Ein ausgeprägtes ambivalentes Verhalten läßt sich am ehesten noch, so lautet ein Ergebnis dieser Beiträge, bei jenen Persönlichkeiten feststellen, die sich als widerständisch gegenüber den verbrecherischen Absichten des NS-Regimes erwiesen haben, zumal wenn sie jüdisches Leben retteten. Zu diesen Judenrettern zählte auch der deutsche Industrielle Berthold Beitz, dem seine kriegswirtschaftlichen Interessen und geschäftlichen Ambitionen in Ostgalizien eine Basis boten, zahlreiche jüdische Menschen vor dem sicheren Tod zu retten („Rettung durch Arbeit"). Ausschlaggebend für die Rettungstaten des Ehepaares Beitz waren, wie *Thomas Sandkühler* dies anschaulich dokumentiert, weniger idealistische Motive als jene „situativen Momente", wie sie die inzwischen alltägliche Konfrontation mit dem Massenmord mit sich brachte. Wie notwendig und bedeutsam zugleich institutionelle Handlungsspielräume waren, um Menschen vor der Vernichtung zu bewahren, zeigt der Fall des aus Osnabrück stammenden Rechtsanwaltes Hans Georg Calmeyer, der als Leiter einer Dienststelle für „Judenangelegenheiten" im Reichskommissariat Niederlande in Fällen „unklarer rassischer Abstammung" zu entscheiden hatte, und hierbei etwa dreitausend niederländische und deutsche Juden vor der Deportation „nach dem Osten" bewahrt hat. Begünstigt wurde dies allerdings in hohem Maße, wie *Geraldien von Frijtag Drabbe Künzel* in ihrem

Beitrag darlegt, von der komplizierten Organisationsstruktur der deutschen Besatzung sowie durch Calmeyers „außergewöhnlicher Beherrschung des Spiels vom Geben und Nehmen". Die sich zwangsläufig hierbei einstellenden Widersprüche und Zugeständnisse, auch an Menschenleben, waren der schreckliche Preis, den Judenretter wie der Jurist Calmeyer zu entrichten hatten. Als eine durch und durch ambivalente Persönlichkeit mag schließlich der mit der Anlieferung sowie dem Einsatz von Zyklon-B befaßte SS-Offizier Kurt Gerstein gelten, der als Augenzeuge ausländische Diplomaten und deutsche Kirchenmänner über die Umstände der Judenvernichtung in den Todeslagern informierte. Gerstein scheiterte, wie *Tobias Jersak* feststellt, im doppelten Sinne: Sein religiös motiviertes widerständisches Handeln blieb folgenlos, der bei ihm anzutreffende ausgeprägte „Hang zur Selbstinszenierung hinterläßt große Fragezeichen".

Bezeichnenderweise lassen sich ähnliche Verhaltensweisen, wie sie bei Teilen der deutschen Funktionseliten anzutreffen sind, auch bei den nicht-deutschen, mit der Besatzungsmacht kollaborierenden Bürokraten in Westeuropa feststellen. *Peter Romijn* schildert am Beispiel des niederländischen Generalsekretärs K. J. Frederiks das Scheitern des Versuchs, die Interessen eines besetzten Landes mit jenen einer zunehmend radikaler auftretenden Okkupationsmacht zu vereinbaren. Am Ende standen die führenden niederländischen Beamten, wie auch ihre Kollegen in Vichy-Frankreich, vor dem Scherbenhaufen ihrer professionellen und gesellschaftlichen Aspirationen. Schlimmer noch: Die „Logik staatlicher Kollaboration" – so das deprimierende Fazit von *Marc Olivier Baruch* über das Verhalten der französischen Beamtenschaft – schuf mit die Voraussetzungen für ihre „überaus gründliche und effiziente Teilnahme" an den antijüdischen Maßnahmen und Vernichtungsaktionen der Deutschen.

Die von den Historikern nachgewiesene Verstrickung zahlreicher hoher und höchster deutscher Militärs in eine ideologisch motivierte Kriegführung, vor allem in Osteuropa und auf dem Balkan, hat die nach Kriegsende jahrzehntelang gepflegte Legende von den „unpolitischen" Soldaten inzwischen endgültig widerlegt. Angesichts einer weitgehenden Übereinstimmung zwischen den militärischen Führern und dem NS-Regime hinsichtlich der Ziele wie der Anlage eines solchen Krieges boten weder eine wertkonservativ-bürgerliche Einstellung noch die reservierte oder sogar distanzierte Haltung gegenüber dem obersten Kriegsherrn eine Gewähr, gegen eine Beteiligung an Kriegsverbrechen und Gewalttaten gegenüber den Zivilbevölkerungen der unterworfenen Länder gefeit zu sein. Die skizzierten Ambivalenzen in den Persönlichkeiten der hier vorgestellten Generäle bzw. Feldmarschälle Erich von Manstein (*Oliver von Wrochem*), Albert Kessel-

ring (*Kerstin von Lingen*) und Georg von Küchler (*Johannes Hürter*) erweisen
sich, bei allen Unterschieden, einmal mehr als die Widersprüche der die politischen und militärischen Verhältnisse prägenden utilitaristischen und professionellen Denk- und Handlungsweisen dieser Militärs. Dies gilt auch für den konservativen Generalstabschef Franz Halder, dessen sukzessive „Selbstpreisgabe", so sein
Biograph *Christian Hartmann*, schließlich zu weitgehenden politischen wie moralischen Konzessionen gegenüber Hitler und dem Nationalsozialismus führte.

Was für die Betrachtung und Beurteilung der Militärs gilt, trifft erst recht auf
jene deutschen Wissenschaftler zu, die sich dem NS-Regime durch ihre Forschungsarbeiten, etwa im Bereich der Rasse- und Siedlungspolitik, als dienstbar
erwiesen. Nur wenige von ihnen stellten sich nach dem Ende der Diktatur selbst-
kritisch die Frage, ob und gegebenenfalls in welchem Maße sie mit ihren Fähigkeiten zugleich die inhumanen und verbrecherischen Ziele und Methoden des untergegangenen Systems gefördert hatten. Stattdessen zogen sich die meisten Naturwissenschaftler, wie *Carola Sachse* dies am Beispiel von Forschern der Kaiser-
Wilhelm- (später Max-Planck-)Gesellschaft ausführt, auf die Position einer wissenschaftlichen Arbeitsteilung und die grundsätzliche „politische Nichtverantwortung für das Schicksal der Menschen, über die sie gutachteten oder deren Körperteile sie verwendeten", zurück. Einer ganz besonderen Rechtfertigung bediente sich nach Kriegsende der ehemalige Leiter der Rassenhygienischen Forschungsstelle im Reichsgesundheitsamt, Robert Ritter, der seine rassen- und kriminalbiologischen Arbeiten und selbst die institutionelle Mitwirkung bei der Verfolgung der Sinti und Roma als Alternative zur mörderischen Zigeunerpolitik der
SS und vor allem Heinrich Himmlers verteidigte. Die Argumentation Ritters, der
persönlich sogar die Nähe zur Bekennenden Kirche (!) suchte und der stets in einem distanzierten Verhältnis zur NSDAP stand, illustriert die Selbststilisierung
wie die Selbsttäuschung eines „willentlich wie wissentlich" an den Verbrechen
des Regimes beteiligten Wissenschaftlers. Unter der von ihm gewählten Maxime,
es gelte „das Schlimmste zu verhüten", trug dieser „Politikberater" – so das Fazit
von *Michael Zimmermann* – jedoch entscheidend zur „Ingangsetzung dieses
Schlimmsten" bei.

Der abschließende Beitrag von *Christoph Cornelißen* beschäftigt sich mit
Ambivalenzen im Wirken eines nationalkonservativen Historikers, der nach 1945
zu einem der prominentesten Repräsentanten der bundesrepublikanischen Geschichtswissenschaft wurde und dessen Deutungen der jüngsten Vergangenheit
vor allem innerhalb des deutschen Bürgertums auf erheblichen Zuspruch stießen.
Gerhard Ritter gehörte dem 1938 gegründeten Freiburger Kreis an, einem konser-

vativ-christlichen Widerstandszirkel, der mit Denkschriften zur „wahren Volksgemeinschaft" gegen die nationalsozialistische Diktatur focht – andererseits trug er im Rahmen des „Kriegseinsatzes der Wissenschaft" durch seine Vorträge an der Heimat- wie an der kämpfenden Front erkennbar zur Legitimation und Stabilisierung eben dieser Diktatur bei. Die hierbei auftretenden Widersprüche lassen sich als eine Folge der durch den Krieg veränderten politischen wie militärischen „Rahmenbedingungen" bestimmen, zugleich aber wurzeln sie – so *Cornelißen* – in einem durch die Erfahrungen des Ersten Weltkriegs geprägten geschichts- wie geisteswissenschaftlichen Denken, das zudem zahlreiche „autoritäre Schnittflächen" mit der NS-Ideologie aufweist.

Unsere Suche nach den „ambivalenten Funktionären" des NS-Staates hat Bemerkenswertes zu Tage gefördert. Die alten und neuen Bürokratien des Dritten Reiches erwiesen sich sehr viel weniger von Widersprüchen gekennzeichnet als ursprünglich angenommen. Angesichts der Arbeitsteiligkeit des Verwaltungshandelns und einer stark reduzierten persönlichen Verantwortung des Einzelnen wurden auch die großen Verbrechen des Regimes von den Angehörigen der staatlichen Ämter und Verwaltungen bereitwillig mitgetragen. Von handlungsrelevanter Widersprüchlichkeit zeigten sich vor allem jene Personengruppen und Persönlichkeiten, deren Loyalitäten unterschiedlichen Institutionen oder Traditionen galten: dies traf auf die mit der deutschen Besatzungsmacht kollaborierenden, dabei zu weitestgehenden Konzessionen bereiten Beamten in Frankreich und den Niederlanden ebenso zu wie auf manche konservativen Wehrmachtsoffiziere und Wissenschaftler, deren in der Regel partielle Einlassung auf das Regime und dessen Ziele und Methoden bekanntlich aus sehr unterschiedlichen Motiven (Pflicht, Gehorsam, Karrieredenken, Opportunismus, etc.) erfolgte. Als ausgesprochen ambivalent – wie könnte es auch anders sein – stellt sich vor allem das Verhalten der vergleichsweise wenigen gegenüber dem Regime widerständisch gesinnten und agierenden Menschen dar. Und dennoch bleiben Fragen: Wie stark müssen Zweifel und Widersprüche sein, um Opposition und Widerstand hervorzurufen? Welche alltäglichen Situationen provozieren Verweigerung, welche Einverständnis? Warum bleiben die widerständischen Lager in diesem Staat derart schwach? Eine – erst noch zu schreibende – Gesellschaftsgeschichte des Nationalsozialismus wird auch hierauf Antworten geben müssen.

Den ersten Anstoß zu diesem Buch lieferte ein internationales Symposium, das sich mit der Rolle von Funktionseliten im NS-System befaßte. Es fand vom 8. bis 10. November 2001 in Osnabrück statt; Ausrichter waren die Stuttgarter Bibliothek für Zeitgeschichte und die Volkshochschule Osnabrück. Ermöglicht wurde die wissenschaftliche Fachtagung ebenso wie die sie umrahmenden öffentlichen Vorträge und Diskussionen durch die großzügige Förderung der Stiftung Niedersachsen und die liebenswürdige Gastfreundschaft der Stadt Osnabrück. Besonderen Anteil am Zustandekommen des Symposiums hatten der engagierte „Kulturbürgermeister" der Stadt Osnabrück, Reinhard Slivka, sowie der stellvertretende Leiter der Volkshochschule Osnabrück, Dr. Carl-Heinrich Bösling, dem auch die praktische Organisation der Veranstaltungen vor Ort oblag. Ihnen allen gilt unser herzlicher Dank. Ich danke ferner meiner Mitarbeiterin Susanne Frank M.A. für ihre Unterstützung bei der Redaktion des Bandes. Besonderen Dank aber schulden die Herausgeber den Autoren für die Überlassung ihrer Beiträge sowie nicht zuletzt auch für ihre Geduld angesichts der bei einer Drucklegung mitunter unausweichlichen Verzögerungen.

Wer waren die Nationalsozialisten?

Typologien des politischen Verhaltens im NS-Staat

Ulrich Herbert

Ludwig Losacker, Jg. 1906, Sohn eines Kaufmanns und Fabrikbesitzers, studierte nach ersten Berufserfahrungen in der väterlichen Firma in Heidelberg Jura und Volkswirtschaft. Sein Studium schloß er 1933 mit der Promotion zum Dr. iur. ab.[1] In Heidelberg fand er Kontakt zur völkischen Studentenbewegung, nahm an dem „Kampf gegen den jüdischen Universitätsprofessor Gumbel" teil und wurde schließlich Mitglied der NS-Studentengruppe. Im Juni 1933 schloß er sich der SS an. Nach Abschluß der Referendarzeit trat er 1934 als Regierungsassessor bei der Polizeidirektion Baden-Baden in den Staatsdienst ein; im Januar 1936 ging er kurzzeitig als Ministerialreferent in das Reichministerium des Inneren. Anschließend absolvierte er ein Betriebspraktikum bei den IG-Farben; im Dezember 1938 trat er als Syndikus in die Firma Wanderer ein und ließ sich in Chemnitz als Rechtsanwalt nieder. Zugleich wurde er Mitarbeiter des SD. Bei Kriegsbeginn ging er wieder in den Staatsdienst und wurde vom Reichsminister des Innern als Landkommissar in den Ort Jaslo im Distrikt Krakau geschickt, wo er kurze Zeit später zum Kreishauptmann, vergleichbar einem Landrat, ernannt wurde. Bereits im Januar 1941 übernahm er die Position des Amtschefs in Lublin, im August des Jahres die gleiche Funktion in Lemberg. Im Januar 1943 wurde er Leiter der Hauptabteilung Innere Verwaltung des Distrikts Krakau, im Juli 1943 kommissarischer Gouverneur ebendort. Losacker galt als fähiger Jurist und energischer Verwaltungsmann. Mit der Korruption und Mißwirtschaft unter seinem Vorgänger Dr. Lasch räumte er in Lemberg rasch auf. Wie der Historiker Thomas Sandkühler in seiner Untersuchung des Holocaust in Lemberg herausarbeitet, baute Losacker in kurzer Zeit rund 45% der aufgeblähten deutschen Beamtenschaft wegen charakterlicher und fachlicher Mängel ab. Er setzte sich scharf gegen Korruption ein, was ihm durch seine Funktion innerhalb des SD erleichtert wurde. Zugleich aber war Losacker mit der Politik Hitlers in der Kirchenfrage durchaus nicht einverstanden. Dieser Dissens ging so weit, daß Losacker sogar versuchte, Hitler persönlich von der Verfehltheit seiner antikirchlichen, in Sonderheit antikatholi-

schen, Politik zu überzeugen, wenn auch vergeblich. Losacker setzte sich zudem
mehrfach für die polnische Bevölkerung seines Gebietes ein; so protestierte er
heftig gegen die Zamosc-Aktion, als seit Ende 1942 die polnischen Bewohner aus
300 Dörfern aus dem für deutsche Ansiedlung vorgesehenen Gebiet zwangseva-
kuiert wurden, wobei Tausende den Tod fanden. Auch wegen der Erschießung von
polnischen Gutsbesitzern und eines polnischen Arztes gegen den Willen Losak-
kers kam es zu heftigen Auseinandersetzungen mit dem Höheren SS- und Polizeiführer. Mitte Oktober 1943 wurde Losacker deshalb seiner Ämter enthoben und
zur Waffen-SS geschickt. Der gleiche Dr. Losacker aber wird übereinstimmend
von Dieter Pohl und Thomas Sandkühler als einer der Hauptverantwortlichen für
die Ingangsetzung und Durchführung der Ermordung der Juden im Distrikt Lemberg geschildert. Losacker setzte sich besonders engagiert für eine Koordination
zur Vereinheitlichung und Effektivierung der „Endlösung" ein, die dann mit der
Aktion Reinhard auch in die Wirklichkeit umgesetzt wurde.

Nach dem Kriege wurde Losacker Hauptgeschäftsführer der Arbeitgeberver-
bände der deutschen chemischen Industrie und zugleich Bundesarbeitsrichter.
1960 bis zu seiner Pensionierung im Jahre 1971 leitete er als Direktor das renommierte Deutsche Industrieinstitut in Köln. Zugleich organisierte er den „Freundes-
kreis der ehemaligen GG-Beamten", der zum Beispiel das Studium des Sohnes
von Hans Frank finanzierte, und trat in fast allen NS-Prozessen, die das Generalgouvernement betrafen, als Entlastungszeuge auf. Ludwig Losacker starb 1994.

Von Biographien wie dieser werden wir hier häufiger hören. Führende Funktionäre der nationalsozialistischen Diktatur, in die Politik des NS-Regimes und
seine Verbrechen, vor allem in den Judenmord, tief verstrickt – aber offenbar keine perversen Fanatiker, keine „Hundertprozentigen" ohne Bildung und Reflexi-
onsvermögen; sondern Männer mit erstklassiger Ausbildung und aus guter Familie, die sich von den tradierten Vorstellungen von dem, was ein Nazi gewesen sei,
erheblich unterscheiden. Es waren Männer, die in der Bundesrepublik teilweise
herausragende Karrieren machten und dabei – soweit wir das übersehen können –
als loyale Staatsbürger der Bundesrepublik agierten. Wir finden sie in den Besat-
zungsverwaltungen und im Reichssicherheitshauptamt (RSHA) ebenso wie in den
Ministerien und Sonderverwaltungen, in der Wissenschaft und im Militär. Das
Bild von dem, was und wer ein Nationalsozialist war, gerät offenbar ins Wanken.

Die Frage, wer die Nationalsozialisten waren, ist die Frage nach dem Charakter der Diktatur. Sie offenbart die politische Botschaft, die mit dem Bezug auf
diese Diktatur verbunden wird. Zudem bietet die Frage aber auch ein nützliches
Kriterium bei der Untersuchung nicht nur der NS-Diktatur selbst, sondern auch

der historiographischen Beschäftigung mit ihr. Im Folgenden soll daher zunächst untersucht werden, welche Entwicklung die Beschäftigung mit dieser Frage nach 1945 genommen hat, wie sie jeweils beantwortet wurde und warum. Im zweiten Schritt wird dann versucht, den Ort des Nationalsozialismus innerhalb der deutschen Rechten in Weimar zu bestimmen, um dann die politischen Karriereprofile während der NS-Zeit näher zu betrachten. Abschließend soll die Problematik der hier besprochenen Ambivalenz näher betrachtet werden.

Vom Asozialen zum Professor

„In den ersten Tagen", so notierten die Berichterstatter des amerikanischen Geheimdienstes OSS über die Frühphase der Besatzungszeit in Deutschland, „konnte man keinen einzigen Nazi in Deutschland finden ... Die Frage, ob er Parteianhänger gewesen sei, wird ein Deutscher immer verneinen. Gleichzeitig wird er aber einen Nachbarn nennen, auf den dies zutrifft."[2]

Die Schwierigkeiten der Amerikaner bei dem Versuch, herauszufinden, wer die Nationalsozialisten gewesen seien, hielten an. Zwei Denkschulen bildeten sich dabei heraus, die für die amerikanische Besatzungspolitik von einigem Einfluß waren. Auf der einen Seite die Vorstellung, der Nationalsozialismus sei vor allem auf ein Zusammengehen der traditionellen Eliten mit dem Führungskern der NS-Bewegung zurückzuführen. Auf dieser Analyse, die gerade im OSS viele Anhänger hatte, basierten die Nürnberger Prozesse, insbesondere die sogenannten Nachfolgeprozesse gegen Ärzte, Generäle, Industrielle und andere traditionelle Führungsgruppen der deutschen Gesellschaft, die mit den NS-Verbrechen in Verbindung gebracht wurden, sowie die Verfahren gegen Einsatzgruppenführer, Rassespezialisten und andere Funktionsträger des Regimes.[3]

Auf der anderen Seite stand die Vorstellung, die Grundlage des NS-Regimes und seiner Verbrechen habe in der Massenbasis der Diktatur gelegen, in der Unterstützung des Regimes und seiner Kriegs- und Rassepolitik in erheblichen Teilen der Bevölkerung und in den bei den Deutschen besonders ausgeprägt zu beobachtenden Affinitäten zu autoritärem, antiliberalem, militaristischem und nationalistischem Gedankengut. Aus dieser Denkschule erwuchs das Programm der politischen Überprüfung *aller* Deutschen in den Westzonen, die Entnazifizierung. Dieses ehrgeizige Projekt – nämlich eine Gesellschaft von mehr als 50 Millionen Einwohnern individuell im Hinblick auf ihre politischen Aktivitäten während der NS-Herrschaft zu untersuchen und gegebenenfalls zu bestrafen – gilt als geschei-

tert, weil der Versuch schon angesichts des schieren Umfangs der Aufgabe auf
halbem Wege stecken blieb, so daß die vorgezogenen „leichten" Fälle zwar erle-
digt wurden, die zurückgestellten Fälle der Schwer- und Schwerstbelasteten aber
nicht mehr zur Verhandlung kamen. Dies hatte zur Folge, daß ausgerechnet zahlreiche besonders stark belastete NS-Funktionäre im Zuge des Kalten Krieges einer allgemeinen de facto Amnestie unterlagen und weitgehend unbehelligt blieben.[4]

Die Kritik in Westdeutschland an der Praxis der Entnazifizierung war mittlerweile so stark, daß es zu einer auffälligen Solidarisierung der sogenannten Leicht-
belasteten mit den Schwerbelasteten kam. Wenn alle Nazis gewesen sein sollen,
war es keiner – so die verbreitete Überzeugung. Der Begriff des NS-Regimes und
der Nationalsozialisten beschränkte sich in der Folge im öffentlichen Gebrauch
auf die kleine Gruppe von Funktionären um Hitler – meist Goebbels, Göring, Bormann, Himmler, Heydrich. Das spiegelte sich auch in der sich etablierenden
Rechtsprechung, wo eine der geschichtsinterpretierenden Grundannahmen die
Rede von den „nationalsozialistischen Haupttätern" war, womit die eben genannten sechs Personen gemeint waren, während für nahezu alle anderen die Kategorie
des „Gehilfen" zur Verfügung stand.[5]

Zudem waren auch die im Gefolge des Nürnberger Hauptkriegsverbrecherprozesses eingeleiteten Verfahren gegen die deutschen Eliten im Zuge des sich verän-
dernden politischen Gesamtklimas bereits 1948 abgebrochen worden. Die dort
verurteilten Industriellen, Ärzte, Generäle wurden bald freigelassen, was in Westdeutschland wie eine Bestätigung ihrer Unschuld und eine Widerlegung der hinter
ihrer Verurteilung stehenden Vermutung über die Rolle der Eliten im NS-Staat angesehen wurde. Im Gefolge dessen wurden selbst die wegen schwerster Verbrechen Verurteilten, wie die Einsatzgruppenkommandeure, die Zehntausende von
Juden in der Sowjetunion hatten ermorden lassen, nun überwiegend als unschuldig angesehen. Eine Kampagne für ihre Freilassung stieß auf breite Unterstützung
bei allen Bundestagsfraktionen außer der KPD und zeigte sehr weitgehenden Erfolg. Es gelang für eine Weile sogar, den Begriff „Kriegsverbrecher" in der westdeutschen Öffentlichkeit durch die Neuschöpfung „Kriegsverurteilte" zu ersetzen
und mit den „Kriegsgefangenen" gleichzusetzen.

Auf diese Weise entstand in Deutschland in den 1950er Jahren ein sehr ei-
gentümliches Bild von „den Nationalsozialisten". Die Verbrechen des NS-Regimes und der Nationalsozialismus wurden anonymisiert – Täter wie Opfer blieben namenlos. Es ist offenkundig, daß das damit einhergehende Geschichtsbild
von der NS-Diktatur diese Anonymität der Träger des Regimes noch verstärkte.

Betrachtet man die ersten Versuche von Gesamtdarstellungen des Dritten Reiches, so sind die dort agierenden Nationalsozialisten bis auf die genannten Haupttäter und ihr enges Umfeld anonym; mit Namen genannt werden hingegen diejenigen, die zu den Opfern, zum Widerstand, zu den geistigen Gegnern des Regimes zählten.

Zwei Redeweisen begannen sich nun durchzusetzen: Auf der einen Seite die von den Nationalsozialisten als verführten Idealisten, die Gutes im Sinn gehabt, aber zu spät gemerkt hätten, mit wem sie sich dort eingelassen hatten. Solches war ja in vielen Fällen gewiß nicht falsch, diente hier aber vor allem zur Einebnung von Verantwortung und Funktionsdifferenzen, nicht zuletzt, weil die Legitimationsfigur der „Verführung" und des Idealismus nun verständlicherweise vor allem von jenen gebraucht wurde, die solcher Legitimation in besonderer Weise bedurften.

Auf der anderen Seite kam zur gleichen Zeit das Bild von den Nationalsozialisten als Verbrechertypen und sozialen Außenseitern auf. Konrad Adenauer etwa, dessen Widerwille gegen das NS-Regime nie in Frage stand, bemerkte über die in den Nürnberger Verfahren Verurteilten im September 1952 im Bundestag, zweifellos seien die meisten von ihnen völlig unschuldig. Allerdings müsse man zugeben, daß unter ihnen auch „ein kleiner Prozentsatz von absolut asozialen Elementen" existiere, der „wirkliche Verbrechen" begangen habe.[6] Damit wurden die NS-Verbrechen vollends aus der deutschen Gesellschaft exmittiert. Der übergroßen Masse von verführten Idealisten, die nach 1945 nun das „Recht auf politischen Irrtum" für sich reklamierten, stand die kleine Gruppe von sadistischen Asozialen gegenüber, die offenkundig für die nicht mehr zu bestreitenden Verbrechen während der NS-Zeit verantwortlich waren. Als Prototyp des asozialen Nazi-Verbrechers setzte sich im Gedächtnis ausgerechnet eine Frau durch: Ilse Koch, die Frau des KZ-Kommandanten Karl Otto Koch, die als „Hexe von Buchenwald" beschrieben, mit grausigen Details wie den berüchtigten Lampenschirmen aus Menschenhaut belastet und nach einem Sensationsprozeß zu lebenslänglicher Haftstrafe verurteilt wurde, die sie in Aichach bis zu ihrem Selbstmord absaß. Ilse Koch war nach allem, was wir wissen, eine niederträchtige Person, aber sie hat niemanden ermordet, und die Geschichte mit den Lampenschirmen entpuppt sich bei näherem Hinsehen als eine Entlastungsphantasie des Publikums. Aber niemand war offenbar so gut geeignet wie sie, das sich etablierende Klischee vom sadistischen Nazi zu erfüllen, das sich von nun an verbreitete und in Teilbeständen bis heute existiert. Neben Ilse Koch wirkten die promovierten Einsatzgruppenführer, die schneidigen SS-Ärzte oder gar ein distinguierter Herr wie Dr. Losacker als Verkörperung von Seriosität und Gediegenheit. [7]

Nun kann man dies gewiß als eine spezifisch bürgerliche Form der Abstoßung von Verantwortung und der Einsicht in den Charakter der nationalsozialistischen Verbrechen sehen. Aber diese Konstellation wirkte darüber hinaus. Selbst für Menschen, deren Ablehnung und Verabscheuung des NS-Regimes außer Frage stand, war die Verbindung zwischen den als abnorm und jeder Erfahrung fern wahrgenommenen NS-Verbrechen und dem als einstigen Gestapo-Stellenleiter enttarnten Kollegen oder Nachbarn nicht zu ziehen, weil die Ruchlosigkeit der Verbrechen und die Wohlanständigkeit des Nachbarn oder Kollegen nicht zueinander in Beziehung gebracht werden konnten.

Die Einsicht in den hier zum Ausdruck kommenden Charakter des NS-Regimes und seiner Verbrechen hätte im Grunde die Infragestellung oder gar Selbstaufgabe der bürgerlichen Gesellschaft in Deutschland bedeuten müssen. Die Etablierung einer bürgerlichen Republik auf demokratischer Grundlage war in Deutschland daher zunächst vermutlich nur auf der Grundlage einer perzeptiven Verwandlung des NS-Regimes möglich. Dies jedoch hätte eine Scheidung zwischen eigener Erfahrungswelt, als deren Kennzeichen Normalität und Kontinuität galten, und den NS-Massenverbrechen notwendig gemacht, jenen Verbrechen, deren Existenz man nicht öffentlich bezweifelte, die aber doch als erfahrungsfern und als Produkt einer anderen Erinnerung, nämlich derjenigen der Sieger, apostrophiert wurden.

Diese Konzeptionalisierung der Vorstellung von den Nationalsozialisten wurde auf eigentümliche Weise bestärkt, als Anfang der 1960er Jahre mit den Angeklagten in den ersten NS-Verfahren in Westdeutschland sowie dem Jerusalemer Eichmann-Prozeß nun unzweifelhafte NS-Verbrecher auftraten – die aber das Adenauersche Verdikt von den marginalisierten Asozialen zu bestätigen schienen. Denn im Frankfurter Auschwitz-Prozeß sah man schäbige, spießige Kleinbürgergestalten, deren Antriebe wiederum nicht politischer Natur, sondern eher Ausdruck pathologischer und sadistischer Veranlagungen gewesen zu sein schienen. [8] Aber auch Eichmann in Jerusalem schien das zu bestätigen – eine subalterne Bürokratennatur ohne jegliches Format, aber auch ohne politische und ideologische Motive. Der Judenmord, so schien es, war von Asozialen und Sadisten bewerkstelligt worden – und eben dies entsprach der seit den späten 1940er Jahren eingeübten Wahrnehmung. [9]

Der Weg über die Untersuchung der Protagonisten, so schienen diese Wahrnehmungen auch den Historikern zu signalisieren, führte bei der Analyse der NS-

Diktatur offenkundig nicht weiter. Das Interesse der sich in den 1960er und 1970er Jahren etablierenden neuen strukturgeschichtlichen Richtung der NS-Forschung bezog sich denn auch eher auf die Mechanismen der Herrschaft, auf soziale und wirtschaftliche Interessen, auf die Funktionsweise der Diktatur. Die dabei erreichten Erkenntnisse waren erheblich und weitreichend – das Personal der Diktatur aber blieb weitgehend außerhalb der Forschung; während die nach wie vor unentwegt erscheinenden Autobiographien und Biographien von und über Nazigrößen ein beschönigendes und vollständig verzerrtes Bild der Diktatur und ihrer Rolle darin entwarfen – ein Bild, dessen Plausibilität jedoch rasch abnahm, als diese Bücher schließlich in den Kleinanzeigen-Seiten der Nationalzeitung ihren Platz fanden.[10]

In den 1970er und 1980er Jahren aber hat die sozialgeschichtliche NS-Forschung schließlich einige Untersuchungen über Sozialstruktur und Milieuzugehörigkeit der Nationalsozialisten vorgelegt; so die Bücher von Peter Merkl, Reinhard Mann oder Mathilde Jamin.[11] Diese im einzelnen sehr nützlichen Studien zeigten Anhänger und „Kämpfer" des Nationalsozialismus in den Weimarer und frühen Diktatur-Jahren: Gescheiterte und Marginalisierte, Fanatiker und nie zivilisierte Soldaten, Abenteurer und Absteiger – „zwischen den Klassen", wie Jamin den sozialen Ort der frühen Nazis treffend beschrieb. Mit etwas Distanz wird aber deutlich, daß diese Studien auf der Suche nach den Nationalsozialisten nur fanden, was sie zuvor schon kannten: als Nationalsozialisten wurden diejenigen gefaßt, die schon *vor* 1933 als solche auftraten: Parteimitglieder, SA-Leute, Funktionäre. Zudem ergaben sich deutliche Unterschiede zwischen den frühen Anhängern und Mitgliedern der Hitlerbewegung und ihren Wählern seit 1930. Denn diese repräsentierten die deutsche Bevölkerung fast in ihrer sozialen Breite, und die frühe Überzeugung, wonach unter den Hitler-Wählern die verarmenden Mittelschichten, die sozialen Absteiger, das Lumpenproletariat gar überwogen, erwies sich als falsch.[12]

Vor allem aber tritt bei erneuter Betrachtung der sozialgeschichtlichen Arbeiten über die Frühen Nazis hervor, daß ja nicht der Nationalsozialismus der SA-Männer und Kneipenschläger, der hier untersucht wurde, die Welt erschütterte - sondern der Nationalsozialismus des Holocaust, des Vernichtungskriegs, der grausamen Partisanenverfolgungen, der Ausbeutung fast ganz Europas – und an diesem Nationalsozialismus, das sei vorweggenommen, waren die SA-Schläger und Alten Kämpfer nur noch am Rande beteiligt.

Das historiographische Problem, das sich hier zeigte, rührte aber vor allem daher, daß bis in die späten 1970er Jahre in Deutschland – und übrigens auch in

anderen Ländern – über die deutsche Vernichtungs- und Besatzungspolitik nur
wenige empirische Studien vorlagen, und nahezu keine, die sich mit einzelnen
Regionen unter deutscher Besatzung und dem deutschen Personal auseinandersetzten. So war auch über die tatsächlichen Protagonisten von Völkermord und
Besatzungsterror bei den Historikern nur wenig bekannt – anders als bei den deutschen Staatsanwälten, die sich mühsam in die Verhältnisse im Baltikum oder Galizien, in Majdanek und Sobibor einzuarbeiten versuchten, und dazu fast keine
historische Fachliteratur fanden.[13] Erst in den frühen 1980er Jahren setzten die
Forschungen hierzu in verstärktem Maße ein – nicht wenige davon auf der Basis
der staatsanwaltlichen Ermittlungen der 1960er und 1970er Jahre. Hier entstanden nun allmählich größere empirische Arbeiten über die Praxis von Besatzung
und Völkermord – Christian Streits bei Werner Conze geschriebene Arbeit über
den Tod von drei Millionen sowjetischer Kriegsgefangenen, Falk Pingels Buch
über die Konzentrationslager, die große Reihe „Das Deutsche Reich und der
Zweite Weltkrieg" des Militärgeschichtlichen Forschungsamts; es folgten die Arbeiten von Götz Aly, Michael Zimmermann, Hans Walter Schmuhl, Rolf-Dieter
Müller, schließlich die Studien von Christian Gerlach, Thomas Sandkühler, Karin
Orth, Dieter Pohl, Frank Bajohr und vielen anderen.[14]

Hier wurden unsere konkreten Kenntnisse über die deutsche Besatzungs- und
Vernichtungspolitik während des Zweiten Weltkrieges vervielfacht – und nun kamen mit einem Male auch die Protagonisten dieser Politik ins Blickfeld: Die Generäle und Offiziere der Wehrmacht etwa, die für die Hungerstrategie gegenüber
den Kriegsgefangenen und der sowjetischen Zivilbevölkerung verantwortlich waren; die Staatssekretäre und Ministerialbeamten, welche diese Strategien vor dem
Beginn des Krieges gegen die UdSSR geplant hatten; die deutschen Beamten und
Funktionäre, die in Polen und Rußland die Umsiedlungen der einheimischen Bevölkerung organisierten, um für die deutschen Ansiedler Platz zu machen; die jungen Kommandeure von Polizei- und Einsatzgruppeneinheiten, die im Baltikum
oder in Weißrußland hinter der Front die jüdische Bevölkerung massakrierten; die
Betriebsleiter, die die Arbeitskraft der KZ-Häftlinge in unterirdischen Produkti-
onsanlagen ausbeuteten; die deutschen Wissenschaftler – Historiker und Sprach-
wissenschaftler, Volkskundler und Ostforscher –, die dem Regime zuarbeiteten:
die einen nur ideell, die anderen ganz praktisch durch die Entwicklung von Volks-
tumskarten zur Eindeutschung von Regionen, durch bevölkerungswissenschaftli-
che Berechnungen über die Grenzen der Ernährungsmöglichkeiten der indigenen
Bevölkerungen und vieles andere; die Ärzte, die das „unwerte Leben" diagnosti-
zierten und es zur „Euthanasie", also zum Tod durch Vergasen freigaben; die Ras-

sekundler, die zigeunerische Sippen ausfindig machten und zur Deportation vor-
schlugen. Aber auch die vielen Deutschen, die an der Beraubung der Juden ver-
dienten – etwa durch Übernahme der jüdischen Betriebe und Wohnungen. Mit einem Mal also waren die Bücher der Historiker voll mit Namen der Funktionsträger des Regimes, und ein Bild von „den Nationalsozialisten" wurde sichtbar, das
mit den subalternen SA-Schlägern und Adenauers „Asozialen" kaum noch etwas
gemein hatte.

Statt gescheiterter Randexistenzen traten nun Arrivierte aus der Mitte und der
Spitze der Gesellschaft ins Bild. Und ein näherer Blick auf ihre Biographien verriet, daß auch die Annahmen über politische Karrieren von NS-Spitzenfunktionä-
ren und Verantwortlichen für Deportation und Völkermord ganz offenbar unzutreffend waren. Nur wenige „alte Kämpfer" waren darunter; schon weil die Zahl
der jungen und sehr jungen Männer unter den Spitzenfunktionären des Regimes
vor allem in den besetzten Ländern so hoch war. Beileibe nicht alle gehörten der
NSDAP an; viele waren zudem relativ spät, meist nach 1931 oder gar erst nach
der Machtübernahme in die Partei eingetreten. Ihre politische Sozialisation hatten
diese Männer in sehr verschiedenen Gruppen und Milieus erfahren, häufig kamen
sie aus den Freikorps, viele entstammten den unzähligen nationalen Bünden und
Vereinen, vaterländischen Verbänden oder nationalen studentischen Verbindungen, erst ab den 1930er Jahren dominierte der Nationalsozialistische Studenten-
bund. Viele von ihnen sind vom Herkommen eher den Deutschnationalen, den
soldatischen Nationalisten oder gar den Konservativen zuzurechnen; vereinzelt
finden sich darunter auch einstige Liberale und Demokraten.[15]

Ein gleiches trifft auf die Wissenschaftler zu. Zwar gibt es auch hier direkte
Karrieren, die aus der Partei in führende Stellungen an Universitäten und Instituten führten. Aber ein großer Teil derjenigen, die als Ärzte, Naturwissenschaftler
oder Geisteswissenschaftler die Politik des Regimes in zugespitzter Weise trugen,
scheint der NS-Bewegung eher spät oder gar nicht nahegestanden zu haben. Sie
entstammten der klassischen oberen Mittelschicht der Beamten und Selbständi-
gen, waren national erzogen worden, hatten eine gute Ausbildung hinter und noch
bessere Karrierechancen vor sich.[16]

Die Häufigkeit solcher Befunde hat zunächst dazu geführt, Faktoren wie Kar-
rierismus und Opportunismus, Technokratentum oder Beamtenmentalität ins Feld
zu führen. Solche Faktoren spielen natürlich immer eine Rolle, und in Diktaturen,
die politische Anpassung extensiv belohnen, um so mehr. Nur hätten viele von
diesen NS-Funktionären glänzende Karrieren auch außerhalb des engeren Staats-
und Terrorapparats gemacht; um einen Lehrstuhl zu besetzen, war es nicht nötig,

eigens Vertreibungspläne zu entwerfen oder kriminelle Sippen ausfindig zu machen. Die erneuten Versuche, auch diese Funktionäre in Spitzenstellungen des NS-Regimes auf ihre Rolle als nur angepaßte Funktionierer ohne eigene Überzeugung zu reduzieren, wie wir sie in den 1980er und 1990er Jahren immer wieder einmal feststellen können, stand in deutlichem Widerspruch zu dem nachhaltigen, insistierenden Vorgehen, das wir hier allenthalben finden.

Die Arbeiten über „Judenstämmlinge und ererbtes Verbrechertum", die Studien über das historische Anrecht der Deutschen auf den Osten oder die Selektion auszumerzender Irrer sind ebenso wie die zahlreichen Experten und Gutachten über die Grundlagen einer deutschen Bevölkerungspolitik nicht entstanden, weil das NS-Regime das so wollte, sondern das NS-Regime ermöglichte den Wissenschaftlern das, was sie seit langem tun wollten und taten, nun umso intensiver und frei von humanistischen oder liberalen Einwänden und Beschränkungen zu tun. Eben das aber wurde nach 1945 zur generalisierenden Apologie: Man habe, was man tat, ja auch vorher schon getan; ergo könne es nicht nationalsozialistisch gewesen sein. Ein gleiches gilt übrigens für viele sogenannte Praktiker, etwa Ingenieure oder Bauleiter oder Betriebsführer, die sich nach dem Kriege im Stile Speers als unpolitische Technokraten stilisierten, naiv und ohne große politische Kenntnisse. Solche Einwände rekurrieren implizit immer wieder auf das verbreitete Bild von dem, was ein Nationalsozialist „eigentlich" gewesen sei.

Je genauer man also hinzuschauen begann, desto klarer wurde sichtbar, daß das seit Kriegsende entwickelte Bild von den Nationalsozialisten offenbar unzutreffend war: Unter den führenden Protagonisten der Rassen- und Kriegspolitik des Regimes waren besonders viele junge und sehr gut ausgebildete Männer, deren Entwicklung und Eigenschaften in Widerspruch zu dem standen, was man sich gemeinhin unter einem Nazi vorstellte: Sie waren jünger, besser ausgebildet, beruflich erfolgreicher und persönlich weniger konform als vermutet. Vor allem aber war ihr politischer Werdegang weitaus weniger einheitlich: Ein Teil von ihnen war schon vor 1933 zur NS-Bewegung gestoßen, ein anderer Teil aber hatte vor 1933 andere politische Richtungen im rechten Umfeld bevorzugt. Wenn das zutrifft, dann ist es nötig, die an den Verhältnissen vor 1933 gewonnenen Definitionskriterien, wer ein Nationalsozialist gewesen sei, zu überprüfen.

Die deutsche Rechte in der Weimarer Republik

Das Bild von der deutschen Rechten in Weimar, das wir im überwiegenden Teil der Literatur finden – auch hier gibt es Ausnahmen, aber nicht viele –, trennt sehr scharf zwischen verschiedenen Gruppierungen und Richtungen. Die Konservative Revolution als Gruppierung aristokratisch-revolutionärer nationalistischer Denker; die Deutschnationalen und der Stahlhelm; die ästhetisierenden soldatischen Nationalisten; die völkischen Schwärmer; die Traditionskonservativen mit vielfältigen Verästelungen; die zwischen Republik und Diktatur oszillierenden Leute vom Jungdeutschen Orden – und von all diesen Gruppen separiert: Hitler und die Nationalsozialisten.

Bei dem Versuch, Klarheit über diese verwirrende Vielfalt zu gewinnen, ist es nützlich, die sich neu formierende politische Rechte der Frühphase der Weimarer Republik grob in zwei Gruppen unterteilen, die allerdings auf eine spezifische und noch zu erläuternde Weise miteinander verknüpft waren: Auf der einen Seite die *Traditionsrechte*, herkommend aus Nationalen, Konservativen und Alldeutschen des Wilhelminismus – durch den Ersten Weltkrieg, mehr noch durch Niederlage, Revolution, Republikgründung und durch Versailles radikalisiert, aber in vielem auch von anachronistischer Gestalt und Gesinnung, in welcher die verwehte Herrlichkeit des Reiches unter Bismarck und Wilhelm II nach wie vor die politische Vorstellungswelt bestimmte. Parteipolitisch hatte sie sich nach dem November 1918 in drei Richtungen neu gruppiert: in die DNVP, die DVP und die sogenannten Vaterländischen Organisationen. Hier bereits waren die Grenzen zur Neuen Rechten fließend.[17]

Diese *Neue Rechte* hingegen bestand vor allem aus einer nahezu nicht überschaubaren Zahl von völkischen Gruppierungen, Bünden und Parteien, Resten versprengter Freikorps, Teilen der bündischen Jugendbewegung. Diese Welt der rechtsradikalen Bünde und völkischen Verbände war jedoch kein festgefügtes Lager, sondern eher ein Milieu, ein fiebriger Dauerzustand aus Kundgebungen und Geheimtreffen, Verbandsneugründungen und -auflösungen, gekennzeichnet eher durch Stimmungen und Personen als durch Programme und Parteien. Die weit überwiegende Zahl der Mitglieder oder derer, die sich diesen Gruppen zugehörig fühlten, war jung oder sehr jung. Viele von ihnen waren noch in der letzten Kriegsphase Soldat geworden, so etwa die Angehörigen der Jahrgänge 1900 und 1901, und kämpften nach Kriegsende nun weiter gegen innere und äußere Feinde – gegen Spartakus und Ruhrarmee, gegen die Münchener Räterepublik, vor allem aber gegen die Polen an der östlichen Grenze des Reiches sowie gegen die franzö-

sische Besatzungsmacht im Ruhrgebiet und im Rheinland. Schon von hierher
rührte die Gewalttätigkeit als eines der kennzeichnenden Mittel der politischen
Auseinandersetzung, das man durch die gesamte Weimarer Zeit hindurch als prä-
gendes Merkmal verfolgen kann.

Beide Fraktionen des „nationalen Lagers", wie es vielfach zusammenfassend
betitelt wurde, waren aber, so sehr sie sich in bezug auf ihr Politikverständnis und
die Form ihres Auftretens auch unterschieden, miteinander auf vielfältige und bemerkenswerte Weise verknüpft. Statt in der Öffentlichkeit von Parteitagen unter
den Augen der Presse und der politischen Gegner über Sachfragen zu streiten,
entwickelte sich hier eine halböffentliche Struktur von Clubs und informellen Vereinen, die einerseits eine gewisse soziale und politische Exklusivität sicherstellte,
andererseits zahlreiche Querverbindungen zwischen Personen und Gruppierungen erlaubte, welche in der Öffentlichkeit gegeneinander standen, ohne daß dies
dem Publikum offenbar werden mußte. Diese neokonservative Ringbewegung erreichte die rechtsradikalen Intellektuellen im Umkreis von Möller van den Bruck,
Ernst Jünger oder Martin Spahn ebenso wie die Spitzen der Vaterländischen Verbände, der völkischen Zirkel, der studentischen Korporationen und Bünde, aber
auch die führenden Vertreter der alten Eliten, also der Reichswehr, der Verwaltung, der Großagrarier und der Industrie, sowie der rechten und konservativen
Parteien bis hinein in Zentrum und DVP.[18]

In dieser Form der Vergemeinschaftung spiegelte sich zum einen die Ablehnung parlamentarischer Strukturen und eines als der deutschen Tradition fremd
angesehenen Parteienwesens wider, zum anderen aber auch ein ausgeprägtes ari-
stokratisches Bedürfnis, ein Elitismus, der in denkbar scharfem Kontrast stand zu
den apostrophierten Zielen der „Volksgemeinschaft" und der „Überwindung der
Klassenschranken". Zugleich aber fand in diesen Zirkeln der neokonservativen
Ringbewegung eine intensive Diskussion über Ziele und Wege der nationalen Revolution statt, die freilich in ihren Grundstrukturen nach wie vor elitär gedacht
wurde.

In den ersten Wochen und Monaten nach dem Kriege war die radikale Rechte
in Deutschland zersplittert und demoralisiert, ideologisch und organisatorisch ungeordnet. Diese Position der Defensive begann sich jedoch bereits seit Anfang
1919 zu verändern. Grundlage dieser Entwicklung war vor allem die Wahrnehmung des Krieges und der unmittelbaren Nachkriegszeit in großen Teilen der Bevölkerung. Der Krieg hatte Deutschland nie direkt erreicht; die nationalen Energi-
en waren nicht verbraucht. Eine realitätsverleugnende Grundstimmung, eine radikale Widerstandspose kam deshalb schon in jenem vielzitierten Traumland der

Waffenstillstandsperiode auf, also zwischen November 1918 und Mai 1919. Als dann am 7. Mai 1919 die Friedensbedingungen der Alliierten übergeben wurden, konnten Erschrecken und Empörung in Deutschland nicht größer sein. Unternehmer- und Gewerkschaftsverbände erklärten gemeinsam, der Vertrag sei nichts anderes als das „Todesurteil für das deutsche Wirtschafts- und Volksleben"; seit Weltgedenken sei an keinem so großen, so arbeitsamen und gesitteten Volk ein solches Verbrechen verübt worden, wie es nun gegen Deutschland geplant sei.[19] „Unser Unglück ist ohne Grenzen, es ist nicht auszuschöpfen in der Zeit unseres Lebens", schrieb der nationalliberale Historiker Hermann Oncken. „Man wird vergeblich in der Geschichte seit Karl dem Großen nach einer Parallele zu einer gleichen Verknechtung des besiegten Volkes suchen".[20] Die Selbstversenkung der im britischen Stützpunkt Scapa Flow internierten deutschen Flotte am 21. Juni und eine Aktion von Berliner Studenten und Freikorpsangehörigen, die in das Berliner Zeughaus eindrangen und die im Kriege 1870/71 erbeuteten französischen Fahnen verbrannten, können als Belege gelten für jene Mischung aus Enttäuschung, ohnmächtiger Wut und Verweigerung, der durch die Niederlage geschaffenen Realität ins Auge zu sehen, die die Stimmung im Frühsommer 1919 prägte. „Es war vielleicht die verhängnisvollste Wirkung des Versailler Friedensvertrags", hat Martin Broszat dazu treffend formuliert, „daß er die fällige deutsche Selbstkritik an der wilhelminischen imperialistischen Vorkriegs- und Kriegspolitik nach 1919 weitgehend zuschüttete".[21]

Bereits während der öffentlichen Diskussionen um die Friedensbedingungen im Mai und Juni 1919 begann eine hemmungslose Agitation der Rechten gegen die Regierung und insbesondere gegen jene Kräfte, die als Promotoren und Drahtzieher der Unterzeichnung denunziert wurden. Die gemeinsame Stoßrichtung der nationalistischen Honoratioren um Helfferich, die Erzberger systematisch als Reichsverderber verleumdeten, und der rechtsradikalen Studenten in der Organisation Consul, die Matthias Erzberger ermordeten, verweist auf die Arbeitsteilung und die Kooperation in der „Großen Rechten", wie das intern vielfach gespaltene nationale Lager zeitgenössisch vielfach bezeichnet wurde.[22]

Die heroische Pose galt fortan als Ausweis eines edlen, idealistischen Patriotismus, verbunden mit einer dumpfen Prophezeiung der Rache. Es war kein Radikalnationalist, sondern der Präsident der Nationalversammlung, der Zentrumsabgeordnete und spätere Reichskanzler Konstantin Fehrenbach, der im Mai 1919 bei der Kundgebung in der Berliner Universität diese Perspektive gewiesen hatte: „Dieser Vertrag ist eine Verewigung des Krieges. Und jetzt wende ich mich an unsere Feinde, in einer Sprache, die auch sie verstehen, und sage: Memores estote, inimici, ex ossibus ultor (Seid eingedenk, ihr Feinde, aus den Gebeinen [der Gefallenen] wird ein Rächer entstehen). Auch in Zukunft werden deutsche Frauen Kinder gebären und diese Kinder werden die Sklavenketten zerbrechen und die Schmach abwaschen, die unserem deutschen Antlitz zugefügt werden soll."[23]

Die das hörten, waren vor allem Studenten, die Mehrheit von ihnen hatte den Krieg aktiv miterlebt, viele gehörten den Freikorps und Zeitfreiwilligen an, die der Regierung jetzt gegen Spartakus und Polen zur Seite standen. Die Erfahrungen dieser Studenten während der ersten Jahreshälfte 1919 ließen ihnen die Erlebnisse des Krieges und der Nachkriegszeit zu einem einheitlicheren und politisch formulierbaren Bild von der politischen Entwicklung und Lage des Reiches zusammenwachsen. Denn die bewaffneten Auseinandersetzungen während des „Spartakus-Aufstandes" im Januar 1919 in Berlin schienen die Voraussagen der Rechten einer unmittelbar drohenden bolschewistischen Revolution zu bestätigen. Diese hatten ebenso wie die Kämpfe an der Ostgrenze des Reiches zu Polen, an denen ebenfalls viele Studenten in den Freikorps als Zeitfreiwillige teilnahmen, die Besetzung der Rheinlande durch die Westalliierten und schließlich vor allem die Friedensbedingungen von Versailles eine forcierte Politisierung und Radikalisierung unter den Studenten zur Folge, als deren wesentliche Kennzeichen zunehmende Distanz zur neuen Republik und ihren Regierungen, die deutliche Absetzung vom „Patriotismus" alter Prägung, der sich im November 1918 als offensichtlich überholt und politisch untauglich erwiesen hatte, und die Anknüpfung an die völkische Jugendbewegung der Vorkriegszeit erkennbar sind.[24]

Nicht die Prophezeiungen der Liberalen und Linken hatten sich für sie bestätigt – Menschenrechte, Demokratie, Internationalismus –, sondern jene der radikalen Rechten: Die wirtschaftliche Versklavung Deutschlands, die Abtrennung von Gebieten mit mehr als drei Millionen Deutschen vom Deutschen Reich, die Nichtaufnahme in den Völkerbund, die Absage an die selbst aufgestellten Prinzipien der Selbstbestimmung bei unterbundenen oder nicht wirksamen Volksabstimmungen im Osten und Südosten bewirkten eine tiefgreifende Abkehr vom Westen nicht nur bei der alten, sondern vor allem bei der neuen, jungen Rechten in Deutschland.

Die erst im Vertrag von Versailles einem Großteil der Bevölkerung schockartig zu Bewußtsein gekommene Niederlage hatte zudem in den Augen auch solcher, die den radikalen Rechten zuvor fern gestanden hatten, deren Hauptaussagen eine gleichsam empirische Validität verliehen. Erst *dies* kennzeichnet den tiefgreifenden Unterschied der deutschen gegenüber der Entwicklung in den Staaten des Westens, wo die ja gleichfalls vorhandenen rechtsextremen Potentiale eben nicht durch die Erfahrung der Niederlage und des Zusammenbruchs ihre umfassende Aufwertung und Bestätigung erhielten. Denn durch die Ereignisse der Nachkriegsjahre, die im Mythos von der Versailler Versklavung ihre Zusammenfassung fand, schienen sich aus dieser Sicht eben nicht die Kategorien von Menschenrechten und Demokratie, wie sie noch von dem amerikanischen Präsidenten Wilson verkündet worden waren, zu bestätigen, sondern die Aussagen der nationalistischen Rechten.

Auf der Basis dieser Erfahrungen und ihrer politischen Interpretation und auf den tradierten und sich allmählich konsolidierenden Vorstellungen der Rechten seit den 1890er Jahren gründend, baute sich nun vor allem in der jungen Generation des deutschen Bürgertums ein Gegenmodell zur liberalen Welt von 1789 und 1848 auf, die bereits als offensichtlich gescheitert und durch den Versailler Vertrag auch als diskreditiert angesehen wurde. Dieses Gegenmodell, das auf Volk und Rasse statt auf die Rechte und die Würde des Individuums, auf politische Biologie, Antisemitismus und territoriale Expansion statt auf Toleranz, Internationalismus und konsensualen Interessenausgleich abhob, bot eine weltanschauliche Grundlage, die nicht nur die jüngsten historischen Entwicklungen zu erklären imstande schien, sondern auch tendenziell alle Probleme und Irritationen der modernen Welt auf ein dahinterstehendes Grundmuster zurückzuführen versprach.

Im Mittelpunkt des politischen Denkens der Neuen Rechten der 1920er Jahre stand der Begriff des „Volkes". Entscheidend für die Zugehörigkeit zum deutschen Volk war in Aneignung der nun gemachten Erfahrungen nicht eine subjektive Kategorie, nämlich deutsch „zu empfinden", sondern eine objektive: Abstammung, Geschichte und Kultur. Waren „Geschichte und Kultur" dabei als nationalkulturelle Faktoren zu verstehen, bedeutete „deutsche Abstammung" die Bejahung des Volks-Begriffs als einer biologischen Kategorie und, wie sich im Rahmen der sich zuspitzenden Kontroversen bald zeigte, des rassenbiologischen Prinzips.[25]

Seit dem Sommer 1919 war angesichts der deutschen Gebietsabtretungen, wie sie als Ergebnis des Krieges in den Bedingungen von Versailles festgeschrieben waren, die aktuell-politische Bedeutung einer solchen Hervorhebung des „Volks"-Begriffs offensichtlich: Da erstens Staaten und mithin auch Staatsangehörigkeit offenbar etwas Unstetes, politischen Wechselfällen Ausgesetztes verkörperten und da „Nation" an den bestehenden Nationalstaat geknüpft war, ließ die Betonung des „Volkes" als handlungsleitende Kategorie die Zusammengehörigkeit der Deutschen jenseits der als willkürlich erachteten Versailler Grenzen und ungeachtet der Staatsangehörigkeit in den Vordergrund treten. Zweitens stellte die Berufung auf das „Volk" in dem Maße, in dem es als eine politischen Zugriffen und Veränderungen entzogene Kategorie begriffen wurde – als gegebene „organische" Einheit, nicht als Willensverband –, das Willkürliche, nachgerade Widernatürliche der innen- und außenpolitischen Lage Deutschlands seit Kriegsende heraus. „Volk" eignete sich insofern wie kein zweiter Begriff als ideologische Plattform des Kampfes gegen „Versailles" und die „November-Republik"; zumal dies mit einer deutlich zum „Mutterland" tendierenden Bewegung bei den deutschen Minderheiten in den mitteleuropäischen Nachbarstaaten korrespondierte.

Drittens bestand die praktische Konsequenz aus diesem „organischen" Volksbegriff in der Ablehnung des Staatsbürgerbegriffs; denn da das Staatsangehörigkeitsprinzip zwischen Staat und Volkszugehörigkeit unterschied und somit etwa die Gebietsabtretungen des Versailler Vertrages stützte, wurde dem „formalen" Prinzip der Verbundenheit durch gemeinsame Staatsangehörigkeit das „organische" und als höherwertig, weil „naturgegeben" angesehene Prinzip der untrennbaren Verbundenheit durch gemeinsame Abstammung entgegengehalten. Demnach waren zum einen alle Menschen mit nicht-deutscher Staatsangehörigkeit, aber deutscher „Abstammung" zum deutschen Volk zu zählen, somit auch alle „volksdeutschen" Minderheiten in Mittel- und Osteuropa und natürlich die deutschsprachigen Österreicher und Südtiroler. Auf der anderen Seite waren aber jene deutschen Staatsbürger, die nicht „deutscher Abstammung" waren, als nicht zum deutschen Volke gehörig zu betrachten. Da aber die einzige quantitativ erhebliche Gruppe von Reichsbürgern „nichtdeutscher Abstammung" aus dieser Perspektive die Juden waren, lag es in der Logik dieser Argumentation, sich politisch in besonderer Weise gegen die deutschen Juden zu wenden.

Hier wird deutlich, wie sich der neue Nationalismus auf vielfältige und neue Erfahrungen gründend mit dem Gedankengut der alten Rechten verband – und je näher man hinschaut, desto mehr verwischen sich die Differenzen. Der sich etablierende neue Antisemitismus war je nach Klassenlage und Kulturstufe wild und schreierisch – oder indigniert und „wissenschaftlich": Jedenfalls war er Teil der Identitätsmerkmale des nationalen Lagers, wenngleich er in der Bevölkerung bei weitem nicht eine so herausragende, dynamisierende Bedeutung besaß wie bei der aktivistischen Rechten.

Nur ein Jahr nach Kriegsende und Revolution war die deutsche Rechte wieder in der Offensive. Vor allem der Mythos von Versailles steht hier symbolisch für die Rekonstituierung der nationalistischen Rechten, der es gelang, die innenpolitischen Gegner mit der Schmach der Niederlage zu belegen und zu delegitimieren. Die unmittelbare Schlußfolgerung der Rechten aus dieser Entwicklung bestand in dem Versuch der schnellen Lösung: über den Kapp-Putsch 1920 oder den Hitler-Putsch 1923 sofort wieder an die Macht zu kommen. Das erwies sich als ein Fiasko, weil die Rechte organisatorisch zersplittert, politisch noch nicht vereinheitlicht und sozial noch ohne feste Grundlage dastand, und es bedurfte eines zweiten Anlaufes zehn Jahre später, um unter gewandelten Bedingungen dieses Ziel zu erreichen. Als längerfristig folgenreich erwies sich jedoch, daß die Ereignisse der Nachkriegsjahre den ideologischen Grundpositionen der radikalen Rechten im deutschen Bürgertum und zumal in der bürgerlichen Jugend eine tiefgreifende Legitimation verliehen, die verbunden war mit der bereits frühzeitig formulierten Aufforderung, diese Schmach, dieses „größte Unrecht, das je einem Volk angetan" worden sei, dereinst zu rächen.

Integraler Nationalsozialismus

Wie sich die radikalen Nationalisten in den verschiedenen Organisationen und Bünden zur aufsteigenden Hitler-Partei stellten, wurde schon vor den ersten Erfolgen der NSDAP 1929/30 vielfach erörtert, zumal sich der Aufstieg der Hitler-Bewegung in den Universitäten bereits seit längerem angekündigt hatte. Aber erst seit den Septemberwahlen 1930, die den Nationalsozialisten einen Erdrutschsieg bescherten, stand diese Frage im Mittelpunkt.

Für viele Konservative und Deutschnationale war die Hitler-Partei im Grunde kein akzeptabler Partner – aber nicht so sehr wegen ihrer Programmatik, die ja in nahezu allen Punkten mit den gängigen Positionen der radikalen Rechten übereinstimmte: Abschaffung des Parlamentarismus, Aufbau einer wie immer gearteten autoritären Regierungsform, Zerschlagung der Arbeiterbewegung und ihrer Organisationen, Revanche für die Niederlage des Ersten Weltkrieges, Aussonderung der kranken, schwachen, delinquenten Teile des Volkes und antijüdische Gesetze – so etwa könnte man den Konsens der Rechten zu dieser Zeit grob umreißen.

Gegen eine Unterstützung der NSDAP sprach vielmehr die rohe „Ungeistigkeit" der Partei und ihrer Führer, vor allem aber ihre auf Mehrheiten und Massenunterstützung ausgerichtete Taktik. Andererseits war die schlichte Ignorierung der Nationalsozialisten angesichts ihrer wachsenden Bedeutung ebenfalls nicht möglich. Edgar Jung brachte diese widersprüchliche Haltung kurz vor der NS-Machtübernahme beispielhaft zum Ausdruck. Der Rückgriff auf die Massen, so schrieb er, könne nur Mittel zur Machtgewinnung, nicht Ziel der nationalen Erhebung sein. Die Nationalsozialisten seien daher nur das „Referat Volksbewegung" innerhalb des nationalen Lagers. Der Nationalsozialismus verkörpere „unsere Volksbewegung", und die Organisation der Massen sei ein unumgängliches Zugeständnis an den einzig möglichen Weg zur Machtergreifung. Es sei daher Aufgabe und Verpflichtung der nationalistischen Intellektuellen, in dieser Bewegung prägend zu wirken. Jung sah hier die Hitler-Partei als Erbe oder Produkt des Kampfes der gesamten Rechten und erinnerte dabei explizit an die Freikorps, die Rheinlandbewegung, den Juni-Club, die akademischen Zirkel.[26] Nicht zurückzustehen, sondern das Positive im Nationalsozialismus aufzunehmen und der Bewegung den eigenen Stempel aufzudrücken – solche Vorstellungen waren unter den jungen radikal-nationalistischen Intellektuellen dieser Zeit durchaus verbreitet. Und nicht nur dort: Daß die Nazis zwar eine grob ungeistige Bewegung seien, aber doch bestes junges deutsches Volkstum, war auch die Überzeugung vieler deutscher Professoren aus der älteren Generation.

Daß die Nazis selbst Ausdruck der Masse, der Straße, waren, die man so sehr verachtete, war common sense im deutschen Konservatismus. Und doch schien nur so ein Ausweg aus den Verschlingungen der Moderne möglich, um die technische Moderne zu akzeptieren, deren zivilisatorische Auswirkungen aber abstreifen zu können. Auch in der Wehrmacht waren die Bedenken gegen die Nazis nicht gering, aber mit keiner anderen Bewegung war das Prinzip der Wehrfreiheit wieder zu erlangen, die Schmach von 1918 zu tilgen und der Großmachtstatus Deutschlands wiederherzustellen.

Dabei ist der Topos des Erwachens, der Wiederauferstehung Deutschlands mehr als ein reiner Propaganda-Topos. In ihm vermittelte sich vielmehr das Bild des Alptraums, der Umnachtung Deutschlands seit dem Ende des Ersten Weltkrieges. Wie immer man im nationalen Lager im einzelnen zur Hitler-Bewegung stand – sie verkörperte doch, wenngleich roh und ungebärdig, das was man selbst wollte und fühlte: den Drang zum Wiederaufstieg zur Großmacht, den Wunsch nach Revanche und Rache für das erlittene Unheil. Um dieses Ziel zu erreichen, war man zu vielfältigen Zugeständnissen bereit.

Zudem, und das wird oft übersehen, schien die Machtübernahme der Nationalsozialisten in vielen Bereichen des politischen und des wissenschaftlichen Lebens Möglichkeiten zu bieten, nun endlich ohne störende Rücksichtnahme auf Widersacher, auf humanistische Bedenken, auf religiöse Einwände den Primat der Gemeinschaft, des Volkes vor den Rechten des Individuums durchsetzen zu können und ebenso den Vorrang des Deutschen vor den Interessen anderer Völker. Für Juristen und Kriminologen bedeutete dies, daß nun die Vorstellung der Ausrottung der Kriminalität durch die Ausrottung der Kriminellen endlich in die

Wirklichkeit umsetzbar werden konnte. Für Mediziner und Bevölkerungswissenschaftler wurde die Eugenik, das heißt die Bevorzugung der gut Veranlagten und die Vernachlässigung der schlecht Veranlagten, endlich zur staatlich geförderten Praxis. Für die Militärs bedeutete das Aufrüstungsprogramm die ersehnte Perspektive der militärischen Revanche. Für viele Unternehmer bot sich mit der Zerschlagung der Arbeiterbewegung die Möglichkeit, ohne störende Einflüsse von Betriebsrat und Gewerkschaft in ihrer Firma wirken zu können. Kurzum, für zahlreiche Gruppen und Professionen bedeutete die Machtübernahme Hitlers die lang ersehnte Möglichkeit zur Durchführung ihrer seit langem gehegten Pläne allein dadurch, daß ihre Widersacher ausgeschaltet wurden.

So finden wir in den Führungsfunktionen der sich etablierenden Parteistellen und Ministerien, in Ämtern und Institutionen des Dritten Reiches bald Vertreter nahezu aller Variationen des nationalen Lagers, mit Ausnahme derjenigen Führer konkurrierender Verbände, die mit den Nazi-Führern allzusehr rivalisiert hatten und den Sieg der „Münchener Richtung", wie Ernst Jünger es nannte, über die anderen nicht anerkennen wollten. Im SD und bei der Gestapo, den beiden Zentralstellen des NS-Terrors, finden wir ehemalige Führer des Jungdeutschen Ordens und Anhänger der nationalen Jugendbewegung, völkische Studentenführer, Funktionäre des Nationalsozialistischen Studentenbundes und Freikorpskämpfer, aber auch Angehörige eher konservativer Gruppen – vor allem aber Männer, die bis 1930/31 abgewartet hatten, welche Richtung des nationalen Lagers sich durchsetzen würde, um dann, ganz im Sinne Jungs, in die NSDAP einzutreten.[27]

Dabei blieben unterschiedliche Positionen zu einzelnen Fragen durchaus bestehen – in der Kirchenfrage etwa, in der Frage des Verhältnisses zur Sowjetunion oder, besonders aufschlußreich, in der Frage, ob man ein Gebiet mit nichtdeutscher Bevölkerung – die sogenannte Resttschechei – ins Reich integrieren dürfe. Solche Differenzen bezogen sich aber durchaus nicht oder nicht in erster Linie auf diejenigen Fragen, die man als kennzeichnend für die Politik der Nationalsozialisten insgesamt ansehen wird. Unzufriedenheit in Einzelfragen, Zustimmung im Generellen, zunehmend vermittelt durch die Figur Hitlers, der nicht nur als Integrator der Volksgemeinschaft fungierte, sondern auch als Symbol für die Einigung des nationalen Lagers unter der Führung des Chefs der siegreichen Fraktion.

Die ersten sechs Jahre der NS-Herrschaft bis zum Beginn des Krieges sind daher durch einen Prozeß der Amalgamierung der Nationalsozialisten mit den Vertretern anderer radikalnationalistischer Richtungen und den traditionellen Eliten gekennzeichnet. In diesem Zusammenhang ist die Zerschlagung der SA im Sommer 1933 mithilfe von Wehrmacht und SS als ein Wendepunkt anzusehen.

Zwar besetzten SA-Leute und Alte Kämpfer auch nach 1934 weiterhin einige wichtige Positionen, deren bedeutendste vermutlich die Gauleitungen waren, aber in den neuen, zukunftsträchtigen Politikfeldern waren sie nur noch wenig vertreten. Das betraf die Rüstungswirtschaft, ferner das Machtkonglomerat Himmlers aus Polizei, Gestapo, SD, SS und Konzentrationslagern und natürlich die Wehrmacht. Auch in den Ministerialbürokratien gelang es nur wenigen alten Nationalsozialisten, allein über ihre Parteizugehörigkeit in hohe Ämter zu gelangen.[28]

Besonders aufschlußreich ist dabei die Entwicklung der antijüdischen Politik des Regimes. Sie war von den politischen Koalitionspartnern Hitlers anfangs so etwas wie ein Kompensationsfeld der ansonsten ruhig gestellten NS-Bewegung angesehen worden und hatte auch so gewirkt. Dabei ist zurecht auf das wechselseitige Reagieren von antijüdischen Aktionen von unten und vermeintlich einhegender, gleichwohl schnell und sukzessive radikalisierten gesetzlichen Bestimmungen von oben, welches man etwa anhand der Nürnberger Gesetze besonders anschaulich beobachten kann, verwiesen worden. Spätestens seit den Pogromen des November 1938 aber war die antijüdische Politik ganz in die Hände von SD und Vierjahresplan geraten, welche die letzte Phase der antijüdische Politik nun still, in gesetzförmigem Gewande, aber ungleich radikaler, als es die SA-Horden jemals vermocht hätten, durchzusetzen begannen. Mit der formalen Legalisierung der antijüdischen Maßnahmen waren auch die Vorbehalte gegen die Form der Politik gegen die Juden beseitigt.[29]

Mit Beginn des Krieges änderten sich die Koordinaten erneut. Von vielen herbeigesehnt, von vielen befürchtet, produzierte der Krieg nun jenen mentalen Ausnahmezustand, dessen nationalistischen Furor wir Heutigen beinahe schon vergessen hatten, bevor ihn die Gegenwart wieder anzudeuten begann. Schon die Machtübernahme der Nazis 1933 hatte soziale, liberale, humanistische Einwände gegen solche Maßnahmen beiseite gefegt, die als Teil der Erneuerung, als Schritt zur Wiedererringung der Größe des Reiches apostrophiert wurden. Um wieviel mehr galt dies nun nach 1939, als der Krieg die dichotomische Struktur des Denkens und Fühlens selbst bei solchen durchzusetzen begann, die es ganz und gar nicht mit den Nazis hielten. Aber wer konnte sich schon dem Sog, zu den Eigenen zu halten und nicht zu den Feinden, entziehen, zumal wenn Söhne, Brüder und Verwandte auf der Seite der Eigenen kämpften, selbst wenn sie es gegen ihren Willen taten. Der Patriotismus ist eine mächtige Kraftquelle für radikale Bewegungen und er schwemmt Einwände, kritische Bemerkungen oder auch nur ungute Gefühle rasch hinweg. Das reichte sehr weit, denn der Krieg und seine zunehmende Ausweitung und Verschärfung rechtfertigte dann selbst solche Maßnahmen gegen Regimegegner, gegen die Juden und natürlich gegen die Bevölkerung der eroberten Länder, die wenige Jahre zuvor noch bei vielen auf Kritik und Ablehnung gestoßen wären. Solches aber stand nun immer in der Nähe unpatriotischen Verhaltens. Die Motive der Einzelnen, selbst angesichts des Äußersten noch weiterzumachen und ihre Rolle zu erfüllen, sind dabei nur schwer exakt herauszupräparieren. Hier gab es zahlreiche Elemente, die solches zu erleichtern halfen. Die bürokratische Arbeitsteilung wird oftmals genannt: Selbst der Judenmord wurde noch in zahlreiche Einzelvorgänge separiert, so daß der Einzelne nicht den Eindruck hatte, für das Ganze mit verantwortlich zu sein, das er angesichts seiner reduzierten Aufgabe kaum überblickte. Die Einbindung des Mordens in jeweils andere, scheinbar nicht ideologisch motivierte, Zielsetzungen wie Deportation der Juden aus Gründen des Seuchenschutzes, Partisanenbekämpfung, Kampf gegen den Schwarzhandel, Platzmangel in den Gettos usw. waren hier zentrale Elemente. In dem Maße, in dem es der Regimeführung gelang, ihre Politik, auch ihre Politik des Völkermords und der Vernichtung, mit patriotischen Motiven und Zielsetzungen zu verknüpfen, wurden Widerstand und Einspruch dagegen, jedenfalls über den engen privaten Kreis hinaus, immer schwieriger – und nicht nur wegen der Angst vor der Geheimpolizei. Dabei gerieten die eigenen Dissonanzen oder partiellen Unzufriedenheiten mit dem Regime, und sogar prinzipielle Gegnerschaft gegen Hitler und sein Regime in den Hintergrund. Und da man einmal mitgemacht hatte, kehrte sich die Legitimationsrichtung oft einfach um. Man tat nicht, weil man es wollte; sondern man wollte es, weil man es ja bereits tat oder getan hatte.[30]

Ambivalente Funktionäre?

Wer also waren die Nationalsozialisten? Typologien nach politischen Einordnungen von konservativ über nationalistisch und völkisch bis nationalsozialistisch helfen hier nicht weiter. Der sozialpolitisch Konservative, der die Deutsche Arbeitsfront verachtete und Hitler für einen Emporkömmling hielt, konnte gleichwohl ein radikaler Judenfeind sein. Ein kunstsinniger Edelmann, wie es in einem der Beiträge dieses Bandes so trefflich heißt, entpuppt sich als ein skrupelloser Volkstumskämpfer. Ein pflichtbewußter Finanzbeamter fungiert als Organisator der Arisierung. Der herausragende General, in dessen Umfeld der Widerstand des 20. Juli organisiert wurde, war zugleich einer der entscheidenden Köpfe bei der Vorbereitung des Vernichtungskrieges gegen die Sowjetunion.

Die Ambivalenz entpuppt sich bei näherem Hinsehen als Problem unseres Bildes vom Nationalsozialismus. Wie konnte einer, der mit dem schlechthin Bösen kooperierte, dennoch kunstsinnig sein, konservativ, pflichtbewußt – oder auch in manchen Bereichen ein stringenter Gegner der Politik des Regimes? Eine Antwort ist: indem er das Regime eben nicht als das schlechthin Böse ansah – oder erst sehr spät –, sondern als eine gewiß mit Fehlern behaftete, aber im Grundsatz doch positive, ja berauschende und überragend erfolgreiche Bewegung – allemal besser als das Trauma aus Niederlage und Erniedrigung, das man in den Jahren zuvor erlebt zu haben meinte. Eine andere Antwort: weil er von dem, was er schrieb, entwarf, anordnete und befahl, überzeugt war – weil dadurch die ethnische Neuordnung Europas in Gang gebracht, die deutsche Vorherrschaft gesichert, die Wirtschaftsstruktur verbessert, der Bevölkerungsüberschuß abgebaut, die Kriminalität ausgemerzt, Schwarzhandel, Seuchen und Spionage bekämpft wurden. Die nationalsozialistische Vernichtungspolitik war eben keine Exzeßtat wahnsinniger Ideologen und asozialer Verbrechertypen, wie wir es uns lange Zeit beruhigend zurechtgelegt haben. Sie war vielmehr Teil der deutschen Kriegs- und Besatzungspolitik insgesamt, und ihr Motiv war die Durchsetzung deutscher Interessen. *Nicht* ambivalent, also einmütig gestimmt und ohne Zweifel, war dabei vermutlich nur eine Minderheit der daran Beteiligten – eben jene fanatischen Ideologen und dumpf-skrupellosen Massenmörder, die es ja auch zuhauf gab. Sie hatten es nach 1945, wenn sie denn Kriegs- und Nachkriegszeit überlebten, am schwersten, sich in die neuen Verhältnisse einzuleben, und unter ihnen sind auch die meisten der durch alliierte oder deutsche Gerichte Verurteilten. Für die akademisch ausgebildeten Köpfe aus Verwaltung, Polizei, Medizin und Wissenschaft hingegen war die Rückkehr einfacher, indem ihr eigenes Tun als nicht spezifisch nationalsozialistisch apostrophiert wurde, was bis zu einem bestimmten Punkt ja auch zutraf.

So entlarvt sich die Vokabel von den ambivalenten Funktionären als falscher Gegensatz. Sehen wir darin die uns überraschende Verbindung von Fanatismus und Tatbereitschaft einerseits, von Zweifeln und partiellem Dissens andererseits, so beschreiben wir damit vermutlich den überwiegenden Teil der NS-Funktionäre, haben wir uns einmal von dem Zerrbild des perversen Asozialen gelöst, wie es sich in der Legende von Ilse Koch manifestierte. Indem man erkennt, daß das NS-Regime und seine Verbrechen nicht von einer anderen Gesellschaft und anderen Menschen betrieben wurden als von den uns wohlvertrauten, wird man die Entdeckung der Ambivalenz für einigermaßen selbstverständlich halten.

Zugleich aber ist damit nicht die Ambivalenz des historischen Urteils zu verwechseln. Wir werden jemanden, der für den Mord an Tausenden von unschuldigen Menschen verantwortlich ist, ja nicht deshalb positiver bewerten, weil er zugleich ein brillanter Jurist, ein fähiger Verwaltungsmann und ein Kämpfer gegen die Korruption war wie Dr. Losacker. Nicht einmal sein Eintreten für den polnischen Teil der Bevölkerung verändert diese Bewertung, weil es in Beziehung steht zu der überaus eifrigen und effektiven Organisation des Mordes an den Juden seines Bezirks. Die Vorstellung, nur wer ganz und gar böse, ganz eindimensional und *nicht* ambivalent sei, sei zu solchen Taten fähig, erweist sich am Ende als Selbstschutz vor allzu großer, aufdringlicher Nähe dieses Geschehens. Die Einsicht in den hier zum Ausdruck kommenden Charakter des NS-Regimes und seiner Verbrechen hätte in den Jahrzehnten nach dem Kriege die Infragestellung oder gar Selbstaufgabe der bürgerlichen Gesellschaft in Deutschland bedeutet. Die Etablierung einer bürgerlichen Republik auf demokratischer Grundlage war in Deutschland daher zunächst womöglich nur auf der Grundlage einer perzeptiven Verwandlung des NS-Regimes möglich, die eine Scheidung zwischen eigener Erfahrungswelt, als deren Kennzeichen Normalität und Kontinuität galten, und dem NS-Regime und seinen Protagonisten beinhaltete. Nun aber erkennen wir diese Protagonisten ohne solche Schutzvorrichtungen als wirkliche Menschen ohne hilfreiche Anomalien. Unsere Aufmerksamkeit wird nun stärker von dem gelenkt, was sie taten und weniger von dem, was sie waren. Das müssen wir als Fortschritt erkennen.

Anmerkungen

1 Zu Losacker siehe Thomas Sandkühler: „Endlösung" in Galizien. Der Judenmord in Ostpolen und die Rettungsinitiativen von Berthold Beitz,1941–1944, Bonn 1996; Dieter Pohl: Nationalsozialistische Judenverfolgung in Ostgalizien, 1941–1944, München 1996, S. 181f., 212f., u.ö.; Munzinger-Archiv, 22.4.1971.

2 Notizen von einer Reise durch das besetzte Deutschland (Anfang April 1945), in: Ulrich Borsdorf/Lutz Niethammer (Hg.): Zwischen Befreiung und Besatzung. Analysen des US-Geheimdienstes über Positionen und Strukturen deutscher Politik 1945, Wuppertal 1976; vgl. Alfons Söllner (Hg.): Zur Archäologie der Demokratie in Deutschland, Bd. 2: Analysen von politischen Emigranten im amerikanischen Außenministerium,1946–1949, Frankfurt a.M. 1986.

3 Frank W. Buscher: The U.S. War Crimes Trial Program in Germany, 1946–1955, New York u.a. 1989; Bradley F. Smith: The Road to Nuremberg, New York 1981; ders.: The American Road to Nuremberg. The documentary record 1944–1945.

4 Klaus-Dietmar Henke: Die Trennung vom Nationalsozialismus. Selbstzerstörung, politische Säuberung, „Entnazifizierung", Strafverfolgung, in: ders./Hans Woller (Hg.): Politische

Säuberung in Westeuropa. Die Abrechnung mit Faschismus und Kollaboration nach dem Zweiten Weltkrieg, München 1991; ders.: Einleitung, in: ders. (Hg.): Entnazifizierung. Politische Säuberung und Rehabilitierung in den vier Besatzungszonen 1945–1949, München 1991, S. 7–64; Lutz Niethammer: Die Mitläuferfabrik. Die Entnazifizierung am Beispiel Bayerns, Bonn/Berlin 1982; Heiner Wember: Umerziehung im Lager. Internierung und Bestrafung von Nationalsozialisten in der britischen Besatzungszone Deutschlands, Essen 1992.

5   Dazu und zum Folgenden vgl. Ulrich Herbert: Best. Biographische Studien über Radikalismus, Weltanschauung und Vernunft, Bonn 1996; Norbert Frei: Vergangenheitspolitik. Amnestie, Integration und die Abgrenzung vom Nationalsozialismus in den Anfangsjahren der Bundesrepublik, München 1996; Ulrich Brochhagen: Nach Nürnberg. Vergangenheitsbewältigung und Westintegration in der Ära Adenauer, Hamburg 1994.

6   Adenauer. Teegespräche 1950–1954, bearb. von Hans Jürgen Küsters, Berlin 1984, S. 219. Unter den Gefangenen, so Adenauer im Bundestag am 17.9.1952, sei „ein kleiner Prozentsatz von absolut asozialen Elementen", der „wirkliche Verbrechen" begangen habe, siehe Bundestags-Protokolle, S. 10492ff.; ähnlich schon auf der Londoner Außenministerkonferenz im Februar 1952, s. Akten zur Auswärtigen Politik der Bundesrepublik Deutschland. Adenauer und die Hohen Kommissare, Bd. 2: 1952, bearb. von Frank-Lothar Kroll/Manfred Nebelin, München 1990, S. 317–322; jetzt auch Norbert Frei (Hg.): Karrieren im Zwielicht. Hitlers Eliten nach 1945, Frankfurt a.M. 2001.

7   Vgl. Alexandra Przyrembel: Transfixed by an Image. Ilse Koch, the ‚Kommandeuse of Buchenwald', in: German History 19 (2001), S. 369–399; Arthur L. Smith: Die „Hexe von Buchenwald". Der Fall Ilse Koch, Köln 1983.

8   Emmi Bonhoeffer: Zeugen im Auschwitz-Prozeß. Begegnungen und Gedanken, Wuppertal-1965; Hermann Langbein: Der Auschwitz-Prozeß. Eine Dokumentation, 2 Bde., Frankfurt a.M. 1965; Irmtrud Wojak (Hg.): Auschwitz-Prozeß 4Ks2/63, Frankfurt a.M. 2004.

9   Hannah Arendt: Eichmann in Jerusalem. Ein Bericht von der Banalität des Bösen, München 1964; Hans Safrian: Eichmann und seine Gehilfen, Frankfurt a.M. 1995; Yaacov Lozowick: Hitlers Bürokraten. Eichmann, seine willigen Vollstrecker und die Banalität des Bösen, Zürich/München 2000; Irmtrud Wojak: Eichmanns Memoiren. Ein kritischer Essay, Frankfurt a.M. 2001; Peter Krause: Der Eichmann-Prozeß in der deutschen Presse, Frankfurt a.M. 2002.

10   Als Beispiele Peter Kleist: Auch du warst dabei. Ein Buch des Ärgernisses und der Hoffnung, Heidelberg 1952; Hans-Ulrich Rudel: Trotzdem, Göttingen 1950; Peter Bor [i.e. Paul Lüth] (Hg.): Gespräche mit Halder, Wiesbaden 1950.

11   Peter H. Merkl: Political violence under the Swastika. 581 early Nazis, Princeton 1975; Reinhard Mann (Hg.): Die Nationalsozialisten. Analysen faschistischer Bewegungen, Stuttgart 1980; Mathilde Jamin: Zwischen den Klassen. Zur Sozialstruktur der SA-Führerschaft, Wuppertal 1984.

12   Jürgen W. Falter: Hitlers Wähler, München 1991.

13   Adalbert Rückerl: Die Strafverfolgung von NS-Verbrechen 1945–1978. Eine Dokumentation, Heidelberg 1979; Jürgen Weber: Vergangenheitsbewältigung durch Strafverfahren? NS-Prozesse in der Bundesrepublik Deutschland, München 1984; Heiner Lichtenstein: Im Namen

des Volkes? Eine persönliche Bilanz der NS-Prozesse, Köln 1984.

14 Falk Pingel: Häftlinge unter SS-Herrschaft. Widerstand, Selbstbehauptung und Vernichtung im Konzentrationslager, Hamburg 1978; Götz Aly: „Endlösung". Völkerverschiebung und der Mord an den europäischen Juden, Frankfurt a.M. 1995; Christian Streit: Keine Kameraden. Die Wehrmacht und die sowjetischen Kriegsgefangenen 1941–1945, Stuttgart 1978; Michael Zimmermann: Rassenutopie und Genozid. Die nationalsozialistische „Lösung der Zigeunerfrage", Hamburg 1996; Walter Schmuhl: Rassenhygiene, Nationalsozialismus, Euthanasie. Von der Verhütung zur Vernichtung „lebensunwerten Lebens", 1890–1945, Göttingen 1987; Rolf-Dieter Müller: Von der Wirtschaftsallianz zum kolonialen Ausbeutungskrieg, in: Das Deutsche Reich und der Zweite Weltkrieg, Bd. 4: Der Angriff auf die Sowjetunion, Stuttgart 1983; Christian Gerlach: Kalkulierte Morde. Die deutsche Wirtschafts- und Vernichtungspolitik in Weißrußland 1941 bis 1944, Hamburg 2000; Karin Orth: Die Konzentrationslager-SS. Sozialstrukturelle Analysen und biographische Studien, Göttingen 2000; dies.: Das System der nationalsozialistischen Konzentrationslager: eine politische Organisationsgeschichte, Hamburg 1999; Sandkühler: Endlösung; Pohl: Judenverfolgung; Frank Bajohr: „Arisierung" in Hamburg. Die Verdrängung der jüdischen Unternehmer 1933–1945, Hamburg 1997.

15 Vgl. jetzt Michael Wildt: Generation des Unbedingten. Das Führungskorps des Reichssicherheitshauptamtes, Hamburg 2002; Herbert: Best.

16 Vgl. Götz Aly: Macht, Geist, Wahn. Kontinuitäten deutschen Denkens, Berlin 1997; Winfried Schulze (Hg.): Deutsche Historiker im Nationalsozialismus, Frankfurt a.M. 1999; Thomas Etzemüller: Sozialgeschichte als politische Geschichte. Werner Conze und die Neuorientierung der westdeutschen Geschichtswissenschaft nach 1945, München 2001.

17 Vgl. zusammenfassend Hans Mommsen: Die verspielte Freiheit. Der Weg der Republik von Weimar in den Untergang, 1918 bis 1933, Berlin 1989; Stefan Breuer: Ordnungen der Ungleichheit. Die deutsche Rechte im Widerstreit ihrer Ideen 1871–1945, Darmstadt 2001; ders.: Grundpositionen der deutschen Rechten 1871–1945, Tübingen 1999; ders.: Anatomie der konservativen Revolution, Darmstadt 1995.

18 Breuer: Konservative Revolution; Herbert: Best.

19 Zit. nach Heinrich-August Winkler: Weimar. 1918–1933. Die Geschichte der ersten deutschen Demokratie, München 1993, S. 92.

20 Hermann Oncken: Nation und Geschichte. Reden und Aufsätze 1919 bis 1935, Berlin 1935; zit. nach Peter Krüger: Versailles. Deutsche Außenpolitik zwischen Revisionismus und Friedenssicherung München 1986, S. 73.

21 Martin Broszat: Die Machtergreifung. Der Aufstieg der NSDAP und die Zerstörung der Weimarer Republik, München 1974, S. 74.

22 Vgl. Martin Sabrow: Der Rathenaumord. Rekonstruktion einer Verschwörung gegen die Republik von Weimar, München 1994.

23 Zit. nach Winkler: Weimar, S. 91.

24 Vgl. Herbert: Best, S. 42–87.

25 Zum Folgenden siehe Ulrich Herbert: „Generation der Sachlichkeit". Die völkische Stu-

dentenbewegung der frühen 1920er Jahre in Deutschland, in: Frank Bajohr u. a. (Hg.): Zivilisation und Barbarei. Die widersprüchlichen Potentiale der Moderne, Hamburg 1991, S. 115–144; ders.: Best, S. 57ff.

26 Edgar J. Jung: Neubelebung von Weimar, in: Deutsche Rundschau, Juni 1932, S. 153–162.

27 Wildt: Generation des Unbedingten; Jens Banach: Heydrichs Elite. Das Führerkorps der Sicherheitspolizei und des SD 1936–1945, Paderborn 1998.

28 Vgl. etwa Dieter Rebentisch: Führerstaat und Verwaltung im Zweiten Weltkrieg. Verfassungsentwicklung und Verwaltungspolitik 1939–1945, Stuttgart 1989.

29 Vgl. Saul Friedländer: Das Dritte Reich und die Juden. Bd. 1: Die Jahre der Verfolgung, 1933–1939, München 1998; zusammenfassend jetzt Hans Mommsen: Auschwitz, 17. Juli 1942. Der Weg zur europäischen „Endlösung der Judenfrage", München 2002.

30 Ulrich Herbert (Hg.): Nationalsozialistische Vernichtungspolitik, 1939 bis 1945. Neue Forschungen und Kontroversen, Frankfurt a.M. 1998.

I. Verwaltungsexperten

Interessenkartell, personale Netzwerke und Kompetenzausweitung: Die Beteiligten bei der „Arisierung" und Konfiszierung jüdischen Vermögens

Frank Bajohr

Der folgende Beitrag beschäftigt sich nicht mit einem spezifischen „ambivalenten Funktionär" oder einer Gruppe von Funktionären in ihrem jeweiligen institutionellen Zusammenhang, sondern beleuchtet am Beispiel der „Arisierung" die Handlungsräume und Motivationen dieser Funktionäre und die Verhaltensweisen der beteiligten Institutionen. Im Mittelpunkt steht daher nicht der einzelne Funktionär, dessen Einstellung und Vorprägung (soziale Herkunft, Bildung, Generationszugehörigkeit, politische Orientierung, individuelle Normen und Werte) in Beziehung zu seiner institutionellen Tätigkeit gesetzt wird, sondern der institutionelle Handlungsraum bei der Judenverfolgung. Diesem Vorgehen liegt nicht zuletzt die These zugrunde, daß dieser Handlungsraum wesentliche homogenisierende Wirkungen auf das Verhalten der Funktionäre auch unabhängig von deren individuellen Prädispositionen entfaltete. Wenn auch das möglicherweise ambivalente Verhalten von Funktionären wie der Fall des „Abstammungs-Referenten" Hans Georg Calmeyer stets eine besondere Aufmerksamkeit gefunden hat und zu kritischer Analyse herausfordert, so kann doch nicht übersehen werden, daß ambivalent handelnde Funktionäre im Rahmen der Judenverfolgung nicht den Regelfall darstellten. Warum verlief die Verfolgung der Juden vergleichsweise reibungslos, vor allem auch angesichts der Tatsache, daß sie mit traditionellen rechtlichen und moralischen Normen nur bedingt in Einklang zu bringen war?

Geht man vom institutionellen Handeln im Rahmen der Judenverfolgung aus, dann stößt man auf zwei Erklärungsansätze, die das institutionelle Bild maßgeblich bestimmt haben. Zum einen haben vor allem Politikwissenschaftler, Soziologen und Sozialphilosophen (Raul Hilberg, Zygmunt Bauman, Hannah Arendt) die in die Judenverfolgung involvierten Institutionen als „Bürokratien" klassifiziert, um hervorzuheben, daß sich der NS-Staat bei der Verfolgung der Juden der arbeitsteiligen bürokratischen Maschinerie des modernen Staates bediente und einen „Verwaltungsmassenmord" (Hannah Arendt) inszenierte.[1] Dieser Ansatz hebt die einschmelzende Kraft bürokratischer Apparate auf den einzelnen Funktionär hervor, betont die Segmentierung und Parzellierung von Verantwortung innerhalb der Bürokratie und verweist auf die inhärente Morallosigkeit bürokratischer Abläufe, die es ermöglichten, ein Staatsverbrechen im Rahmen scheinbar normaler Verwaltungsabläufe zu exekutieren.

Der zweite einflußreiche Erklärungsansatz geht auf das bei Ernst Fraenkel entwickelte Modell des nationalsozialistischen Doppelstaates zurück, nach dem ein von normativen Bindungen gelöster, unbegrenzt einsatzfähiger „Maßnahmenstaat" einem „Normenstaat" gegenübergestanden habe, der nach wie vor einer kodifizierten Rechtsordnung unterworfen gewesen sei.[2] Im Gefolge Ernst Fraenkels haben viele Autoren die Radikalisierung der Judenverfolgung mit dem Maßnahmenstaat identifiziert, der den Einfluß normenstaatlicher Bürokratien zurückgedrängt und sich mit diesem in einem latenten Machtkampf bzw. offenen Gegensatz befunden habe.[3]

Überblickt man jüngere Forschungen zu Judenverfolgung und Holocaust, dann ist zu konstatieren, daß diese klassischen Interpretationsmuster bürokratisch-institutionellen Handelns deutlich an Erklärungskraft eingebüßt haben. Dies hängt nicht nur damit zusammen, daß das Bild des Holocaust als ein bürokratisch perfektionierter, fabrikmäßig-anonymer Massenmord zunehmend verblaßt und jüngere Studien den Blick auf eine Vielzahl von Erschießungen, organisierten Pogromen, Massakern und Tötungsaktionen gerichtet haben, in denen sich Täter und Opfer unmittelbar gegenüberstanden.[4] Auch der Blick auf handelnde und beteiligte Institutionen hat sich deutlich verändert. Vor allem der Dualismus von Normen- und Maßnahmenstaat, der die Radikalisierung der normenstaatlichen Institutionen kaum berücksichtigt, ist zunehmend fragwürdig geworden, denn auch die Handlungspraxis der vermeintlich auf klaren Rechtsnormen basierenden traditionellen Bürokratien zeichnete sich durch maßnahmenstaatliche Elemente aus und radikalisierte sich stetig. Umgekehrt bedienten sich auch maßnahmenstaatliche Institutionen traditioneller Formen von Behördenarbeit.[5]

Parallel zur wachsenden Entrechtung der Juden erweiterten und entgrenzten sich die Handlungsspielräume nahezu aller tatbeteiligten Institutionen, nicht nur die der Sicherheitspolizei. Dabei verwischten sich nicht nur die Unterschiede von Normen- und Maßnahmenstaat, es zeigte sich auch ein erstaunliches Maß an Konsens und Kooperation. Bisherige Annahmen, daß institutionelle Rivalität ein wesentliches radikalisierendes Moment der „Judenpolitik" dargestellt habe, müssen von daher einer kritischen Prüfung unterzogen werden. Nicht Divergenz und Rivalität, sondern Konvergenz und Kooperation sind die eigentlich erklärungsbedürftigen Phänomene.

Dies zeigen nicht zuletzt regionale Studien zur Mordpraxis in Mittel- und Osteuropa, wie sie beispielsweise Dieter Pohl und Thomas Sandkühler vorgelegt haben.[6] In den Holocaust waren zahlreiche Institutionen – nicht zuletzt die Zivilverwaltungen – involviert, die nur in wenigen Fällen über ausgebildete bürokratische Apparate verfügten. Die weitverbreitete Vorstellung vom anonymen, bürokratischen Massenmord hatte mit den allgemeinen Erscheinungen von De- und Entbürokratisierung wenig zu tun. Einzelne Funktionäre verfügten über eine enorme Machtfülle, und informelle Beziehungen jenseits der formalen institutionellen Zugehörigkeit besaßen für die Ausbildung kooperativer Verfolgungsnetzwerke große Bedeutung.

Im folgenden sollen anhand eigener Forschungen zur „Arisierung" jüdischen Eigentums zwei der hier angedeuteten Tendenzen näher hervorgehoben werden. Erstens die Ausbildung kooperativer Verfolgungsnetzwerke, die häufig auf substrukturellen Beziehungsgeflechten basierten und verschiedenste Interessen zu integrieren vermochten, und zweitens die enorme Machtausweitung und Radikalisierung auch normenstaatlicher Institutionen im Rahmen der Judenverfolgung.[7]

Insgesamt läßt sich die „Arisierung" als politischer Prozeß beschreiben, der seine besondere Dynamik und Durchsetzungskraft entfaltete, indem er zahlreiche soziale und institutionelle Interessen integrierte.[8] Kaum eine andere Maßnahme der nationalsozialistischen „Judenpolitik" wies eine ähnlich hohe Zahl von Akteuren und Profiteuren auf.

Dies war vor allem dem Umstand geschuldet, daß zentrale Vorgaben für die „Arisierung" lange Zeit fehlten. Zwar hatten die Boykottaktionen der NSDAP im Frühjahr 1933 das langfristige, ideologisch determinierte Ziel der neuen Machthaber deutlich markiert, die wirtschaftliche Existenz der Juden in Deutschland zu zerstören, so daß die Juden in Deutschland seit 1933 unter einem latenten Diskriminierungsdruck standen. Doch ging dieser Druck vor allem „von unten" von den antisemitischen Aktivisten in der Partei und im gewerblichen Mittelstand aus, die auf die Beseitigung jüdischer Wirtschaftstätigkeit drängten, während das Reichsinnen- und Reichswirtschaftsministerium in ihren Verlautbarungen noch jahrelang die Fiktion von der „freien wirtschaftlichen Betätigung" der Juden im nationalsozialistischen Deutschland aufrecht erhielten. Diese taktische Zurückhaltung der Reichsregierung in den Anfangsjahren des Dritten Reiches erfolgte vor allem aus Rücksichtnahme auf die wirtschaftliche Gesamtsituation, das Ausland und die dortigen Aufrufe zum Boykott deutscher Waren. Letztlich war diese Zurückhaltung zutiefst ideologisch motiviert, scheuten doch die Nationalsozialisten anfänglich eine frontale Auseinandersetzung mit der vermeintlichen „Macht des internationalen Judentums". Erst im Januar 1938 wurde der Terminus „jüdischer Gewerbebetrieb" auf Reichsebene erstmals verbindlich definiert, und erst seit April 1938 wurde die „Arisierung" auf dem Verordnungswege massiv „von oben" forciert. Dennoch ging sie weder auf ein zentrales Arisierungs- oder Enteignungsgesetz zurück, noch vollzog sie sich unter der Regie einer zentralen Genehmigungsinstitution. Statt dessen delegierte das Reich die Verantwortung und Entscheidungskompetenzen an eine Vielzahl regionaler Entscheidungsträger. Außerhalb der Großstädte waren vielfach Bürgermeister, Landräte und die Vertreter der lokalen Parteiorganisation mit der „Arisierung" befaßt, in den Großstädten dominierten neben den lokalen Wirtschaftsbehörden vor allem die NSDAP-Gauwirtschaftsberater den Entscheidungsprozeß. Daneben zeichnete sich die „Arisierung" durch eine breite gesellschaftliche Beteiligung aus, entwickelte sich ein interaktiver Prozeß, bei dem die beteiligten Institutionen und Personen ihre Interessen mit den politischen Verhältnissen und Rahmenbedingungen zum eigenen Vorteil verbinden konnten.[9]

So nahmen Banken, Rechtsanwälte, Makler und Treuhandgesellschaften eine wichtige Scharnier- und Mittlerfunktion ein, indem sie Verkaufskontakte anbahnten und das politische Terrain sondierten. Vor allem die Banken konnten ihre Marktkenntnisse einbringen, enge Beziehungen zu potentiellen Erwerbern wie zu den politischen Gremien aufbauen und die „Arisierung" durch Provisionen und die Kreditvergabe an „arische" Erwerber zu einem lukrativen Teil des Bankgeschäftes machen.[10] Die Wirtschaftsverbände und Fachgruppen der gewerblichen Wirtschaft konnten ihre branchenspezifischen Interessen in die „Arisierungskommissionen" einbringen, die bei vielen Industrie- und Handelskammern eingerichtet wurden. Die breite Bevölkerung wurde vor allem durch die öffentliche Versteigerung jüdischen Eigentums – vor allem von Möbeln und Hausrat – an dem materiellen Enteignungsprozeß beteiligt.[11] Darüber hinaus entstanden im Rahmen der „Arisierung" eine Fülle neuer Institutionen, die formal oft privatrechtlicher oder privatwirtschaftlicher Natur waren, und die auf keiner erkennbaren gesetzlichen Grundlage agierten, außer der Ermächtigung und Einsetzung durch einen regionalen Machtträger, zumeist durch einen Gauleiter. Zu denken wäre etwa an Institutionen wie die Stiftung „Wirtschaftsdank Württemberg", die „Erich-Koch-Stiftung", die „Hamburger Stiftung von 1937", die „Saarpfälzische Vermögensgesellschaft", die „Hamburger Grundstücks-Verwaltungsgesellschaft von 1938 mbH" oder die Münchner „Dienststelle des Beauftragten des Gauleiters für ‚Arisierung'".[12]

Bei einem oberflächlichen Blick auf die Vielzahl der an der „Arisierung" Beteiligten entsteht daher leicht das Bild eines undurchdringlichen Dschungels. Wendet man sich jedoch von den Institutionen als solche ab und betrachtet die verantwortlichen Personen und ihre Beziehungsstrukturen, dann lichtet sich das Institutionengewirr und gibt den Blick frei auf die Cliquen, Seilschaften und die Kameraderie lokaler und regionaler Machteliten. Da taten städtische Finanzbeamte oft in den Stiftungen Dienst, wurden wichtige Institutionen durch Vertraute des jeweiligen Gauleiters geführt, die häufig den Gauwirtschaftsapparaten der NSDAP entstammten, da wurden einschlägig bekannte Parteigenossen mit Treuhänderaufgaben betraut.[13] Dieses substrukturelle Beziehungsgeflecht jenseits der Institutionen hatte die wesentliche Funktion, die persönlichen und institutionellen Interessen der Beteiligten im Rahmen der „Arisierung" zu befriedigen. Die konsequente Regionalisierung der Entscheidungskompetenzen leistete dieser Entwicklung zusätzlich Vorschub. Von Offenheit und Transparenz konnte bei der „Arisierung" ohnehin keine Rede sein. So wurden die Beschlüsse der lokalen „Arisierungskommissionen", die seit 1938 über den Verkauf oder die Liquidierung jüdischer Unternehmen entschieden und auch darüber befanden, welcher „arische" Bewerber um ein Unternehmen den Zuschlag erhielt, in grundsätzlich geheimen Hinterzimmertreffen und undurchdringlichen Kungelrunden gefaßt. Dabei spielten dann oft Motive eine Rolle, die – wie beispielsweise die Hamburger Verwaltung für Handel, Schiffahrt und Gewerbe zugab – „in der Person des Antragstellers lagen, die aber in den meisten Fällen protokollarisch nicht festgehalten worden sind und die, da es sich oft um streng vertrauliche Auskünfte von Stellen der Partei, der Verwaltung oder der Wirtschaftsverbände handelte, auch nicht ohne weiteres in Schriftsätzen niedergelegt werden können."[14] Dies mündete nicht zuletzt in Korruption und Nepotismus, ging es doch darum, loyale Untergebene, Günstlinge und Protegés mit Grundstücken, Unternehmen und Vorzugskrediten auszustatten, um die personellen Bande innerhalb der Herrschaftscliquen materiell zu fundieren und zu kräftigen. Wie das Beispiel der „Arisierung" zeigt, stellte die nationalsozialistische Herrschaft kein abstraktes, entpersonalisiertes Institutionengefüge dar. Herrschaft im nationalsozialistischen Staat basierte nicht zuletzt auf personalen Bindungen, auf der Zugehörigkeit zu Seilschaften, Cliquen und personellen Netzwerken.[15] Diese durchzogen das gesamte Herrschaftssystem nicht nur vertikal, sondern auch horizontal und sind nicht auf die Beziehungen zwischen Hitler und nachgeordneten Satrapen zu reduzieren. Die substrukturellen Bindungen verschiedener Funktionäre und Machtträger bildeten nicht nur einen

Nährboden, auf dem die Korruption blühte, sie wirkten auch in hohem Maße integrierend und verschränkten Täter und Tatbeteiligte miteinander.

Über die Bereicherungsinteressen hinaus dienten die personellen Netzwerke aber auch den sachpolitischen Interessen der jeweiligen Ressorts und Institutionen, weil es im Dritten Reich nur bedingt geregelte Formen der Interessenartikulation und Interessenwahrnehmung gab. Sachpolitische Interessen wurden nicht nur von der „Arisierung" in verschiedenerlei Hinsicht berührt. So war die „Arisierung" unmittelbar mit Fragen der Grundstücks-, der Wohnungs-, der Sozial- und Wirtschaftspolitik verbunden: Wenn tausende von Grundstücken aus jüdischem Besitz zum Kauf angeboten wurden, dann wirkte sich dies auf den lokalen Immobilienmarkt und die Immobilienpreise einschneidend aus. Wenn jüdische Einzelhandelgeschäfte in großem Stil zwangsweise liquidiert wurden, dann hatte dies für ganze Branchen weitreichende strukturelle Konsequenzen. Deshalb brachten die Beteiligten vor allem ihre spezifischen Interessen in das „Arisierungs"-Geschehen ein: Der gewerbliche Mittelstand drängte auf die Liquidierung jüdischer Einzelhandelsgeschäfte und Handwerksbetriebe, um sich auf diesem Wege von lästigem Konkurrenzdruck zu befreien; die NSDAP-Gauwirtschaftsberater waren sowohl dem ideologischen Ziel der „Entjudung" der Wirtschaft als auch der materiellen Alimentierung der NSDAP-Parteigänger verpflichtet; die NSDAP-Gauleiter legten sich mit Hilfe von Schmiergeldern und „Arisierungsspenden" persönliche Verfügungsfonds an, die sie u.a. zur „Entschuldung verdienter alter Parteigenossen" verwendeten; die Kommunen und städtischen Institutionen bedienten sich vor allem beim jüdischen Grundbesitz in exklusiven Lagen;[16] die nach dem Novemberpogrom 1938 eingesetzten Treuhänder und Treuhandgesellschaften genehmigten sich nicht nur entsprechende Honorare, sondern nutzten die Gelegenheit, die von ihnen verwalteten jüdischen Unternehmen gleich selbst zu erwerben; die Banken griffen als Makler und Kreditvermittler in das „Arisierungs"-Geschehen ein, um ihre Marktanteile zu halten oder auszubauen.

Dieses Kartell unterschiedlichster Interessen war das hervorstechendste Kennzeichen der „Arisierung". Da es an konkreten Vorgaben und Anweisungen „von oben", d.h. seitens des Staates mangelte, konnte jenes Spannungsverhältnis erst gar nicht entstehen, das für ambivalentes Funktionärsverhalten konstitutiv war, nämlich die Spannung zwischen dienstlichem Auftrag und persönlichen, moralisch-ethischen Grundüberzeugungen, die mit dem dienstlichen Auftrag nicht in Einklang zu bringen waren. Wer hingegen keinem Auftrag, sondern seinen Interessen folgte, die er im politisch-ideologischen Gesamttableau verwirklichte, befand sich allenfalls in einem Konflikt zwischen traditionellen Moralvorstellungen, die in der „Arisierung" einen unrechtmäßigen Eingriff in das Privateigentum sahen, und seinen persönlichen oder institutionellen Interessen. Die Funktionalisierung und Instrumentalisierung dieser Interessen wirkte sich auf den Prozeß der „Arisierung" radikalisierend aus. Denn wer seine Interessen im Rahmen der „Arisierung" verwirklichen konnte, hatte nicht nur Grund zu politischer Loyalität, sondern dem war auch daran gelegen, vom ehemaligen jüdischen Eigentümer nicht wieder regreßpflichtig gemacht werden zu können. Wer sich im Spannungsverhältnis zwischen Moral und Interessen zugunsten letzterer entschied, von dem waren grundsätzliche, ethisch begründete Einwände nicht zu erwarten. Auf diese Weise trug die „Arisierung" dazu bei, mögliche Widerstände der deutschen Gesellschaft gegen die Judenverfolgung zu unterminieren.

Das Interessenkartell und Verfolgungsnetzwerk bei der „Arisierung", gestützt durch substrukturelle Beziehungen und die Integration verschiedenster Interessen, liefert einen wichtigen Schlüssel für das große Ausmaß der Kooperation im Rahmen der Judenverfolgung im allgemeinen und der „Arisierung" im besonderen. Und es erklärt gleichzeitig auch die Hermetik und Dynamik des „Arisierungsprozesses", der sich vor allem 1938/39 zu einem regelrechten „Bereicherungswettlauf" entwickelte.

Während sich das Reich aus dem konkreten „Arisierungs"-Geschehen lange Zeit heraushielt, konzentrierte es sich intensiv auf das Feld der Vermögenskonfiszierung und eine Politik der Steuern und Zwangsabgaben, mit denen die Vermögen der Juden zu Gunsten des Reiches vereinnahmt werden sollten. Dabei spielte die staatliche Finanzbürokratie eine Schlüsselrolle, die nicht nur die Konfiszierung des jüdischen Vermögens u.a. durch Reichsfluchtsteuern, Dego-Abgaben, Judenvermögensabgaben und Auswanderungsabgaben betrieb, sondern auch in die „Arisierung" eingriff.[17] Die bei den Oberfinanzdirektionen angesiedelten Devisenstellen spielten dabei eine Schlüsselrolle. Als der Politikwissenschaftler Ernst Fraenkel in seiner Studie „Der Doppelstaat" den Unterschied zwischen Normen- und Maßnahmenstaat darlegte, griff er zur Illustration interessanterweise auf das Beispiel der Devisenstellen zurück: „Wie weit auch das freie Ermessen einer Verwaltungsbehörde des Normenstaates – wie z.B. der Devisenstellen – reichen mag, dieses Ermessen kann nur in den Grenzen ihrer gesetzlich klar bestimmten Zuständigkeit zur Anwendung gelangen. Sollte eine Devisenstelle ihre Zuständigkeit offenkundig überschreiten, so könnten ihre Verfügungen in Verfolg eines ordentlichen Gerichtsverfahrens für null und nichtig erklärt werden."[18] Es ist unwahrscheinlich, daß Ernst Fraenkel die alltägliche Handlungspraxis der Devisenstellen genauer kannte. Sonst wäre ihm nicht entgangen, daß der NS-

Staat die Handlungsspielräume der Devisenstellen und der in ihnen tätigen Beamten derart erweiterte und entgrenzte, daß von normengebundenem, rechtsstaatlichem Handeln kaum mehr die Rede sein konnte. So ermöglichte der am 1. Dezember 1936 ins Devisengesetz aufgenommene § 37a den Devisenstellen, schon bei vagem Verdacht der Kapitalflucht eine sogenannte Sicherungsanordnung zu erlassen, dem Verdächtigen sämtliche Verfügungsrechte über sein Eigentum zu entziehen und Treuhänder in Firmen und für das Vermögen einzusetzen. Auf diesem Wege wurden Tausende jüdischer Unternehmer mit vagen Anschuldigungen um die Verfügung über ihr Eigentum gebracht, ohne daß ihnen entsprechende rechtsstaatliche Verfahrensgarantien und Widerspruchsrechte zur Verfügung standen. Ein formales Einspruchsrecht bei der Reichsstelle für Devisenbewirtschaftung, dem ohnehin keine aufschiebende Wirkung zukam, entpuppte sich als bedeutungslose Farce. Der Paragraph 37a des Devisengesetzes, der vorgeblich Kapitalflucht bekämpfen sollte, entwickelte sich damit zu einem allgemeinen, willkürlich handhabbaren Enteignungsparagraphen, der einerseits die „Arisierung", andererseits die Konfiszierung jüdischen Eigentums massiv vorantrieb. Wohl selten zuvor hat ein Staat die Handlungsmöglichkeiten seiner Finanzbeamten derart erweitert. Wie man anhand von Akten der Hamburger Devisenstelle nachweisen kann, legten viele jüdische Unternehmer in dieser Situation Geständnisse für Handlungen ab, die sie gar nicht begangen hatten, um sich – auch wenn sie vollkommen unschuldig waren – in einem sogenannten Unterwerfungsverfahren mit der Zahlung einer hohen Geldbuße aus dem Würgegriff der Devisenstelle zu entziehen. Diese fertigte in Zusammenarbeit mit der Zollfahndung ein gefälschtes Protokoll mit dem falschen Geständnis, das in die Devisenstrafakten des jüdischen Beschuldigten einging.[19]

Die Hamburger Devisenstelle erklärte das Verhalten der betroffenen Juden mit dem Umstand, „daß die Volljuden jetzt in Deutschland erheblichen Verfolgungen ausgesetzt seien und es lieber auf sich nähmen, durch Zahlung eines Geldbetrages eine solche Angelegenheit aus der Welt zu schaffen, statt durch einen langwierigen Entlastungsbeweis sich weiteren Maßnahmen auszusetzen."[20]

Im Klartext hieß dies: Nicht die Devisenstelle hatte einen Tatnachweis zu führen, sondern der jüdische Beschuldigte hatte einen Entlastungsbeweis zu erbringen. Bevor er seine Unschuld nicht nachgewiesen hatte, war beispielsweise an eine Auswanderung nicht zu denken. In dieser Zwangssituation blieb den jüdischen Beschuldigten kaum etwas anderes übrig, als irgend etwas zu „gestehen", in der Hoffnung, durch Zahlung eines größeren Geldbetrages das Gesamtverfahren zu beenden.

Für die Finanzbeamten der Devisenstelle war die Umkehrung der Beweislast und die faktische Eliminierung aller rechtsstaatlichen Schutzrechte der Beschuldigten mehr als bequem: Akribische Beweisermittlungen, gewissenhafte Buchprüfungen und minutiöse Recherchen erwiesen sich als obsolet, weil die Juden unter dem Zwang der Verhältnisse „freiwillige" Geständnisse ablegten. Die als lästig empfundenen rechtsstaatlichen Beschränkungen existierten nicht mehr. Und es scheint außer Frage zu stehen, daß die Finanzbeamten die drastische Ausweitung ihrer Handlungskompetenzen, die ihnen eine ungeheure Macht über die Beschuldigten verlieh, in besonderem Maße schätzten, ja regelrecht genossen, zumal sie diese Macht gegenüber einer Minderheit ausübten, die in ihrem wirtschaftlichen und sozialen Status oft deutlich über dem der Finanzbeamten angesiedelt war. Die NS-Herrschaft erzeugte in diesem Fall loyale Beteiligung an der Judenverfolgung nicht dadurch, indem sie Kompetenzen und Verantwortung parzellierte und beschnitt, sondern sie im Gegenteil deutlich ausdehnte und von rechtsstaatlichen Beschränkungen befreite. Auch in einer Institution des Normenstaates wie der Devisenstelle konnte von normengebundenem Verhalten keine Rede mehr sein, weil die grundlegenden Gesetzesnormen, z.B. der Paragraph 37a des Devisengesetzes, die entgrenzte Machtausübung als Prinzip festschrieben und den Beamten im Rahmen der Judenverfolgung Kompetenzen zubilligten, die denen von Gestapoangehörigen relativ nahekamen.

Diese erweiterten Kompetenzen hätten natürlich theoretisch auch zugunsten der jüdischen Eigentümer angewandt werden können. Dem wirkte jedoch die ideologische Stoßrichtung der NS-Machthaber diametral entgegen, deren Leitlinien den einzelnen Finanzbeamten zum „Retter deutschen Volksvermögens" stilisierten und seine Tätigkeit pseudo-missionarisch aufluden. Diese ideologischen Leitlinien harmonierten überdies mit dem traditionellen Selbstverständnis dieser Berufsgruppe, die sich eher dem finanziellen Wohlergehen des Staates als den Interessen der einzelnen Bürger verpflichtet fühlte. Alle diese Faktoren trugen dazu bei, daß auch solche Beamten, bei denen eine individuelle ideologische Vorprägung keineswegs angenommen werden konnte, oft eine bemerkenswerte Verfolgungsaktivität entwickelten.

Die Funktionalisierung verschiedenster Interessen und die drastische Ausweitung institutioneller Kompetenzen, die für die „Arisierung" und Konfiszierung jüdischen Eigentums typisch waren, machen deutlich, daß die Verfolgung der Juden keineswegs allein auf Befehl und Gehorsam, diktatorisch ausgeübtem Zwang und dem routinisierten Nachvollzug bürokratischer Abläufe beruhte. Zu Recht hat Wolfgang Seibel deshalb die Verfolgung der Juden als „überdeterminiertes" Geschehen[21] bezeichnet, bei dem sich u.a. ideologische Leitlinien mit institutionellen und persönlichen Interessen verbanden und komplexe Verfolgungsnetzwerke entstanden. Dies förderte nicht zuletzt die Homogenisierung und Kooperation der Beteiligten und reduzierte ambivalentes Handeln. Die Frage nach der politisch-moralischen Verantwortung aller Beteiligten ist damit jedoch keineswegs obsolet geworden, sie stellt sich vielmehr umso dringender.

Anmerkungen

1   Raul Hilberg: Die Vernichtung der europäischen Juden, 3 Bde., Frankfurt a.M. 1990; Zygmunt Bauman: Dialektik der Ordnung. Die Moderne und der Holocaust, Hamburg 1992; Hannah Arendt: Eichmann in Jerusalem. Ein Bericht von der Banalität des Bösen, München 1964; Hans-Günter Adler: Der verwaltete Mensch. Studien zur Deportation der Juden aus Deutschland, Tübingen 1974.

2   Ernst Fraenkel, The Dual State. A Contribution to the Theory of Dictatorship, New York/London 1941, dt. Ausgabe: Der Doppelstaat, Frankfurt a.M. 1974.

3   Zum Beispiel Uwe Dietrich Adam: Judenpolitik im Dritten Reich, Düsseldorf 1972.

4   Vgl. u.a. Christopher Browning: Ganz normale Männer. Das Reserve-Polizeibataillon 101 und die „Endlösung" in Polen, Reinbek bei Hamburg 1993; Christian Gerlach, Kalkulierte Morde. Die deutsche Wirtschafts- und Vernichtungspolitik in Weißrußland 1941 bis 1944, Hamburg 1999; Dieter Pohl: Nationalsozialistische Judenverfolgung in Ostgalizien 1941 bis 1944, München 1996; Ulrich Herbert (Hg.): Nationalsozialistische Vernichtungspolitik 1939–1945. Neue Forschungen und Kontroversen, Frankfurt a.M. 1998.

5   Vgl. den thematischen Band: „Bürokratien". Initiative und Effizienz, Beiträge zur Geschichte des Nationalsozialismus 17, Berlin 2001.

6   Pohl: Judenverfolgung; Thomas Sandkühler: „Endlösung" in Galizien. Der Judenmord in Ostpolen und die Rettungsinitiativen von Berthold Beitz 1941–1944, Bonn 1996.

7   Die folgenden Ausführungen basieren vor allem auf meiner Studie „Arisierung" in Hamburg. Die Verdrängung der jüdischen Unternehmer in Hamburg 1933–1945, 2. Aufl., Hamburg 1998.

8   Vgl. Frank Bajohr: „Arisierung" und Restitution. Eine Einschätzung, in: Constantin Goschler/Jürgen Lillteicher (Hg.): „Arisierung" und Restitution. Die Rückerstattung jüdischen Eigentums in Deutschland und Österreich nach 1945 und 1989, Göttingen 2002, S. 39–59.

9   Vgl. Frank Bajohr: „Arisierung" als gesellschaftlicher Prozeß. Verhalten, Strategien und Handlungsspielräume jüdischer Eigentümer und ‚arischer' Erwerber, in: Fritz Bauer Institut (Hg.): „Arisierung" im Nationalsozialismus. Volksgemeinschaft, Raub und Gedächtnis, Frankfurt a.M. 2000, S. 15–30; ders.: Verfolgung aus gesellschaftsgeschichtlicher Perspektive. Die wirtschaftliche Existenzvernichtung der Juden und die deutsche Gesellschaft, in: Geschichte und Gesellschaft 26 (2000), S. 91–114.

10 Harold James: Die Deutsche Bank und die „Arisierung", München 2001.

11 Wolfgang Dreßen: Betrifft: „Aktion 3". Deutsche verwerten jüdische Nachbarn, Berlin 1998; Franziska Becker: Gewalt und Gedächtnis. Erinnerung an die nationalsozialistische Verfolgung einer Jüdischen Landgemeinde, Göttingen 1994.

12 Vgl. Frank Bajohr: Parvenüs und Profiteure. Korruption in der NS-Zeit, Frankfurt a.M. 2001, S. 112ff.

13 Vgl. Bajohr: „Arisierung" in Hamburg, S. 305ff.

14 Staatsarchiv Hamburg, Senatskanzlei – Präsidialabteilung, 1938 S II 657, Schreiben der Verwaltung für Handel, Schiffahrt und Gewerbe an Staatsrat Dr. Becker/Einspruchsstelle vom 7.1.1939.

15 Bajohr: Parvenüs.

16 Vgl. Monika Kingreen: Raubzüge einer Stadtverwaltung. Frankfurt am Main und die Aneignung „jüdischen Besitzes", in: Beiträge zur Geschichte des Nationalsozialismus 17, Berlin 2001, S. 17–50.

17 Alfons Kenkmann (Hg.): Verfolgung und Verwaltung. Die wirtschaftliche Ausplünderung der Juden und die westfälischen Finanzbehörden, Münster 1999; Bajohr: „Arisierung" in Hamburg, S.189ff.

18 Fraenkel: Doppelstaat, S. 99.

19 Bajohr: „Arisierung" in Hamburg, S. 213ff.

20 Zit. nach ebd., S. 214.

21 Wolfgang Seibel: Robuste Strukturen – robuste Motive. Holocaust und wirtschaftliche Verfolgungsmaßnahmen – Anlaß zur Neubewertung der Strukturalismus/Intentionalismus-Debatte? Das Beispiel Frankreich 1940–1942. Papier, vorgelegt auf der Tagung des Arbeitskreises zur Rolle von Unternehmen und Unternehmern im Nationalsozialismus der Gesellschaft für Unternehmensgeschichte in Frankfurt am Main am 14./15.01.2000.

„Pater Devisius" – ein Finanzbeamter zwischen Weltwirtschaftskrise, Weltanschauung und Wiedergutmachung

Alfons Kenkmann

Greven, 2. März 1935: Die Post überstellt ein Schreiben einer Rechtsanwaltskanzlei aus Hamm mit dem Vermerk „Eilt!". Die Anwälte erklären, einem Vergleich zuzustimmen. Voraussetzung sei, daß von der Devisenstelle beim Landesfinanzamt Westfalen die Genehmigung verschafft würde, eine Summe aus der Berufsversicherung ihres Mandanten Dr. Julius Cohn auszuzahlen.[1]

Daraufhin wird der Empfänger des Schreibens umgehend aktiv und verabredet mit einem Beamten der Devisenstelle in Münster einen Termin für den übernächsten Tag. Ergebnis des Treffens: Oberregierungsrat Heinrich Heising von der Straf- und Prüfungsabteilung der Devisenstelle sagt informell zu, die Auszahlung zu ermöglichen.[2] Die Vergleichssumme in Höhe von 12.481,38 RM aus der Berufsgenossenschaftsversicherung Dr. Cohns bei der Versicherungs-Aktien-Gesellschaft Allianz und Stuttgarter Verein wird wie gewünscht ausgezahlt. Damit ist ein Vergleich perfekt, auf den der Betroffene selbst keinerlei Einfluß mehr hat, lebt er doch im französischen Exil.

Mit Heising und Dr. Cohn treffen zwei Personen nicht vis à vis, sondern als „Verwaltungsgegenüber" aufeinander. Beide sind aus Münster, juristisch ausgebildet und Angehörige des gehobenen Bürgertums, sie unterscheiden sich jedoch mental und politisch in hohem Maß. Auf der einen Seite der in Münster alt eingesessene Rechtsanwalt Dr. Julius Cohn, auf der anderen Seite der zugezogene Finanzverwaltungsfachbeamte des regionalen Landesfinanzamts, Oberregierungsrat Heinrich Heising.

Dr. Julius Cohn führte eine der erfolgreichsten Rechtsanwaltspraxen am Landgericht Münster. Zu seinen Klienten gehörten Staats- und Kommunalbehörden, Banken, Großindustrie und der westfälische Adel. Seit 1909, über 20 Jahre lang, war Dr. Cohn Vorstandsvorsitzender der jüdischen Gemeinde in Münster und als Mitglied einer liberalen Partei im Rat der Stadt 1917/18 einer der wenigen jüdischen Stadtverordneten.[3]

Beruflich hatte Dr. Cohn Ende der 1920er Jahre die Direktoren der Dresdner Bank in Münster mit Erfolg bei Gericht gegen eine Verleumdungskampagne der Nationalsozialisten vertreten und hierbei gegen den späteren Gauleiter von Norwegen, Josef Terboven, eine einstweilige Verfügung erreicht.[4] Seither drohten ihm Angehörige der NSDAP, sich persönlich an ihm zu rächen. Mit der Machtergreifung bot sich ihnen endlich die Chance. Mai 1933 wurden den Eheleuten Cohn durch das Finanzamt die Pässe eingezogen, die sie erst gegen Zahlung einer Geldsumme von 40.000 RM zurückerhielten. Nachdem Cohn auch die berufliche Zulassung verloren hatte und weitere Drangsalisierungen drohten, erkannte er frühzeitig, daß er unter nationalsozialistischer Herrschaft weder privat noch beruflich eine Zukunft hatte. Er bereitete seine Flucht vor, die er zur Überraschung der nationalsozialistischen Akteure und unter Zurücklassung seiner Habe mit seiner Frau und seinen Kindern glücklich am 22. Juli 1933 mit seinem Eintreffen im belgischen Knokke bzw. schließlich in Paris abschloß.[5]

Am 28. November 1933 beschlagnahmte das Finanzamt das gesamte Inlandsvermögen, den Grundbesitz, Hausrat, die Praxiseinrichtung sowie Forderungen und Guthaben. Ein Teil des Hausrates wurde von der Stadt Münster und dem lokalen Finanzamt am 29. September 1934 öffentlich versteigert. In das Haus zog dann die „Staatspolizeistelle für den Regierungsbezirk Münster" ein.

Nun zum Cohnschen „Verwaltungsgegenüber": Heinrich Heising, ein Finanzbeamter, geboren am 25. Januar 1885 in Berlin. Heising erhielt seine juristische Grundbildung im kaiserlichen Deutschen Reich. Studienaufenthalte führten ihn an die Universitäten in Lausanne, München, Kiel und Münster. Seine juristischen Ausbildungseinheiten schloß er mit der Note „ausreichend" ab. Aus dem Ersten Weltkrieg, an dem er teilnahm, kehrte er dekoriert mit dem Eisernen Kreuz 1. und 2. Klasse zurück.

Über ein Vierteljahrhundert – von 1920 bis 1948 – war Heising in der Finanzbehörde tätig, sechzehn Jahre davon in der Position eines Oberregierungsrates (1931–1947). Vor 1933 Zentrumswähler und Mitglied im nach der Machtergreifung aufgelösten Juristenbund, war er kein Mitglied der NSDAP, wohl aber einfaches Mitglied in der berufsständischen Organisation „Reichsbund der Deutschen Beamten", in dem „die Mitglieder der bestehenden zahlreichen Beamtenorganisationen und der Fachschaften der Beamtenabteilungen der Reichsleitung der NSDAP sowie die bisher nicht organisierten Beamten in einer einzigen Beamtenorganisation" zusammengefaßt waren.[6] Mit seiner Partei-Abstinenz stellte Heising keine Besonderheit dar. Ein Blick über den westfälischen Tellerrand auf die

Führungskräfte der Oberfinanzpräsidenten Weser-Ems und Hannover unterstreicht, daß unter den höheren Finanzbeamten, sieht man von den Personalreferaten ab, eine große Anzahl der Beamten nicht Mitglied der NSDAP war.[7] Innerhalb der regionalen westfälischen Finanzverwaltung zählte Heinrich Heising zu dem Drittel der Beamten, die ohne Parteibuch ihren Dienst versahen: 3209 von 4657 westfälischen Finanzbeamten (ca. 68,9%) waren 1939 NSDAP-Angehörige.[8] Dies war ein ähnlicher Organisiertheitsgrad wie z.b. beim Offizierskorps der Schutzpolizei und Gendarmerie 1941.[9]

Wie Millionen andere – vom Pfarrer bis zum Arbeiter – gehörte Heising der Nationalsozialistischen Volkswohlfahrt (NSV) an. Allerdings war er auch Mitglied im „nationalsozialistischen Rechtswahrerbund", eine wesentliche Voraussetzung für eine positive Karriereentwicklung.[10] Im sozialen Geflecht seines Dienstortes zählte Heising als Mitglied im renommierten „Zwei-Löwen-Club" zwischen 1932 und 1945 zu den Honoratioren Münsters.[11]

Beim Landesfinanzamt Westfalen leitete unser Protagonist die „Straf- und Prüfungsabteilung" bei der Devisenstelle, eine Leitungsfunktion, die ihm im Volksmund den Beinamen „Pater Devisius"[12] einbrachte.[13] Die Devisenstellen waren administrative Institutionen jüngeren Datums, an den Landesfinanzämtern bzw. Oberfinanzpräsidenten angesiedelte Mittelinstanzen des Reichswirtschaftsministeriums.[14] Die Hauptaufgabe dieser unter Reichskanzler Heinrich Brüning neueingerichteten Dienststellen bestand zunächst darin, die Verordnung des Reichspräsidenten vom 1. August 1931 über die Devisenbewirtschaftung umzusetzen. Der Erwerb und die Verwendung von Devisen und die Reichsmarkzahlung in das Ausland wurden untersagt, Mitnahme und Versendung von Geld ins Ausland durfte fortan nach eingehender Prüfung nur noch mit einer devisenrechtlichen Genehmigung erfolgen.[15]

Arbeitsumfang und Personal der regionalen Devisenstelle wuchsen in der Folgezeit an, weil die Devisenbewirtschaftung immer mehr ausgebaut und fortgesetzt verschärft wurde. Insbesondere die Freigrenze für genehmigungsbedürftige Geschäfte, die zunächst für jede Person auf 3.000 Reichsmark festgesetzt war, wurde nach und nach herabgesetzt: am 31. August 1931 auf 1.000 RM und am 3. Oktober 1931 auf 200 RM. Die Freigrenze wurde im April und September 1934 jedoch weiter auf 50 und schließlich auf 10 RM herabgestuft.[16] Diese massiven Beschränkungen trafen Emigranten und Mitglieder der nationalsozialistischen „Volksgemeinschaft" gleichermaßen wie eine Szene aus Erich Kästners zeitgenössischem Roman „*Der kleine Grenzverkehr oder Georg und die Zwischenfälle*" zeigt:

„Ich fahre im Autobus. Er hält in Reichenhall vor meinem Hotel und trifft, trotz zweier Paßkontrollen, kaum eine halbe Stunde später auf dem Residenzplatz in Salzburg ein. Die zehn Mark, die ich in einem Monat drüben verleben darf, habe ich bereits heute ausgegeben. Der Leichtsinn zwickte mich förmlich. Ich habe alles gekauft, was mir vors Portemonnaie kam: Mozartkugeln, Ansichtskarten, Brezeln. Sogar englische Gummibonbons! Ab morgen bin ich, auch wenn ich nur einen Kaffee ‚mit Schlag' trinken will, Karl auf Gnade und Barmherzigkeit ausgeliefert."[17]

Die larmoyante Selbstbeschränkung der Romanhauptfigur wirkt angesichts der Drangsalisierungen, die Juden im deutschen Reichsgebiet seitens der Finanzverwaltung auferlegt wurden, befremdlich. Denn Hauptopfer der Devisengesetzgebung und auch der „Reichsfluchtsteuer" wurden diejenigen deutschen Juden, die nach der Machtergreifung der Nationalsozialisten für sich keine Perspektive mehr im Deutschen Reich sahen und die Emigration vorbereiteten. Ihnen begegneten die Finanzbehörden mit dem Generalverdacht potentieller Kapitalflucht: Jeder Auswanderer ein potentieller Kapitalschmuggler.

Das Kontrollnetz wurde im Verlauf des Dritten Reichs immer engmaschiger.[18] Da „die Vernichtung der Juden überaus dezentral verlief", wie Raul Hilberg feststellte, „mußten alle Behörden etwas dazu beisteuern, indem sie im entscheidenden Moment eingriffen. Die Bandbreite der Ämter, die letzten Ende an den Vorgängen beteiligt waren, ist identisch mit der ganzen Verwaltung oder gar mit der gesamten organisierten Gesellschaft Deutschlands."[19] Vieles deutet darauf hin, daß die Ausplünderung der Juden integrierende Impulse für die „Volksgemeinschaft" gab. Zehntausende von Angestellten und Beamten waren in diesen Vertreibungs- und Ausplünderungsprozeß involviert und nur in Ausnahmefällen regten sich Zweifel wie in dem Fall eines Finanzbeamten aus Beckum, der damit rechnete, „daß die Sache noch ein Nachspiel haben würde".[20]

Im Dezember 1936 versandte der Reichsfinanzminister an seine Behördenstellen eine Verfügung der Gestapo betreffend „Zusammenarbeit mit den Finanzbehörden bei Vorbereitungen zur Auswanderung", mit der das ein Jahr zuvor eingeführte Meldeverfahren weiter ausgebaut wurde.[21] Seither waren mit einem zweiseitigen Vordruck alle Fälle, bei denen Ausreisevorbereitungen vermutet wurden, u.a. dem Wohnsitzfinanzamt, der Zollfahndungsstelle und der Devisenstelle zu melden. Als Verdachtsgründe für die Absicht, ins Ausland zu gehen, nannte der Vordruck u.a.: Antrag auf Erteilung eines Reisepasses, Auflösung des Geschäfts oder der Wohnung, Verkauf von Grundstücken oder Beteiligungen. Die Verfügung der Gestapo kam mit Jahresbeginn 1937 zunehmend zur Anwendung. Zumeist von den Gestapo- oder den Finanz- und Zolldienststellen veranlaßte

Auswanderungsmitteilungen, mit denen sich die Behörden über bevorstehende Auswanderungen gegenseitig „warnten", ergingen deshalb 1937/38 in immer größerer Zahl und perfektionierten die Überwachungspraxis.[22]

Bis Kriegsausbruch und zum Teil noch darüber hinaus zielte die nationalsozialistische Judenpolitik auf eine Erhöhung des Auswanderungsdrucks.[23] Wer ausreisen wollte, mußte bei der Devisenstelle einen „Fragebogen für Auswanderer" ausfüllen, in der die Familienverhältnisse, das Auswanderungsziel, der Zeitpunkt der Auswanderung, aber auch das Einkommen, der Besitz und das Vermögen (Barmittel, Bankguthaben, Immobilien, Geschäftsvermögen, Hypotheken, Darlehensforderungen Lebensversicherungen) abgefragt wurden. Mit den Fragebögen mußten von den Ausreisewilligen bei der Devisenstelle die Listen über das Umzugsgut eingereicht werden, wobei das „Gesetz über die Devisenbewirtschaftung" die Mitnahme von Umzugsgut erheblich einschränkte.[24] Mitgenommen werden durften nur noch unverzichtbare Gegenstände für den persönlichen Gebrauch, wobei noch zwischen Umzugsgut und Hand- bzw. Reisegepäck unterschieden wurde. Bei beiden wurden die Gegenstände von Heisings Straf- und Prüfungsabteilung kontrolliert und von der Zollfahndungsstelle genehmigt. Vor Erreichen des sicheren Zufluchtsortes stand, wie Peter Gay es in seinen Erinnerungen treffend ausdrückte, ein „Spießrutenlaufen durch die Bürokratie".[25]

Mit Sicherungsanordnungen war den Juden schon seit Ende 1935 nur ein eingeschränkter Zugriff auf ihr Vermögen möglich. Die zunächst vorläufigen Anordnungen wurden von der Heising'schen Straf- und Prüfungsabteilung sowie der Überwachungsabteilung der Devisenstelle geprüft und endgültig bestätigt. Ihre Empfänger konnten keine Gelder mehr nach Belieben abheben sowie über Wertpapiere oder Grundbesitz frei verfügen. Die Genehmigung der Devisenstelle benötigten die Betreffenden z.B. für die Bezahlung von Steuern oder Schulden wie für die täglichen Ausgaben des Lebensunterhalts und die Geldmittel, um die Auswanderung vorzubereiten.

In der Absicht, die Devisenstellen von der zeitintensiven Beschäftigung mit individuell verfaßten Sicherungsanordnungen zu entlasten, wurde vom Reichswirtschaftsminister im August 1939 angeordnet, neue Sicherungsanordnungen zukünftig anhand eines noch zu erstellenden Vordrucks zu erlassen. Juden sollten generell zukünftig nur über „beschränkt" verfügbare Sicherungskonten verfügen, von denen monatlich zur Bestreitung des Lebensunterhalts ein „Freibetrag" abgehoben werden durfte. Zwei Beamte der Devisenstelle verschickten zwischen Oktober 1939 und März 1940 Tag für Tag diese nunmehr standardisierten Sicherungsanordnungen: insgesamt 4.162 Anordnungen allein in Westfalen.[26]

Die Empfänger der Sicherungsanordnungen hatten bis auf einen Freibetrag, der in der Regel im Monat 150 bis 300 RM betrug, keine Möglichkeit, zusätzliche Gelder von ihren Konten zu bewegen. Den Juden war mit § 37a Devisengesetz, später § 59, das Verfügungsrecht über ihr Eigentum entzogen worden, obwohl sie formal noch Eigentümer der Vermögenswerte blieben.[27]

1941 machte „Pater Devisius" einen Karrieresprung – offenkundig hatte er sich als Leiter seiner Abteilung bei der Devisenstelle bewährt. Sein neues Aufgabenfeld: die Führung der „Dienststelle für die Einziehung von Vermögenswerten" – eine Behörde, die in den einschlägigen Nachschlagewerken wie dem Handbuch für das Deutsche Reich, Taschenbuch für Verwaltungsbeamte, oder in entsprechenden Adreßbüchern nicht aufzufinden ist.[28]

Die neu geschaffene Einrichtung – gleichsam eine konversierte Dienststelle – zur Verwertung des Restvermögens von Juden aus Westfalen leitete sich fast zwangsläufig aus dem Beginn der Deportationen ab.[29] Der Straf- und Prüfungsabteilung der Devisenstelle gingen die Vorgänge aus, da die Menschen fehlten. Was blieb waren Hausinventare, Kontostände und unbewegliches Vermögen. Entsprechend war Heinrich Heising jetzt zum Leiter der „Dienststelle für die Einziehung von Vermögenswerten" avanciert. Die Tätigkeit in dieser Dienststelle bot neben der Kompetenzerweiterung für die dort eingesetzten Angestellten und Beamten darüber hinaus die erhöhte Chance, von einem – mitunter lebensgefährlichen – Einsatz im besetzten Osteuropa verschont zu bleiben.

Das Reichsfinanzministerium verständigte am 4. November 1941 die Oberfinanzpräsidenten über die bevorstehenden Deportationen und die Absicht, das Vermögen der abgeschobenen Juden für das Reich einzuziehen. Verwaltung und Verwertung des eingezogenen Vermögens wurde den Oberfinanzpräsidenten übertragen.[30] Ihnen sollten von der Gestapo die Einziehungsverfügungen und Vermögensverzeichnisse ausgehändigt und „die freigemachten Wohnungen" übertragen werden – ein „Zusammenspiel zwischen Gestapo und Vermögensverwertungsstelle",[31] das sich bereits in den Jahren zuvor zwischen polizeilicher Sonderverwaltung und klassischer Finanzverwaltung entwickelt und bewährt hatte.

Um einen möglichst reibungslosen Verlauf der Deportation der westfälischen Juden sicherzustellen und um die Erfahrungen mit der Deportation der rheinischen Juden zu berücksichtigen, fand am 19. November 1941 bei dem Münsteraner Oberbürgermeister eine als „äußerst vertraulich" eingestufte Besprechung – eine Art kleine Wannseekonferenz – statt, an der neben dem stellvertretenden Gauleiter, Polizeipräsident Heider, Dr. Busse von der Gestapoleitstelle Münster auch Heinrich Heising in seiner neuen Funktion teilnahm. Auf dieser „kleinen

Wannseekonferenz" wurden Probleme antizipiert, Kleinlösungen verworfen, Vorerfahrungen ausgewertet und die Vorgehensweise abgestimmt. Oberregierungsrat Heising forderte in der Runde für sich am „Tag X", dem Deportationstag, 20 Liter Benzin, um alle freiwerdenden Wohnungen und das zurückgelassene Inventar noch am gleichen Tag selbst in Augenschein nehmen zu können. Dies war eine für den Leiter der neuen Dienststelle nicht unbedingt notwendige Tätigkeit. Indem er ihr nachging, zeigte sich seine besondere Verantwortung für das neue Aufgabenfeld. Nichts wollte er dem Zufall überlassen und dabei besondere Effizienz im Detail nachweisen. Diese individuelle Eigeninitiative war nicht untypisch für Angehörige der Verwaltungseliten, wollten sie doch ihre Nützlichkeit an der Heimatfront unterstreichen.

Im Dezember 1941 informierte der Oberfinanzpräsident Westfalen seine Finanzämter über den genauen Zeitpunkt des Deportationsbeginns – den 13. Dezember 1941. Unmittelbar im Anschluß an die Deportation begann die Finanzverwaltung mit der Einziehung des Vermögens. In gleicher Weise verfuhr sie auch bei den später folgenden Deportationen. Das Wohnungsinventar wurde, kurz nachdem die Polizei die Juden aus ihren Wohnungen geholt hatte, von Beamten der Finanzämter weggeschafft und, soweit es nicht für die eigene Verwaltung oder andere staatliche Stellen gebraucht wurde, in zahlreichen westfälischen Gemeinden und Städten öffentlich versteigert und an Angehörige der „Volksgemeinschaft" veräußert.[32] Was unter den Bedingungen der Mangelwirtschaft und des Bombenkrieges an der „Heimatfront" schwierig zu erlangen und ersetzen war, das konnte nun auf diesen öffentlichen Auktionen erworben werden. Die Verkaufserlöse gingen anschließend an die Finanzkasse. Gelder, die noch auf den Konten der Deportierten lagen, wurden von den Banken an die Oberfinanzkasse in Münster überwiesen. Dabei legten Finanzbeamte wie Oberregierungsrat Heinrich Heising großen Wert auf eine penible Abrechnung.[33] Die Finanzverwaltung leistete dem NS-System bei dem finalen Geld- und Vermögenstransfer eine wertvolle Hilfestellung. Wenn dem einzelnen verboten war, von Juden zu kaufen, stand die Gesellschaft vor dem Problem, das Restvermögen zu verwerten.[34] Hier leistete der Finanzfachmann seinen Mittlerdienst.

Auch das unbewegliche Vermögen der jüdischen Opfer – Häuser, Grundstücke und Friedhöfe – wurde von den Beamten, wie zahlreichen Schriftstücken zu entnehmen ist, im Auftrag Heisings zu Gunsten des Reiches eingezogen. Auf die Erfahrungen, die er bei der Einziehung des Besitzes von Juden gesammelt hatte, griff Heising ab 1943 auch bei der Enteignung der „Zigeuner" zurück. Die Verkaufserlöse wurden auf eigens eingerichteten „Zigeuner-Sammelkonten" verbucht. Die Gesamteinnahmen aus der Verwertung des Vermögens der deportierten Juden des Deutschen Reichs bis zum Ende des Zweiten Weltkriegs betrugen 777,7 Millionen RM.[35]

Wir wissen nicht, wie stark Heising als Leiter der „Dienststelle für die Einziehung von Vermögenswerten", die er im Entnazifizierungsfragebogen später spitzfindig als Tätigkeit in der „Vermögensverwaltung" festhielt,[36] zu Beginn der 1940er Jahre zeitlich beansprucht wurde. In jedem Fall blieb er am Schreibtisch vor Ort. Das hatte den in seinem Sinne positiven Effekt, auch von den Alliierten als Verwaltungsfachmann eingesetzt zu werden.[37] In der frühen Besatzungszeit war er beim Oberfinanzpräsidenten Westfalen für die ersten Wiedergutmachungsangelegenheiten zuständig. Schon zwei Monate nach Kriegsende führte er auf Grund einer Anfrage über die Beteiligung der Finanzverwaltung an der Diskriminierung der Juden aus, die Finanzadministration sei „niemals mit der politischen Seite [sic!] der Abschiebung von Juden und Zigeunern befaßt worden [...]". Die Beamten hätten „von den getroffenen Maßnahmen" – gemeint ist die Deportation und spätere Vernichtung der Juden – erst im Nachhinein erfahren.[38]

In einer im September 1945 erstellten Expertise Heisings für den Oberpräsidenten der Provinz Westfalen zum Thema „Wiedergutmachung der von den Juden und KZ-Häftlingen erlittenen Schäden" kam Heising zu dem Ergebnis, daß es sich „bei der Wiedergutmachung [...] in erster Linie um eine Geldfrage [handelt]" bei der der Sachverhalt zu berücksichtigen sei, daß „auch andere Gläubiger des Reiches, wie die Bombengeschädigten, kaum mit einer vollen Befriedigung ihrer Ansprüche zu rechnen haben und auch die Juden, wenn sie in Deutschland verblieben wären, erhebliche Vermögensschäden durch den Krieg erlitten haben würden [...]".[39] Damit ordnete sich der Täter Heising der Gruppe der Opfer zu.

Heising spielte einen äußerst aktiven Part bei der „zweiten Verhöhnung der Opfer". Er, der zuvor an führender Stelle die Mitarbeiter seiner Abteilung zur Ausplünderung der Juden eingesetzt und im Anschluß daran die Verwaltung und Verwertung des Vermögens deportierter Juden in Westfalen organisiert hatte, sollte nun die Opfer entschädigen. In diesem Zusammenhang kreuzten sich die Wege Heisings und Cohns erneut. Im Sommer 1947 gab Heising eine Stellungnahme zum Wiedergutmachungsantrag seines alten „Verwaltungsgegenübers" von 1935, Dr. Julius Cohn ab.[40] „Auf Grund der Sondergesetze gegen die Juden" seien „von der Naziregierung Vermögenswerte des Justizrats Dr. Cohn weder beschlagnahmt noch eingezogen worden" – mit Sondergesetzen war u.a. die „Judenvermögensabgabe" gemeint. Vielmehr sei es Dr. Cohn „gelungen, von Paris aus den größten Teil seines Vermögens [...] unter Verletzung der Deutschen Devisengesetzgebung", zu der Heising die Reichsfluchtsteuer- und die Devisenverordnung aus dem Jahre 1931 zählte, „ins Ausland zu verschieben."[41] Eine Diktion, die nicht unwidersprochen blieb.

In seiner Antwort auf die Heising'sche Expertise äußerte der nordrhein-westfälische Innenminister Walter Menzel seine „Verwunderung" über die Formulierung, das Opfer des NS-Regimes habe „sein Vermögen ins Ausland verschoben". Wenn der Berichterstatter aus Münster weiterhin anführe, daß das Gericht wegen etwaiger Gerichtskosten noch nicht voll befriedigt sei, könne es doch nicht darum gehen, „ob der Nazi-Staat wegen seiner unrechtmäßigen Forderungen befriedigt ist, sondern es kann sich einzig und allein heute nur darum handeln, wie und in welcher Weise und auf welchem schnellstmöglichen Wege die Schäden, welche die Nazi-Behörden unschuldigen Opfern zugefügt haben, wiedergutgemacht werden können. [...] Wäre Herr Cohn mit seinen Angehörigen in Deutschland geblieben, dann wären er und seine Angehörigen zweifellos im Konzentrationslager gelandet und hätten dort oder irgendwo im Osten ihr grauenhaftes Ende gefunden."[42]

Sein „Nachklappen" im Fall Cohn wurde Oberregierungsrat Heising nicht zum Verhängnis. Vielmehr hatte er mit seiner Strategie, den Anteil der Finanzverwaltung am Enteignungsprozeß zu verschleiern, sogar Erfolg. Im Juni 1947 wurde Heising zum Regierungsdirektor befördert, was er selbst als Akt der Wiedergutmachung für seine Nichtbeförderung während der nationalsozialistischen Herrschaft auslegte. Am 1. April 1949 stieg „Pater Devisius" in der sehr jungen Bundesrepublik zum Finanzgerichtspräsidenten in Düsseldorf auf; sein Kontrahent Dr. Julius Cohn verstarb zwei Monate nach der Beförderung Heisings (5. Juni 1949) in der Emigration in San Francisco.[43]

Fazit

Die gewählte exemplarische Berufsbiographie eines hohen westfälischen Finanzbeamten unterstreicht, daß bei der finanziellen Ausplünderung der Juden – einem der „größten Besitzwechsel der neuzeitlichen deutschen Geschichte"[44] – an zentraler Stelle Vertreter des traditionellen Fachbeamtentums agierten, die bereits Jahre vor der nationalsozialistischen Machtergreifung im Verwaltungsdienst tätig waren. Sie sahen „aus dem engen Blickwinkel ihrer institutionellen Position heraus die eigene Beihilfe" an der Auspressung und Beraubung der Juden „als eine selbstverständliche Amtspflicht" an.[45]

Zur Umsetzung der finanziellen Ausplünderung der Juden bedurfte es innerhalb der Fachverwaltung Finanzen offenkundig nicht des rassistischen Weltanschauungsgehilfen, sondern des klassischen Vertreters aus der Kerngruppe des obrigkeitlichen Beamtentums.[46] Gerade im Hinblick auf die Zäsuren 1933 und 1945 ist eine deutliche Kontinuität des Personals feststellbar. Kenntnisse und Fertigkeiten der klassischen Fachverwaltung ermöglichten nicht nur die Umsetzung der zeitgenössischen ideologischen Zielsetzung, sondern mit ihrem „Selbstbehauptungslavieren" leisteten sie darüber hinaus „einen unverzichtbaren Beitrag dazu [...], daß der verheerende Amoklauf des NS-Unrechtsstaats erst nach 12 langen Jahren von seinen Kriegsgegnern gestoppt werden konnte."[47]

Die professionellen Qualitäten höherer Finanzbeamter – Ausübung von Leitungsfunktionen sowie die Planung und Moderation von Problemlösungsprozessen im bürokratischen System – leisteten einen gewichtigen Beitrag zur Realisation des Ausplünderungsvorhabens. Die Energie, mit der die Angehörigen der Finanzfachverwaltung die ihr übertragenen Aufgaben lösten und ihre Spielräume nutzten, unterstreicht eine Einstellung zum eigenen Arbeitsfeld, dieses eben nicht als „Ödnis zwischen Büroklammer und Papierkorb"[48] anzusehen. Es scheint, als habe die Finanzbeamtenschaft im Kampf gegen die jüdische Bevölkerung die Erfüllung und Anerkennung gesucht, die gerade ihrer Fachverwaltung als ungeliebtem Steuereintreiber von der großen Mehrheit der deutschen Bevölkerung beharrlich verweigert wurde.[49] Für ambivalente Verhaltensdispositionen gab es deshalb kaum Entwicklungsmöglichkeiten.

Die „notwendige Fragmentierung der Tätigkeitsbereiche im modernen Verwaltungsstaat, die einen Verlust an Verantwortlichkeit mit sich bringt", führt mit dem Historiker Eberhard Kolb „bei Durchdringung und Überlagerung der Bürokratie durch einen Terrorapparat dazu, daß sich die an den Unterdrückungspraktiken objektiv Beteiligten auf einen (scheinbar) moralfreien, technokratischen Effektivitätsstandpunkt"[50] zurückziehen. Männer wie der münster'sche „Pater Devisius" sind ein gutes Beispiel für ein solches bürokratisches Verhalten. (Verwaltungs-)Eliten sind nicht nur ein „unentbehrliches Element der demokratischen Ordnung",[51] sondern ebenso ein unentbehrliches Element totalitärer Gesellschaften. Der berufliche Lebenslauf des Oberregierungsrats Heising zwischen Weltwirtschaftskrise und Währungsreform unterstreicht geradezu die „vom politischen System unabhängige Anpassungsfähigkeit"[52] traditioneller Eliten. Oder mit den Worten des Historikers Helmut Heiber: „Ein Vergessen von ‚i.A.', ‚i.V.', ... kann man bei deutschen Verwaltungen selbst im Strudel des Zusammenbruchs getrost ausschließen."[53] Eine Wirkungsmächtigkeit von Verwaltungshandeln, die auch Dr. Julius Cohn erleben und erleiden mußte.

Anmerkungen

1   Vgl. Detlef Dreßler/Hans Galen/Christoph Spieker: Greven 1918–1950. Republik. NS-Diktatur und Folgen, 2 Bde., Bd. 1: 1918–1939, Greven 1994, S. 409.

2   Handschriftlicher Vermerk des Rechtsanwalts Lauscher vom 5. März 1935, in: Stadtarchiv Greven, Dep. 06/17.

3   Vgl. Gisela Möllenhoff/Rita Schlautmann-Overmeyer: Jüdische Familien in Münster 1918 bis 1945, Teil 1: Biographisches Lexikon, im Auftrag der Stadt Münster, der Gesellschaft für Christlich-Jüdische Zusammenarbeit Münster e.V., des Institutum Judaicum Delitzschianum der Westfälischen Wilhelms-Universität, hg. von Franz-Josef Jakobi/Andreas Determann/Diethard Aschoff, Münster 1995, S. 92f.

4   Zu Terboven siehe Hans-Dietrich Loock: Quisling, Rosenberg und Terboven. Zur Vorgeschichte und Geschichte der nationalsozialistischen Revolution in Norwegen, München 1970.

5   Vgl. Möllenhoff/Schlautmann-Overmeyer, S. 92f; Gerd Blumberg: Die Beamten der Finanz-/Zollverwaltung in Westfalen, Vortrag gehalten auf der Tagung der Universität Hannover und des Niedersächsischen Staatsarchivs, Hannover 19./20.06.2001 (Manuskript).

6   Vgl. Sigrun Mühl-Benninghaus: Das Beamtentum in der NS-Diktatur bis zum Ausbruch des Zweiten Weltkrieges. Zu Entstehung, Inhalt und Durchführung der einschlägigen Beamtengesetze, Düsseldorf 1996, S. 115; vgl. auch Rainer Fattmann: Bildungsbürger in der Defensive. Die akademische Beamtenschaft und der „Reichsbund der höheren Beamten" in der Weimarer Republik, Göttingen 2001. Die Lebensgeschichte des Finanzbeamten wurde rekonstruiert nach der Entnazifizierungsakte, in: Nordrheinwestfälisches Hauptstaatsarchiv Düsseldorf (NWH-StAD), Bestand Entnazifizierungsakten (NW 1039), Bd. H 297.

7   Vgl. hierzu Christoph Franke: Finanzverwaltung und Judenverfolgung am Beispiel des Oberfinanzpräsidenten Hannover, Vortrag gehalten auf der Tagung der Universität Hannover und des Niedersächsischen Staatsarchivs, Hannover 19./20.06.2001 (Manuskript) und den Beitrag von Bettina Schleier: Die Beamtenschaft der Finanzverwaltung in Bremen in der unmittelbaren Nachkriegszeit, in: Bremisches Jahrbuch, 80 (2001), S. 168–180; Susanne Meinl: Finanzverwaltung und Judenverfolgung. Tagung des Historischen Seminars der Universität und des Niedersächsischen Hauptstaatsarchivs mit Unterstützung der Deutschen Forschungsgemeinschaft, Hannover 19./20.06.2001 (Tagungsbericht), in: Newsletter. Informationen des Fritz Bauer Instituts, 10 (2001), Nr. 21, S. 11–13, hier S. 12f.

8   Ilse Birkwald: Die Steuerverwaltung im Dritten Reich, in: Wolfgang Leesch/Ilse Birkwald/Gerd Blumberg: Geschichte der Finanzverfassung und -verwaltung in Westfalen seit 1815, Münster 1998, S. 239–286, hier S. 247f. Ein wesentlich geringerer Organisationsgrad findet sich bei den Angestellten: Von den 1.523 Angestellten waren 789, von den 505 Arbeitern 68 in der NSDAP.

9 Vgl. Bundesarchiv Koblenz, Bestand R 19, Bd. 466, Bl. 55.

10 Auch Heisings Gesprächspartner vom 5.3.1935 in der Angelegenheit Dr. Julius Cohn, Rechtsanwalt Lauscher aus Greven, war Mitglied dieser Organisation.

11 Vgl. NWHStAD, NW 1039/H-279.

12 So die telefonische Auskunft eines Verwandten der Familie Heising.

13 Siehe auch Alfons Kenkmann: The supervision and plunder of Jewish Finances by the Regional Financial Administration: the example of Westphalia, in: Martin Dean (Hg.): The confiscation of Jewish Property in Europe, 1933–1945: New Sources and new Perspectives, Washington 2002, p. 21–31.

14 Vgl. Frank Bajohr: „Arisierung" in Hamburg. Die Verdrängung der jüdischen Unternehmer 1933–1945, Hamburg 1997, S. 189.

15 Vgl. ebd., S. 189ff.

16 Vgl. Gerd Blumberg: Etappen der Verfolgung und Ausraubung und ihre bürokratische Apparatur, in: Alfons Kenkmann/Bernd-A. Rusinek (Hg.): Verfolgung und Verwaltung. Die wirtschaftliche Ausplünderung der Juden und die westfälischen Finanzbehörden. Katalog zur Wanderausstellung, Münster 1999, S. 15–40, S. 18. Mit dem Ziel der finanziellen Beraubung vor allem jüdischer Auswanderer wurde am 18.5.1934 auch die „Reichsfluchtsteuer" verschärft. Sie hatte als Obergrenze nun 10.000 RM Einkommen und 50.000 RM Vermögen.

17 Veröffentlicht bei Atrium, Zürich 1938. Hier zit. nach der Taschenbuchausgabe, Gütersloh 1963, S. 29. (Erstpublikation 1938, nach der erfolgten „Heimkehr" Österreichs ins Deutsche Reich).

18 So etwa die Anordnung des Landesfinanzamtes Westfalen an die Finanzämter, Hauptzollämter, Zentralfahndungs- und Devisenstellen, insbesondere nichtarische Personen zu benennen, die Guthaben abheben, Grundstücke verkaufen etc., an die Gestapo im November 1935.

19 Raul Hilberg: Unerbetene Erinnerung. Der Weg eines Holocaust-Forschers, Frankfurt a. M. 1994, S. 68.

20 Schreiben P. H. an den Vorsteher des Finanzamts Beckum vom 18.5.1947, in: OFD Münster, 05200-5880 A, Bd. 1, unpaginiert. Für den Quellenhinweis bin ich Stud. phil. Martin Hölzl zu Dank verpflichtet.

21 Zur Kooperation von Finanzverwaltungen und Dienststellen der Geheimen Staatspolizei siehe Hans-Dieter Schmid: „Finanztod". Die Zusammenarbeit von Gestapo und Finanzverwaltung bei der Ausplünderung der Juden in Deutschland, in: Gerhard Paul/Klaus-Michael Mallmann (Hg.): Die Gestapo im Zweiten Weltkrieg. „Heimatfront" im besetzten Europa, Darmstadt 2000, S. 141–154.

22 Siehe Blumberg: Etappen der Verfolgung, S. 23f.

23 Landesarchivverwaltung Rheinland-Pfalz (Hg.): „Verfolgung und Verwaltung. Enteignung und Rückerstattung jüdischen Vermögens m Gebiet des heutigen Rheinland-Pfalz 1938–1953". Begleitheft zur Ausstellung des Landeshauptarchivs Koblenz in Verbindung mit der Wanderausstellung „Verfolgung und Verwaltung" der Villa ten Hompel und der Oberfinanzdirektion Münster, 23.11.2001–18.01.2002 im Bundesarchiv Koblenz, Koblenz 2001, S. 21.

24. Siehe Blumberg, Etappen der Verfolgung, S. 26f; vgl. auch entsprechende Beispiele aus Norddeutschland, in: Ein offenes Geheimnis. „Arisierung" in Alltag und Wirtschaft in Oldenburg zwischen 1933 und 1945, Katalog zur Ausstellung, Oldenburg 2001, S. 89–99.

25. Peter Gay: Meine deutsche Frage. Jugend in Berlin 1933–1939, München 1999, S. 164.

26. Gerd Blumberg: Die Zollverwaltung und die Devisenstelle im Dritten Reich, in: Wolfgang Leesch/Ilse Birkwald/Gerd Blumberg: Geschichte der Finanzverfassung und -verwaltung in Westfalen seit 1815, Münster 1998, S. 288-353, hier S. 332.

27. Vgl. Frank Bajohr, Dienstbeflissene Bürokraten? Devisenstelle, Zollfahndung und die forcierte „Arisierung" jüdischer Unternehmen in Hamburg im „Dritten Reich", in: Verfolgung und Verwaltung. Beiträge zur Hamburger Finanzverwaltung 1933 bis 1945. Begleitheft zur Sonderausstellung im Deutschen Zollmuseum, Hamburg 2003, S. 9–28, hier S. 13.

28. Vgl. etwa Einwohnerbuch der Provinzialhauptstadt Münster (Westf.), 63 (1941–1942). Münster o. J., Teil III, S. 7 und Taschenbuch für Verwaltungsbeamte 1943. Mit einem Geleitwort von H. Pfundner, hg. von Dr. Warnack, Berlin o. J., S. 303. Siehe auch Thomas Bardelle: Die Aktenüberlieferung im Hauptsstaatsarchiv Hannover. Vortrag gehalten auf der Tagung „Finanzverwaltung und Judenverfolgung" der Universität Hannover und des Niedersächsischen Staatsarchivs, Hannover 19./20.06.2001 (Manuskript).

29. Im Oktober 1941 hatten die ersten Massendeportationen jüdischer Bürger aus dem Deutschen Reich begonnen. Mit ihnen war die finale Phase der nationalsozialistischen Judenpolitik eingeleitet. Mit der Deportation - mit der Überschreitung der Grenzen des Altreichs - verloren die Juden die deutsche Staatsangehörigkeit. Einziehung, Verwaltung und Verwertung des Vermögens und Besitzes deportierter Juden war Aufgabe des Reichsfinanzministeriums, das „die Erfüllung dieser Aufgaben" den Oberfinanzpräsidenten übertrug. Vgl. I. Arndt: Entziehung und Verbringung jüdischen Vermögens (Ausland und Deutschland), in: Gutachten des Instituts für Zeitgeschichte, Bd. 2, 1963, S. 92–125, hier S. 122.

30. Vgl. Kurt Schilde: Bürokratie des Todes. Lebensgeschichten jüdischer Opfer des NS-Regimes im Spiegel von Finanzamtsakten, Berlin 2002, S. 62f.

31. Martin Friedenberger: Das Berliner Finanzamt Moabit-West und die Enteignung der Emigranten des Dritten Reichs 1933–1942, in: Zeitschrift für Geschichtswissenschaft, 49 (2001), S. 691.

32. Anschauliche Beispiele administrativer Beschlagnahmungen und Nutzungen bieten Walter Rummel/Jochen Rath (Bearb.): „Dem Reich verfallen" - „den Berechtigten zurückzuerstatten". Enteignung und Rückerstattung jüdischen Vermögens im Gebiet des heutigen Rheinland-Pfalz 1938–1953. Koblenz 2001 (Veröffentlichungen der Landesarchivverwaltung Rheinland-Pfalz, Bd. 96), S. 171–173.

33. Vgl. auch Wolfgang Mönninghoff: Enteignung der Juden. Wunder der Wirtschaft. Erbe der Deutschen, Hamburg/Wien 2001, S. 217. Der Autor „verzichtet" leider generell auf Quellennachweise und stützt sich darüber hinaus vornehmlich auf die erschienene Sekundärliteratur.

34. Vgl. etwa „Keine Kriegsgewinnler bei der Entjudung", in: Wuppertaler Zeitung vom 29.07.1940. Der Artikel bezieht sich auf die „Zwangsentjudung des nicht land- oder forstwirtschaftlich genutzten Grundbesitzes".

35 Stefan Mehl: Das Reichsfinanzministerium und die Verfolgung der Juden 1933–1943. Berlin 1990 (Berliner Arbeitshefte und Berichte zur sozialwissenschaftlichen Forschung, 38), S. 7. Die „Einnahmen" aus der „Reichsfluchtsteuer" betrugen 900 Millionen RM, die aus der „Judenvermögensabgabe" 1 Milliarde 100 Millionen RM.

36 NWHStAD, NW 1039, H 297.

37 Zu personellen Kontinuitäten in der Finanzadministration siehe auch Bettina Schleier: Die Beamtenschaft der Finanzverwaltung in Bremen in der unmittelbaren Nachkriegszeit.

38 Vgl. Blumberg: Etappen der Verfolgung, S. 38.

39 Oberfinanzdirektion Münster (OFD), 0-5205-A, Bl. 33.

40 Zur Lebensgeschichte Dr. Cohns vgl. Möllenhoff/Schlautmann-Overmeyer, S. 92f.

41 Der Oberfinanzpräsident Westfalen in Münster (Berichterstatter: Oberregierungsrat Heinrich Heising) an den Innenminister des Landes Nordrhein-Westfalen mit Schreiben vom 8.8.1947, in: OFD Münster, 0-5608-Bu, C25/A, Rü-Sache Dr. Julius Cohn, unpaginiert.

42 Innenminister des Landes Nordrhein-Westfalen, Abt. V an den Oberfinanzpräsidenten Westfalen vom 16.9.1947, in: ebd., unpaginiert. Zur frühen Wiedergutmachungspraxis in Nordrhein-Westfalen siehe Julia Volmer: Der Beginn der Wiedergutmachung, in: Markus Deist (Hg.): Die Düsseldorfer Bezirksregierung zwischen Demokratisierung, Nazifizierung und Entnazifizierung. Eine staatliche Mittelbehörde an der Schnittstelle zwischen Verwaltung und Politik, Essen 2003, S. 126–145.

43 Unter dem Namen Cornell; vgl. Möllenhoff/Schlautmann-Overmeyer, S. 93.

44 Jürgen Lillteicher: Rechtsstaatlichkeit und Verfolgungserfahrung. „Arisierung" und fiskalische Ausplünderung vor Gericht, in: Constantin Goschler/Jürgen Lillteicher (Hg.): „Arisierung" und Restitution. Die Rückerstattung jüdischen Eigentums in Deutschland und Österreich nach 1945 und 1989, Göttingen 2002, S. 127–159, hier S. 127.

45 Wolfgang Seibel: Ansprache zur Absolventenfeier, 3.7.1999, Fakultät für Verwaltungswissenschaft der Universität Konstanz (Manuskript), S. 9f.

46 Vgl. Alfons Kenkmann: Looting of Jewish Property and German Fiscal Administration, in: Gerald Feldman/Wolfgang Seibel (Hg.): Networks of Persecution: The Holocaust as Division-of-Labor Based Crime, Oxford/New York 2002.

47 Michael Ruck: Die deutsche Verwaltung im totalitären Führerstaat 1933–1945, in: Jahrbuch für europäische Verwaltungsgeschichte, 10 (1998), S. 1–18, hier S. 48.

48 Gerd Busse: Unseliger Büroschlaf, Traurige Kaffeetassentropen: Der niederländische Roman „Het Bureau" beschreibt grauen Alltag, in: Frankfurter Allgemeine Zeitung v. 4.1.2000.

49 Zu einem ähnlichen Urteil in Bezug auf die hohe Beamtenschaft während des Ersten Weltkrieges generell kommt Moritz Föllmer: Machtverlust und utopische Kompensation. Hohe Beamte und Nationalismus im Ersten Weltkrieg, in: Zeitschrift für Geschichtswissenschaft, 49 (2001), S. 581–598, hier S. 598.

50 Eberhard Kolb: Die Maschinerie des Terrors. Zum Funktionieren des Unterdrückungs- und Verfolgungsapparates im NS-System, in: Karl-Dietrich Bracher/Manfred Funke/Hans-Adolf

Jacobsen (Hg.): Nationalsozialistische Diktatur 1933–1945. Eine Bilanz, Bonn 1986, S. 270–284, hier S. 283f.

51 Carlo Schmid, zit. nach Theodor Eschenburg: Letzten Endes meine ich doch. Erinnerungen 1933–1999, Berlin 2000, S. 121.

52 Vgl. Beiträge zur Geschichte des Nationalsozialismus, Bd. 17: Bürokratien. Initiative und Effizienz, Berlin 2001, S. 12.

53 Helmut Heiber: Universität unterm Hakenkreuz, hier zit. nach Patrick Bahners: Wege der Forschung. Von der SS zur WB: Die Karrieren des Historikers Ernst Anrich, in: Frankfurter Allgemeine Zeitung v. 29.10.2001.

Ambivalente Sozialingenieure?

Die Rasseexperten der SS

Isabel Heinemann

In seiner berühmten Posener Rede vor höheren SS-Offizieren am 4. Oktober 1943 kam Heinrich Himmler kurz nach seinen Ausführungen über die Notwendigkeit des Judenmords auf die innere Organisation der SS zu sprechen. Er stellte hierzu fest: „Entstanden sind wir aus dem Gesetz der Auslese. Wir haben ausgelesen aus dem Durchschnitt unseres Volkes. [...] Deswegen sind wir verpflichtet, wann immer wir zusammenkommen und was wir auch tun, uns unseres Grundsatzes zu besinnen: Blut, Auslese, Härte."[1]

Bereits im sogenannten Verlobungs- und Heiratsbefehl der SS vom Jahresende 1931 hatte Himmler die Rassenfachleute aus dem späteren Rasse- und Siedlungshauptamt der SS – kurz RuSHA – mit der SS-Auslese beauftragt.[2] Daraufhin entwickelten die SS-Rassespezialisten ein konkretes Ausleseverfahren nach anthropologischen Kriterien, dessen Ergebnis für jeden Bewerber auf einer Karteikarte festgehalten wurde. Hierbei untersuchten die SS-Experten insgesamt 21 körperliche Eigenschaften wie Augenfarbe, Haarfarbe, Körperhöhe, aber auch rassenanthropologisch bedeutsamere Merkmale wie „Kopfform", „Augenfaltenbildung" und „Backenknochen". Nur wer die rassischen Standards erfüllte, also mindestens als „überwiegend nordisch und fälisch" sowie von „gutem Körperbau" galt, wurde aufgenommen.[3] Wollte ein SS-Mann heiraten, hatte seine Frau denselben Kriterien hinsichtlich ihres „Rassewerts" zu entsprechen. So sollte eine rassisch hochwertige „SS-Sippengemeinschaft" entstehen.[4] Doch es blieb nicht allein bei dieser internen Arbeit am „Körper der SS". Bereits wenige Wochen nach dem Angriff auf Polen übertrug der Reichsführer-SS in seiner neuen Eigenschaft als Reichskommissar für die Festigung deutschen Volkstums (RKF) den SS-Rasseexperten die sogenannte rassische Auslese sowohl der Volksdeutschen als auch der Zivilbevölkerung in den verschiedenen besetzten Regionen Europas: Polen, Tschechen, Ukrainer, aber auch Franzosen, Niederländer und Norweger gingen so bis 1945 durch die Hände der SS-Rasseprüfer.[5] Das Motto dieser Maßnahmen hatte Heinrich Himmler selbst bei einem Besuch in Lodz im Warthegau vorgegeben: „Die rassische Untersuchung soll verhindern, daß sich im neu besiedelten Osten Mongolentypen entwickeln. Ich möchte hier eine blonde Provinz schaffen."[6] Nach seinen Vorstellungen sollte das neue „Großdeutsche Reich" beziehungsweise später das „Großgermanische Reich deutscher Nation" ein prinzipiell auf rassischer Grundlage aufbauendes Imperium werden, in welchem die „Gutrassigen" privilegierte Plätze einnehmen und die „Schlechtrassigen" – allen voran die europäischen Juden – der Enteignung, Vertreibung, Umsiedlung und schließlich Vernichtung preisgegeben werden sollten.[7]

Der folgende Beitrag beschäftigt sich mit der Expertengruppe innerhalb der SS, welcher die Konzeption und Ausführung dieser Politik der rassischen Homogenisierung oblag, den Rasseexperten der SS aus dem Rasse- und Siedlungshauptamt.[8] Wie ist diese Gruppe innerhalb der SS zu verorten, was charakterisiert sie? Inwiefern trugen diese Rassespezialisten zur Herausbildung und Verfestigung der rassistischen NS-Weltanschauung bei? Worin bestand schließlich ihr spezieller Beitrag zur nationalsozialistischen Vernichtungspolitik?

Die „Rasseexperten" der SS, so eine gängige Selbstbezeichnung, waren zuständig sowohl für die Ausarbeitung der theoretischen Grundlagen der rassischen Auslese und „Umvolkung" in Europa als auch für deren praktische Umsetzung. Neben der Schulung und Ausbildung der SS in Weltanschauungsfragen sowie den SS-Rassemusterungen oblag ihnen bereits vor dem Krieg die bäuerliche Ansiedlung von SS-Männern, getreu der Devise von „Blut und Boden". Mit Kriegsbeginn übernahmen sie nicht nur die rassische Selektion von Zivilisten in den eroberten Gebieten im Dienste der Germanisierungspolitik, sondern sie erhielten zugleich den Auftrag, „unerwünschte Polen" und Juden von ihren landwirtschaftlichen Betrieben und aus ihren Häusern zu vertreiben, damit dort Volksdeutsche angesiedelt werden konnten. Die Rasseexperten betätigten sich somit als Theoretiker und Praktiker der „rassischen Homogenisierung". Sie erfüllten damit das Kriterium des Experten sui generis – wie es beispielsweise der Historiker Lutz Raphael mit Blick auf den Typus des „Experten im Sozialstaat" formuliert hat. Danach sind Experten die „Träger eines verwissenschaftlichten und bereichsbezogenen Fachwissens", die von der Öffentlichkeit in ihrer Rolle anerkannt wurden und deren Spezialwissen als „relevant für die Gestaltung sozialer Sicherungssysteme" galt.[9] Dies trifft auf die Rasseexperten der SS eindeutig zu. Sie befaßten sich mit der konkreten, „wissenschaftlich" sanktionierten Gestaltung von Gesellschaft, die sie als „Blutsgemeinschaft der Gutrassigen" dachten und konzipierten. Das charakterisiert sie als „Sozialexperten" oder auch „Sozialingenieure".[10]

Mit Blick auf das Thema dieses Sammelbandes gilt es, die Frage zu klären, inwiefern sich innerhalb der Gruppe der SS-Rasseexperten Fälle von „ambivalentem Verhalten" feststellen lassen. Wurden individuelle Handlungsspielräume insbesondere in den besetzten Gebieten dahingehend ausgenutzt, konkrete bevölkerungspolitische Maßnahmen – beispielsweise Vertreibung, An- und Umsiedlung – zu verhindern oder zu verlangsamen oder ist nicht vielmehr vom Gegenteil auszugehen? Kurz gefaßt: Kam der Typ des „ambivalenten Funktionärs" innerhalb der Gruppe der SS-Rasseexperten überhaupt vor? Muß man nicht vielmehr diese Rassenfachleute in ihrer großen Mehrheit als überzeugte und radikale Rassisten bezeichnen, die ihrer Weltanschauung gemäß handelten?

Um diese Frage zu beantworten und die SS-Rasseexperten zugleich als konturierte Gruppe vorzustellen, bietet sich ein Vorgehen in drei Schritten an: Zuerst geht es um ihre Ausbildung, Altersstruktur und Karrieren. Anschließend werden typische Tätigkeiten und Handlungsspielräume der RuSHA-Mitarbeiter in den besetzten Gebieten analysiert. Abschließend ist das Selbstverständnis der SS-Rasseexperten zu untersuchen und, daran anknüpfend, die Frage nach der möglichen „Ambivalenz" ihres Verhaltens zu diskutieren.

Die SS-Rasseexperten als NS-Funktionäre

Die meisten Rasseexperten, die während des Krieges die Rassenpolitik der SS prägten und umsetzten, waren vergleichsweise jung: Diesen Eindruck erweckt die Analyse eines Samples von 80 Spitzenfunktionären. Die Auswahl umfaßt die Hauptamtschefs, die Leiter der Fachämter und Außenstellen, dazu diejenigen SS-Führer im Rasse- und Siedlungswesen in den besetzten Gebieten, welche sich besonders engagierten, sowie einige der zahlreichen Eignungsprüfer.[11] Letztere waren für die Rasseexamina für SS, Waffen-SS und die Überprüfung von Volksdeutschen und Polen im Auftrag der Umsiedlungsdienststellen der Sicherheitspolizei – Einwandererzentralstelle (EWZ) und Umwandererzentralstelle (UWZ) – zuständig.[12] Nicht weniger als 54 Prozent der RuSHA-Funktionäre waren bei Kriegsausbruch zwischen 30 und 39 Jahren alt, gehörten also den Geburtsjahrgängen 1900 bis 1909 an. Auf die Geburtsjahrgänge 1910 bis 1919 entfielen immerhin noch 25 Prozent des Samples und auf die Geburtsjahrgänge 1890 bis 1899 insgesamt 21 Prozent.[13]

Letztere, die Angehörigen der sogenannten „jungen Frontgeneration" beziehungsweise der RuSHA-„Gründergeneration", waren oftmals Soldaten im Ersten

Weltkrieg gewesen, viele hatten den Kampf in den verschiedenen Freikorps fortgesetzt.[14] Die meisten hatten die Auswirkungen der Weltwirtschaftskrise am eigenen Leib erfahren, bevor sie dann in den frühen 1930er Jahren hauptberuflich in
die SS eintraten. Nicht wenige waren darüber hinaus bereits Anfang der zwanziger Jahre Mitglieder der NSDAP gewesen oder waren ihr bald nach der Neugrün-
dung beigetreten. Ihr Bildungsstand war überdurchschnittlich, sie verfügten über
eine abgeschlossene Berufsausbildung und Berufserfahrung.

Das Gros der RuSHA-Funktionäre – die Eignungsprüfer, die SS-Führer im
Rasse- und Siedlungswesen in den SS-Oberabschnitten und die Abteilungsleiter –
entstammte indes der mittleren Altersgruppe der Geburtsjahrgänge von 1900 bis
1909. Ihre berufliche Orientierung erlaubt die Unterscheidung zweier Lager: Es
gab zum einen zahlreiche Landwirte, die sich ab 1939 hauptsächlich auf dem Feld
der Umsiedlungspolitik engagierten, zum anderen studierte Anthropologen und
Humanbiologen, welche sich ausschließlich der Rassenauslese widmeten. Einige
waren Mitglieder von Freikorps und völkischen Jugendbünden gewesen, nur ein
einziger unter ihnen hatte noch am Krieg teilgenommen. Ihre Berufsausbildung
und ihr Studium absolvierten diese Männer während der Weimarer Republik. Die
Mehrheit von ihnen trat bereits Anfang der dreißiger Jahre in die SS ein. Knapp
die Hälfte der Gruppe war bereits 1935 im RuSHA, ein weiteres Drittel folgte bis
zum Beginn des Krieges. Ein großer Teil dieser Männer verbrachte dort anschließend seine Laufbahn vom abhängigen Eignungsprüfer bis hin zum selbständig
agierenden SS-Führer im Rasse- und Siedlungswesen in einem SS-Oberabschnitt.
Diese Alterskohorte, die „Kriegsjugendgeneration", stellte die eigentliche Träger-
schicht der SS-Rasseexperten.

Bei der dritten Gruppe der zwischen 1910 und 1919 Geborenen fällt auf, daß
sie hauptsächlich im Bereich der Rassenauslese tätig wurde. Nur noch sehr wenige dieser Männer waren im Bereich „Siedlung" beschäftigt. Die meisten von ihnen gehörten der SS und dem RuSHA bereits als Zwanzigjährige an. Sie waren
also zu einem Zeitpunkt eingetreten, als das RuSHA in seine Ämter (die wichtigsten waren das Rassenamt, das Siedlungsamt und das Sippenamt) differenziert
und fest in den SS-Oberabschnitten verankert war.[15] Aufgrund ihres Lebensalters
hatten nur noch wenige von ihnen völkischen Verbänden angehört, einige aber
bereits der HJ. Knapp die Hälfte hatte studiert, die anderen kamen aus kaufmänni-
schen Berufen oder gaben bereits als Beruf „SS-Führer" an. Ihrer Altersgruppe
war durch Schulung und Ausbildung am meisten von der spezifischen SS-Ideolo-
gie vermittelt worden, und sie standen ihr anscheinend besonders aufgeschlossen
gegenüber.

Über die generationelle Prägung hinaus war der Bildungsstand der SS-Rasse- und Siedlungsexperten vergleichsweise hoch. Von den erwähnten 80 SS-Führern hatten nicht weniger als 30 eine Universitätsausbildung. Dreizehn dieser RuSHA-Angehörige verfügten über einen Doktortitel, vier davon waren bereits Professoren[16] und zwei weitere hatten ihre Habilitation abgeschlossen.[17] Der fachliche Schwerpunkt lag hierbei auf den geisteswissenschaftlichen Disziplinen, gefolgt von der Anthropologie und der Landwirtschaft.[18] Es war jedoch bereits zu erkennen, daß in der jüngeren Mitarbeitergeneration die Rassenanthropologen den klassischen Landwirten und Viehzüchtern allmählich den Rang abzulaufen begannen.

Die SS-Rasseexperten und die nationalsozialistische "Umvolkungspolitik"

Wie gestaltete sich die Umsetzung der Rassen- und Umsiedlungspolitik und über welche Spielräume verfügten die SS-Rasseexperten hier? Ihr Tätigkeitsspektrum umfaßte, wie erwähnt, nicht nur die rassenanthropologische Auslese von SS-Kandidaten und die entsprechende Überprüfung ihrer Bräute. Hinzu kamen ab Ende 1939 die Rassemusterungen der zahlreichen Volksdeutschen, die dem „Heim ins Reich"-Ruf der NS-Propagandisten gefolgt waren und nun in Sammellagern auf eine Ansiedlung in Deutschland warteten. Rasseexperten selektierten zudem in verschiedenen Umsiedlungsinstitutionen und Rasseprüfungskommissionen nicht-deutsche Zivilisten nach ihrem „rassischen Wert", andere enteigneten und vertrieben die biologisch „unerwünschte" Bevölkerung in den besetzten Gebieten oder suchten nach sogenannten „Wiedereindeutschungsfähigen", d.h. Menschen, die ob ihres hohen „rassischen Werts" in die deutsche Volksgemeinschaft eingegliedert und „germanisiert" werden sollten. Als „Wiedereindeutschungsfähige" galten beispielsweise polnische Staatsangehörige, wenn ihnen eine „nordische Erscheinung" attestiert worden war, was man sich wiederum mit verlorengegangenen „deutschen Wurzeln" erklärte. Andere dieser Fachleute waren für noch weiterreichende Aufgaben zuständig, etwa die Rassenauslese von „fremdvölkischen Waisenkindern" oder Kindern „getöteter Partisanen". Diese Kinder wurden bei positiver rassischer Bewertung in deutsche Pflegefamilien vermittelt. Ein weiteres Aufgabenfeld bot sich den Rasseexperten in der Musterung von Zwangsarbeiterinnen aus Polen, welche ein potentiell „gutrassiges Kind" von einem deutschen Mann erwarteten, und in der Überprüfung von Zwangsarbeitern aus Osteuropa, die gegen das Verbot des Geschlechtsverkehrs mit deutschen Frauen verstoßen hatten.

Die Konsequenzen einer ungenügenden „rassischen Qualität" waren gerade für diese beiden letzten Gruppen besonders gravierend: dies bedeutete die erzwungene Abtreibung oder Tötung des „schlechtrassigen Nachwuchses" beziehungsweise „Sonderbehandlung" für den männlichen Delinquenten, in der Regel Tod durch Erhängen.[19] Wie weit die Kompetenzen und die theoretischen Vorschläge dieser Rasseexperten gingen und wie bewußt sie sich der Bedeutung ihres Urteils waren, sollen zwei Beispiele verdeutlichen:

SS-Standartenführer Walter Scholtz war der SS-Führer im Rasse- und Siedlungswesen (RuS-Führer) im SS-Oberabschnitt Südost mit Standort Breslau. In dieser Eigenschaft unterstand er einerseits dem RuSHA, andererseits war er dem Höheren SS- und Polizeiführer zugeordnet. In dessen Stab leitete er zugleich eine eigene Abteilung für Rasse- und Siedlungswesen. In fast allen SS-Oberabschnitten in den besetzten Gebieten und im Altreich bestanden während des Krieges solche RuS-Führer-Stellen, sozusagen die Außenposten des RuSHA vor Ort, zusätzlich zu den RuSHA-Außenstellen in Lodz/Litzmannstadt, Prag, Sudetenland und Untersteiermark/Oberkrain.[20] Walter Scholtz gehörte dem RuSHA seit 1935 hauptamtlich an, in der SS war er seit 1931. Zuvor hatte er eine Zeit in Freikorps in Oberschlesien gekämpft, dann hatte er dem Jungdeutschen Orden angehört und war schließlich zur SA gekommen. Scholtz war Jahrgang 1899 und Landwirt von Beruf.[21]

Scholtz' Tätigkeit als SS-Rasseexperte weist einige charakteristische Stationen auf: Bereits 1938 beteiligte er sich im ehemals litauischen Memelland an der Beschlagnahme und Erfassung von Betrieben für die SS, wenig später im Sudetengau.[22] Nach der Eroberung Polens sorgte er im Herbst 1939 in Ostoberschlesien für die Aufstellung des „volksdeutschen Selbstschutzes" und begann zugleich mit der Rekrutierung neuer SS-Einheiten.[23] Nach einer Zeit als SS-Eignungsprüfer übernahm Scholtz im Frühjahr 1940 die Leitung eines SS-Arbeitsstabes im Kreis Kutno im Warthegau.[24] Dort koordinierte Scholtz als verantwortlicher SS-Siedlungsfunktionär die Vertreibung polnischer Landwirte und die Entfernung der jüdischen Bevölkerung und kümmerte sich um die Ansiedlung von Volksdeutschen auf den freigewordenen Betrieben. Solche SS-Arbeitsstäbe bestanden überall in den annektierten westpolnischen Gebieten auf der Ebene der Landkreise. Obwohl sie formell dem RKF unterstellt waren, wurden sie alle von SS-Rasseexperten aus dem RuSHA geführt.[25] Ihre Aufgabe war es, wie es ein Kollege von Scholtz formulierte, ihre Dörfer und Städte „kurz gesagt, deutsch zu machen".[26] Im Namen der „Eindeutschung" des Warthegaus vertrieb Scholtz bis 1943 knapp 20.000 Polen aus seinem Kreis.[27]

Doch der RuS-Führer beschränkte seine Aktivitäten nicht auf das besetzte Westpolen, sondern dachte bereits weiter. Wenige Wochen nach dem Beginn des Vernichtungsfeldzuges gegen die Sowjetunion wandte sich Scholtz an den Chef des Rasse- und Siedlungshauptamtes, Otto Hofmann, mit einem Vorschlag zur Rassenmusterung der Millionen russischer Kriegsgefangenen, die sich in deutschem Gewahrsam befanden. In der Annahme, daß geplant sei, „die asiatisch rassisch bestimmten Russen nach Asien abzuschieben und eine eventuelle Eindeutschung von nordisch bestimmten Russen vorzunehmen", regte Scholtz an, „im Einvernehmen mit dem OKW eine planmäßige Durchmusterung der Gefangenenlager vorzunehmen".[28] So könnten täglich 400 bis 500 Gefangene pro Lager durch einen SS-Eignungsprüfer in verschiedene Rassegruppen eingeteilt werden, um zwischen „Asiaten", für die nur Vernichtung in Frage komme, und „Eindeutschungsfähigen" zu unterscheiden.[29] Dieser drakonische Vorschlag war kein Fauxpas, sondern durchaus symptomatisch für das zutiefst rassistische Denken des RuS-Führers. Nur wenige Wochen zuvor hatte Scholtz dem Höheren SS- und Polizeiführer in Breslau, damals Erich von dem Bach-Zelewski, in vergleichbarem Stil Vorschläge für eine härtere Behandlung der Polen in Oberschlesien unterbreitet. Die Fälle von „Volkstumsschande", also von Beziehungen zwischen Deutschen und Polen, häuften sich, es gehe nicht an, daß eine solche „Zuchtlosigkeit in der deutschen Bevölkerung, wie bei den polnischen Zivilarbeitern" geduldet würde. Scholtz forderte, gegenüber den beteiligten Polen grundsätzlich die Todesstrafe zu verhängen und diese öffentlich zu vollstrecken. Durch solche Maßnahmen würden nicht nur die „Polen wieder auf Vordermann gebracht", sondern auch „dem Deutschen das notwendige Herrenbewußtsein etwas näher gebracht [...] welches wir unbedingt haben müssen, um ein Anspruchsrecht als Kolonialstaat und Volk geltend machen zu können."[30]

Mein zweites Beispiel ist eine Schlüsselfigur des RuSHA, der Anthropologieprofessor Bruno Kurt Schultz. Geboren 1901, gehörte er bereits seit 1932 zum späteren Rasse- und Siedlungshauptamt und blieb dort bis Kriegsende aktiv, seit 1942 als Chef des Rassenamtes, dem wichtigsten Fachamt.[31] Schultz hatte in Wien Anthropologie studiert, anschließend als Assistent in anthropologischen Instituten in Leipzig, Wien und München gearbeitet und sich bereits 1934 in München habilitiert. Auch außerhalb der SS engagierte sich Schultz in rassistischen Zirkeln: Von völkischen Studentenverbindungen kam er zur okkult-antisemitischen Thule-Gesellschaft und wurde Anfang der dreißiger Jahre vom späteren Reichsbauernführer Richard Walther Darré in den SS-nahen Nordischen Ring berufen. 1934 wurde er zum Abteilungsleiter im Stabsamt des Reichsbauernführers ernannt, wo er sich der Auswahl bäuerlicher Siedlerbewerber widmete. Ferner war er Schriftleiter der Zeitschrift „Volk und Raum" und Mitglied des „Reichsausschusses zum Schutze deutschen Blutes".[32] Bereits 1931 war Schultz an den Vorarbeiten für den Heiratsbefehl der SS beteiligt gewesen, hatte also die SS-Auslese von Beginn an mit konzipiert und gestaltet.[33]

Im Jahr 1940 führte Schultz für das Rassenamt ausgedehnte Rassemusterungen in Lothringen und 1941 an der slowenischen Bevölkerung der Gebiete Untersteiermark und Oberkrain durch – auch dies eine direkte Voraussetzung für die Identifikation „rassisch unerwünschter Gruppen" zu ihrer anschließenden Vertreibung.[34] Als Inhaber des eigens für ihn geschaffenen Lehrstuhls für Rassenbiologie an der Deutschen Karls-Universität Prag verstärkte er ab 1942 die Präsenz handverlesener SS-Wissenschaftler an der nationalsozialistischen Vorzeigeuniversität und konzipierte Auslese- und Umvolkungsprogramme für das Protektorat Böhmen und Mähren.[35] Wichtiger war, daß er in seiner Eigenschaft als Chef des Rassenamtes im RuSHA die Ausbildung der SS-Eignungsprüfer, welche in speziellen Schulungskursen auf ihre Auslese-Aufgaben vorbereitet wurden, neu strukturierte, „wissenschaftlich" vertiefte und überwachte.[36] Zugleich koordinierte er ihren Einsatz an den Brennpunkten der europäischen Umsiedlungspolitik, war aber auch über ihre Arbeit im Altreich im Bilde. Beispielsweise wurden ihm alle Anträge auf „Sonderbehandlung" rassisch unerwünschter fremdvölkischer Zwangsarbeiter zur Gegenzeichnung vorgelegt.[37]

Es lag ganz auf der Linie dieses „wissenschaftlichen" und praktisch handlungsleitenden Rassismus, daß Schultz bei einer Konferenz, die sich mit der „Eindeutschung" des Baltikums beschäftigte, im Februar 1942 forderte, den Großteil der baltischen Bevölkerung – insbesondere Litauer – wegen ihres mangelhaften Rassewertes kurzerhand nach Sibirien zu deportieren. Eine „rassische Bestandsaufnahme der Bevölkerung" sollte die Entfernung der „rassisch minderwertigen Elemente" aus dem deutschen Herrschaftsbereich zur Folge haben.[38] An dieser Stelle wird die genozidale Komponente der megalomanen Umvolkungs- und Neuordnungspläne greifbar, wobei die „rassische Erfassung" das Entscheidungskriterium über Umsiedlung, Ausbeutung oder Vernichtung liefern sollte. Mit Blick auf die überragende Bedeutung der angestrebten Rassenauslese – und nicht etwa aus Gewissensgründen – hatte Bruno Kurt Schultz auch den bereits erwähnten Vorschlag von Walter Scholtz zur „Durchmusterung der [russischen] Gefangenenlager" als zu fragmentarisch abgelehnt. Dagegen forderte der Anthropologe, die SS solle sich zunächst einmal einen rassenkundlichen Überblick über die gesamte Bevölkerung der besetzten Sowjetunion verschaffen, im Sinne einer möglichst flächendeckenden(!) rassenkundlichen Erfassung: „Die rassische Musterung hat aller Planung vorauszugehen und bietet ihr erst die nötigen Unterlagen." Schultz folgerte: „Praktisch kann ohnedies nicht eher eine Maßnahme ergriffen werden, ehe nicht unser Ergebnis vorliegt."[39]

Einen ähnlich weitreichenden Vorstoß unternahm Professor Schultz Anfang des Jahres 1943 in der Frage der Behandlung der „jüdischen Mischlinge", welche die Rasseexperten bereits auf der Wannsee-Konferenz und während der Folgekonferenzen beschäftigt hatte.[40] Während der Staatssekretärebesprechung am Großen Wannsee hatte Otto Hofmann, der Chef des RuSHA, für umfangreiche Sterilisierungen der im Reich verbleibenden „Mischlinge" plädiert, anstelle der von Heydrich favorisierten weitreichenden Einbeziehung in die Deportationen. Er meinte, daß „der Mischling, vor die Wahl gestellt, ob er evakuiert oder sterilisiert werden soll, sich lieber der Sterilisation unterziehen würde".[41] Dieser Vorschlag konnte sich auf den beiden nachfolgenden Referentenbesprechungen zur „Endlösung" tatsächlich durchsetzen, was für den Einfluß der Experten aus dem RuSHA spricht.[42] Doch die geplanten Massensterilisierungen blieben aus, wohl weil der verwaltungstechnische und praktische Aufwand, den ein solches Verfahren mit sich gebracht hätte, als zu hoch veranschlagt wurde und die SS mit ihren Experimenten zur massenhaften Sterilisation nicht vorangekommen war.[43] Zugleich wurden die Mischlinge bis Kriegsende mit immer neuen diskriminierenden Bestimmungen konfrontiert, darunter Zulassungsbeschränkungen zu Schulen, Verpflichtung zur Zwangsarbeit etc.[44] Schultz forderte 1943 in seinem Gutachten, die „jüdischen Mischlinge zweiten Grades", welche bislang durch die Rassengesetze im Prinzip den Nichtjuden gleichgestellt waren, „nicht ausnahmslos den Deutschblütigen zuzuschlagen, sondern dieselben einer rassischen Sichtung zu unterziehen." Jene „Mischlinge zweiten Grades", „bei denen die jüdischen Rassemerkmale im äußeren Erscheinungsbild deutlich hervortreten", wären demnach als „Mischlinge ersten Grades" respektive als Juden zu behandeln.[45]

RuSHA-Chef Otto Hofmann legte das Gutachten seines Mitarbeiters dem Reichsführer-SS vor und bat um dessen Entscheidung. Himmler war sehr angetan und forderte auch gleich eine rassische Überprüfung für „Mischlinge höheren Grades": „Wir müssen hier – das aber nur unter uns gesprochen – ein ähnliches Verfahren anwenden, wie man es bei einer Hochzucht bei Pflanzen oder Tieren anwendet. Mindestens einige Generationen hindurch (3 oder 4 Generationen) müssen von unabhängigen Institutionen die Abkömmlinge von derartigen Mischlingsfamilien rassisch überprüft und im Falle der rassischen Minderwertigkeit sterilisiert und damit aus dem weiteren Erbgang ausgeschaltet werden."[46] Doch trotz der Unterstützung durch Himmler und Reichsleiter Martin Bormann, der dem Vorschlag ebenfalls zugestimmt hatte,[47] kam es 1943/44 zu keiner großangelegten Rassemusterung „jüdischer Mischlinge zweiten Grades" mehr – der Aufwand wäre wohl auch hier zu groß gewesen. Nur im Reichsprotektorat Böhmen und Mähren überprüfte die SS bereits seit 1941/42 die „jüdischen Mischlinge", welche eine Anerkennung als Deutsche beantragten. Nicht selten waren jedoch auch Menschen betroffen, die man bereits als Deutsche eingestuft hatte.[48] Damit wurde im Protektorat, in den Worten von Rassenamtschefs Schultz, bis 1944 „bei einem Großteil der jüdischen Mischlinge wegen Feststellung des Mangels hinreichender politischer Verdienste und erscheinungsbildlicher Tragbarkeit die früher erfolgte Feststellung der deutschen Volkszugehörigkeit widerrufen".[49]

Vor dem Hintergrund der fast apokalyptischen Reichweite der Vorschläge ist es wichtig, sich die tatsächlichen Dimensionen der Rassemusterungen vor Augen zu führen. Feststeht, daß zunächst im besetzten Polen durch die Rassenauslese der Zivilisten eine „rationale Erfassung" relevanter Teile der Bevölkerung erreicht wurde, welche wiederum die Durchführung bevölkerungspolitischer Maßnahmen von der Vertreibung bis zur „Ausmerze" enorm erleichterte.[50] Dieser Befund gilt mit einigen Einschränkungen auch für andere besetzte Gebiete wie beispielsweise das Protektorat Böhmen und Mähren, Elsaß-Lothringen, die Untersteiermark und Oberkrain, Litauen und die Ukraine. Durch die Einteilung in „Volksdeutsche" und „Fremdvölkische", durch die Auffächerung dieser beiden Kategorien in die verschiedenen Rassegruppen RuS I bis RuS IV („nordisch" bis „fremdvölkisch") sowie durch die Ausgrenzung von Juden als per se zu verfolgende Rasse entstanden streng hierarchisch angeordnete Gruppen, die je nach ihrem rassenpolitischen „Wert" einer entsprechenden „Behandlung" zugeführt werden konnten. Dabei behielt der „Rassewert" der Menschen während des gesamten Krieges seine Bedeutung als Schlüsselkriterium für die „volkstumspolitischen Maßnahmen" der SS. Pläne wie die verschiedenen Entwürfe des „Generalplan Ost" und die Vorarbeiten zum Generalsiedlungsplan fußten genau auf dieser „rassischen Ordnung".[51] Auch wenn gelegentlich auf den Arbeitskräftebedarf der Kriegsindustrie und der Landwirtschaft Rücksicht genommen wurde, bedeutete dies zu keinem Zeitpunkt die Abkehr von der rassisch motivierten Differenzierung in „erwünschten" und „unerwünschten Bevölkerungszuwachs".[52]

Auch die Statistik belegt, welche Bedeutung der rassischen Musterung von Zivilisten in den besetzten Gebieten zukam. Obwohl das Ausleseverfahren in den dreißiger Jahren ja ursprünglich für die SS entwickelt worden war, überprüften die Rasseexperten während des Krieges vor allem Angehörige der lokalen Zivilbevölkerung. Dabei standen den maximal 1,24 Millionen rassisch gemusterten SS-Angehörigen und Ehefrauen[53] mindestens 2,7 Millionen Zivilisten gegenüber – hierunter 1,2 Millionen Volksdeutsche[54] und rund 1,5 Millionen sogenannte „Fremdvölkische", wobei gerade diese Zahl eher einen unteren Grenzwert darstellt.[55] Allein in den polnischen Westgebieten waren von 1939 bis 1944 mindestens 500.000 bis 700.000 Polen einer rassischen Begutachtung ausgesetzt. Ein Bruchteil davon, rund 35.000, galten als „Wiedereindeutschungsfähige", die anderen wurden ins Generalgouvernement deportiert, später vor Ort verdrängt und zur Arbeit gezwungen.[56] In den besetzten Gebieten Sloweniens, der Untersteiermark und der Oberkrain, selektierten die Rasseexperten nach eigenen Angaben nicht weniger als 586.000 Menschen.[57] Nur rund 10 Prozent der Slowenen, etwa 50.000 Personen, wurden „ausgesiedelt", ungefähr 10.000 vom Rassenamt als „Wiedereindeutschungsfähige" im Altreich betreut und 16.000 als „Volksdeutsche" anerkannt.[58] Die Statistik repräsentiert zugleich nur das kriegsbedingt „Machbare". Die „bevölkerungspolitische Neuordnung" Deutschlands und Europas sollte nach den Vorstellungen der Rasseexperten erst nach Kriegsende in vollem Umfang realisiert werden.

Ambivalenz oder ideologische Konsistenz?

Lassen sich die Rasseexperten der SS nun mit Blick auf ihr Selbstverständnis, ihre Weltanschauung und ihr Verhalten als „ambivalente Funktionäre" charakterisieren, wie sie sich in Teilen der Funktionseliten des NS-Staates zahlreich finden lassen? Waren Himmlers Selekteure mehrheitlich Getriebene, im Naziregime auf ihren Posten gestellt und dort mit der langsamen Einsicht in die Verwerflichkeit ihres Tuns konfrontiert? Versuchten sie vielleicht gar, den von ihnen ausgelesenen und umgesiedelten Menschen zu helfen? So wenig man dies für das einzelne Individuum völlig ausschließen kann, ist dennoch davon auszugehen, daß sich in den Reihen der Rasseexperten der Typus des „ambivalenten Funktionärs" kaum finden läßt. Die Rasseexperten der SS waren vielmehr konsequente Rassisten, die von der Richtigkeit ihrer weltanschaulichen Mission überzeugt waren. Hierfür spricht erstens ihre Mitgliedschaft im „Weltanschauungsorden" der SS, dem sie – oftmals lange vor dem Krieg – aus freien Stücken beigetreten waren. Zweitens legt auch ihre Tätigkeit im Rasse- und Siedlungshauptamt der SS, einer Institution, die ihre ideologische Ausrichtung bereits im Namen trug, eine Nähe des Einzelnen zu den SS-Prinzipien nahe. Das RuSHA war nicht unbedingt ein Ort für

kühl berechnende SS-Karrieristen, welche ihren Platz eher im Reichssicherheitshauptamt fanden, sondern für solche Menschen, denen es mit den Belangen von
„Blut und Boden", rassischer Auslese und deutscher Ostsiedlung wirklich Ernst
war.[59] Viele verbrachten darum ihre gesamte SS-Laufbahn im Rasse- und Siedlungshauptamt. Ihr Auftrag bestand einerseits im Umbau der deutschen Gesellschaft durch die Förderung und Bewahrung deren einwandfreier rassischer Substanz, andererseits in der „Eindeutschung" der besetzten Gebiete auf dem Wege
einer rassisch gelenkten Bevölkerungspolitik und in der Zementierung des deutschen Anspruchs auf ebendiese Gebiete. Diese Mission erfuhr ihre rationale Ab-
stützung und weitverbreitete Akzeptanz durch den damals erhobenen Anspruch,
Rassenforschung als seriöse Wissenschaft betreiben zu können: Die Rassengesetze des NS-Staates aus den Jahren 1933 bis 1935 waren der offizielle Ausdruck
eben dieses Rassismus, welchen die SS in seiner intensivsten Form betrieb und
verkörperte.[60]

So konnte Bruno Kurt Schultz Anfang 1942 in der Zeitschrift „Volk und Rasse" angesichts des 10-jährigen Bestehens des SS-Verlobungs- und Heiratsbefehls
resümieren, daß das Prinzip einer bewußten Rassenauslese – ausgehend von der
SS – inzwischen auch Wirkungen für die deutsche Gesellschaft insgesamt zeitig-
te. Schultz bilanzierte: „Der Verlobungs- und Heiratsbefehl ist sowohl dem Gesetze zur Verhütung erbkranken Nachwuchses, wie dem Ehegesundheitsgesetz [...]
sowie der gesamten Rassengesetzgebung weit voraus geeilt und hat damit im ganzen Volke vorbildlich und erzieherisch gewirkt."[61]

Schließlich bewährten sich die SS-Rasseexperten als Ideengeber und skrupellose Praktiker der selektiven Bevölkerungspolitik in den von Deutschland besetzten Gebieten, wie nicht zuletzt die Karrieren von Walter Scholtz und Bruno Kurt
Schultz beweisen. Während Walter Scholtz im Warthegau Polen von ihren Höfen
vertrieb und dort das „deutsche Herrenbewußtsein" durch Gewaltmaßnahmen gegen die polnische Bevölkerung aufrichten wollte, arbeitete Bruno Kurt Schultz als
Rassenamtschef und Prager Professor am theoretischen Fundament der „neuen
europäischen Ordnung" und verlieh seinen Vorschlägen durch ausgedehnte Ras-
sestudien zusätzliches Gewicht. Heinrich Himmler schließlich unterstützte den
radikalen Kurs seiner Rassefachleute, indem er ihnen immer wieder die Bedeutung des von ihnen ermittelten „Rassewertes" als entscheidende Kategorie zur
Bestimmung des Werts eines Menschen vor Augen führte, wie zum Beispiel in
der eingangs zitierten Posener Rede vom 4. Oktober 1943, in der er betonte: „Unsere Sorge, unsere Pflicht ist unser Volk und unser Blut. Dafür haben wir zu sorgen und zu denken, zu arbeiten und zu kämpfen, und für nichts anderes."[62] Genau

darin, im „Schutz des deutschen Blutes" vor „minderwertigen Rassenbestandteilen", bestand die Kernaufgabe der Rasseexperten der SS.

Ausblick

Ihr unbedingter Einsatz für die „Reinhaltung des deutschen Blutes" hat den Nachkriegskarrieren dieser Spezialisten augenscheinlich nicht geschadet. Nach dem Krieg standen einige RuSHA-Angehörige zunächst in einem der Nürnberger Nachfolgeprozesse, dem sogenannten „RuSHA-Case", vor Gericht, kamen jedoch mit moderaten und dann sukzessive herabgesetzten Haftstrafen davon.[63] Zwanzig Jahre später ermittelten bundesrepublikanische Staatsanwälte ganz gezielt gegen die SS-Rasseexperten wegen Mordes und Beihilfe zum Mord, aus Mangel an Beweisen kam es jedoch nicht zu einem Prozeß.[64] Im Zuge ihrer Vernehmungen leugneten Schultz und Kollegen jede Relevanz der rassischen Selektionen und behaupteten, sich ausschließlich der Fürsorge für die Volksdeutschen gewidmet zu haben. Sie strickten damit selbst ganz bewußt an der Legende von den völlig realitätsfernen Rassewissenschaftlern, deren Arbeit ohne jede praktische Bedeutung gewesen sei. Diese Auffassung wurde von der historischen Forschung zunächst übernommen und tradiert.[65] Mit Blick auf die praxisnahe und vernichtungsrelevante Tätigkeit dieser Gruppe von Sozialingenieuren – insbesondere in den besetzten Gebieten – entlarvt sich diese Einschätzung jedoch schnell als Entlastungskonstrukt der Beteiligten, welches einer quellengestützten Überprüfung nicht standhält.

In der Bundesrepublik verliefen die Karrieren der ehemaligen SS-Rasseexperten zumeist still und unauffällig: Nicht wenige reüssierten erneut im Bildungswesen, unterrichteten an Schulen und Universitäten, andere faßten in der freien Wirtschaft Fuß. Bruno Kurt Schultz zum Beispiel wurde als „Mitläufer" entnazifiziert und kam schließlich als Professor für Anthropologie an der Universität Münster unter.[66] Das Institut für Humangenetik, dem Schultz angehörte, leitete kein geringerer als Otto Freiherr von Verschuer, ehemaliger Chef des Berliner Kaiser-Wilhelm-Instituts für Anthropologie, menschliche Erblehre und Eugenik.[67] Dieser Befund wirft die Fragen nach möglichen Netzwerken der Rassespezialisten auf.[68] Augenscheinlich funktionierten diese Seilschaften auch noch nach einem Systemwechsel – wenngleich Schultz im Gegensatz zu Verschuer keine zweite wissenschaftliche Karriere in der Bundesrepublik mehr beschieden war.

Anmerkungen

1 Rede des Reichsführers SS Heinrich Himmler vor den SS-Gruppenführern in Posen am 4.10.1943. Abgedruckt in International Military Tribunal: Der Prozeß gegen die Hauptkriegsverbrecher vor dem internationalen Militärgerichtshof in Nürnberg, 14.11.1945–1.10.1946. Nürnberg 1947 (IMT), Bd. 29, S. 110–173, hier S. 147f.

2 Verlobungs- und Heiratsbefehl des Reichsführers SS, SS-Befehl A Nr. 65 vom 31.12.1931, Bundesarchiv Berlin (BA) NS 2/174, Bl. 125. Zur Bedeutung des Heiratsbefehls aus der Sicht der SS vgl. die Ausführungen Gunther d'Alquens in seiner offiziösen Geschichte der SS. Gunther d'Alquen: Die SS. Geschichte, Aufgabe und Organisation der Schutzstaffeln der NSDAP, Berlin 1939, S. 8–10, S. 23f.

3 Schema für die Bewertung des Erscheinungsbildes des SS-Bewerbers vom 30.3.1937, BA NS 2/174. Zur Anwendung dieser Kategorien vgl. auch das Schulungsmaterial für SS-Rasseprüfer von 1934, BA NS 31/279, Bl. 2–5. Vgl. auch das Muster einer Rassenkarte vom 16.12.1942, BA NS 2/152, Bl. 108.

4 Zur Bedeutung des Verlobungs- und Heiratsbefehls für die Idee einer „Sippengemeinschaft der SS" vgl. Gudrun Schwarz: Die Frau an seiner Seite. Ehefrauen in der „SS-Sippengemeinschaft", Hamburg 1997, S. 24–53.

5 Erlaß Adolf Hitlers zur Festigung deutschen Volkstums vom 7.10.1939, NO-3075. Abgedruckt in IMT, Bd. 26, S. 255–257. Geheime Denkschrift Heinrich Himmlers „Einige Gedanken über die Behandlung der Fremdvölkischen im Osten" vom 28.5.1940, NO-1880. Abgedruckt bei Josef Ackermann: Heinrich Himmler als Ideologe, Göttingen u. a. 1970, S. 289–300. Erlaß Himmlers über die Überprüfung und Aussonderung der Bevölkerung in den eingegliederten Ostgebieten vom 12.9.1940. United States Holocaust Museum (USHMM), RG-48.005.

6 Heinrich Himmler bei seinem Besuch der Einwandererzentralstelle (EWZ) in Litzmannstadt am 13.12.1939. Bericht des SS-Führers im Rasse- und Siedlungswesen bei der EWZ, Erwin Künzel, vom 20.12.1939, BA NS 2/60, Bl. 3–6.

7 Diese Idee eines rassisch strukturierten „großdeutschen" beziehungsweise „großgermanischen" Reiches, dessen Ostgrenze bis zu 1.000 km nach Osten verlegt werden sollte, zieht sich wie ein roter Faden durch Himmlers Denken. Vgl. hierzu z. B. die Quellenedition einiger seiner Reden von Smith und Peterson. Bradley F. Smith/Agnes F. Peterson (Hg.): Heinrich Himmler. Geheimreden 1933 bis 1945 und andere Ansprachen. Frankfurt a.M. u.a. 1974. Vgl. auch Isabel Heinemann: Towards an „Ethnic Reconstruction" of Occupied Europe: SS' Plans and Racial Policy, in: Annali dell'Istituto Storico Italo-Germanico in Trento, 2001, S. 493–517. Zum Zusammenhang zwischen Umsiedlungspolitik und Judenmord vgl. Götz Aly: „Endlösung". Völkerverschiebung und der Mord an den europäischen Juden. Frankfurt a.M. 1995. Christopher R. Browning: Von der „ethnischen Säuberung" zum Völkermord und zur „Endlösung". Die Entwicklung der nationalsozialistischen Judenpolitik 1939–1941, in: ders.: Judenmord. NS-Politik, Zwangsarbeit und das Verhalten der Täter. Frankfurt a.M. 2001, S. 11–46.

8 Zur Rassenpolitik der SS und zu den SS-Rasseexperten als spezifischer Tätergruppe vgl. meine Dissertation, „Rasse, Siedlung, deutsches Blut": Das Rasse- und Siedlungshauptamt der

SS und die rassenpolitische Neuordnung Europas, Göttingen 2003. Siehe auch Isabel Heinemann: „Another Type of Perpetrator“: SS Racial Experts and Forced Population Movements in the Occupied Regions, in: Holocaust and Genocide Studies, 15, 3 (2001), S. 387–411.

9   Vgl. Lutz Raphael: Experten im Sozialstaat, in: Hans-Günther Hockerts (Hg.): Drei Wege deutscher Sozialstaatlichkeit. NS-Diktatur, Bundesrepublik und DDR im Vergleich. München 1998, S. 231–258, insbes. S. 232. Für einen ideengeschichtlichen Deutungsversuch der von „Humanwissenschaftlern und Weltanschauungseliten“ produzierten Gestaltungsvorschläge der Bevölkerungspolitik und deren Wirkung im Nationalsozialismus vgl. ders.: Radikales Ordnungsdenken und die Organisation totalitärer Herrschaft: Weltanschauungseliten und Humanwissenschaftler im NS-Regime, in: Geschichte und Gesellschaft 27 (2001), S. 5–40, insbes. S. 36f.

10   Eine aufschlußreiche Analyse des Zusammenspiels von sozial- und raumplanerischem Engagement und rassenpolitischen Maßnahmen im Vorkriegsdeutschland hat kürzlich Wolfram Pytha unternommen. Er übersieht lediglich, daß bei den beschriebenen Ansätzen einer Reagrarisierung und rassischen Purifizierung des ländlichen Raumes im Altreich von Beginn an eine äußerst enge Kooperation zwischen der SS und dem Agrarpolitischen Apparat Richard Walther Darrés bestand. Vgl. Wolfram Pytha: „Menschenökonomie“. Das Ineinandergreifen von ländlicher Sozialraumgestaltung und rassenbiologischer Bevölkerungspolitik im NS-Staat, in: Historische Zeitschrift 273 (2001), S. 31–94.

11   Natürlich war auch die Verfügbarkeit von Informationen über Lebenslauf, Karriere und Tätigkeit im RuSHA ein Kriterium für die Aufnahme in das Sample, welche gerade beim Gros der Eignungsprüfer nicht immer gegeben war. Es bleibt festzuhalten, daß die Mitglieder dieser Untersuchungsgruppe zentrale Figuren des RuSHA darstellten.

12   Die EWZ mit Sitz zunächst in Posen und später in Lodz unterstand dem Amt III des RSHA und war eine Sammeldienststelle, welche sich aus Vertretern unterschiedlicher Behörden und SS-Ämter zusammensetzte. Ihr Auftrag bestand in der Erfassung der Volksdeutschen aus dem Ausland, die ab Herbst 1939 nach Deutschland kamen. Die UWZ (Posen, Lodz) unterstand den Ämtern III und IV des RSHA und sorgte, ebenfalls als Sammeldienststelle, für die Erfassung der „auszusiedelnden“ Polen und Juden. Hier liefen auch die Fäden der einzelnen Zwangsaussiedlungsaktionen zusammen. In beiden Institutionen bestand jeweils eine Abteilung „Rassenauslese“, welche von RuSHA-Vertretern geleitet wurde.

13   Bei der Gruppe der SS-Rasseexperten handelte es sich insgesamt um einen „harten Kern“ von etwa 500 Personen, die während des Krieges die Rasse- und Siedlungspolitik der SS theoretisch prägten und praktisch umsetzten. Hierzu vgl. z. B. die in der Zentralen Stelle der Landesjustizverwaltungen in Ludwigsburg (ZSt.) angelegten Fahndungskartei des RuSHA-Führungspersonals, ZSt. AR 122/65. Dagegen umfaßte die gesamte Mitarbeiterschaft des RuSHA noch Ende 1943 nicht weniger als 4.022 Personen, darunter knapp 1.500 SS-Führer und Unterführer und weitere 1 500 SS-Männer sowie etwa 1.000 Angestellte ohne eigene konzeptionelle Verantwortung, darunter Sekretärinnen, Fahrer und Registraturverwalter. Stärkemeldung des RuSHA vom 7.11.1943, BA NS 2/146, Bl. 5–7.

14   Diese Unterscheidung in eine „junge Frontgeneration“, eine „Kriegsjugendgeneration“ und eine „Nachkriegsgeneration“ wurde geprägt vom völkischen Schriftsteller Ernst Günther Grün-

del. Ulrich Herbert hat diesen generationsspezifischen Ansatz für die Historiographie fruchtbar gemacht und anhand der „Generation der völkischen Sachlichkeit" die Dispositionen der jungen RSHA-Führungsriege zu weltanschaulichem Radikalismus, äußerster Härte und kühler Rationalität analysiert. Vgl. Ernst Günther Gründel: Die Sendung der jungen Generation. Versuch einer umfassenden revolutionären Sinndeutung der Krise, München 1932. Ulrich Herbert: „Generation der Sachlichkeit". Die völkische Studentenbewegung der frühen zwanziger Jahre, in: ders.: Arbeit, Volkstum, Weltanschauung. Über Fremde und Deutsche im 19. Jahrhundert, Frankfurt a.M. 1995, S. 31–58. Ders.: Best, Biographische Studien über Radikalismus, Vernunft und Weltanschauung, 1903–1989, 2. Aufl., Bonn 1996. Vgl. auch Michael Wildt: Generation des Unbedingten. Das Führungskorps des Reichssicherheitshauptamtes, Hamburg 2002.

15 Verkörpert durch das System von SS-Führern im Rasse- und Siedlungswesen (RuS-Führern) in den SS-Oberabschnitten und SS-Pflegestellen, wobei letztere der Schulung, Kontrolle und finanziellen Unterstützung von SS-Familien dienten.

16 Hierbei handelte es sich um die Agrarwissenschaftler Peter Carstens und Joachim Caesar, den Juristen Horst Bartholomeyczyk und den Anthropologen Bruno Kurt Schultz.

17 Dies waren die Anthropologen Hans Fleischhacker und der Mediziner und Anthropologe Lothar Stengel von Rutkowski.

18 Insgesamt zwölf Angehörige des Samples hatten ein geisteswissenschaftliches Studium absolviert, sieben waren Anthropologen, fünf Agrarwissenschaftler. Ferner hatten drei RuSHA-Mitarbeiter Jura, zwei weitere Medizin und ein letzter Sport studiert.

19 Zum ganzen Komplex: „Bis zum letzten Tropfen guten Blutes". The kidnapping of „racially valuable" children as another aspect of Nazi Racial Policy in the Occupied East, in: Dirk Moses (Hg.): Genocide and better Society: Frontier violence and the „Civilizing Process" in Australia, Oxford/New York 2004. Zu den Konsequenzen vgl. die Beweisaufnahme im Nürnberger Folgeprozeß VIII, dem „RuSHA-Case", der unter anderem die Anklagepunkte „punishment for sexual intercourse with Germans", „hampering reproduction of enemy nationals" und „abortions" beinhaltete. Komplette Prozeßunterlagen im Bayrischen Staatsarchiv in Nürnberg, in Kopien auch im Bundesarchiv Koblenz (BAK), All. Proz. 1, Rep. 501, XXXXIV. Eine Auswahl der Dokumente, Anklage und Urteil liegen gedruckt vor: Trials of War Criminals before the Nuremberg Military Tribunals under Control Council Law No. 10 (TWC), München 1979, Bd. 4, 2 und 5, 1. Vgl. auch das Vorermittlungsverfahren der Zentralen Stelle der Landesjustizverwaltungen in Ludwigsburg aus den Jahren 1965–1966, welches genau diesen Tatbestand, die entscheidenden Rassegutachten der SS-Experten in „Sonderbehandlungsfällen" zum Gegenstand hatte, und welches zu zahlreichen Verfahren gegen einzelne Eignungsprüfer, so hießen die Rassegutachter, vor den Staatsanwaltschaften der Länder führte, ZSt. AR 122/65. Eine erste historiographische Annäherung an dieses NS-Verbrechen unternahm Matthias Hamann vor einigen Jahren. Matthias Hamann: „Erwünscht und unerwünscht". Die rassenpsychologische Selektion der Ausländer, in: Beiträge zur nationalsozialistischen Gesundheits- und Sozialpolitik, Bd. 3, 1986, S. 143–180.

20 Die Dienststelle eines RuS-Führers konnte bis zu zehn Mitarbeiter umfassen, seine Aufgabe waren SS-Musterungen, SS-Heiratsgenehmigungen, die Kontrolle der SS-Siedlerausbil-

dung, aber auch die rassische Überprüfung von „wiedereindeutschungsfähigen Polenfamilien" und anderen „fremdvölkischen Arbeitskräften". Vgl. z.B. den Entwurf zu einer Geschäftsordnung für die RuS-Führer vom 10.1.1941, BA NS 2/62.

21 Vgl. seine Personalakte im BA Berlin, BDC Walter Scholtz.

22 Schreiben des SS-Obersturmbannführers Walter Scholtz an den Chef des RuSHA, SS-Brigadeführer Otto Hofmann, vom 14.1.1941. BDC Walter Scholtz.

23 Genauer: im Gebiet Bielitz, Teschen, Oderberg. Tätigkeitsbericht des RuS-Führers Südost, gez. Scholtz, an den damaligen RuSHA-Chef, SS-Gruppenführer Günther Pancke vom 3.2.1940, BDC Walter Scholtz.

24 Vgl. den Beförderungsvorschlag zum SS-Standartenführer für Walter Scholtz, unterzeichnet von Rassenamtschef Bruno Kurt Schultz, vom 10.10.1941. Vgl. auch den Tätigkeitsbericht des RuS-Führers Südost, gez. Scholtz, an den RuSHA-Chef SS-Gruppenführer Günther Pancke vom 3.2.1940, BDC Walter Scholtz.

25 Im September 1940 wirkten beispielsweise allein im Warthegau 22 Arbeitsstableiter aus den Reihen des RuSHA. Der Chef des RuSHA, SS-Brigadeführer Otto Hofmann, an den Reichsführer-SS vom 20.9.1940, BDC Bruno Beger.

26 Der Führer des Arbeitsstabes Turek, SS-Sturmbannführer Georg Gloystein, an den damaligen Chef des RuSHA, SS-Gruppenführer Pancke, vom 20.4.1940, BDC Georg Gloystein.

27 Der Chef der Sipo und des SD, Umwandererzentralstelle (UWZ) Posen, Dienststelle Litzmannstadt, gez. Krumey, Abschlußbericht über die Arbeit der UWZ im Warthegau und Generalgouvernement für das Jahr 1943 vom 31.12.1943, BA R 75/3b, Bl. 122.

28 Otto Hofmann hatte seine RuS-Führer augenscheinlich darüber informiert, daß eine rassische Erfassung der russischen Gefangenen bevorstehe, jedenfalls berief sich Scholtz auf eine entsprechende Ankündigung des RuSHA-Chefs.

29 Schreiben des RuS-Führers Südost, SS-Obersturmbannführer Walter Scholtz, an den Chef des RuSHA vom 18.7.1941 über die Durchmusterung der russischen Gefangenenlager, BA NS 2/79, Bl. 118–120.

30 Auszug aus dem Schreiben des RuS-Führers Südost an den SS-Gruppenführer von dem Bach-Zelewski vom 12.5.1941, BDC Walter Scholtz.

31 Vgl. den ersten Gliederungsvorschlag für das Rassenamt der SS im Brief Richard Walter Darrés, des ersten RuSHA-Chefs, an Schultz vom 16.1.1932. Meldung des RuSHA-Chefs, Otto Hofmann, an den Chef des SS-Personalhauptamtes, SS-Gruppenführer Schmitt, vom 4.10.1941 über die Beauftragung von SS-Obersturmbannführer Prof. Dr. B. K. Schultz zum Chef des Rassenamtes im RuSHA und das Einverständnis des RFSS. BDC Bruno Kurt Schultz.

32 In Leipzig war Schultz tätig bei der Mittelstelle für Volks- und Kulturbodenforschung (bei Otto Reche), in Wien am Naturhistorischen Museum und dem Anthropologischen Institut der Universität und in München an der Anthropologischen Sammlung und am Anthropologischen Institut der Universität (bei Theodor Mollison), wo er auch habilitiert wurde. Vgl. Schultz' Angaben in seinem Personalfragebogen vom 30.11.1934 und in seinem Lebenslauf vom 2.3.1937, BDC Bruno Kurt Schultz.

33 Dies geht aus einer Beurteilung von Schultz durch den damaligen Chef des Rasse- und Siedlungshauptamtes, Otto Hofmann, aus dem Jahr 1941 hervor. Beförderungsvorschlag zum SS-Standartenführer vom 16.10.1941, BDC Bruno Kurt Schultz.

34 Zu Schultz' Auslesetätigkeit in Lothringen vgl. das Schreiben des Chefs der Dienstelle „West" der EWZ, SS-Obersturmbannführer Bruno Kurt Schultz, vom 25.2.1941: „Richtlinien für die Behandlung der fremdstaatlichen und fremdvölkischen Bevölkerung in Lothringen.", BA R 49/74, Bl. 8–15. Vgl. auch den Beförderungsvorschlag des damaligen Rassenamtschefs Klinger für Schultz vom 22.10.1940 sowie das Schreiben von RuSHA-Chef Hofmann an den Reichsführer-SS über die Einsetzung von Schultz als Chef des Rassenamtes vom 7.11.1941, BDC Bruno Kurt Schultz. Zu den Rassemusterungen in Untersteiermark und Oberkrain, die insgesamt eine halbe Million Menschen betrafen, vgl. den Bericht Schultz' vom 10.9.1941 über die Volks- und Rasseverhältnisse in der Untersteiermark. Vgl. ferner die Kurzfassung eines ursprünglich von Schultz verfaßten Berichts über die „Rassische Zusammensetzung und Wertung der Bevölkerung Oberkärntens und des Miestales", verfaßt von RKF-Mitarbeiter Hans Koch, sowie das Schreiben des RuSHA-Chefs Hofmann an Schultz vom 18.11.1941. Gedruckt bei Tone Ferenc: Quellen zur nationalsozialistischen Entnationalisierungspolitik in Slowenien 1941–1945, Maribor 1980, S. 247–261 und 347–349.

35 Schultz' Berufung erfolgte bereits Anfang November 1941, er selbst trat seinen Dienst in Prag ab Frühjahr 1942 an, BDC Bruno Kurt Schultz. Siehe auch Alena Miskova: Rassenforschung und Oststudien an der Deutschen (Karls-)Universität Prag, in: Detlef Brandes/Edita Ivanickova/Jiri Pesek (Hg.): Erzwungene Trennung. Vertreibung und Aussiedlungen aus der Tschechoslowakei 1938–1947 im Vergleich mit Polen, Ungarn, Jugoslawien, hg. für die Deutsch-Tschechische und Deutsch-Slowakische Historikerkommission, Essen 1999, S. 39–53, hier S. 45. Zu Schultz' Plänen bei Amtsantritt vgl. seine Antrittsvorlesung, die in „Volk und Rasse" im Druck erschien: Bruno Kurt Schultz: Rassenbiologische Fragen im deutschen Raum. Antrittsvortrag an der Deutschen Karls-Universität in Prag am 28.5.1942, in: Volk und Rasse 17 (1942), S.153–157.

36 Diesen Plan kündigte Schultz bereits im November 1941 an und setzte ihn dann auch zügig in die Tat um. Aktenvermerk des SS-Obersturmbannführers Schultz über eine Besprechung mit Rektor Saure und Dekan Denk in Prag vom 4.11.1941, BDC Bruno Kurt Schultz. Vgl. z. B. die Programmfolge für den Eignungsprüferlehrgang in Prag vom 20.7. bis 8.8.1942 sowie die Vortragsfolge für den Eignungsprüferlehrgang für Wehrmachtspsychologen in Prag vom 19.10. bis 31.10.1942, BA NS 2/89, Bl. 16–20, 85–105.

37 Schreiben des Chefs des Rassenamtes, SS-Standartenführer Schultz, an alle RuS-Führer und Referenten bei den Ergänzungsstellen der Waffen-SS über die Sonderbehandlung der im Reich eingesetzten polnischen Zivilarbeiter und Kriegsgefangenen vom 12.11.1941, BA NS 47/30. Der Chef des Rassenamtes, SS-Standartenführer Schultz, an die RuS-Führer und SS-Eignungsprüfer bei den Ergänzungsstellen der Waffen-SS über die Sonderbehandlung der im Reich eingesetzten polnischen Zivilarbeiter und Kriegsgefangenen vom 26.2.1942, BA NS 2/152, Bl. 87f. Vgl. auch die Vernehmungen der Abteilungsleiter des Rassenamtes durch die Ludwigsburger Ermittler: Vernehmung Georg Harders vom 3.8.1966, Erwin Klingers vom 12.6.1966, Friedrich Leos vom 6.9.1966, Dr. Heinrich Rübels vom 2.11.1966, ZSt. AR 122/65.

38 Sitzungsbericht des Rassereferenten im Reichsministerium für die besetzten Ostgebiete (RMO), Dr. Erhard Wetzel, „über die Sitzung am 4.2.1942 bei Dr. Kleist über die Fragen der Eindeutschung, insbesondere der baltischen Länder". Bericht vom 7.4.1942, NO-2585. Gedruckt bei Helmut Heiber: Der Generalplan Ost, in: Vierteljahrshefte für Zeitgeschichte 6 (1958), S. 281–324, hier S. 293–296.

39 Schreiben von Schultz als Leiter der RuS-Einsatzstelle Südost in Veldes an den Chef des RuSHA vom 4.8.1941, BA NS 2/79, Bl. 115f.

40 Zur Debatte um den Umgang mit den „jüdischen Mischlingen" vgl. Gisela Bock: Zwangssterilisationen im Nationalsozialismus. Studien zur Rassenpolitik und Frauenpolitik, Opladen 1986, insbes. S. 359f. Beate Meyer: „Jüdische Mischlinge". Rassenpolitik und Verfolgungserfahrung 1933–1945, Hamburg 1999, insbes. S. 96–104. Jeremy Noakes: The Development of Nazi Policy towards the German-Jewish „Mischlinge" 1933–1945, in: Leo Baeck Institute Yearbook 34 (1989), S. 291–354.

41 Protokoll der Besprechung über die „Endlösung der Judenfrage" am 20.1.1942. Abgedruckt bei Peter Klein: Die Wannsee-Konferenz vom 20. Januar 1942. Analyse und Dokumentation, Berlin 1995, S. 52 und 54f. Zur Wannseekonferenz selbst vgl. Mark Roseman: Die Wannsee-Konferenz. Wie die NS-Bürokratie den Holocaust organisierte. München/Berlin 2002. Siehe auch Christian Gerlach: Die Wannsee-Konferenz, das Schicksal der deutschen Juden und Hitlers politische Grundsatzentscheidung, alle Juden Europas zu ermorden, in: Werkstatt Geschichte 18 (1997), S. 7–44.

42 Besprechungsniederschrift über die am 6.3.1942 im RSHA, Referat IV B 4, stattgefundene Besprechung über die Endlösung der Judenfrage. Abgedruckt bei Kempner, M.W. Robert: Eichmann und seine Komplizen, Zürich u. a. 1961. Unpaginiert. Zusammenfassung der Konferenz vom 27.10.1942. NG-2586-M. Sitzungsprotokoll mit einem Schreiben des Referats IV B 4 an den Gesandschaftsrat Dr. Klingenfuß im Auswärtigen Amt vom 3.11.1942, abgedruckt ebd., unpaginiert.

43 Zu den Sterilisationsexperimenten des Mediziners Carl Clauberg in Auschwitz vgl. Ernst Klee: Auschwitz. Die NS-Medizin und ihre Opfer, Frankfurt a.M. 1997, S. 436–447.

44 Noakes, „Mischlinge", S. 348–352. Vgl. auch Raul Hilberg: Die Vernichtung der europäischen Juden, 3 Bde., Frankfurt a.M. 1997, S. 444f.

45 Gutachten Schultz' vom 18.1.1943 „zur rassenbiologischen Beurteilung der ‚jüdischen Mischlinge II. Grades', mit Schaubild". BA NS 19/1047. Bl. 3f.

46 Geheimes Schreiben des RFSS, an den Reichsleiter Martin Bormann vom 22.5.1943, BA NS 19/1047, Bl. 10.

47 Martin Bormann, den Himmler ebenfalls in Kenntnis gesetzt hatte, fand das Gutachten des Rassenamtschefs allem Anschein nach einleuchtend, denn er erließ eine entsprechende Anweisung an die Gauleiter und Kreisleiter der Partei, in denen er sie aufforderte, bei der Verwendung von „Mischlingen zweiten Grades" in besonders verantwortlicher Stellung oder bei sonstigen Ausnahmegesuchen speziell auf das Erscheinungsbild der „Mischlinge" zu achten und einen Vertreter des Rassenpolitischen Amtes der Partei hinzuzuziehen. Rundschreiben Nr. 117/43 des Leiters der Partei-Kanzlei vom 22.8.1943 über die Bewertung der Erbanlagen von jüdischen

Mischlingen 2. Grades bei ihrer politischen Beurteilung durch die Partei, BA NS 19/1047, Bl. 16. Gleiches Schreiben ging unter dem 3.9.1943 an das RuSHA und das RSHA.

48 „Mischlinge ersten und zweiten Grades" konnten nämlich als „deutsche Volkszugehörige" anerkannt werden, wenn sie sich „vor dem 1. Oktober 1938 aktiv unter besonderen Opfern für die deutsche Sache eingesetzt haben." Zunächst wurden neue Antragsteller, welche sich um die deutsche Staatsangehörigkeit bewarben, auf ihren „Rassewert" hin untersucht und einem psychologischen Gutachten unterworfen. Ab April 1942 wurden auch die bereits anerkannten „Mischlinge" nachträglich rassisch gemustert und alle diejenigen, welche das Gutachten des RuSHA nicht wenigstens als „rassisch tragbar" qualifizierte, rückwirkend von der „deutschen Volkszugehörigkeit" ausgeschlossen. Vgl. die folgenden Erlasse: Erlaß des Reichsinnenministers vom 29.3.1939. Verordnung des Reichsprotektors in Böhmen und Mähren über den Erwerb der deutschen Staatsangehörigkeit, Reichsgesetzblatt I, S. 815. Vertraulicher Erlaß des Reichsprotektors in Böhmen und Mähren vom 7.5.1941 über die Erfassung der Volkszugehörigen im Protektorat Böhmen und Mähren; Behandlung der jüdischen Mischlinge 1. und 2. Grades. Erlaß des Reichsprotektors vom 28.3.1942 und Schreiben des Reichsprotektors in Böhmen und Mähren vom 28.3.1942 über den Erwerb der deutschen Staatsangehörigkeit auf Grund der Verordnung vom 20.4.1939 durch jüdische Mischlinge. Der Landespräsident in Mähren an den Reichsprotektor in Böhmen und Mähren betreffend der Überprüfung der Mischlinge vom 6.3.1943, USHMM RG-48005 M. Reel 2.

49 Bericht des Rassenamtschefs vom 25.1.1944 über die Tätigkeit des RuS-Hauptamtes-SS auf dem Gebiet des Staatsangehörigkeitswesens in Böhmen und Mähren, BA NS 2/153, Bl. 33–41.

50 Zur Bedeutung der „rationalen Erfassung" vor allem der jüdischen Bevölkerung, aber auch anderer als „unerwünscht" oder „schädlich für die Volksgemeinschaft" betrachteter Gruppen als Grundlage der NS-Rassenpolitik vgl. Götz Aly/Karl-Heinz Roth: Die restlose Erfassung. Volkszählen, Identifizieren, Aussondern im Nationalsozialismus, Frankfurt a.M. 2000 (zuerst 1984). Zur Verwaltung der so gewonnenen Informationen (und auch der SS-Rassenkarten) mittels der damals hochmodernen Hollerith-Technologie vgl. Edwin Black: IBM und der Holocaust. Die Verstrickung des Weltkonzerns in die Verbrechen der Nazis, München 2001.

51 Zu den verschiedenen Varianten dieser volkstumspolitischen Neuordnungspläne vgl. die Quellensammlung von Czeslaw Madajczyk (Hg.): Generalplan Ost zum Generalsiedlungsplan, München u. a. 1994. Im Kreis der Generalplan-Ost-Forscher hat einzig Dietrich Eichholtz die spezifische rassistische Komponente der Neuordnungsentwürfe hervorgehoben. Dietrich Eichholtz: Der „Generalplan Ost" als genozidale Variante der faschistischen Ostexpansion, in: Sabine Schleiermacher/Mechthild Rössler (Hg.): Der „Generalplan Ost". Hauptlinien der nationalsozialistischen Planungs- und Vernichtungspolitik, Berlin 1993, S. 118–124.

52 Diesen Kontinuitätsfaktor vernachlässigen sowohl Götz Aly als auch Christian Gerlach in ihren wichtigen Studien. Vgl. Aly, „Endlösung" und Christian Gerlach: Kalkulierte Morde. Die deutsche Wirtschafts- und Vernichtungspolitik in Weißrußland 1941 bis 1944, Hamburg 1999. Ders.: Krieg, Ernährung, Völkermord. Forschungen zur deutschen Vernichtungspolitik im Zweiten Weltkrieg, Hamburg 1998. Philipp Rutherford vertritt schließlich die These einer angeblichen „De-Radicalization" der NS-Germanisierungspolitik im Warthegau ab 1940 zugun-

sten wirtschaftspolitischer Zielsetzungen. Hierfür lassen sich weder in der Tätigkeit der SS-Umsiedlungsinstitutionen noch in den Anordnungen von Gauleiter Arthur Greiser hinreichende Belege finden. Vgl. Philipp Rutherford: Race, Space and the „Polish Question", Nazi Deportation Policy in Reichsgau Wartheland, Diss., Pennsylvania State University, 2000.

53 Zur Gesamtstärke der SS und Waffen-SS vgl. die Angaben bei Bernd Wegner: Hitlers politische Soldaten. Die Waffen-SS 1933–1945. Leitbild, Struktur und Funktion einer nationalsozialistischen Elite, 6. Aufl., Paderborn 1999, S. 210, 277, 283. Vgl. auch die im Berlin Document Center erhaltenen Personalakten von SS-Führern, SS-Mannschaftsdienstgraden, Musterungsakten von SS-Ehefrauen sowie die Personalakten von SS-Helferinnen und SS-Mitarbeiterinnen, welche ebenfalls einer rassischen Auslese unterzogen wurden. Berlin Document Center (Hg.): The Holdings of the Berlin Document Center. A Guide to the Collections, Berlin 1994, S. 49, 58, 67, 69.

54 Vgl. die Durchschleusungsergebnisse der Einwandererzentralstelle Litzmannstadt (EWZ) mit Stand vom 30.11.1944. Archiwum Panstwowe (AP) w Lodzi 204, 2/11. Siehe auch die Musterungsergebnisse der Gruppen 3 und 4 der Deutschen Volksliste (DVL) für die Gebiete Warthegau und Ostpreußen. Bericht des Leiters der Außenstelle Litzmannstadt des RuSHA, Walter Dongus, über die Eignungsuntersuchungen im Rahmen der DVL im Reichsgau Wartheland vom 29.5.1942. AP Poznaniu 299/1131. Bl. 138–145. Statistik der DVL-Kommission Ostpreußen des RuSHA von 1942. Archiwum Glownej Komisji Badania Zbrodni przeciwko Narodowi Polskiemu, Warszawa (AGK) 167/8, Bl. 8.

55 Für eine genaue Aufschlüsselung und einen detaillierten Beleg dieser Zahlen vgl. Heinemann: Rassenpolitik.

56 Zur Anzahl der „Wiedereindeutschungsfähigen" vgl. die Monatsberichte der RuSHA-Außenstelle Litzmannstadt vom 31.12.1941–31.4.1944 in AGK 167/6. Czeslaw Madajczyk rechnet sogar mit mehr als 37 000 zur „Wiedereindeutschung" ins Altreich verbrachten Polen. Czeslaw Madajczyk: Die Okkupationspolitik Nazideutschlands in Polen, Berlin 1987, Tab. 15.

57 Vgl. die oben zitierten Berichte von Bruno Kurt Schultz und Hans Koch von 1941. Gedruckt bei Ferenc: Entnationalisierungspolitik, S. 247–261 und 347–349.

58 Vgl. die Übersicht über das Arbeitsgebiet der Abteilung C 2 (Wiedereindeutschung) des Rassenamtes vom 25.9.1942, gez. SS-Obersturmführer Harders, BA NS 2/89, Bl. 25–36. Bericht aus dem Stabshauptamt RKF, gez. SS-Oberführer Creutz, über das Verfahren zur Wiedereindeutschung von rassisch wertvollen Personen. Gedruckt bei Ferenc, Entnationalisierungspolitik, S. 590f. Durchschleusungsergebnisse der Einwandererzentralstelle Litzmannstadt (EWZ) mit Stand vom 30.11.1944. AP w Lodzi 204, 2/11.

59 So regte RuSHA-Chef Otto Hofmann während des Krieges an, eine abgestimmte Dienstlaufbahn für hauptamtliche Führer im RuSHA zu schaffen. Diese könne sich aus den Stufen „Mitarbeiter, Referent, Abteilungsleiter, Hauptabteilungsleiter, SS-Führer im RuS-Wesen und Amtschef" zusammensetzen. Schreiben Otto Hofmanns an die Fachämter im RuSHA vom 27.10.1941, BA NS 2/87, Bl. 30f. Vgl. auch das „Merkblatt betreffend Laufbahnbestimmungen", worin den Waffen-SS-Interessenten bereits im Sommer 1941 unterschiedliche Reserveführerlaufbahnen – darunter auch der „SS-Führer im Rasse- und Siedlungshauptamt" – angeboten wurden. Zitiert bei Wegner: Waffen-SS, S. 146.

60 So verwundert es auch nicht, daß die Rasseexperten der SS ihrerseits an der Vorbereitung der Nürnberger Rassegesetze in den Jahren 1934 und 1935 beteiligt waren. Hierzu vgl. den Schriftwechsel in BA NS 2/143. Zu den spezifisch rassistischen Gesetzen der frühen dreißiger Jahre zählen neben den drei Nürnberger Gesetzen und dem „Gesetz über die Wiederherstellung des Berufsbeamtentums" vom 7.4.1933 auch das „Gesetz zur Verhütung erbkranken Nachwuchses" und das „Gesetz gegen gefährliche Gewohnheitsverbrecher und über Maßregeln der Sicherung und Besserung", beide vom 14.7.1933. Hinzu kamen das „Reichserbhofgesetz" vom 29.9.1933 mit seinem „Arierparagraphen" für den Erbhofbauern und das „Gesetz zum Schutz der Erbgesundheit des deutschen Volkes" vom 18.10.1935 (das sogenannte „Ehegesundheitsgesetz"). Zur Frage der Genese der NS-Rassengesetze vgl. die Habilitationsschrift von Cornelia Essner: Die „Nürnberger Gesetze" oder die Verwaltung des Rassenwahns 1933–1945, Paderborn u. a. 2002.

61 Bruno Kurt Schultz: 10 Jahre Verlobungs- und Heiratsbefehl in der Schutzstaffel, in: Volk und Rasse 17, 1 (1942), S. 1–4.

62 Rede des Reichsführers-SS Heinrich Himmler vor den SS-Gruppenführern in Posen am 4.10.1943. Abgedruckt in IMT, Bd. 29, S. 110–173, hier S. 123.

63 Vgl. hierzu die Akten des Nürnberger Nachfolgeprozesses VIII, des sogenannten „RuSHA-Case". Vollständige Prozeßunterlagen z.B. im BAK, All. Proz. 1, Rep. 501, XXXXIV. Auszugsweise Veröffentlichung der wichtigsten Dokumente: TWC, Bd. 4, 2 und 5, 1.

64 Das Vorermittlungsverfahren der Zentralen Stelle in Ludwigsburg konzentrierte sich auf die Rassegutachten, welche vom RuSHA über sowjetische und polnische Kriegsgefangene und Zwangsarbeiter erstellt wurden, wenn diese gegen das Verbot des Geschlechtsverkehrs mit deutschen Frauen verstoßen hatten. Ein negatives Rasseurteil des SS-Eignungsprüfers zog in der Regel das Todesurteil für den Betreffenden nach sich, ein Tatbestand, der den Rasseexperten – entgegen ihren eigenen Ausführungen in den Vernehmungen – sehr wohl bekannt war. Vgl. die Beweisaufnahme und die beschönigenden Aussagen der RuSHA-Mitarbeiter im Vorermittlungsverfahren der Zentralen Stelle in Ludwigsburg, ZSt. AR 122/65.

65 Vgl. z.B. das Gutachten Hans Buchheims zum RKF und dessen Rezeption in der Forschungsliteratur bis in die neunziger Jahre. Hans Buchheim: Die SS – Das Herrschaftsinstrument. Befehl und Gehorsam, Freiburg 1965 (Anatomie des SS-Staates, Bd. 1), S. 246–248. Michael H. Kater: Das „Ahnenerbe" der SS 1935–1945. Ein Beitrag zur Kulturpolitik des Dritten Reiches, Darmstadt 1974, S. 67–75. Georg Lilienthal: Der „Lebensborn e.V.": Ein Instrument nationalsozialistischer Rassenpolitik, Stuttgart/New York 1985, S. 48f. Claus Leggewie: Von Schneider zu Schwerte. Geschichte eines Mannes, der aus der Geschichte lernen wollte, München/Wien 1998, S. 58. Dazu vgl. auch die Einschätzungen in den derzeit gängigen Nachschlagewerken: Enzyklopädie des Holocaust. Die Verfolgung und Ermordung der europäischen Juden, hg. von Israel Gutmann/Eberhard Jäckel/Peter Longerich/Julius H. Schoeps, Bd. 2, Berlin 1993, S. 1181f. Enzyklopädie des Nationalsozialismus, hg. von Wolfgang Benz/Hermann Graml/Hermann Weiß, Stuttgart 1997, S. 659.

66 Hierzu vgl. seine Aussage in den Vernehmungen durch die Zentrale Stelle in Ludwigsburg am 19.8.1966, ZSt. AR 122/65, und am 30.8.1960, ZSt. AR 420/62, sowie das Personal- und Vorlesungsverzeichnis der Universität Münster 1961/62-1967/68. Schultz' Akten im Universi-

tätsarchiv Münster sind auf Wunsch der Familie bis auf weiteres für die Forschung nicht zugänglich. Für den Hinweis danke ich Alfons Kenkmann, Leipzig/Münster.

67 Zu Verschuer und dem KWI für Anthropologie, menschliche Erblehre und Eugenik vgl. Carola Sachse/Benoit Massin: Biowissenschaftliche Forschung an den Kaiser-Wilhelm-Instituten und die Verbrechen des NS-Regimes. Informationen über den gegenwärtigen Wissensstand, Berlin 2000 (Ergebnisse. Vorabdrucke aus dem Forschungsprogramm „Geschichte der Kaiser-Wilhelm-Gesellschaft im Nationalsozialismus"). Zu Otto Freiherr von Verschuer vgl. Benno Müller-Hill: Das Blut von Auschwitz und das Schweigen der Gelehrten, in: Doris Kaufmann (Hg.): Geschichte der Kaiser-Wilhelm-Gesellschaft im Nationalsozialismus. Bestandsaufnahme und Perspektiven der Forschung, Göttingen 2000, 2 Bde., S. 189–230. Zur bundesrepublikanischen Anthropologie und Genetik vgl. Hans-Peter Kröner: Das Kaiser-Wilhelm-Institut für Anthropologie, menschliche Erblehre und Eugenik und die Humangenetik in der Bundesrepublik Deutschland, in: Ebda., S. 653–666.

68 Zu den Nachkriegstreffen ehemaliger RuSHA-Funktionäre vgl. den Brief des einstigen RuSHA-Stabschefs Fritz Schwalm vom 9.3.1976 an Werner Vopersal, einen „SS-Kameraden", der eine Kriegsgeschichte der Waffen-SS vorbereitete. Schwalm bezog sich explizit auf seine guten Kontakte zu und gelegentliche Treffen mit seinen alten Kollegen. Bundesarchiv-Militärarchiv Freiburg (BA-MA) N 756/55.

II. Besatzungsbürokraten

Berthold Beitz und die „Endlösung der Judenfrage" im Distrikt Galizien 1941–1944

Thomas Sandkühler

Im Zweiten Weltkrieg ermordeten deutsche Täter und ihre nichtdeutschen Helfer rund sechs Millionen Juden.[1] Ein großer Teil dieser Männer, Frauen und Kinder starb in den Gaskammern der Vernichtungslager, die auf polnischem Boden errichtet wurden: Chelmno, Belzec, Sobibór, Treblinka, Majdanek, Auschwitz-Birkenau.[2] Dieses Verbrechen wurde von einer Vielzahl von Tätern und Mittätern in der Führungsspitze des Regimes, in der Ministerialbürokratie, im SS- und Polizeiapparat, in der Wehrmacht, in den Verwaltungen und in Wirtschaftsunternehmen Deutschlands und der besetzten Gebiete geplant und durchgeführt. Je mehr die historische Forschung hierüber zutage fördert, desto deutlicher zeichnet sich ab, daß die Verfolgung und Ermordung der Juden nicht neben der deutschen Gesellschaft jener Zeit stand, sondern eng mit ihr verflochten war.[3]

Das zeigt sich auch und besonders an den Funktionären des Regimes auf allen Ebenen des Regierungs- und Machtapparates, im „Altreich" wie in den besetzten Gebieten. Diejenigen, die im Auftrag des Staates die Verfolgungs- und Vernichtungspolitik des Regimes durchsetzten, taten dies oft nicht in buchstabengetreuer Befolgung von Weisungen und Gesetzen – auch solchen, die eindeutig Unrecht setzten –, sondern mit persönlicher Initiative, aus weltanschaulicher Überzeugung heraus. Zusammenarbeit zwischen verschiedenen Zweigen des Verwaltungs-, Polizei-, Militär- und Wirtschaftsapparates quer zu den konkurrierenden Hierarchien prägte vielfach das Geschehen.[4]

Die mitunter beträchtlichen Handlungsspielräume von Funktionären des Regimes ließen sich aber auch zugunsten verfolgter Gruppen und Individuen nutzen, was selten genug geschah. Ambivalenz war solchen Versuchen, der mörderischen Politik des NS-Regimes aus dem System heraus etwas entgegenzusetzen, oft zu eigen. Allerdings ist der Terminus „Ambivalenz" selbst vieldeutig. Es empfiehlt sich daher, zwischen mehrdeutigem Verhalten, das in der Struktur des Regimes angelegt war, und mehrdeutigem individuellem Verhalten zu unterscheiden. Die Frage ist, mit anderen Worten, ob Einzelpersonen, die sich den nationalsozialistischen Verbrechen widersetzten, dies aus einem humanitären Impuls heraus taten, der unter Umständen von Anpassungszwängen gebrochen wurde, oder ob ihr Engagement für Verfolgte von vornherein systemkonform war und eine persönliche Gefährdung ausschloß. Antworten auf diese Frage wird man am ehesten aus individual- oder kollektivbiographischen Fallstudien erhalten. Dabei geht es weniger um die psychologischen Voraussetzungen uneigennützigen Verhaltens,[5] sondern darum, die gesellschaftlichen Bedingungen dafür freizulegen, daß Menschen auch unter den Bedingungen einer Diktatur und eines rassenideologischen Krieges den Willen artikulieren und danach handeln konnten, an menschlichen Wertmaßstäben festzuhalten und das Richtige zu tun.

Reiches Anschauungsmaterial bietet in diesem Zusammenhang jene couragierte Minderheit von Männern und Frauen, die den verfolgten Juden halfen, ihnen Schutz und Unterkunft gewährten und sie unter Gefährdung des eigenen Lebens vor der Ermordung retteten – „Gerechte unter den Völkern", wie sie in der israelischen Gedenkstätte Yad Vashem geehrt werden. Sie waren nach Herkunft und Werdegang meist so normal wie die schweigende Mehrheit. Sie wollten keine Widerstandskämpfer sein und leisteten doch objektiv Widerstand gegen den Judenmord. Wenn sie sich widersetzen konnten, so die plausible Schlußfolgerung, hätten auch andere das tun können.[6]

Denn das Dritte Reich bestand nicht nur aus Tätern und Opfern, Verfolgten und Verfolgern. Sehr viele Deutsche waren mehr oder weniger freiwillig Zuschauer der Ausgrenzung und Deportation ihrer jüdischen Nachbarn, und eine nicht unbeträchtliche Zahl der Zeitgenossen wußte von den Vorgängen „im Osten".[7] Die innere Einstellung und das Verhalten dieser „bystander", wie die amerikanische Forschung sie nennt, läßt sich schwer auf einen Begriff bringen. Es gab unter der NS-Diktatur manifesten Antisemitismus und klammheimliche Freude über das Verschwinden der Juden, von dem auch der sprichwörtliche kleine Mann materiell profitieren konnte.[8] Es gab vielfach passives Hinnehmen, das sich aber nicht umstandslos als stillschweigende Zustimmung zu einem „nationalen Projekt" des Judenmordes interpretieren läßt. Angst vor Repressalien des Regimes muß in Rechnung gestellt werden.[9] Und doch: Hätte die Vernichtung der Juden so vergleichsweise reibungslos durchgeführt werden können, wenn sich die mittlere Gruppe der „bystander" in nennenswertem Umfang der NS-Verfolgungspolitik widersetzt hätte? Der Hinweis auf die zögerliche Politik der alliierten Kriegsgegner ist nicht geeignet, solche drängenden Fragen an die Deutschen abzuweisen.[10]

Diese Problemstellung soll hier am Fallbeispiel des deutschen Industriellen Berthold Beitz behandelt werden, der als junger Mann zahlreiche Juden vor dem sicheren Tod gerettet hat. Im Zweiten Weltkrieg war Beitz leitender Angestellter einer großen deutschen Erdölfirma, der Karpathen-Öl AG, im besetzten Polen. Im Namen dieser Firma reklamierte er jüdische Männer, Frauen und Kinder als angeblich unentbehrliche Arbeitskräfte und bewahrte sie mit Hilfe seiner Frau Else Beitz vor der Vernichtung.[11] Systemimmanente Ambivalenz, unzweideutiges Handeln aus ethischen Motiven heraus und der Konflikt, der sich zwischen beidem ergeben konnte, tritt in diesem Fall eindrücklich zutage.

„Endlösung" in Galizien – Rettung in Boryslaw

Galizien ist eine ländliche Region im Südosten Polens, die von den Teilungen Polens 1772 bis zum Ende des Ersten Weltkriegs zur österreichischen Monarchie gehört hatte.[12] Damals erstreckte sich das Königreich Galizien und Lodomerien noch von den Rändern Ostoberschlesiens bis zur Grenze Rußlands; die Städte Krakau und Lemberg waren Zentren des westlichen und östlichen Galizien. Ostgalizien hatte eine ukrainische (ruthenische) Bevölkerungsmehrheit, gefolgt von Polen, Juden und einer volksdeutschen Minderheit.

Nirgendwo in Europa lebten vor dem Zweiten Weltkrieg so viele Juden auf kleinem Raum zusammen wie in Ostgalizien. Es war eine uralte Judengemeinde mit großer Vergangenheit, die unter Kaiser Franz Joseph II. eine letzte kulturelle Blüte erlebte; doch die wirtschaftliche Lage im rückständigen Ostpolen und die Furcht vor russischen Pogromen trieb Zehntausende in die Emigration nach Westeuropa und Amerika. Für die Antisemiten aller Länder, namentlich Österreichs, war „der galizische Jude" mit seiner fremdartigen Kleidung und seiner jiddischen Sprache schnell Hauptziel aller Haßprojektionen, die der junge Hitler in Wien aufsog.[13] Auch unter den galizischen Ukrainern, die im 19. Jahrhundert die staatliche Unabhängigkeit anstrebten, und unter den Polen wuchs die Judenfeindschaft. Diese Situation wurde nach dem Ersten Weltkrieg explosiv. An die Stelle des österreichischen Vielvölkerstaates trat in Ostgalizien die Republik Polen. Der polnisch-sowjetische Krieg und ein gleichzeitiger Bürgerkrieg der Polen gegen die ukrainische Mehrheit, die sich mit einigem Recht auf das Selbstbestimmungsrecht der Völker berief, waren der gewalttätige Auftakt der neuen Ära.[14]

Die Juden gerieten zwischen die Fronten des polnischen und ukrainischen Nationalismus. In dem Maße, wie in der Zwischenkriegszeit die traditionelle Judenfeindschaft im „östlichen Kleinpolen" – so die offizielle Bezeichnung – Elemente des politischen Antisemitismus in sich aufnahm, der behauptete, es gebe hinsicht-

lich der Juden eine „Rassenfrage", veränderte sich auch das Bild der jüdischen
Gemeinde, wobei die sozialen und politischen Differenzierungen oft entlang
sprachlichen Grenzen verliefen. Die schmale Oberschicht sprach nach wie vor
deutsch und dachte mit Wehmut an die guten Zeiten zurück; die Mittelschicht der
Kaufleute und Geschäftsinhaber assimilierte sich und sprach mehrheitlich pol-
nisch; dies taten aber auch die Zionisten, die einen eigenen jüdischen Staat in Pa-
lästina propagierten. Die arme Schicht, die kleinen Handwerker und Gewerbetrei-
benden in den Landstädten, sprach oft weiterhin jiddisch, hielt an den religiösen
Bräuchen und an der jüdischen Kleidung fest und erfuhr nicht selten Ablehnung
auch aus den Reihen derjenigen, die das „Shtetl" endgültig hinter sich lassen wollten.[15]

Infolge des Hitler-Stalin-Paktes kam Ostgalizien im September 1939 – nach
kurzzeitiger Besetzung durch Truppen der Wehrmacht – unter sowjetische Herrschaft. Die westliche Ukraine wurde der Ukrainischen Sozialistischen Sowjetre-
publik einverleibt.[16] Damit war zwar die lange geforderte Vereinigung aller Ukrainer in einem Staat vollzogen, aber die ukrainischen Nationalisten konnten damit
kaum zufrieden sein. Sie gingen zum Teil nach Berlin oder ins benachbarte Generalgouvernement, wo sie seit Ende 1940 zur fünften Kolonne der Nationalsozialisten für das „Unternehmen Barbarossa" ausgebildet wurden. In der Westukraine
betrieben Nikita Chruschtschow und der Geheimdienst NKWD eine rücksichtslose Politik der Enteignung, Kollektivierung und Deportation, unter der die Juden
besonders zu leiden hatten. Gleichwohl galt es unter ukrainischen Nationalisten
als ausgemacht, daß sich die Juden als Zuträger des NKWD betätigten. Das Feindbild vom „jüdischen Bolschewismus" war auch unter den rechtsradikalen Bewegungen der sowjetischen Randstaaten verbreitet. Dies war eine wesentliche Voraussetzung für die vielen Pogrome, die im Juli 1941 in Ostgalizien stattfanden.
Auslöser dieser Gewalttaten waren indes Massenverhaftungen des NKWD, das
kurz vor dem deutschen Angriff eine weitere Welle von Deportationen politisch
und sozial „unzuverlässiger Elemente" vorbereitet hatte. Als die deutschen Bom-
bardements begannen, erteilte die NKWD-Führung den Befehl, alle Gefangenen,
die nicht mehr nach Osten abtransportiert werden konnten, zu töten. Folglich wurden in den Gefängnissen der Ukraine Ende Juni/Anfang Juli Zehntausende Häftlinge ermordet und zum Teil auch zu Tode gefoltert; ebenso auch zahlreiche deutsche Angehörige der Luftwaffe, die in den ersten Tagen des „Unternehmens Barbarossa" in Gefangenschaft geraten waren.[17]

In Lemberg, Tarnopol, aber auch in Boryslaw und anderswo schienen diese
sowjetischen Verbrechen das deutsche und ukrainische Feindbild des „jüdischen

Bolschewismus" unmittelbar zu bestätigen, obwohl ihnen neben Ukrainern und Polen auch zahlreiche Juden zum Opfer gefallen waren. Die „Endlösung" in Ostgalizien begann mit Massenerschießungen der deutschen „Sicherheitspolizei" – Gestapo und SD –, die sich unmittelbar an die ukrainischen Pogrome anschlossen, an denen Wehrmachtseinheiten vielfach aktiv teilgenommen hatten. Zwei Jahre später, im Juni 1943, meldete der SS- und Polizeiführer Ostgaliziens, Friedrich Katzmann, die als „Distrikt Galizien" mit der Hauptstadt Lemberg zum Generalgouvernement Polen geschlagene Region „judenfrei".[18] Die jüdische Gemeinde Ostgaliziens, mehr als eine halbe Million Menschen, wurde bis auf wenige Überlebende erbarmungslos ausgelöscht. Unter denen, die davonkamen, verdankten etwa einhundert Männer und Frauen ihr Leben Berthold Beitz.

Kriegswirtschaftlicher Hintergrund

Berthold Beitz wurde 1913 in einer pommerschen Kleinstadt geboren. Nach dem Abitur 1934 absolvierte er eine Lehre bei der Pommerschen Bank in Stralsund, für die er bis 1939 arbeitete, ehe er nach Hamburg ging. Dort heiratete er im selben Jahr Else Hochheim, die er bei seinem neuen Arbeitgeber, der Deutschen Shell, kennengelernt hatte. Wegen seiner Schlüsselstellung in der polnischen Erdölindustrie war Beitz bis zur letzten Kriegsphase unabkömmlich (uk) gestellt worden.

Vor Beitz' Auszeichnung als „Gerechter unter den Völkern" spielte die Frage, ob er sich möglicherweise nur aus wirtschaftlichen Interessen für die Juden eingesetzt habe, eine nicht unerhebliche Rolle.[19] Die Befürworter dieser Ehrung vertraten die Auffassung, Beitz habe sich allein aus humanitären Gründen engagiert und exponiert; die Gegner zeichneten das Bild eines selbstsüchtigen Mannes, der „nur" diejenigen geschützt habe, die ihm für die Erdölindustrie oder persönlich nützlich sein konnten.[20] Beitz selbst hat wiederholt für sich in Anspruch genommen, aus menschlichen Gründen gehandelt zu haben; er hat aber gleichzeitig darauf hingewiesen, daß ihm dies nur unter Berufung auf kriegswirtschaftliche Sachzwänge möglich gewesen sei. Man muß also zwischen Bedingungen, Möglichkeiten und tatsächlichem Handeln unterscheiden, um zu einem gerechten Urteil zu gelangen.

Ende des 19. Jahrhunderts wurde in Boryslaw, einem verschlafenen Nest am Fuß der polnischen Karpathen, Erdöl entdeckt. In den folgenden Jahrzehnten dehnte sich das Fördergebiet nach Westgalizien aus. Dort wurde das Revier Jaslo/

Krosno, südöstlich von Krakau, erschlossen. Zeitweise war die polnische Erdölindustrie führend in Europa, und es bestand ein enger Austausch mit dem deutschen Erdölbergbau, der sich die Erfahrung der polnischen Kollegen bei der Erschließung niedersächsischer Erdölvorkommen zunutze machte.[21] Später lief Rumänien Polen den Rang als Rohölproduzent ab. In Ostgalizien zog sich das Produktionsgebiet über hunderte Kilometer an der Nordgrenze der Karpathen entlang. Zentren der ostgalizischen Erdölindustrie waren Boryslaw, hier wurde das Erdöl gewonnen, und die Nachbarstadt Drohobycz, dort wurde es in mehreren Raffinerien verarbeitet. Dies waren in wirtschaftlicher Hinsicht großindustrielle Inseln im Meer von Landwirtschaft und Kleingewerbe und insofern nicht sehr typisch für Ostgalizien oder für Polen insgesamt.

Das Deutsche Reich war im Zweiten Weltkrieg dringend auf Rohöl angewiesen. Ohne ausreichende Betriebsstoffe war ein moderner Bewegungskrieg nicht zu führen. Daher versuchte die deutsche Diplomatie bei den deutsch-sowjetischen Verhandlungen kurz vor der polnischen Kapitulation 1939, auch Boryslaw und Drohobycz für das Reich zu erhalten. Das mißlang zwar, so daß vorerst nur das Gebiet von Jaslo und Krosno der deutschen Kriegführung zur Verfügung stand. Stalin stellte aber die ostgalizische Erdölindustrie faktisch ganz in den Dienst des Reiches. Die letzten Kesselwagen rollten noch am 22. Juni 1941 über die Demarkationslinie.[22]

Am 1. Juli besetzten deutsche Verbände Boryslaw und Drohobycz. Dichtauf folgte eine Abordnung der Beskiden-Erdölgesellschaft, die im November 1939 von den vier größten deutschen Erdölproduzenten gegründet worden war, um die polnische Erdölindustrie für das Dritte Reich dienstbar zu machen. Sie sollte nun auch in Ostgalizien tätig werden. Auf diese Weise kamen Berthold Beitz und seine Frau über die ehemalige deutsch-sowjetische Grenze. Beitz war schon Ende 1939 von der Deutschen Shell zur Beskiden-Erdöl Gewinnungsgesellschaft mbH nach Jaslo abgeordnet und 1940 in den Nachbarort Krosno versetzt worden. Sein Auftrag war es, künftig die Erdölproduktion in Boryslaw zu leiten. Die abziehende Rote Armee hatte die Förderanlagen von Boryslaw nur wenig zerstört, aber in Drohobycz waren die Sprengungsschäden sehr nachhaltig. Der Wiederaufbau und die gleichzeitige Modernisierung der Raffinerien bildeten 1942/43 einen Schwerpunkt der deutschen Aktivitäten im Erdölgebiet, die vom Wirtschafts-Rüstungsamt des Oberkommandos der Wehrmacht, regional vom Rüstungskommando Lemberg gesteuert wurden.[23]

In der polnischen Erdölindustrie waren traditionell viele Juden beschäftigt. Sie stellten nicht nur einen Teil der ungelernten Arbeitskräfte, sondern gerade auch die technische Leitungsschicht sowie Facharbeiter wie Bohrmeister, Bohrgehilfen, Destillateure etc.[24] Ohne Zutun von Beitz und seinen Kollegen in Drohobycz hatte die Wehrmacht alle diese jüdischen Mitarbeiter im Juli 1941 entlassen und meinte, ganz „judenfrei" arbeiten zu können.[25] Das war eine grobe Fehleinschätzung der Situation. 1942/43 wurden erhebliche Investitionen in Boryslaw und Drohobycz getätigt, um dauerhaft mehr Erdöl fördern zu können. Es begann im Frühsommer 1942 und erreichte nach der Katastrophe von Stalingrad seinen Höhepunkt. Diese Investitionen zogen einen erhöhten Arbeitskräftebedarf nach sich. Im selben Zeitraum aber trat auch die Judenvernichtung in Ostgalizien in ihre schlimmste Phase. Es fehlte überall an Arbeitskräften, besonders an Fachkräften, da die deutsche Verwaltung gleichzeitig auch Zehntausende Polen und Ukrainer als Fremdarbeiter für Landwirtschaft und Industrie aus Ostgalizien zwangsweise in das Reich abtransportierte. Das zuständige Arbeitsamt Drohobycz stellte daher mit Bedauern fest, daß die Erdölindustrie vorläufig nicht ohne Juden auskommen könne. Im September 1942 beschäftigte die Beskiden-Erdöl 1295 Juden, davon 1192 in Boryslaw.[26]

Ein Widerspruch zwischen kriegswirtschaftlichen Erfordernissen und dem Ziel der Judenvernichtung trat auch anderswo im Generalgouvernement hervor.[27] Im selben Monat beklagten sich unabhängig voneinander die Beskiden-Erdölgesellschaften und der Militärbefehlshaber im Generalgouvernement, General von Gienanth, beim Oberkommando der Wehrmacht über den fortschreitenden Verlust an jüdischen Arbeitskräften, ohne die vordringliche rüstungswirtschaftliche Aufträge nicht bewältigt werden könnten. Der Reichsführer-SS, Heinrich Himmler, erhielt hiervon Kenntnis und bestimmte nach Rücksprache mit Hitler, daß die jüdischen Arbeitskräfte bis auf weiteres in den Wehrmachts- und Rüstungsbetrieben des Generalgouvernements belassen werden sollten. Allerdings ordnete Himmler an, diese Juden formell in die Regie des SS- und Polizeiapparates zu übernehmen, der sie in Zwangsarbeitslagern zusammenfassen und den Betrieben gegen Entgelt zur Verfügung stellen sollte. Himmler betonte, daß es sich bei dieser Regelung nur um einen zeitweiligen Kompromiß handeln würde. Vom Ziel der Judenvernichtung rückte er kein Jota ab.[28]

In Ausführung dieser Bestimmungen vereinbarte der Höhere SS- und Polizeiführer im Generalgouvernement, Friedrich Wilhelm Krüger, mit dem Nachfolger Gienanths, den Himmler wohlweislich hatte absetzen lassen, und mit der Rüstungsinspektion unter General Schindler bestimmte Richtlinien für den geordneten „Entzug" jüdischer Arbeitskräfte aus Wehrmachts- und Rüstungsbetrieben. Dieser Vereinbarung folgte am 17. Oktober 1942 ein inhaltlich übereinstimmen-

des Abkommen zwischen dem SS- und Polizeiführer im Distrikt Galizien, Katzmann, und dem Rüstungskommando Lemberg. Am 6. November schickte Katzmann weitere Ausführungsbestimmungen, namentlich zur Verwendung von Abzeichen mit dem Buchstaben „R" für „Rüstungsjuden", von denen die inzwischen
in eine Aktiengesellschaft, die Karpathen-Öl AG, überführte Beskiden-Erdöl 1670
Stück erhielt.[29] Weitere Abzeichen stellte Katzmann nicht zur Verfügung. Schließlich sollte
die jüdische Belegschaft abnehmen, nicht zunehmen. Die Direktion der Karpathen-Öl AG machte sich dies zu eigen. Sie bemühte sich zwar in Berlin wiederholt
um den Schutz ihrer jüdischen Arbeitskräfte.[30] Intern verfolgte sie jedoch die ausdrückliche Zielsetzung, den Forderungen der SS-Führung zumindest soweit zu
entsprechen, wie es erforderlich schien, um störende Eingriffe in die betrieblichen
Abläufe zu verhindern und den wachsenden Bedarf des Unternehmens an Fachar-
beitern und Spezialisten zu sichern.

Katzmann und die von ihm beauftragte Gestapo in Drohobycz wollten ungelernte Arbeiter und solche Personen, die lediglich pro forma beschäftigt wurden,
etwa die Ehefrauen und Kinder der Facharbeiter, so schnell wie möglich ermorden. Sie verlangten, daß die Karpathen-Öl AG sich selbst darum bemühte, dieser
Forderung zu entsprechen, und erleichterten dies dem Unternehmen mit einem
charakteristischen Entgegenkommen: Nach den Weisungen des SS- und Polizeiführers mußten die „R"-Abzeichen entlassener jüdischer Mitarbeiter bei der Gestapo abgeliefert werden. Die Gestapo Drohobycz gestand der Karpathen-Öl AG
jedoch zu, frei werdende Abzeichen zu behalten und an jüdische Fachkräfte wei-
terzugeben, die bislang noch nicht als „Rüstungsjuden" ausgewiesen waren.[31] Infolgedessen verstrickte sich die Karpathen-Öl tief in der Praxis der Selektionen.
Wie sich im einzelnen aus dem Schriftwechsel der zuständigen Gruppenverwaltung in Drohobycz ergibt, lieferten leitende Mitarbeiter des Unternehmens mehrfach jüdische Arbeitskräfte an die Gestapo aus und benutzten deren „R"-Abzei-
chen, um Handwerker auszusondern, die zuvor von der Polizei verhaftet worden
waren.

Die Handlungsmöglichkeiten von Beitz hingen demnach von der Haltung seines Unternehmens zur „Judenfrage" stark ab, doch gingen sie nicht darin auf.[32]
Zunächst konnte er sich mit Rückendeckung der Direktion auf die Unentbehrlich-
keit jüdischer Arbeitskräfte berufen, obwohl der SS- und Polizeiapparat immer
wieder demonstrierte, wie wenig er auf solche Sachzwänge tatsächlich einzugehen bereit war. Seit Spätherbst 1942 wurde Beitz' Argument, man benötige Arbeitskräfte, zu einer Falle für ungelernte jüdische Arbeiter, Frauen und Kinder,

deren Schutz ihm besonders am Herzen lag. Er sah sich einem zunehmenden Druck der Unternehmensführung ausgesetzt, die der SS zugesagten „Ausscheidungsmaßnahmen" mitzutragen, durch welche die jüdische Belegschaft auf wirklich unentbehrliche Fachkräfte reduziert werden sollte. Zudem waren Beitz' Eintreten für Juden und seine sehr unabhängige Stellung in Boryslaw verschiedenen Kollegen ein Dorn im Auge, darunter auch solchen, mit denen das Ehepaar Beitz sich zunächst gut verstanden hatte. Seit Februar 1943 spitzte sich diese Situation zu: Während einer „Aktion" im Mai dieses Jahres sollte auch Beitz Entlassungen zur Freimachung von „R"-Abzeichen vornehmen. Er hatte dies im Vorfeld zugesagt, verzögerte dann aber die Ausführung.[33]

Dieser Vorgang macht sehr deutlich, daß sich Beitz' Rettungsaktionen nicht auf wirtschaftliche Sachzwänge, auf kaufmännisches oder unternehmerisches Kalkül reduzieren lassen. Auf „Arbeit" allein ließen sie sich nicht gründen. Wäre Beitz dieser Logik gefolgt, so hätte er mindestens 30 Menschen in den sicheren Tod schicken müssen. Er hat dies nicht getan.

Umfeld und Beziehungen

Der Arbeitskräftebedarf des Erdölunternehmens war also nur eine hinreichende Bedingung für Beitz' Engagement. Informelle Möglichkeiten, Kontakte und Beziehungen sowie die ständige Erfahrung der Judenverfolgung kamen als notwendige Bedingung hinzu. Zunächst waren für Beitz zwei Ereignisse prägend: der Pogrom in Boryslaw Anfang Juli 1941, dessen Augenzeuge er unmittelbar nach seiner Ankunft wurde, und die Massendeportation Boryslawer Juden ein Jahr später, am 6./8. August 1942.

Die Ausschreitungen ukrainischer Nationalisten gegen die Boryslawer Juden wurden wie an vielen anderen Orten Ostgaliziens von den Morden des NKWD ausgelöst. Die Juden wurden gezwungen, die Leichen dieser Opfer des sowjetischen Geheimdienstes aus dem Gefängnis zu bergen. Hierbei wurden sie selbst mißhandelt, später auch erschlagen und erschossen. Soldaten der Wehrmacht sahen untätig zu oder beteiligten sich sogar an dem Pogrom.[34]

Im August 1942 wurden etwa 5000 Juden aus Boryslaw in das Vernichtungslager Belzec deportiert. Aus dem Nachbarort Drohobycz war schon im Frühjahr 1942 ein solcher Todestransport abgegangen, aber Boryslaw hatte man bislang verschont. Die Umstände, unter denen SS und Polizei nun die Juden zusammentrieben, die laufende Ermordung der Opfer bereits auf dem Weg zum Bahnhof, der Zynismus der Täter – alles das zeigte Beitz, der von Belzec bis dahin nichts gehört hatte, daß diese Juden umgebracht werden sollten. Die dann einsetzenden Verhandlungen seines Unternehmens mit der SS beruhten geradezu auf der unausgesprochenen Voraussetzung, daß beide Seiten wußten, was mit den nicht als Arbeitskräfte benötigten Juden geschah, und daß die Karpathen-Öl AG hiergegen keine prinzipiellen Vorbehalte anmeldete. Von einer Geheimhaltung der „Endlösung" konnte also keine Rede sein.

Im Februar 1943 wurde Beitz Augenzeuge einer Massenerschießung von Boryslawer Juden, auf die er äußerst bestürzt reagierte. Beitz mußte mit ansehen, wie vor seinen Augen Mütter und Kinder erschossen wurden.[35] Je länger die Judenvernichtung dauerte, desto brutaler und offensichtlicher wurde sie durchgeführt.

Diese Praxis des laufenden Massenmordes auf offener Strasse war ein wesentlicher Bestandteil der bedrückenden Umstände, unter denen Berthold und Else Beitz mit ihrer ältesten Tochter in Boryslaw lebten. Ihr Haus, in vorteilhafter Lage oberhalb des Ortes gelegen, stand in zweifacher Hinsicht auf der anderen Seite. Dieses von vielen Überlebenden als „Villa" beschriebene Haus entpuppt sich bei näherem Hinsehen als das relativ kleine und eher unkomfortable Heim eines polnischen Ingenieurs.[36] Es war ein Rückzugsraum für die Familie, der Ort einer improvisierten Geselligkeit, zunehmend auch Hort für jüdische Familien und Einzelpersonen, die hier Schutz suchten und oft auch kurzfristig oder über längere Zeiträume erhielten.[37]

Bei der Auswahl seiner deutschen Gäste bevorzugte das Ehepaar Beitz Vorgesetzte, Kollegen und Beamte, die erkennen ließen, daß sie mit der NSDAP, die Beitz als „Sammelbecken gescheiterter Existenzen" verachtete, nichts im Sinn hatten. Im Unterschied zu seinem unmittelbaren Vorgesetzten wollte Beitz auch mit den in Boryslaw stationierten Polizeieinheiten, die ab Spätherbst 1941 Judenerschießungen durchführten, nichts zu tun haben.[38] Was er für seine Firma, für sich und seine Familie benötigte, vor allem Lebensmittel, beschaffte er sich zunächst auf dem schwarzen Markt, im Tausch gegen Petroleum, später auch mit Hilfe seiner Lemberger Vorgesetzten und durch eine eigene Organisation, die von der betrieblichen Schweinezucht über die Werksbäckerei und Werksgärtnerei bis hin zu Verkaufsläden und Werksküchen reichte. Beitz machte sehr deutlich, daß er sein eigener Herr war. Dazu paßt, daß Besuch überwiegend von auswärts, aus Drohobycz oder Lemberg, kam. Von Eberhard Helmrich, dem Kreislandwirt, der öfter zu Besuch kam, stellte sich erst nach dem Krieg heraus, daß auch er zu den „Gerechten" gehörte, der Juden gerettet hatte.[39] Andererseits pflegte das Ehepaar

Beitz 1941/42 einen unbekümmerten Umgang mit dem SS-Unterführer Fritz Dengg, der schon zu dieser Zeit an Judenmorden beteiligt gewesen war und in seiner Bekanntschaft mit dem Direktor der „Beskiden" so etwas wie moralische Entlastung gesucht haben mag.[40]

1942 und 1943 intensivierten die Beitz' ihre freundschaftlichen Kontakte zu Direktoren der Erdölgesellschaft wie Hermann Malz, der mit seiner Frau häufig nach Boryslaw kam. Malz verhandelte in dieser Zeit immer wieder mit der SS über die jüdischen Zwangsarbeiter und nahm dabei von Vorgängen in der ihm unterstellten Gruppenverwaltung Drohobycz Kenntnis, die einem „konsequenten Antinazi", so Beitz über Malz, zuwider sein mußten. Malz deckte Beitz' Aktionen zum Schutz der Juden nach oben hin ab.[41]

In der bereits erwähnten Vereinbarung zwischen SS-Führung und Rüstungskommando vom Oktober 1942 war festgelegt, daß die Zwangsarbeiter der Karpathen-Öl „kaserniert", also in Lager gepfercht werden mußten. Dort, wo SS und Polizei nicht in der Lage waren, diese „Kasernierung" selbst vorzunehmen, mußten Lager von den Firmen eingerichtet werden. Hierbei war mit den zuständigen Dienststellen von Gestapo und SD Fühlung zu halten. Beitz, der für den „Judeneinsatz" in der Betriebsinspektion Boryslaw verantwortlich zeichnete, stand wegen des Lagers in Verbindung mit dem Chef der Außendienststelle der Sicherheitspolizei und des SD (Grenzpolizeikommissariat) Drohobycz, Block, mit dessen Referenten für den Arbeitseinsatz der Juden, Gabriel, und vermutlich weiteren SS-Leuten aus diesem Umkreis. Die Zusammenarbeit, die sein Kollege Richard J.[42] von der Gruppenverwaltung Drohobycz mit Block pflegte, lag Beitz allerdings fern. Im Unterschied zum Zwangsarbeitslager Drohobycz firmierte das Zwangsarbeitslager Boryslaw, das de jure der SS unterstand, bis zum Schluß als Firmenlager. Beitz trug also größere Verantwortung für die Zustände im Lager und bemühte sich, teilweise sehr erfolgreich, um deren Verbesserung.[43]

Bei alledem tritt die auch nach dem Krieg an Beitz gelobte Fähigkeit der „Menschenbehandlung" hervor. Er war und ist ein Mann mit starken Überzeugungen, großem Selbstbewußtsein und hoher Sensibilität für die Stärken und Schwächen seiner Mitmenschen. Kontakte, die Beitz zu Tätern der Judenvernichtung unterhielt, ließen sich unter Umständen zugunsten seiner Schützlinge instrumentalisieren. Seit Sommer 1943 hielt sich Beitz an den SS-Untersturmführer Fritz Hildebrand, der zuvor als Inspekteur Katzmanns für die jüdischen Zwangsarbeitslager im Distrikt Galizien die „Ausscheidungsmaßnahmen" von Betrieben überwacht und seinerseits Lager aufgelöst hatte, deren Häftlinge Hildebrand von einem asserbaidschanischen Mordkommando des SD erschießen ließ.[44] Als es praktisch keine Lager mehr gab, die überwacht oder aufgelöst werden konnten, übernahm Hildebrand das Kommando über die Zwangsarbeitslager Drohobycz und Boryslaw. Beitz und andere leitende Angestellte der Karpathen-Öl wie der Betriebsleiter der Raffinerie „Galicja" in Drohobycz, Erich H.,[45] machten mit Hildebrand, der schon vor Sommer 1943 häufig in Drohobycz und Boryslaw gewesen war, positive Erfahrungen. Er war den Wünschen der Firma zugänglich und überschritt im Einzelfall auch seine Kompetenzen, um die Erschießung jüdischer Zwangsarbeiter durch Gestapo-Kollegen zu verhindern. Beitz betrachtete Hildebrand als einen nützlichen Dummkopf, unterschätzte aber offensichtlich das kriminelle Potential dieses SS-Offiziers, weil er über Hildebrands frühere Tätigkeiten nichts wußte.

Rettungsaktionen

Die Aktivitäten, die Berthold und Else Beitz zum Schutz von Boryslawer Juden entfalteten, lassen sich grob in drei Phasen unterteilen: vom Herbst 1941 bis Sommer 1942, von Sommer bis Ende 1942, von 1943 bis zum Frühjahr 1944.[46]

In der ersten Phase stand die Hilfeleistung für Einzelne im Vordergrund. Das waren beispielsweise junge Handwerker, die zu Dienstleistungen und Reparaturen in das Haus des Ehepaares Beitz bestellt und dort zuvorkommend behandelt wurden. Es war durchaus ungewöhnlich, jüdische Handwerker für geleistete Arbeit korrekt zu bezahlen und zu verpflegen, ja sie überhaupt zu beschäftigen, da in Boryslaw das Fleckfieber grassierte und Juden als Seuchenüberträger galten. Der Ausbruch von Fleckfieber war allerdings eine direkte Folge der Hungerpolitik gegen die Juden, die der damalige Kreishauptmann (Landrat) in Drohobycz, der SS-Offizier Jedamzik, verfolgte, und ihrer Ghettoisierung. Durch diese Maßnahmen sollten nach einer Überschwemmungskatastrophe im Flußgebiet des Dnjestr Lebensmittel für die nichtjüdische Bevölkerung eingespart werden. Die ersten Massenerschießungen im Kreis Drohobycz hingen mit der Fleckfieberseuche zusammen: Alte und kranke Menschen wurden in den Wäldern um Drohobycz und Boryslaw ermordet, weil die deutsche Verwaltung einen „jüdischen Wohnbezirk" (Ghetto) errichten ließ und die Ausbreitung dieser Krankheit von vornherein unterbinden wollte. Tatsächlich waren die Bedingungen in diesem Ghetto jedoch so fürchterlich, daß das Fleckfieber noch weiter zunahm.[47]

Für Berthold Beitz standen in dieser Phase der Aufbau der Betriebsinspektion Boryslaw im Vordergrund. Seit Spätherbst 1941 wurden wieder jüdische Fach-

und Aushilfskräfte in der Förderung und in Nebenbetrieben wie einem Gummi-
walzwerk eingestellt, dessen Produkte bei den Erdölbohrungen erforderlich waren. Im Frühjahr 1942 folgten die ersten Fachkräfte in der Verwaltung. Jüdische
Angestellte etwa der Materialbuchhaltung und anderer Beitz unterstehender Abteilungen bildeten bald einen Personenkreis, der ihm räumlich und sozial nahe
stand. Diese Mitarbeiter konnten darauf zählen, von Beitz bezahlt, mit zusätzlichen Lebensmitteln versorgt und menschlich behandelt zu werden. Als die massenhafte Vernichtung der Juden durch Giftgas auch Boryslaw traf, konnten sich
solche Arbeits- und Sozialbeziehungen als lebensrettend erweisen. Beitz bemühte
sich, wenn er um Hilfe gebeten wurde, nicht nur um seine Angestellten, sondern
auch um deren Frauen und Kinder. Obwohl die Hilfeleistungen von Else und
Berthold Beitz an verschiedenen Orten stattfanden, war ihnen der Bezugspunkt
menschlicher Fürsorge gemeinsam, die Beitz im Betrieb und seine Frau zuhause
walten ließen. Das wird auch dadurch unterstrichen, daß diese Fürsorge nicht nur
Juden, sondern auch Polen im Umkreis der Beitz' in gleicher Weise zugute kam.
Diese Fürsorge war allgemein-menschlich motiviert, antwortete also noch nicht
auf eine spezifische Leidenserfahrung der Juden, die erst später in ihren ganzen
Ausmaßen bekannt wurde. Wer im Umkreis des Ehepaares Beitz Hilfe benötigte,
erhielt sie nach Möglichkeit auch.

Im August 1942 begann jene Phase der Rettungsaktionen von Beitz, die den
überlebenden Juden am nachhaltigsten in Erinnerung geblieben ist. Beitz kam bei
den wiederholten Abtransporten nach Belzec zum Bahnhof und forderte von den
anwesenden SS- und Polizeibeamten die Freilassung jüdischer Männer und Frau-
en. Dabei handelte es sich allgemein um Arbeitskräfte der Beskiden-Erdöl, die als
solche ausgewiesen und trotzdem von der SS verhaftet worden waren, sowie um
Personen, die Beitz namentlich bekannt waren, weil Mitarbeiter um ihre Rettung
gebeten hatten. Wie der parallele Schriftwechsel von Beitz' Firma mit den für den
„Judeneinsatz" zuständigen Instanzen belegt, war die SS prinzipiell gegen solche
Rückgaben von tatsächlichen oder angeblichen Arbeitskräften eingestellt; nur in
engen Grenzen sollten Ausnahmen möglich sein. Folglich mußte Beitz sich immer wieder persönlich durchsetzen und wegen einzelner Juden zäh verhandeln.
Dies alles spielte sich unter chaotischen Umständen, unter Hilfeschreien der bereits in die Waggons verladenen Juden, während laufender Erschießungen ab. Die
in verschiedenen Briefen an und über Berthold Beitz enthaltene Darstellung, er
sei in der Lage gewesen, allein bei dem Abtransport vom August 1942 1500 Juden
als neue Arbeitskräfte auszuwählen, trifft nicht zu.[48]

Die weiteren Massendeportationen aus Boryslaw fielen übrigens auf den Tag genau mit den zwei wichtigsten Verfügungen des SS- und Polizeiführers Katzmann wegen der Übernahme der „Rüstungsjuden" zusammen.[49] Dies deutet darauf hin, daß Katzmann und die von ihm beauftragten Stellen von Gestapo und SD mit der Erdölindustrie engen Kontakt hielten, denn sie war der mit Abstand wichtigste „Bedarfsträger" jüdischer Zwangsarbeiter in Ostgalizien. Ebenso kann man davon ausgehen, daß das Unternehmen über die Termine der jeweiligen Deportationen zuvor informiert wurde; abgesehen von Aushängen der Kreisverwaltung, die ebenfalls die bevorstehende „Aussiedlung" ankündigten.[50] Beitz warnte seine Mitarbeiter rechtzeitig vor diesen Vernichtungsaktionen und veranlaßte sie, sich zu verstecken.

Beitz' Rettungsaktionen im zweiten Halbjahr 1942 waren dadurch geprägt, daß über die zuvor gebildeten Bekanntschaftskreise Hilferufe an ihn herangetragen wurden. Durch sein Auftreten am Bahnhof von Boryslaw stieg die Zahl der Hilfesuchenden rasch an. Bald wurden Beitz und seine Frau auch zuhause aufgesucht. Frau Beitz hat sich diesen Hilferufen nicht verweigert, sondern in mindestens zwei Fällen jüdische Kinder verborgen. Ebenso versteckte und verpflegte Beitz ein Kind in seinem Büro. Die tatsächlichen Handlungsspielräume waren jedoch viel geringer, als die verzweifelten Juden hofften. Beitz fühlte sich zunehmend unter Druck gesetzt, zumal auch die Richtlinien, die sein Unternehmen beim jüdischen Arbeitseinsatz verfolgte, der Rettung von Juden entgegenstanden. Exponierte sich Beitz zu sehr, so mußte er befürchten, die Unterstützung von Malz und anderen zu verlieren, auf die er angewiesen war; lehnte er die geforderte Hilfe ab, machte er sich subjektiv mitschuldig. Dieses Dilemma war unauflösbar.

In der Praxis war es so, daß Beitz einerseits den ihm nahestehenden Personenkreis besonders schützte, indem er im Herbst 1942 das sogenannte „Weiße Haus", ein Lager für seine Mitarbeiter, neben dem eigentlichen Zwangsarbeitslager[51] errichtete, andererseits ad hoc zu helfen versuchte, was häufig genug mißlang. Im Winter 1942 wurde Beitz aus seinem Unternehmen heraus unter dem Vorwurf denunziert, Polen zu gut behandelt und Juden zur Ausreise verholfen zu haben. Diese Anzeige gelangte an den SD-Leitabschnitt Breslau, den zufälligerweise sein ehemaliger Jugendfreund Bendt leitete. Bendt vernichtete die Anzeige im Beisein von Beitz, so daß die Denunziation keine Folgen hatte.[52] Dieser Vorgang zeigt aber, daß Beitz zunehmend nur noch reagieren konnte, statt, wie es seinem Naturell entsprach, zu agieren. Eine regelrechte Planung für ein Rettungsunternehmen hat es bei der Betriebsinspektion Boryslaw nicht gegeben und konnte es nach Lage der Dinge auch nicht geben.

Im Februar 1943 begann die dritte Phase, die Auflösung der Ghettos im Kreis Drohobycz. Nur die Zwangsarbeiter, nicht aber ihre Familienangehörigen, sollten noch am Leben bleiben. Diese Ghetto-„Liquidierung", wie das im NS-Sprachgebrauch genannt wurde, zog sich bis Mai 1943 hin. Das Grauen dieser fast laufend durchgeführten Massenhinrichtungen, die zynischerweise in der Nähe des Boryslawer Schlachthofes[53] durchgeführt wurden, war nicht zu überbieten. In diesen Monaten rettete Beitz mehrfach Juden vor der Erschießung, vor allem die Frauen und Kinder seiner Schützlinge, auf die jetzt vor allem Jagd gemacht wurde.[54] Auch wuchs der Druck der Karpathen-Öl AG auf Beitz, während dieser „Aktionen" ungelernte Arbeiter zu entlassen. Mit der Übernahme des Zwangsarbeitslagers Boryslaw durch Hildebrand trat ab Sommer 1943 eine gewisse Entspannung ein.[55] Beitz bemühte sich jetzt vor allem um ausreichende Verpflegung und Kleidung für die im Lager festgehaltenen Juden, zögerte aber auch nicht, dem neuen SS- und Polizeiführer in Lemberg, Theobald Thier, im Oktober 1943 einen geharnischten Brief zu schreiben, als verschiedene Anzeichen darauf hindeuteten, daß die Ermordung aller Zwangsarbeiter der Karpathen-Öl AG bevorstand. Gleichzeitig intervenierte seine Firma auch wieder bei Himmler – mit Erfolg.[56] Die jüdischen Arbeitskräfte blieben dem Unternehmen erhalten.

Als im Frühjahr 1944 die Rote Armee Teile des Distrikts Galizien wiederbesetzte, bestanden nur noch die Zwangarbeitslager der Karpathen-Öl AG in Drohobycz und Boryslaw. Sie waren der einzige Ort in Ostgalizien, wo Juden sich noch „legal" aufhalten durften. Jetzt aber wurden die Lager sukzessive aufgelöst. Beitz' Firma wurde nach Westen verlegt, infolgedessen gab es für ihn keinen Schutz mehr vor der Einberufung. Im April 1944 wurde Beitz Soldat in einem Berliner Infanterieregiment und nahm an den Kämpfen an der Ostfront teil.[57]

Beitz, der vor seiner Einberufung von der bevorstenden Auflösung der Lager erfahren hatte, warnte die Juden und riet ihnen, aus dem schwach bewachten Lager Boryslaw in die umgebenden Wälder zu flüchten. Hunderte Zwangsarbeiter folgten dieser Warnung, kehrten aber vielfach nach einigen Wochen ins Lager zurück, weil der Vormarsch der Roten Armee steckenblieb und ein längerer Aufenthalt im Wald ohne entsprechende Vorbereitungen nicht durchzustehen war. Ab April 1944 fuhren mehrere Transporte in das Konzentrationslager Krakau-Plaszow. Bei der Auflösung dieses Lagers im Sommer 1944 wurden viele der aus Boryslaw eingetroffenen Häftlinge nach Auschwitz-Birkenau deportiert und dort ermordet.[58]

Nachkriegskarriere

Beitz' militärischer Ehrgeiz war begrenzt, aber das heißt nicht, daß militärische Tugenden für ihn zweitrangig waren. Er übernahm Führungsaufgaben, wenn nach seiner Auffassung Führung not tat, kommandierte auf dem Kriegsschauplatz bei Posen Parteibonzen und altgediente Soldaten nach Westen und ergriff die Flucht, als er in sowjetische Gefangenschaft geraten war. In den letzten Kriegsmonaten war Beitz noch an der Schlacht um Berlin beteiligt.[59]

Die Kapitulation des Deutschen Reiches brachte für Beitz eine, wenn auch kurze, „Stunde Null".[60] Durch Vermittlung seiner ehemaligen Sekretärin in Polen,[61] die bei der britischen Besatzungsverwaltung in Hamburg arbeitete, wurde Beitz im August 1946 zum stellvertretenden Vorsitzenden des Reichsaufsichtsamtes für das Versicherungswesen in der britischen Zone berufen. Erfahrungen im Versicherungsgeschäft konnte er nicht vorweisen, dafür aber eine makellose Vergangenheit im Zweiten Weltkrieg.[62]

Das Aufsichtsamt residierte am Hamburger Ballindamm, im Haus der Albingia-Versicherungsgesellschaft. Nach organisatorischen Vorarbeiten in dem teilzerstörten Gebäude warb Beitz zielstrebig die ehemaligen Mitarbeiter des Reichsaufsichtsamtes für das Versicherungswesen an, um sich ihren Sachverstand zunutze zu machen. Er sorgte für eine schnelle Entnazifizierung dieser Berliner Ministerialbeamten, die im Gegenzug das Hamburger Amt aufbauten. Beitz brachte das auf die knappe Formel: „Ich passe auf, daß Euch nichts passiert, Ihr macht die Arbeit".[63] Diese Kooperation war so erfolgreich, daß Beitz schon 1948 die Präsidentschaft des Zonenaufsichtsamtes angetragen wurde, die er jedoch ablehnte. Als Stellvertreter des Präsidenten knüpfte Beitz in der Phase der Währungsreform enge Beziehungen zur Versicherungswirtschaft und zur Daimler Benz AG an, die ihn ebenfalls umwarb. Am Ende entschied sich Beitz jedoch für das Angebot, die Generaldirektion der Iduna Germania Versicherungsgesellschaften zu übernehmen.[64]

Diese Blitzkarriere war nicht untypisch für die Gründerjahre der Bundesrepublik.[65] Beitz hatte trotz seiner Ablehnung des Nationalsozialismus – er war nie Mitglied der NSDAP gewesen – keine Scheu, dessen Parteigänger für seine Zwecke einzuspannen. Dabei konnte er an Erfahrungen des Krieges anknüpfen: In Polen wie nachher in Hamburg hatten Organisations- und Personalangelegenheiten zu seinen Aufgaben gehört. In Polen hatte er gelernt, daß in unruhigen Zeiten persönliche Loyalitäten mehr zählen als sachliche Zuständigkeiten.

Als Berthold Beitz am 20. April 1949 in Hamburg zum Vorstandsvorsitzenden der zwei Iduna Germania-Versicherungsgesellschaften, Iduna Germania Allgemeine und Iduna Germania Leben, berufen wurde, war er gerade 35 Jahre alt. Unmittelbar nach Fertigstellung eines von ihm in Auftrag gegebenen neuen Verwaltungsgebäudes der Iduna Germania-Versicherungsgesellschaften in Hamburg hatte sich Beitz bereits bemüht, eine repräsentative Plastik für die Eingangshalle zu finden. Durch den Bildhauer Jean Sprenger, der mit Berthold von Bohlen und Halbach befreundet war, lernte Beitz dessen Bruder Alfried Krupp kennen, der nach seiner Begnadigung im Januar 1951 durch den damaligen amerikanischen Hochkommissar in Deutschland, John J. McCloy, die Leitung des Krupp-Konzerns im März 1953 wieder übernehmen sollte. Am 25. September 1952, am Abend vor Beitz' 39. Geburtstag, bot Alfried Krupp ihm vor dem Hamburger Hotel Vier Jahreszeiten an, sein Generalbevollmächtigter zu werden. Beitz nahm das Angebot an und begann seine Tätigkeit bei Krupp am 1. November 1953.

Unter der Ägide von Alfried Krupp und Berthold Beitz wurde die Firma in den 1950er Jahren zum umsatzstärksten Unternehmen Deutschlands. Beitz und Krupp trugen durch zahlreiche Geschäftsreisen dazu bei, im Ausland für das Unternehmen Vertrauen zurückzugewinnen. Hierbei war es besonders Berthold Beitz, der aufgrund seiner Beziehungen und seines guten Rufes, den er sich während des Krieges erworben hatte, in den Ostblockstaaten Sowjetunion, Polen, Rumänien, Bulgarien und Ungarn neue Absatzmärkte, insbesondere im Anlagenbau, erschließen konnte. Der von ihm initiierte Osthandel war nicht allein ökonomisch motiviert, sondern übernahm gleichsam eine wegbereitende Funktion für die Mitte der 1960er Jahre eingeleitete und Anfang der 1970er Jahre unter Willy Brandt vollzogene Ostpolitik.[66]

Ferner bemühte sich Beitz erfolgreich, die wie ein Damoklesschwert über dem Unternehmen schwebende sogenannte Verkaufsauflage der Alliierten abzuwehren.[67] Sie wurde schließlich nach sich über mehrere Jahre hinziehenden Verhandlungen 1968 aufgehoben. Ebenso unterstützte Beitz Alfried Krupp von Bohlen und Halbach in dem bereits unmittelbar nach dessen Haftentlassung verkündeten Entschluß, niemals wieder Waffen zu produzieren.

Entscheidenden Anteil hatte Beitz an der Umwandlung der Einzelfirma in eine Kapitalgesellschaft. Er trug damit einer bereits seit Mitte der 1950er Jahre von Alfried Krupp mit ihm besprochenen und zu Beginn der 1960er Jahre konkretisierten Entscheidung Alfried Krupps Rechnung, dessen gesamtes privates und industrielles Vermögen nach seinem Tod in eine gemeinnützige Stiftung zu überführen, die alleinige Gesellschafterin der neu zu gründenden Kapitalgesellschaft sein sollte. Beitz überzeugte in der Nacht vom 19. auf den 20. September 1966 Alfried Krupps einzigen Sohn, Arndt von Bohlen und Halbach, auf sein Erbe zu verzichten und den Weg zur Umwandlung freizumachen. Ohne den Erbverzicht hätte dieser Schritt nicht vollzogen werden können. Alfried Krupp starb bereits am 30. Juli 1967. Beitz blieb 30 Jahre lang sein erster Testamentsvollstrecker.

Die Einzelfirma Krupp wurde 1968 in die Kapitalgesellschaft Fried. Krupp GmbH umgewandelt. Die Alfried Krupp von Bohlen und Halbach-Stiftung nahm am 1. Januar desselben Jahres ihre Tätigkeit auf. Seit diesem Zeitpunkt ist Berthold Beitz Vorsitzender und geschäftsführendes Mitglied des Kuratoriums der gemeinnützigen Stiftung. Von 1968 bis 1970 war er zunächst stellvertretender Aufsichtsratsvorsitzender der Fried. Krupp GmbH, von 1970 bis zu seinem Ausscheiden 1989 hatte er den Vorsitz des Aufsichtsrates inne. Seit 1989 war er zunächst Ehrenaufsichtsratsvorsitzender des Krupp-Konzerns, seit 1999, nach der Fusion mit der Thyssen AG, ist er auch Ehrenvorsitzender des Aufsichtsrats der neu gegründeten Gesellschaft Thyssen Krupp AG.

Die Frage, ob und wie Beitz' Kriegs- und Nachkriegstätigkeit zusammenhingen, ob es in seinem beruflichen Werdegang Kontinuitäten über das Kriegsende hinaus gab, läßt sich nicht eindeutig beantworten. Soweit es um Fähigkeiten zur Improvisation und um das geht, was im NS-Staat als „Menscheneinsatz" bezeichnet wurde, konnte er sicher auf Erfahrungen im deutsch besetzten Polen zurückgreifen. Beitz' Verdienste um die Rettung von Juden waren hingegen in den 1950er Jahren kein Thema in der deutschen Öffentlichkeit. In den 1960er Jahren wurden sie in der ausländischen Wirtschaftspresse zwar erwähnt,[68] spielten aber in der Bundesrepublik auch weiterhin nur eine indirekte Rolle für diplomatische Sondierungen in Osteuropa. Erst seit Beitz' Auszeichnung in Israel wurden seine Rettungsaktionen auch in Deutschland gewürdigt, bis hin zum Leo Baeck-Preis des Zentralrates der Juden in Deutschland, den Beitz 2001 in Empfang nahm. Während der ganzen Nachkriegszeit, vor allem in den 1950er und 1960er Jahren, erhielt und beantwortete Beitz regelmäßig Briefe überlebender Juden aus Polen und Israel. *Diese* Kontinuität war und blieb privat.

Ausblick

Berthold und Else Beitz haben auf je eigene Weise Juden geschützt und vor der Ermordung gerettet. Sie gehören zu der sehr kleinen Gruppe derjenigen deutschen Helfer und Retter von Juden, die während des Krieges in Osteuropa tätig waren und den physischen Mord an den Juden mit eigenen Augen beobachten mußten. Diese Position eines den Opfern menschlich nahestehenden Zeugen der Untaten macht den Fall Beitz so wichtig.

Was die Voraussetzungen im System angeht, muß man berücksichtigen, daß Beitz seit September 1942 mit den Zielsetzungen seines Unternehmens bei der Beschäftigung jüdischer Zwangsarbeiter nicht mehr übereinstimmte. Die von der SS-Führung verlangte und von der Erdölfirma bereitwillig zugestandene Entlassung ungelernter Arbeiter bedrohte die große Mehrheit der in Boryslaw beschäftigten Juden und zumal diejenigen, die Beitz unter Vorspiegelung falscher Tatsachen aus den Todestransporten hatte herausholen können. Andererseits konnte Beitz sich den Vorgaben seiner Firma nicht offen widersetzen. Dieser Konflikt um Arbeit, Arbeitsqualifikation und offenen Mord durch Polizeieinheiten spitzte sich Mitte 1943 dramatisch zu.

Was die persönlichen Motive angeht, fällt besonders ins Gewicht, daß das Ehepaar Beitz sich erheblich gefährdete. Es wäre für Berthold und Else Beitz ein leichtes gewesen, entweder wegzusehen oder sich an den Verfolgungen zu beteiligen. Vor allem die Rettungsaktionen des Jahres 1943 waren sehr riskant, weil das Unternehmen immer weniger Rückhalt bot. In gewisser Weise schloß sich hier der Kreis zum Jahr 1941: Menschlichkeit als Motiv zur Fürsorge, auch und gerade unter Bedingungen absoluter Inhumanität. Jüdische Kinder zu verstecken war nach damaligem Recht mit der Todesstrafe bedroht. Obwohl die wenigen Deutschen, die bei solchen Hilfeleistungen verhaftet wurden, mit einer milderen Bestrafung rechnen konnten, wurden die Ehefrauen deutscher Beamter, die aus Mitleid jüdische Kinder versteckt hatten, in Konzentrationslager eingeliefert.[69]

Was die Beitz' dazu befähigte, sich von Anfang an gegen die Judenverfolgung zu empören, ist schwer zu sagen. Weder Herkunft und Erziehung noch religiöse Motive spielten eine erkennbare Rolle. Wie es scheint, waren vor allem situative Momente, nämlich das geradezu alltägliche Erleben des Massenmordes, in Verbindung damit ausschlaggebend, daß Beitz seine Familie bei sich hatte und damit in der Lage war, ein Gegenmodell zu leben. Doch alles dies galt, wohlgemerkt, auch für viele Täter und Mittäter.

Wie bereits erwähnt, erlebten etwa einhundert jüdische Menschen dank Berthold und Else Beitz das Kriegsende. Die Zahl der von Beitz während des Krieges vor der NS-Judenvernichtung zunächst bewahrten Personen liegt allerdings mindestens viermal höher. So holte er verschiedene Arbeiter seines Unternehmens mehrfach aus den Transporten. Andererseits wurden Männer, Frauen und Kinder, die mit Hilfe von Beitz hatten entkommen können, zu einem späteren Zeitpunkt doch noch ermordet. Vorübergehend gerettet wurden viele, überlebt haben vergleichsweise wenige.

Anmerkungen

1   Vgl. Wolfgang Benz (Hg.): Dimension des Völkermords. Die Zahl der jüdischen Opfer des Nationalsozialismus, 2. Aufl., München 1996; ferner, für den älteren Forschungsstand, Enzyklopädie des Holocaust. Die Verfolgung und Ermordung der europäischen Juden, hg. von Israel Gutman u.a., 4 Bde., 2. Aufl., München/Zürich 1998, hier Bd. 4, S. 1735–1741. Die meisten Opfer waren polnischer (2.700.000) und sowjetischer Staatsangehörigkeit (mindestens 2.100.000).

2   Die Ermordung und Beraubung der Juden in den zentralpolnischen Vernichtungslagern und in Auschwitz-Birkenau liefen unter dem Codenamen „Aktion Reinhard", nach dem Vornamen des ehemaligen Chefs des Reichssicherheitshauptamtes, Heydrich, der Anfang Juni 1942 einem Attentat erlag. Vgl. Yitzhak Arad: Belzec, Sobibor, Treblinka. The Operation Reinhard death camps, Bloomington 1987; Bertrand Perz/Thomas Sandkühler: Auschwitz und die „Aktion Reinhard" 1942–45. Judenmord und Raubpraxis in neuer Sicht, in: Zeitgeschichte 26 (1999), S. 283–316.

3   Ulrich Herbert (Hg.): Nationalsozialistische Vernichtungspolitik 1939–1945. Neue Forschungen und Kontroversen, Frankfurt a.M. 1998; Christian Gerlach/Ahlrich Meyer (Hg.), Durchschnittstäter. Handeln und Motivation, Berlin 2000.

4   Wolf Gruner/Armin Nolzen (Hg.): Bürokratien. Initiative und Effizienz, Berlin 2001.

5   Samuel und Pearl M. Oliner, The altruistic personality. Rescuers of Jews in Nazi Europe, New York/London 1988.

6   Carol Rittner/Sondra Myers: The courage to care. Rescuers of Jews during the Holocaust, New York 1986; Arye L. Bauminger: The righteous among the nations, Jerusalem 1990.

7   Raul Hilberg: Täter, Opfer, Zuschauer. Die Vernichtung der Juden 1933–1945, Frankfurt a. M. 1992; Hans Mommsen: Was haben die Deutschen vom Völkermord an den Juden gewußt?, in: Walter H. Pehle (Hg.): Der Judenpogrom 1938. Von der „Reichskristallnacht" zum Völkermord, Frankfurt a.M. 1998, S. 176–200.

8   Frank Bajohr: „Arisierung" in Hamburg. Die Verdrängung der jüdischen Unternehmer 1933–45, Hamburg 1997; ders.: Parvenüs und Profiteure. Korruption in der NS-Zeit, Frankfurt a. M. 2001.

9   Dieser Umstand wird bei Daniel J. Goldhagen: Hitlers willige Vollstrecker. Ganz gewöhnliche Deutsche und der Holocaust, Berlin 1996, unzureichend gewürdigt.

10   Bernard Wasserstein: Britain and the Jews of Europe 1939–1945, 2. Aufl., London/Oxford 1999; David S. Wyman: Das unerwünschte Volk. Amerika und die Vernichtung der Juden, Frankfurt a. M. 1989.

11 Thomas Sandkühler: „Endlösung" in Galizien. Der Judenmord in Ostpolen und die Rettungsinitiativen von Berthold Beitz, Bonn 1996.

12 Für diesen Abschnitt wird auf Einzelbelege weitgehend verzichtet; vgl. näher Sandkühler, Endlösung, Teil 3, S. 290–405.

13 Brigitte Hamann: Hitlers Wien. Lehrjahre eines Diktators, 2. Aufl., München/Zürich 1998.

14 Rudolf A. Mark: Die gescheiterten Staatsversuche, in: Frank Golczewski (Hg.): Geschichte der Ukraine, Göttingen 1993, S. 172–201; Wladyslaw A. Serczyk: Die sowjetische und die „polnische" Ukraine zwischen den Weltkriegen, ebda., S. 202–223.

15 Yisrael Gutman u.a. (Hg.): The Jews of Poland between the two world wars, Hanover/London 1989.

16 Jan T. Gross: Revolution from abroad. The Soviet conquest of Poland's western Ukraine and western Belorussia, Princeton 1988.

17 Sandkühler, Endlösung, S. 53–62 und 112–114; Bogdan Musial: „Konterrevolutionäre Elemente sind zu erschießen". Die Brutalisierung des deutsch-sowjetischen Krieges im Sommer 1941, Berlin/München 2000.

18 Vgl. Katzmanns Abschlußbericht „Lösung der Judenfrage im Distrikt Galizien" vom 30.6.1943 (Nürnberger Dokument L-018), in: IMT, Bd. 37, Nürnberg 1949, S. 391–431.

19 Der Titel eines „Gerechten unter den Völkern" (Righteous among the Nations) wird von der 1953 gegründeten staatlichen Gedenkstätte Israels, Yad Vashem, an Nichtjuden verliehen, die in der NS-Zeit ihr Leben aufs Spiel setzen, um Juden zu retten. Er zitiert die Lehre des Talmud: „Die Gerechten unter den Völkern der Welt haben einen Platz in der kommenden Welt". Im Alten Testament (Gen. 18, 16ff.) verspricht Gott Abraham, Sodom und Gomorra – im übertragenen Sinne die Welt insgesamt – um zehn Gerechter willen zu verschonen (vgl. ferner Jüdisches Lexikon, begr. von Georg Herlitz/Bruno Kirschner, Bd. 2, Berlin 1928, Sp. 1023f.). Kriterien für die Auszeichnung als „Gerechter" sind: a) es muß eine konkrete Rettungsaktion vorliegen, b) die Retter müssen ein hohes persönliches Risiko eingegangen sein, c) sie dürfen keine Bezahlung oder Entschädigung für ihr Handeln verlangt oder erhalten haben. Für die Zuerkennung des Titels eines „Gerechten" zeichnet ein Komitee verantwortlich, dem ein Richter des israelischen Obersten Gerichtshofes vorsitzt. Dieses Komitee wird auf Antrag von Überlebenden tätig und prüft jeden Einzelfall durch die Erhebung von Beweisen und Zeugenaussagen. Yad Vashem zeichnete bis 1989 etwa 8000 Nichtjuden als „Gerechte" aus. Vgl. Enzyklopädie des Holocaust, Bd. 1, S. 518–523. Der Fall Berthold Beitz wurde vom zuständigen Komitee der Gedenkstätte Yad Vashem offenbar erstmals im Juni 1966 beraten, denn von dieser Zeit datieren die ersten Schriftstücke in seiner dort aufbewahrten Akte (Abteilung für die Gerechten, Nr. 299). Das israelische Außenministerium wurde laufend über den Fortgang des Verfahrens informiert.

20 Aufgrund solcher Eingaben, die Beitz auch seine den Angeklagten entlastenden Aussagen im zweiten Strafprozeß gegen den ehemaligen SS-Offizier Friedrich Hildebrand vor dem Landgericht Bremen im August 1966 vorwarfen, wurde der Fall Beitz im April 1967 zunächst zu den Akten gelegt. Im Frühsommer 1972 trat Yad Vashem in eine erneute Prüfung ein. Anfang No-

vember 1973 teilte die Gedenkstätte Beitz ihre Entscheidung mit, ihn als „Gerechten unter den Völkern" auszuzeichnen.

21 B. Alfred Biedermann: Polens Erdöl-Bergbau und Industrie mit besonderer Berücksichtigung ihres finanziellen Aufbaues, Lodz 1929; Z. u. T. v. Bielski: Vergleichende Studien über den deutschen und polnischen Erdölbergbau, in: Petroleum 33 (1937), S. 1–16.

22 Manfred Zeidler: Deutsch-sowjetische Wirtschaftsbeziehungen im Zeichen des Hitler-Stalin-Paktes, in: Bernd Wegner (Hg.): Zwei Wege nach Moskau. Vom Hitler-Stalin-Pakt zum „Unternehmen Barbarossa", München/Zürich 1991, S. 93–110.

23 Beide militärischen Behörden waren daher auch mehrfach an den Versuchen von Beitz' Unternehmen, jüdische Arbeitskräfte zu schützen, beteiligt. Vgl. Rüstungskommando Lemberg an den SS- und Polizeiführer im Distrikt Galizien, 15.9.1942; Rüstungsinspekteur im Generalgouvernement an Regierung des Generalgouvernements, 19.9.1942; Rüstungskommando Lemberg an Rüstungsbetriebe im Distrikt Galizien, 19.10.1942; dass. an die Karpathen-Öl AG, 10.11.1942; Generalbevollmächtigter für Sonderfragen der chemischen Erzeugung an den Reichsführer-SS, 18.10.1943, alles in: Karpathen-Öl AG, Lemberg, Schriftverkehr betr. Juden-Arbeitseinsatz im Distrikt Galizien, 1942–1945, Staatsanwaltschaft Bremen, 29 Ks 1/66, Beiakten, hier nach der Kopie im Institut für Zeitgeschichte München, Fa 506/15 (künftig: Judeneinsatz), Bl. 11f., 114, 125f., 131f., 136.

24 Vgl. Bericht des Chefs der Sicherheitspolizei und des SD über die sowjetische Besatzungspolitik im Kreis Drohobycz, 20.5.1942, Bundesanstalt für Geowissenschaften und Rohstoffe, Hannover.

25 Der Chef des Wirtschaftsstabes Ost, General Wilhelm Schubert, hatte unmittelbar nach dem deutschen Einmarsch alle Mitarbeiter jüdischer Herkunft aus der Erdölindustrie entlassen, die nach seiner Auffassung „judenfrei" arbeiten konnte. Dies traf jedoch nicht zu. Seit Herbst 1941 wurden in Boryslaw wieder Juden beschäftigt. Sandkühler: Endlösung, S. 295, 314.

26 Sandkühler: Endlösung, S. 346.

27 Allerdings kann, wie die neuere Forschung gezeigt hat, nicht durchgängig von einem solchen Konflikt die Rede sein. „Arbeit" und „Vernichtung" waren, z. B. in der deutsch besetzten Sowjetunion und bei der Ermordung der ungarischen Juden, durchaus kompatibel. Vgl. Christian Gerlach: Krieg, Ernährung, Völkermord. Forschungen zur deutschen Vernichtungspolitik im Zweiten Weltkrieg, Hamburg 1998; ders./Götz Aly: Das letzte Kapitel. Die Ermordung der ungarischen Juden 1944, Stuttgart 2002.

28 Rüstungskommando Lemberg an den SS- und Polizeiführer im Distrikt Galizien, 15.9.1942; Rüstungsinspekteur im Generalgouvernement an Regierung des Generalgouvernements, 19.9.1942, Judeneinsatz (wie Anm. 23), Bl. 131f., 136.

29 Rüstungskommando Lemberg an Rüstungsbetriebe im Distrikt Galizien, 19.10.1942, Judeneinsatz (wie Anm. 23), Bl. 125f. Generaldirektor der Karpathen-Öl AG wurde Karl Große, geb. 1886, zuvor Vorstandsmitglied der zur Deutschen Bank gehörigen Deutschen Erdöl AG.

30 Wie Anm. 23.

31 Rüstungskommando Lemberg an Rüstungsbetriebe im Distrikt Galizien betr. Ersatz jüdischer Arbeitskräfte durch polnische Baudienstleute, 21.10.1942; Gruppenverwaltung Drohoby-

cz der Karpathen-Öl AG an Rüstungskommando, selber Betreff, 24.10.1942, Judeneinsatz (wie Anm 23), Bl. 119f., 121.

32 Die historische Forschung über deutsche Unternehmen, die während des Krieges im besetzten Osteuropa tätig waren, steckt noch in den Anfängen. Ebenso fehlen weitergehende Studien zur deutschen Erdölindustrie im Zweiten Weltkrieg. Hierzu fertigt im Auftrag der Deutschen Erdöl AG Rainer Karlsch, Berlin, derzeit eine größere Untersuchung an, die auch neue Details über Beitz' damalige Firma, die Karpathen-Öl AG, erwarten läßt.

33 Vgl. Sandkühler: Endlösung, S. 374–376.

34 Vgl. ebd., S. 303–305, ferner Musial, „Konterrevolutionäre Elemente", S. 186–189 und die Abbildungen, ebd. zwischen S. 176 und S. 177.

35 Am 15.2.1943 begann die endgültige Auflösung des Boryslawer Ghettos mit einer Massenerschießung, bei der Schutzpolizisten Juden jeden Alters und beiderlei Geschlechts an Massengräbern oberhalb des städtischen Schlachthofes von Boryslaw ermordeten (ebd., S. 370–374). Hierzu teilte Beitz' ehemalige Sekretärin, Frau Hilde Olsen, dem Verf. am 9.5.1991 schriftlich mit: „[...] Herr Beitz ging zum Schlachthaus, wo er Zeuge der Exekutionen wurde und es ihm dennoch gelang, einige Menschen zu retten, indem er behauptete, er brauche sie für seine Arbeit. Nach seiner Rückkehr setzte er sich in das kleine Kabäuschen, wo ich arbeitete, nicht weit von seinem Büro entfernt. Er sah aschfahl aus und war offensichtlich tief erschüttert. Er sagte, und ich erinnere mich dieser Worte mit Bestimmtheit: ‚Wenn der Krieg beendet ist und die Welt hierüber erfahren wird, wer wird dann für alles dies bezahlen?'" (Übersetzung aus dem Englischen). Der Ausgang des Krieges konnte nach dem Untergang der 6. Armee bei Stalingrad unmittelbar zuvor kaum noch zweifelhaft sein.

36 Die Familie Beitz bewohnte ein kleines Haus mit drei Zimmern und einem Kellerraum, das in einer Art Gartensiedlung in der Nähe des Elektro-Kraftwerks von Boryslaw, oberhalb der Ortschaft, lag. In dieser Siedlung wohnten noch weitere deutsche Angestellte der Betriebsinspektion Boryslaw. Vgl. Interview des Verf. mit Berthold und Else Beitz, 13.4.1994.

37 Dies wird im Schreiben von Bezalel Linhard, Aszdot, an die Gedenkstätte Yad Vashem vom 1.6.1973 bezeugt, Archiv Yad Vashem, Abteilung für die Gerechten, Nr. 299.

38 Ab November 1941 lag in Boryslaw eine aus 18 Wiener Berufspolizisten zusammengesetzte Schutzpolizei-Dienstabteilung, die von dem Hamburger Leutnant (später Hauptmann) der Schutzpolizei Gustav Wüpper, geb. 1893, kommandiert wurde. Diese Einheit war an zahlreichen Vernichtungsaktionen gegen die jüdische Bevölkerung beteiligt. Vgl. Anklageschrift der Staatsanwaltschaft Hamburg gegen Gustav Wüpper vom 20.10.1958, 14 a Js 429/53, Zentrale Stelle der Landesjustizverwaltungen Ludwigsburg, 208 AR-Z 8/62, Bd. 1, Bl. 198–229; Sandkühler: Endlösung, S. 444f.

39 Ebd., S. 333f., 337.

40 Friedrich (Fritz) Dengg, geb. 1912, SS-Untersturmführer beim Grenzpolizeikommissariat Drohobycz, war 1941 oder 1942 verschiedentlich im Hause Beitz zu Besuch. Er wurde 1944 wegen seiner Beteiligung an „den Judenumsiedlungen im Distrikt Galizien" zum Kriegsverdienstkreuz vorgeschlagen. Ebd., S. 527.

41 Hermann Malz war 1942 von der Preußischen Bergwerks- und Hütten AG (Preußag), einer Teilhaberin des Unternehmens, in die kaufmännische Geschäftsführung der Beskiden-Erdölgesellschaften gewechselt. Er und seine Frau kamen öfter nach Boryslaw, um das Ehepaar Beitz zu besuchen. Zu Malz' Aufgabenbereich gehörten auch die Beschäftigung jüdischer Arbeitskräfte betreffende Angelegenheiten, der sogenannte „Judeneinsatz". Ebd., S. 298f.

42 Die Namen von Beteiligten wurden, soweit sie nicht vor langer Zeit verstorben oder als Personen der Zeitgeschichte zu betrachten sind oder zu lebenslänglichen Haftstrafen verurteilt wurden, anonymisiert.

43 Vgl. die Vernehmung Gustav Wüppers vom 26.2.1952, StA Bremen, 3 Ks 1/52 gegen Hildebrand, Bd. 2, Bl. 526–533, hier Bl. 531.

44 Die jüdischen Arbeitskräfte der Erdölindustrie wurden seit September 1942 in besonderen Häusern innerhalb der Ghettos geschlossen untergebracht und unter Bewachung gestellt. Seit November 1942 wurden diese Quartiere teilweise in SS-Zwangsarbeitslager umgewandelt; teilweise wurden neue Lager errichtet, darunter das Zwangsarbeitslager Boryslaw. Die Zwangsarbeitslager für jüdische Arbeitskräfte der Karpathen-Öl AG standen organisatorisch in enger Verbindung mit den örtlichen Ghettos. In Drohobycz ging das Lager auch räumlich unmittelbar aus dem Ghetto hervor; in Boryslaw befand es sich in ehemaligen Gebäuden und Stallungen der Petroleumfirma Limanowa S. A., außerhalb des Ortes an der Straße nach Schodnica (vgl. Sandkühler: Endlösung, S. 362–367). Das Lager Boryslaw verblieb administrativ in der Zuständigkeit der Karpathen-Öl AG, obwohl es dem SS-Zwangsarbeitslager Drohobycz unterstand. Es wurde nur von einigen SS-Mannschaftsdienstgraden bewacht. Erster Lagerführer in Boryslaw war Paul Thomanek, geb. 1909, gefolgt von Karl Kempka, geb. 1902 und einem nicht ermittelten Oberscharführer namens Sommer. Untergebene waren die ebenfalls nicht ermittelten SS-Männer Hauser und Lingefeld; letzterer stammte aus dem Elsaß (StA Bremen, 3 Ks 1/53 gegen Hildebrand, Bd. 8, Bl. 1541–1547). Kommandant beider Lager war seit Juli 1943 der SS-Untersturmführer (später Obersturmführer) Friedrich Hildebrand, geb. 1902, der in Drohobycz wohnte. In seiner früheren Funktion im Stab des SS- und Polizeiführers Katzmanns hatte Hildebrand schon zuvor mehrfach Boryslaw und die umgebenden Städte besucht, um Deportationen zu überwachen, Lager zu inspizieren und diese blutig aufzulösen. Er wurde vom Landgericht Bremen 1953 zu acht Jahren Zuchthaus, 1967 zu lebenslänglicher Haft verurteilt. Vgl. Sandkühler: Endlösung, S. 362–367, 432, ferner das Urteil des Landgerichts Bremen vom 6.5.1953 gegen Friedrich Hildebrand, 3 Ks 1/53, abgedruckt in: Justiz und NS-Verbrechen. Sammlung deutscher Strafurteile wegen nationalsozialistischer Tötungsverbrechen, 1945–1966, 22 Bde., Amsterdam 1968–1981, hier Bd. 10, S. 663–703.

45 Erich H., geb. 1897, Betriebsleiter der Raffinerie „Galicja" in Drohobycz.

46 Wie Anm. 26.

47 Distriktsgesundheitsverwaltung an den Kreishauptmann Drohobycz, 24.11.1941; Bericht des Kreisarztes über die Ursachen des Fleckfiebers, o. D. [Februar 1942], Staatliches Oblastarchiv Lviv, R 2042-1-2.

48 SS und Polizei hatten vorgegebene Deportationsquoten zu erfüllen und versuchten, solche Aussonderungen möglichst ganz zu unterbinden. Es war Beitz daher materiell unmöglich, bis zu 1500 Juden zur Arbeit auszuwählen. Dies wird durch die Belegschaftszahlen bestätigt. Laut

Bericht des Judenrates in Boryslaw an die Gestapo waren im Mai 1942 1321, im Juni 1881 jüdische Männer und Frauen „in den der Kriegsindustrie dienenden Unternehmen" – dies war ausschließlich die Erdölindustrie – beschäftigt (Staatliches Oblastarchiv Lviv R 2042-1-2, Bl. 2–3). Mitte September beschäftigte Beitz in Boryslaw 1760 Juden, darunter 247 Angestellte und 321 Facharbeiter (vgl. Anm. 26). Die jüdische Belegschaft hatte also durch den Abtransport vom August abgenommen, nicht zugenommen. Beitz hat bei dieser Deportation nur etwa 150 Personen vor der Vernichtung retten können: Männer, Frauen und Jugendliche; Arbeitskräfte der Beskiden-Erdölgesellschaft und Personen, die Beitz wider besseres Wissen als Erdöl-Facharbeiter ausgab, um sie zu retten. Siehe Sandkühler, Endlösung, S. 336, 338–341, 346.

49 Vgl. Anm. 29.

50 In Ostgalizien, auch im Kreis Drohobycz, bereiteten seit Sommer 1942 sogenannte „Aussiedlungskommissionen" aus SS-, Polizei- und Verwaltungskräften größere Abtransporte von Juden arbeitsteilig vor, um Störungen von Verwaltung und Wirtschaft zu vermeiden. Kurz vor den „Aussiedlungsaktionen" wurden diese durch Plakataushang des zuständigen Kreishauptmanns bekannt gemacht, der Nichtjuden davor warnte, Juden zu verstecken. Vgl. Sandkühler, Endlösung, S. 167–170.

51 Die Bezeichnung dieses Hauses bezog sich offenbar auf den Anstrich des fraglichen Hauses, das unmittelbar außerhalb der Lagergrenzen, links vom Eingang, lag. Während der Massendeportationen und -erschießungen wurde das Haus von Polizisten umstellt, die Beitz zum Schutz der Bewohner vor SS-Kommandos bei Leutnant Wüpper anforderte. In einer Vernehmung vom 26.2.1952 sagte Wüpper wie folgt aus: „Ich bin in dienstlicher Eigenschaft des öfteren in dem Judenlager in Boryslaw gewesen und habe dort selbst die Verhältnisse als ‚durchaus erträglich' vorgefunden. Mir liegt sogar noch in Erinnerung, daß einige Juden mit ihrer Familie ein völliges Eigenleben in einem besonderen Häuschen führen konnten. Es handelte sich hierbei um Juden, die bei der Karpaten-Öl in leitender Stellung waren" (StA Bremen, 3 Ks 1/52 gegen Hildebrand, Bd. 2, Bl. 526–533, hier Bl. 531). Die ersten Bewohner des „Weißen Hauses" waren die Familien Bauer, Hirsch, Kleiner, Koretz, Pordes, Rosenberg und Sack, die im Oktober 1942 einzogen. Beitz' Sekretärin Hilde Olsen, die später hinzukam, beschreibt das „Weiße Haus" rückblickend als „Arche Noah": „Wir alle im ‚Weißen Haus' waren uns mit Sicherheit darüber bewußt, daß wir Herrn Beitz unser Leben verdankten, und wir werden ihm immer dankbar sein." (Schriftliche Auskunft vom 9.5.1991). Interessanterweise gab es auch im Zwangsarbeitslager Trawniki (Distrikt Lublin), wo jüdische Arbeitskräfte der Warschauer Firma Schultz & Co. vom Ghettoaufstand im Mai 1943 bis zu ihrer Ermordung im November 1943 interniert waren, ein „Weißes Haus" außerhalb der Lagerumzäunung. Dort lebten aber in diesem Fall deutsche Mitarbeiter des Unternehmens. Helge Grabitz/Wolfgang Scheffler: Letzte Spuren. Ghetto Warschau, SS-Arbeitslager Trawniki, Aktion Erntefest. Fotos und Dokumente über Opfer des Endlösungswahns im Spiegel der historischen Ereignisse, Berlin 1988, S. 218f.

52 Vgl. dazu Interview Thomas Sandkühler mit Karl-Heinz Bendt, 8.8.1988.

53 Vgl. Sandkühler: Endlösung, S. 370ff.

54 Beitz hat sich besonders die Erschießung eines Kindes auf dem Arm seiner Mutter ins Gedächtnis eingebrannt (Sandkühler: Endlösung, S. 371). Hierzu sagte ein weiterer Augenzeuge, Daniel H., am 11.9.1964 wie folgt aus: „Ich besuchte das [Kino] Coll[o]sseum, um einem On-

kel und einem Vetter Lebensmittel zu bringen, da ich mit dem R-Abzeichen mich frei bewegen durfte. Als ich das Coll[o]sseum verließ, stand im Hof, gleich an der Tür, eine Mutter mit ihrem Kind, das schrie. Auf dem Hof standen zwei deutsche Polizisten mit einem Schäferhund. Der Polizist mit Namen Poell nahm seine Pistole aus der Tasche und erschoß das Kind. Nein, ich verbessere mich, es war der Polizist Neumüller oder Neumeier, der das Kind auf dem Arm der Mutter erschoß. Der andere Polizist namens Poell sagte dazu: ‚Ein prachtvoller Schuß'. Ich werde dieses schreckliche Vorkommnis nie vergessen." StA Bremen, 3 Ks 1/53 gegen Hildebrand, Bd. 9, Bl. 1716–1902, hier Bl. 1797.

55 Hildebrands Entgegenkommen hatte aber genau dort Grenzen, wo die Rettung von Juden nicht mehr mit den Bedürfnissen des Arbeitseinsatzes gerechtfertigt werden konnte. Adolf H., der Hildebrand des öfteren mit einem firmeneigenen PKW der Karpathen-Öl AG von Boryslaw nach Drohobycz hatte fahren müssen, wußte „aus abgehörten Gesprächen [...], daß ein damaliger Direktor Beitz von der Beskiden-Ölgesellschaft verschiedentlich bei Aktionen für einzelne Personen interveniert hat. Es liegt noch in meiner Erinnerung, daß für einen im Lager befindlichen Arzt, Dr. Teicher, der als tüchtiger Arzt bekannt war, interveniert wurde. Hildebrand hat dann zumeist diese Interventionen abgelehnt. Im Falle Dr. Teicher begründete er seine Ablehnung damit, daß er Arbeiter und keine Ärzte brauche." Zeugenvernehmung vom 17.11.1950, StA Bremen, 3 Ks 1/53 gegen Hildebrand, Bd. 1, Bl. 119. Hildebrand hat diese Darstellung bestätigt: Beschuldigtenvernehmung vom 20.1.1951, ebda., Bl. 213–218.

56 Vgl. Sandkühler: Endlösung, S. 386f.

57 Wie aus Aufstellungen der Karpathen-Öl AG aus dem letzten Kriegsjahr hervorgeht (StA Bremen, 29 Ks 1/66 gegen Hildebrand, Beiakten: Betriebsakten der Karpathen-Öl AG, hier Ordner „Personallisten", 1945), wurde von den leitenden Mitarbeitern des Unternehmens nur Beitz eingezogen, während Untergebene wie Elimar Precht und Johannes Fischer bis zum Kriegsende uk gestellt blieben. Ob sich diese Besonderheit aus seiner exponierten Haltung zur „Judenfrage" erklären läßt, ist allerdings unklar, weil Beurteilungen durch Beitz, wie sie im genannten Bestand für verschiedene Mitarbeiter vorliegen, nicht überliefert sind.

58 Vgl. Sandkühler: Endlösung, S. 400–402.

59 Diese Darstellung stützt sich auf Befragungen Beitz' durch den Verf.

60 Vgl. zur Kontinuitätsfrage zuletzt Paul Erker/Toni Pierenkemper (Hg.): Deutsche Unternehmer zwischen Kriegswirtschaft und Wiederaufbau. Studien zur Erfahrungsbildung von Industrie-Eliten, München 1999.

61 Vgl. Bericht von Frau Evelyn Martin, Ladysmith, über ihre Erlebnisse in Boryslaw, 21.6.1994, im Besitz des Verf.

62 Vgl. Bescheinigung ehemaliger Einwohner Boryslaws für Berthold Beitz, 20.3.1947, Privatarchiv Berthold Beitz, Ordner „Polenbriefe".

63 Wie Anm. 14.

64 Unternehmensgeschichte der Iduna Versicherungen. Von den Anfängen bis zum Jahr 1972, hg. von den Iduna-Versicherungen, Hamburg 1990.

65 Eine wissenschaftliche Biographie Beitz' in der Nachkriegszeit steht noch aus. Bislang liegen nur journalistische und populärwissenschaftliche Darstellungen vor (vgl. zuletzt Diana M.

Friz: Alfried Krupp und Berthold Beitz. Der Erbe und sein Statthalter, Zürich/Wiesbaden 1988).
Die Ära Beitz von 1953 bis 1967 wird derzeit als Teil eines mehrbändigen Publikationsprojekts
zur Unternehmensgeschichte Krupps von Lothar Gall, Frankfurt a. M., bearbeitet.

66 Vgl. den Zeitungsartikel: Berthold Beitz: The man behind Krupps [sic!], in: The Oberser-
ver, 12.2.1961.

67 Im Zuge der alliierten Entflechtungsmaßnahmen waren das Hüttenwerk Rheinhausen und
die Kruppschen Bergwerke auf neu gegründete Aktiengesellschaften übertragen und damit vom
Konzern abgetrennt worden. In dem mit dem Unternehmen im März 1953 geschlossenen
„Mehlemer Vertrag" hatten die Besatzungsmächte darüber hinaus festgelegt, daß die Aktien der
neu gegründeten Gesellschaften auf Treuhänder übertragen wurden, mit dem Auftrag, diese an
Käufer im In- und Ausland zu veräußern. 1960 hatte Krupp die verbliebenen, noch unter Verkaufsauflage stehenden Montanbetriebe zusammengefaßt. Durch die Fusion mit dem Bochu-
mer Verein 1965 konnte diese Basis erweitert werden.

68 Vgl. Anm. 56.

69 Die 3. Verordnung über Aufenthaltsbeschränkungen im Generalgouvernement vom
15.10.1941, die mit Wirkung vom 7.1.1942 auf den Distrikt Galizien übertragen wurde, bedrohte die Helfer von Juden, die aus ihren Ghettos flüchteten, ebenso wie die Flüchtlinge selbst, mit
der Todesstrafe. Diese Vorschrift richtete sich in erster Linie gegen Polen und Ukrainer, die in
zahlreichen Fällen als Versteckgeber von Juden verhaftet, von den zuständigen Sondergerichten
verurteilt und hingerichtet wurden (vgl. Sandkühler: Endlösung, S. 137–141, 271–277). Sie betraf aber auch nichtjüdische Deutsche. So wurde die Ehefrau des Bezirksförsters von Brody,
Lieselotte Hassenstein, 1943 vom Sondergericht Lemberg wegen Judenbeherbergung und -be-
günstigung zum Tode verurteilt, später allerdings zu zwei Jahren Zuchthausstrafe begnadigt,
die sie aus gesundheitlichen Gründen nicht mehr antreten mußte. Vgl. ihr Bericht in Kurt R.
Grossman: Unbesungene Helden. Menschen in Deutschlands dunklen Tagen, 2. Aufl., Berlin
1961, S. 162f.

Zwischen Tätern, Zuschauern und Opfern

Hans Georg Calmeyer und die Judenverfolgung
in den besetzten Niederlanden[1]

Geraldien von Frijtag

Während des Zweiten Weltkriegs wurden etwa 107.000 Juden aus den Niederlanden „nach dem Osten" deportiert. Nur ein sehr kleiner Teil von ihnen, etwas mehr als 5.000, kehrte nach der Befreiung zurück. 102.000 Juden oder mehr als 75% der jüdischen Bevölkerung der Vorkriegsjahre waren ermordet worden. Im Vergleich zu der Todesrate in anderen besetzten Ländern Westeuropas ist dieser Prozentsatz besonders hoch. So hat zum Beispiel in Frankreich ein sehr viel größerer Teil der jüdischen Bevölkerung die Verfolgung überlebt. Dort wurden ungefähr 25% der etwa 320.000 Juden abtransportiert und in den deutschen Vernichtungs- und Konzentrationslagern in Osteuropa ums Leben gebracht.[2]

Der hohe Opferanteil in den Niederlanden ist auf den ersten Blick überraschend und erstaunlich. Wie war dies möglich in einem Land, welches seit jeher einen toleranten Ruf behauptete, in dem Antisemitismus kaum vorhanden war und Juden größtenteils als assimilierte Mitbürger akzeptiert leben konnten. Wie konnte ausgerechnet in solch einem Land die nationalsozialistische Judenverfolgung so erfolgreich sein?

Einer der ersten, der versucht hat, dieses „niederländische Paradox" zu erklären, war der niederländische Historiker J.C.H. Blom. Er veröffentlichte 1987 eine profunde Abhandlung über die Judenverfolgung in den Niederlanden. Bloms Forschungen waren in zweierlei Hinsicht originell. Erstens vergleicht er die niederländische Situation mit der in vier anderen vom nationalsozialistischen Deutschland besetzten europäischen Ländern. Zweitens beschränkt er sich nicht auf die Analyse einer Handvoll Täter. Blom betrachtet die Judenverfolgung ausdrücklich nicht als die Summe unabänderlicher Pläne und deren perfekter Ausführung, sondern untersucht stattdessen stärker die Akteure und Bedingungen. Blom unterscheidet dabei zwischen drei Gruppen bzw. Ebenen: der der Täter, der Umgebung und der Opfer.[3] Seinen Schlußfolgerungen zufolge weicht auf jeder Ebene die niederländische Situation von der den in anderen west- und nordeuropäischen Ländern ab. In den besetzten Niederlanden waren die Mitläufer kooperativer und die Opfer nahmen eine gefügigere Haltung ein. Allein diese Unterschiede könnten, so Blom, den hohen Prozentsatz an Opfern erklären.

In der Folgezeit entwickelte die historische Forschung ein noch differenzierteres Bild des Geschehens. Eine Studie weist beispielsweise nach, daß die Täter in den besetzten Niederlanden keine geschlossene Gesellschaft bildeten, in der die SS zu jeder Zeit dominierte. In einer anderen Arbeit weist ein Autor nach, daß auch die SS keine verbindliche Instanz war, sondern ein Konglomerat von Büros und Abteilungen.[4] In weiteren einschlägigen Studien werden auffallende Diskrepanzen innerhalb der Gruppe der Opfer festgestellt, unter anderem was deren Alter, Wohnort, Geschlecht und auch Nationalität angeht.[5] Zudem wurde die Kategorie der „bystanders", der Betrachter von Ausgrenzung und Verfolgung der Juden, näher erforscht. Offenbar weist auch diese Gruppe große Unterschiede auf, sowohl zwischen den niederländischen Behörden und der Bevölkerung als auch zwischen den „Zuschauern" in den verschiedenen Teilen des Landes.[6]

Generell haben die neueren Untersuchungen die Annahme bestätigt, daß die Geschichte der Judenverfolgung in den besetzten Niederlanden außerordentlich komplex war. Innerhalb der Kategorien von Tätern, Zuschauern und Opfern gab es Unterschiede. Außerdem waren innerhalb und zwischen diesen Kategorien Verschiebungen möglich, so daß, um zwei Beispiele zu nennen, Zuschauer zu Tätern und Täter zu Zuschauern werden konnten. Die drei Ebenen kann man deshalb nicht als homogene, klar abgegrenzte Einheiten auffassen: Eine Vielzahl anderer Akteure spielte ebenfalls eine Rolle, die sich in Bezug auf ihren Inhalt wie ihre Bedeutung ändern konnte.

Einer dieser Akteure war der aus Osnabrück stammende Jurist Hans Georg Calmeyer (1903–1972). Vom März 1941 bis zum Mai 1945 arbeitete Calmeyer in der Besatzungsverwaltung der Niederlande. In dieser Funktion war er zweifelsohne an der Durchführung der antijüdischen Politik beteiligt. Seit Kriegsende wurde diese Beteiligung thematisiert, mitunter auch kontrovers diskutiert, da die Meinungen über Calmeyers Rolle innerhalb des deutschen Apparates auseinandergehen. Während er von manchen Zeitzeugen und Historikern heftig kritisiert wird, sind andere wiederum der Ansicht, er habe unter Gefährdung seines eigenen Lebens hunderte, wenn nicht sogar tausende jüdische Menschen gerettet. Die eine Partei ist der Ansicht, es gebe keine Beweise für Calmeyers gute Absichten, die andere hält das Ergebnis seiner Bemühungen für den besten Beweis: die geretteten Menschenleben.

So sehr sich die Schlußfolgerungen auch unterscheiden mögen, all diese Studien haben dieselbe Perspektive und drehen sich – direkt oder indirekt – um die immer gleiche Frage: Ist Calmeyer während der niederländischen Besatzung ein „guter" Deutscher gewesen? Den Maßstab dafür hat der renommierte niederländische Historiker Lou de Jong vorgegeben: „gut" sei derjenige, der Leben gerettet oder geschützt habe. De Jong ist der dezidierten Meinung daß diese Beurteilung nur auf drei Deutsche zutrifft: G. W. Schulze-Bernett, E. Meyer und H. G. Calmeyer.[7]

Doch die Festlegung auf diese Frage führt zu einer unnötigen Verengung des Blickfelds. Fruchtbarer ist vielleicht die Frage nach Calmeyers Möglichkeiten: Was hätte er tun können? Zur Beantwortung dieser Frage ist eine Analyse seiner näheren Umgebung sowie der Organisation und des Verlaufs der Judenverfolgung in den besetzten Niederlanden erforderlich. Dabei stellt sich heraus, daß dieses Umfeld Calmeyer einerseits in seiner Handlungsfreiheit einschränkte, ihm andererseits aber auch gewisse Möglichkeiten eröffnete. Diese besondere Situation hängt zu einem nicht geringen Teil mit der besonderen Organisationsstruktur der Judenverfolgung in den besetzten Niederlanden zusammen. Das deutsche Reichskommissariat, das sich sehr stark an „Juristischem" orientierte und dessen antijüdische Politik keineswegs ausschließlich eine Angelegenheit der Sipo/SD war, bot Calmeyer Spielraum. Das gleiche Reichskommissariat, in dem Kompetenzen und Aufgabenbereiche nur lückenhaft abgegrenzt waren und das außerdem stark auf die Mitarbeit eigenständiger Instanzen angewiesen war, schränkte Calmeyers Aktionsradius gleichermaßen wieder ein.

Calmeyers (Rettungs-)Arbeit

Hans Georg Calmeyer trat am 9. März 1941 in den Dienst des Reichskommissariats, der im Mai 1940 durch einen Erlaß Hitlers eingesetzten deutschen Besatzungsverwaltung in den Niederlanden. Bis zu dieser Zeit hatte er keine öffentliche Verwaltungsaufgabe innegehabt. Zum Zeitpunkt seines Dienstbeginns war Calmeyer Angehöriger der Wehrmacht; im Spätsommer 1939 hatte er seinen Dienst als Soldat angetreten.[8] Davor hatte sich der Sohn eines Richters als niedergelassener Anwalt in Osnabrück betätigt. Calmeyer war nicht als Antisemit oder überzeugter Nationalsozialist bekannt. Eher gab es Anzeichen für widerständiges Verhalten, denn ihm war im Herbst 1933, einige Monate nach Hitlers Machtübernahme, ein Berufsverbot auferlegt worden – eine Maßnahme, die in der Regel nur politische Gegner des Regimes traf.[9]

Bei seiner Versetzung ins Reichskommissariat spielte der 58-jährige Regierungs-Vizepräsident Carl Stüler, der ebenfalls aus Osnabrück stammte, eine wichtige Rolle. Stüler war einer der ersten Mitarbeiter der Besatzungsverwaltung. Im Juni 1940 hatte der Reichskommissar seine Verwaltung in vier Aufgabenbereiche aufgeteilt. An der Spitze der vier Bereiche stand jeweils ein Generalkommissar. Stüler unterstand dem Generalkommissar für Verwaltung und Justiz – als Leiter einer der wichtigsten Hauptabteilungen dieses Generalkommissariats. Zu seinem Geschäftsbereich gehörten die inneren Angelegenheiten. Anfang Dezember 1940 führte er mit Calmeyer ein Gespräch über dessen eventuelle Einstellung. Anschließend bat Stüler seine Vorgesetzten um Calmeyers Übernahme durch seine Hauptabteilung.[10] Am 3. März wurde Calmeyer offiziell als Referent der Hauptabteilung Inneres eingestellt.[11]

Calmeyer wurde somit gleichsam Stülers Assistent. In der Praxis bedeutete dies, daß er von Stüler bestimmte Arbeiten zugewiesen bekam. Einige dieser Aufgaben waren zeitlich begrenzt und hatten mit spezifischen deutschen Aktionen zu tun, beispielsweise mit der Requirierung von Fahrrädern oder der Einführung von Bezugsscheinen.[12] Ein umfangreicheres Projekt, das Stüler größtenteils Calmeyer überließ, war die Zwangsrekrutierung von Angestellten des niederländischen öffentlichen Dienstes, entweder für Arbeiten in Deutschland oder im Rahmen deutscher Projekte in den Niederlanden. Calmeyer fiel dabei die Aufgabe zu, diese Zwangsarbeit in die Tat umzusetzen, die niederländischen Instanzen zu informieren und in Zweifelsfällen Entscheidungen zu treffen. Letzteres war beispielsweise dann notwendig, wenn der angeforderte Beamte tatsächlich unabkömmlich war und so eine Ausnahme gemacht werden mußte.[13]

Der erzwungene Arbeitseinsatz niederländischer Beamter kam erst 1944 in Gang. Bis zu dem Zeitpunkt war Calmeyer fast ausschließlich mit jenen Aufgaben befaßt, die mit der antijüdischen Politik der Besatzungsmacht zusammenhingen. Erst als diese Politik ihr Endziel, das heißt die beinahe vollständige Vertreibung der Juden aus den Niederlanden erreicht hatte, hatte Calmeyer wiederum Zeit für andere große Projekte wie etwa die zwangsweise Beschäftigung von Angestellten des öffentlichen Dienstes.

Als Calmeyer im März 1941 seinen Dienst antrat, hielten sich die antijüdischen Maßnahmen noch in Grenzen. Die Judenverfolgung befand sich gewissermaßen noch in den Kinderschuhen. Juden hatten zunächst einen gewissen Grad an Bewegungsfreiheit und von Ausgrenzung, Raub oder Deportation war noch keine Rede.[14] Allerdings war die Registrierung der Juden bereits in Angriff genommen. Im November 1940 hatten alle niederländischen Beamten die so genannte „Ariererklärung" abzugeben. Ab dem Frühjahr 1941 galt eine Registrierungspflicht für alle Juden in den Niederlanden.[15] Jeder Bürger, der „rassisch" von wenigstens einem „volljüdischen" Großelternteil abstammte, mußte sich beim Einwohnermeldeamt seines Wohnorts melden. Wenn es Zweifel an der Abstammung gab, konnte der Reichskommissar oder eine von ihm beauftragte, nachgeordnete Instanz diesen Fall entscheiden.

Die Einhaltung dieser Maßnahme oblag dem Generalkommissar für Verwaltung und Justiz. Wimmer delegierte diese Aufgabe an Stüler, der wiederum seinen neuen Assistenten Hans Georg Calmeyer damit beauftragte.[16] Bei der Ausführung seiner Arbeit war Calmeyer auf die niederländischen Beamten des Einwohnermeldeamts in den verschiedenen niederländischen Gemeinden angewiesen, hauptsächlich aber auf deren Zentrale, der Reichsinspektion für die Einwohnermeldeämter (RIB). Dort wurden alle Daten in umfangreichen nationalen Karteien registriert und anschließend bearbeitet. Die Mitarbeit der RIB ließ kaum zu wünschen übrig. Das galt besonders für ihren Leiter J. P. L. Lentz. Dieser niederländische Beamte hatte den Ehrgeiz, seine Arbeit ausgesprochen gut und effizient zu machen und stets loyal zu kooperieren. Als Calmeyer ihn für seine Arbeit lobte, antwortete Lentz, daß es ihn freue, „erfahren zu dürfen, daß unsere Arbeit positiv beurteilt wird. Das ist ein Ansporn, um mit voller Hingabe auch weiterhin die Erfüllung unserer Pflicht anzustreben, welche in der Devise der Reichsinspektion zum Ausdruck kommt: Bevölkerungsbuchhaltung bedeutet dienen."[17]

Mit der Einführung der Meldepflicht hatte man erreicht, daß die jüdische Bevölkerung in den besetzten Niederlanden administrativ erfaßt worden war. Calmeyer führte die Aufsicht über diesen Prozeß, den er als „die registermäßige Erfassung der Juden" bezeichnete. Diese „Erfassung" war bislang – nicht zuletzt dank des Einsatzes von Lentz – in den Niederlanden außerordentlich erfolgreich verlaufen.[18]

Gleichzeitig blieb es Calmeyer überlassen, bei Unklarheiten im Register eine Entscheidung zu treffen. Anfangs baten vor allem niederländische Behörden um Aufklärung.[19] Dabei handelte es sich um Fälle, in denen die Aktenlage unklar war: entweder war das Anmeldeformular nicht vollständig ausgefüllt oder die Antworten ließen Fragen offen.[20] In der Regel registrierte man die betreffenden Personen dann unter Vorbehalt, bis Calmeyer die Angelegenheit untersuchte und abschließend klärte.

Ab dem Frühsommer 1941 landeten auch andere Akten auf Calmeyers Schreibtisch. Es handelte sich hierbei zumeist um Personen, die als jüdisch registriert waren, dagegen aber im Nachhinein Einspruch eingelegt hatten. Obwohl diese Möglichkeit in der betreffenden Verordnung nicht eigens erwähnt wurde, war sie in gewisser Weise dennoch vorgesehen.[21] Calmeyer bat seine Vorgesetzten ausdrücklich um ihre Zustimmung, diese Zweifelsfälle behandeln zu dürfen. Er meinte, man könne vom Wortlaut dieser Verordnung erwarten, daß in einigen außergewöhnlichen Fällen Zweifel entständen. Die Definition des Juden war in dem Punkt unzureichend, wo die Mitgliedschaft zur israelitischen Religionsgemeinschaft als Kriterium für die Rassenfestsetzung diente.[22] Calmeyer plädierte – mit Erfolg[23] – dafür, diese Mitgliedschaft als eine widerlegbare Beweisvermutung zu betrachten.[24] Von dieser Regelung sollten später Tausende dankbar Gebrauch machen. Für sie war das ein Strohhalm, eine Möglichkeit, der Deportation, die im Juli 1942 begonnen hatte, zu entgehen. „Vierteljuden" und so genannte „qualifizierte Halbjuden" wurden im Prinzip nicht zum Abtransport aufgerufen. Es war durchaus von Belang, ob jemand als „Vierteljude" oder als „Volljude", als „qualifizierter" oder als gewöhnlicher „Halbjude" registriert war. Hinzu kam, daß die betreffende Person nicht deportiert wurde, so lange die Abstammungsuntersuchung andauerte; sie kam zunächst auf eine „Zurückstellungsliste". Aus dem „Aufgeschoben" konnte später sogar ein „Aufgehoben" werden, wenn die weitere Untersuchung dazu Anlaß gab.

Obwohl Calmeyer erwartet hatte, daß nur eine kleine Gruppe jüdischer Menschen Einspruch erheben würde, haben sich letztendlich tausende Juden – für sich selbst oder für ihre Familie – dieser Prozedur anvertraut. Im März 1944 wurde ihre Zahl auf insgesamt 5.667 geschätzt. In 3.709 Fällen traf Calmeyer insofern eine positive Entscheidung, als die betreffende Person von der Deportation freigestellt wurde.[25]

Seine Funktion als verantwortlicher Beamter für die Registrierung der Juden führte Calmeyer von Anfang an in die höchsten Kreise des Reichskommissariats. Da die antijüdische Politik bis weit ins Jahr 1941 hauptsächlich administrativen Charakter hatte, war Calmeyers Arbeit zweifellos von großer Bedeutung. Die zuständigen Besatzungschefs waren sich ebenfalls darüber im Klaren, daß vom Gelingen dieser Operation viel abhing: Die Durchführung der antijüdischen Politik (es wurde stets von „Auswanderung", später von „Aussiedlung" gesprochen) konnte nur gelingen, wenn feststand, wer eigentlich zur Zielgruppe gehörte.

Calmeyer wurde von der Spitze der Besatzungsverwaltung mehrmals vorgeladen, um seine Arbeit zu erläutern. Dabei wurde nicht nur über die Fortschritte bei der Registrierung gesprochen, sondern auch über die Schwierigkeiten, denen sich Calmeyer gegenüber sah. Diese Schwierigkeiten bezogen sich häufig auf das Problem der Abstammung. In einem Fall ging es um die Abstammung einer separaten

Gruppe Juden, der sogenannten portugiesischen Juden. Calmeyer war der Meinung, daß längst nicht jeder Angehörige dieser Gruppe nach den üblichen rassenideologischen Kriterien jüdisch zu nennen sei.[26]

Außerdem lenkte Calmeyer die Aufmerksamkeit auf bestimmte Gruppen von Juden, bei denen zwar nicht die Abstammung, wohl aber die Art der Registrierung oft problematisch war. Das galt unter anderem für die sogenannten „Schutzjuden"[27], die „ausländischen" Juden[28] sowie, jedoch in viel geringerem Maße, für die in Mischehen lebenden Juden.[29] Bei diesen Fragen wurde deutlich, daß Calmeyer sich bei seinem Vorgehen weitgehend an der antijüdischen Politik in Deutschland zu orientieren suchte. Das bedeutete auch, daß Ausnahmen für bestimmte Individuen und Gruppen möglich sein sollten. Oder, um mit Calmeyer zu sprechen: Es sollte ein „Ventil" in den allgemeinen Regeln geben. Auch in Deutschland wurden einige jüdische Bürger von den Gesetzen ausgenommen, als Ausnahmen registriert und infolgedessen auch anders behandelt. Mehr als einmal erwiesen sich Calmeyers Vorgesetzte empfänglich für dessen Argument, daß die Regeln für die Juden in den besetzten Niederlanden nicht von denen in Deutschland geltenden abweichen dürften.

Calmeyer in seinem Umfeld

Calmeyer hat während der fünfjährigen Besatzungszeit zweifellos eine Reihe unterschiedlicher Tätigkeiten ausgeübt. Abgesehen von einzelnen kurzfristigen Projekten war er zunächst an der Zwangsrekrutierung der niederländischen Beamten beteiligt. Eine noch größere Rolle spielte er bei der Realisierung der antijüdischen Politik.

Ob er im März 1941 voraussehen konnte, wohin die ersten Maßnahmen zur Trennung von Juden und Nicht-Juden, die in seinen Aufgabenbereich fiel, führen würden, steht zu bezweifeln. Die Judenverfolgung in den besetzten Niederlanden vollzog sich allmählich, Schritt für Schritt, und im März 1941 waren die antijüdischen Maßnahmen störend, einschränkend und beängstigend, aber lebensgefährlich war die Lage noch nicht.

Dennoch gab es auch in diesem Frühstadium bereits einige düstere Vorzeichen. Kurz vor Calmeyers Dienstantritt hatte es in den besetzten Niederlanden öffentliche Unruhen gegeben. Am 22. Februar fanden in Amsterdam die ersten Razzien statt, wobei ein großes deutsches Polizeiaufgebot zirka 400 jüdische Männer willkürlich auf der Straße aufgriff. Mit dieser Repression reagierte die

„grüne" Polizei auf Schlägereien zwischen niederländischen Faschisten und meist
jugendlichen Anwohnern im so genannten Judenviertel der Hauptstadt, in deren
Verlauf auch einige deutsche Polizisten verletzt worden waren. Aus Protest gegen
die Razzien und Verhaftungen legten die Arbeiter in Amsterdam und Umgebung
die Arbeit nieder. Dieser Streik wurde von der Besatzungsmacht innerhalb weniger Tage gewaltsam niedergeschlagen.[30]

Einige Wochen nach den Unruhen hielt Reichskommissar Arthur Seyss-Inquart vor überwiegend deutschem Publikum eine bedeutsame Rede, wobei als
Veranstaltungsort nicht ohne Grund das Amsterdamer Konzerthaus gewählt worden war. Der Reichskommissar legte ausführlich und mit unverblümten Worten
dar, was er von den niederländischen Juden hielt und wie er ihre Zukunft sah:

> „Die Juden sind für uns [die Angehörigen des Reichskommissariats] keine Niederländer.
> Sie sind jene Feinde mit denen wir weder zu einem Waffenstillstand noch zu einem Frieden
> kommen können. [...] Wir werden die Juden schlagen wo wir sie treffen, und wer mit ihnen
> geht, hat die Folgen zu tragen. Der Führer hat erklärt, daß die Juden in Europa ihre Rolle
> ausgespielt haben und daher haben sie ihre Rolle ausgespielt. Das einzige worüber wir re-
> den können, ist die Schaffung eines erträglichen Übergangszustandes."[31]

Es läßt sich zwar nicht genau feststellen, ob auch Calmeyer im Publikum saß, aber
die Rede muß ihm bekannt gewesen sein, denn die Ansprache wurde im Radio
gesendet und anschließend in den Tageszeitungen abgedruckt. Daher stellt sich
die Frage: Was konnte Calmeyer zu diesem Zeitpunkt tun? Er besaß ohne Zweifel
nur begrenzte Möglichkeiten und eine beschränkte Handlungsfreiheit, um sich
zugunsten der niederländischen Juden zu engagieren. Seine Möglichkeiten hingen
nicht nur von seinen persönlichen Intentionen und Wünschen ab. Calmeyers Position brachte eine doppelte Abhängigkeit mit sich. In zahlreichen Fällen war Calmeyer auf die Mitarbeit der entsprechenden niederländischen Behörden angewiesen. So war bei der Registrierung der Juden die Reichsinspektion für die Einwohnermeldeämter sein wichtigster Ansprechpartner. Der Leiter dieses Amtes, Lentz,
war von vornherein kooperativ, aber ob das auch für alle seine Beamten gilt, steht
nicht fest – ebenso wenig, ob alle Gemeinden die richtigen Daten über ihre jüdischen Mitbürger an die RIB durchgegeben haben.

Auch bei der Abhandlung von Gesuchen hatten andere Personen Gelegenheit,
Calmeyer zu beeinflussen. Zur Untermauerung ihres Antrags, ihren rassischen
Status geändert zu bekommen, konnten die Bittsteller verschiedene Schriftstücke
vorlegen: Aussagen von Gemeindebeamten, Taufzeugnisse, „erbbiologische"
Gutachten, Gesundheitszeugnisse, Notarakten, Geburtsurkunden, Familienbü-
cher, Briefe und sogar Fotos. Diese Unterlagen konnten gefälscht oder echt sein.

Erst nach dem Krieg sollte sich herausstellen, welche enormen Ausmaße der „Papierschwindel" in den besetzten Niederlanden angenommen hatte.[32]

Wenn Calmeyer ein Gesuch erhielt, beauftragte er in der Regel einen seiner Mitarbeiter mit dessen Beurteilung. Drei der fünf Assistenten, die Calmeyer Mitte 1942 hatte, waren Niederländer. Sie standen ebensowenig wie ihre beiden deutschen Kollegen in dem Ruf, antisemitisch eingestellt zu sein. Calmeyers deutscher Mitarbeiter Dr. Gerhard Wander gehörte sogar dem niederländischen Widerstand an; er wurde im Januar 1945 bei einer Polizeiaktion in Amsterdam „auf der Flucht" erschossen.[33] Bei der Prüfung der Anträge, also der eigentlichen Abstammungsüberprüfung, wurden regelmäßig andere Instanzen, darunter die RIB, um ihre Unterstützung ersucht. Calmeyers Entscheidung basierte also in einem erheblichen Maße auf der Vorarbeit seiner fünf Assistenten.

Gleichzeitig bekam Calmeyer im Laufe der Zeit zunehmend mit anderen Personen und Instanzen zu tun, deren Empfehlungen schließlich mehr oder weniger bindend wurden. An erster Stelle ist hier der niederländische SS-Unterscharführer Ludo ten Cate, der Chef des Centrale Dienst voor Sibbekunde (Zentralamt für Sippenforschung), zu nennen. Ten Cate war nicht Calmeyers Untergebener, sondern war ihm zunächst als SS-Fachmann gleichgestellt. Nach einer Weile erhielt Calmeyer den Befehl, ten Cate in alle Abstammungsprüfungen einzubeziehen.[34] Auch der Lagerkommandant des „Judendurchgangslagers" Westerbork, Obersturmführer A. K. Gemmeker, wurde immer stärker in laufende Abstammungsentscheidungen eingeschaltet. Vom Frühjahr 1943 an bis weit ins Jahr 1944 hinein bekam dieser die Akten jener Personen vorgelegt, die sich bereits im Durchgangslager befanden. Der Lagerkommandant sollte gleichsam als letzte Instanz vor der Deportation entscheiden.[35]

Obwohl die definitive Entscheidung über die Abstammung allein Calmeyer oblag, war er gezwungen, Arbeit zu delegieren und auch zu kooperieren – wie er dies schon bei der frühen Registrierung der Juden in den Niederlanden getan hatte. Was diejenigen, mit denen er zusammenarbeitete oder denen er Aufgaben übertrug, im einzelnen taten, entzog sich teilweise seiner Kenntnis. Calmeyer konnte unmöglich den gesamten Entscheidungsapparat übersehen. Zwischenfälle, bei denen ein Assistent gegen seine Regeln verstieß, dürften ihm das schmerzhaft bewußt gemacht haben. Bei einem dieser Vorfälle aus dem Frühjahr 1943 spielte übrigens kein niederländischer, sondern ein deutscher Mitarbeiter die Hauptrolle. Die Sache kam durch eine Beschwerde von Hauptsturmführer Ferdinand aus der Fünten, dem Leiter der sogenannten Zentralstelle für jüdische Auswanderung in Amsterdam, die für die Durchführung der Deportationen zuständig war, ans

Licht.[36] Aus der Füntens Leute hatten mehrmals von Juden, die zum Abtransport vorgesehen waren, die Kopie einer schriftlichen Mitteilung bekommen, daß sie bald auf eine Zurückstellungsliste gesetzt würden. Diese Zusage trug Calmeyers amtlichen Briefkopf. Calmeyer beeilte sich aus der Fünten gegenüber zu versichern, er habe nichts damit zu tun: Der Mitarbeiter, der das veranlaßt habe, „hat mit diesen Bescheinigungen meine strikten Anweisungen übertreten."[37]

Gegen das Risiko, daß man ihn in eine bestimmte Richtung drängte, ihm Informationen vorenthielt, sich nicht an die Regeln hielt oder ihn hinters Licht führte, konnte sich Calmeyer nun einmal nicht schützen. Seine Funktion brachte es mit sich, daß er anderen entsprechende Aufgaben erteilte, aber das schränkte auch – bewußt oder unbewußt, direkt oder indirekt – seinen Handlungsspielraum weiter ein.

Doch es gab noch eine weitere, andersgeartete Einschränkung. Calmeyer hatte auch mit Behörden zu tun, die nicht wie die RIB auf seine Anweisungen hin arbeiteten, sondern genau wie er eine eigenständige Aufgabe im Rahmen der antijüdischen Politik zu erfüllen suchten. Es war ein typisches Merkmal dieser Politik, daß sie von so vielen und zudem unterschiedlichen Instanzen getragen wurde. In dieser Hinsicht wich die Situation in den Niederlanden, zumindest graduell, von der anderer besetzter Länder und Gebiete ab, in denen die Sicherheitspolizei (Sipo) und SD frühzeitiger und für mehr Aspekte der antijüdischen Politik verantwortlich war. In den besetzten Niederlanden waren die Befugnisse über verschiedene deutsche (und niederländische) Behörden verteilt.

Diese Dezentralisierung der „Judenpolitik" war ein ausgesuchter strategischer Schachzug des Reichskommissars der besetzten Niederlande. Seyss-Inquart wollte unbedingt Regie über die gesamten antijüdischen Maßnahmen führen. Vermutlich war er sich völlig darüber im klaren, daß er zu diesem Zwecke die Konzentration der Befugnisse bei einer einzigen Organisation oder Behörde verhindern mußte. Daher entschied sich der Reichskommissar für das Konzept von „checks and balances" und betraute jede Instanz mit einer anderen strategischen Aufgabe. So oblag die Wegnahme des jüdischen Besitzes dem Generalkommissar für Finanzen und Wirtschaft. Für die administrative Rassentrennung war dagegen der Generalkommissar für Verwaltung und Justiz zuständig. Die physische Entfernung der Juden – zunächst aus der Öffentlichkeit, später, ab Juli 1942, aus den Niederlanden – war Sache der Sipo und des SD oder besser gesagt der Sipo-Dienststellen, die dem Befehlshaber der Sipo und des SD (BdS) in den besetzten Niederlanden unterstanden.[38]

Problematisch war an dem von Seyss-Inquart eingeführten System der „checks and balances" jedoch, daß die formelle Trennung zwischen Funktionen und Zuständigkeiten in der Praxis nicht genau zu erkennen war. Da viele Maßnahmen irgendwie ineinandergriffen, war eine dezidierte Aufgabenteilung nicht immer möglich. Infolgedessen überschnitten sich manche Arbeitsbereiche wie etwa die Registrierung jüdischer Menschen und deren anschließende Enteignung, für die wiederum aber die Deportation erst die Voraussetzung schuf. Dies führte mitunter zu erheblichen Friktionen. In jedem Fall mußten die Beteiligten Rücksichten aufeinander nehmen und konnten nicht einfach nach eigenem Gutdünken vorgehen.

Auch Calmeyer war ständig gezwungen, die Interessen anderer deutscher Instanzen einzukalkulieren. Zunächst hatte er seinen Auftrag relativ selbständig erfüllen können. Die ersten Maßnahmen gegen die Juden trugen überwiegend administrativen Charakter, und mit ihrer Durchführung hatte Seyss-Inquart daher zunächst die Juristen des Reichskommissariats beauftragt, also vor allem die Mitarbeiter des Generalkommissars für Verwaltung und Justiz, darunter eben auch Calmeyer.

Die Aufgabenübertragung an Calmeyer hatte auf deutscher Seite keineswegs nur Zustimmung gefunden. Vermutlich war auch Reinhard Heydrich, der Chef des Berliner Reichssicherheitshauptamtes (RSHA) und Hitlers Beauftragter zur „Lösung der Judenfrage", ein Gegner dieser „juristischen" Vorgehensweise. Heydrichs Anliegen war es, die gesamte „Judenpolitik" (einschließlich der Registrierung) mit Hilfe seiner Stellvertreter in den besetzten Niederlanden unter seinen direkten Einfluß zu bringen. In anderen besetzten Ländern Europas war ihm das bereits gelungen. Der nach dem Muster der gleichnamigen Prager und Wiener Behörde in Amsterdam gegründeten Zentralstelle für jüdische Auswanderung gelang das jedoch nicht.[39] Auch die Ambitionen von Dr. Erich Rajakowitsch, dem Leiter des Sonderreferats Juden, wurden von Seyss-Inquart zunächst unterbunden. Erst mit dem Beginn der großangelegten Deportationen änderte sich das. Nun gestaltete sich die Organisation der Judenverfolgung in den besetzten Niederlanden zunehmend ähnlicher der Praxis in den anderen besetzten Gebieten. Seyss-Inquart überließ die Vorbereitung und Durchführung der Deportationen fortan weitgehend der Sipo.[40]

Seit den ersten Massentransporten aus Westerbork, die in der zweiten Hälfte des Juli 1942 begannen und bei denen in allein in diesem Monat etwa 6.000 Juden deportiert wurden, lag die antijüdische Politik der Besatzungsmacht, die gleichsam die „Entjudung" des Landes zum Ziel hatte, in der Hand von Sipo und SD.

Die gesamte Operation war äußerst arbeits- und organisationsaufwendig. Das von
Berlin vorgegebene Tempo lag hoch. So sollten beispielsweise vor Ende des Jahres 1942 bereits 40.000 Juden deportiert sein.[41] Sämtliche Beteiligten standen unter einem enormen Zeitdruck. Vor diesem Hintergrund verloren Fragen der Registrierung – also Calmeyers Arbeitsbereich – an Bedeutung. Was nützte eine per-
fekte Registrierung, wenn die Registrierten nicht mehr da waren? Auch die oftmals zeitraubende Abstammungsprüfung wurde in Mitleidenschaft gezogen: Sie
durfte, nach der Meinung der Sipo und des SD, nicht dazu führen, daß sich die
„Entjudung" erheblich verzögerte und das von Berlin diktierte Tempo nicht einge-
halten werden konnte.

In diesem Kontext müssen auch die späteren Konflikte zwischen Sipo/SD und
Calmeyer gesehen werden. So wies der Befehlshaber der Sicherheitspolizei, Dr.
Wilhelm Harster, Calmeyer im Juli 1942 darauf hin, daß sich die Entfernung der
Juden aus den Niederlanden zunehmend schwieriger gestaltete, weil zahlreiche
schon zum Transport eingeteilte Personen nicht deportiert werden könnten, da
ihre Abstammungsprüfung noch laufe. Harster verwies hierzu auf Aussagen seiner unmittelbar Untergebenen, die den Prozeß der Judendeportationen aus den
Niederlanden faktisch koordinierten. Daraufhin kam Calmeyer Harster insoweit
entgegen, als er von da an der Sipo und dem SD die Namen derjenigen meldete,
deren Abstammung von seiner Dienststelle zu diesem Zeitpunkt überprüft wurde.[42] Auffällig war, daß diese Liste nicht kürzer wurde – die Zahl schwankte ständig zwischen 1.000 und 2.000 Personen. Kaum drei Monate nachdem sie die erste
Liste erhalten hatte, beschwerte sich die Führung von Sipo und SD bei Seyss-Inquart hierüber. Auch für den Reichskommissar besaß die Entfernung der Juden
aus den Niederlanden höchste Priorität, und er gab der Sipo/SD dafür „Carte blan-
che". Er ordnete an, daß vom 1. Dezember 1942 an keine weiteren Prüfungsver-
fahren hinzukommen durften. Calmeyer durfte also keine neuen Abstammungs-
gesuche mehr behandeln.[43]

Die genannte Beschwerde erfolgte zu einem Zeitpunkt, als die Deportationen
bereits in vollem Gange waren. Allerdings läßt sich hieraus ersehen, daß Sipo und
SD Calmeyer bereits früher kritisiert hatten. Möglicherweise waren hier aber auch
persönliche Dinge im Spiel gewesen. Ebenso wurde deutlich, daß nun zwei immer
weiter auseinanderdriftende Intentionen zusammenstießen: Während Calmeyer
zahlreiche Juden vor der Deportation schützen wollte, war den betreffenden
Dienststellen der SS daran gelegen, möglichst viele Juden aus den Niederlanden
abzutransportieren.[44] Es sieht aber danach aus, daß die Kritik – wenn nicht in erster Linie, so doch teilweise – auch mit anderen Umständen zusammenhing. Sipo

und SD konnten sich nicht mit Seyss-Inquarts Modell einer Machtteilung abfinden. Heydrich und seine Wortführer vor Ort wollten auch in den besetzten Niederlanden haben, was sie in mehreren anderen (insbesondere den osteuropäischen) besetzten Gebieten bekommen hatten: die führende Rolle bei der Durchführung aller antijüdischen Maßnahmen.[45] Im Reichskommissariat Niederlanden mußten sie jedoch andere Instanzen – darunter Calmeyers Dienststelle – neben sich dulden. Deshalb bezog sich die Kritik der SS-Ämter vor allem auf die Verzögerung der Deportationen, die sich aufgrund von Calmeyers Tätigkeit abzeichnete.

Calmeyer war sich der Kritik an seiner Arbeit zweifelsohne bewußt und ebenso empfand er den ständigen Druck, der auf ihm und seinen Mitarbeitern lastete. Er blieb ständigen Angriffen ausgesetzt, vielleicht zunächst einfach nur deshalb, weil er nicht zum BdS-Personal in den Niederlanden gehörte und kein vom RSHA ausgesuchter Kandidat gewesen war. Das RSHA und seine Repräsentanten waren der Ansicht, daß auch für diese juristische Aufgabe nur ein Angehöriger oder Günstling ihres Amtes in Frage käme, der seine Entscheidungen besser auf die vom RSHA ausgearbeitete antijüdische Gesamtstrategie hätte abstimmen können. Daß damit Calmeyers Bewegungsfreiheit und auch seine Möglichkeiten, sich für die verfolgten Juden zu verwenden, erheblich eingeschränkt blieben, liegt auf der Hand.

Bilanz: Calmeyers Handlungsspielraum

Am 6. Mai 1945, einen Tag nach der Befreiung der Niederlande, wurde Hans Georg Calmeyer vom kanadischen Militär gefangengenommen. Er kam ins Gefängnis von Scheveningen, das sich in der Nähe seines letzten Wohn- und Arbeitsortes Den Haag befand. Calmeyer stand unter dem Verdacht, Kriegsverbrechen begangen zu haben oder an ihnen beteiligt gewesen zu sein. Im Mittelpunkt des anschließenden Verfahrens stand die Frage nach seiner Rolle bei der Judenverfolgung in den besetzten Niederlanden.

Im Laufe dieses Verfahrens wurde Calmeyer mehrmals eingehend verhört.[46] Dabei hob er immer wieder hervor, daß er den Nationalsozialismus abgelehnt und sich für die in Bedrängnis befundenen Juden eingesetzt habe. Außerdem bat er wiederholt darum, bei der Beurteilung seiner Rolle zu berücksichtigen, welche Stellung er damals innegehabt habe. Er benutzte zwei Metaphern, um seine Position zu beschreiben. So verglich er sich mit einem Steuermann auf einem kleinen

Rettungsboot und mit einem Arzt, der auf einem völlig von der Außenwelt abge-
schnittenen Posten seine (Rettungs-)Arbeit leisten mußte.[47]
Die beiden Vergleiche waren keine glückliche Wahl. Bei seinem ersten Bild,
dem des Steuermanns auf dem Rettungsboot, läßt Calmeyer außer acht, daß er den
Kurs nicht selbst bestimmen konnte, sondern sich zwischen den Baken einer engen Fahrrinne hindurch lavieren mußte. Das zweite Bild, das des isolierten Arztes,
geht an der Tatsache vorbei, daß Calmeyer von einem großen Aufgebot an Personal umgeben war, die zudem ihre eigenen Vorstellungen und Absichten hatte.
Auch diese Metapher weckt den Anschein, Calmeyer habe sich bei seiner Arbeit
ganz auf sich gestellt gesehen.

Nichts ist weniger wahr. An der antijüdischen Politik im allgemeinen und an
Calmeyers Aufgaben im besonderen waren ständig andere Ämter und Behörden
beteiligt. Calmeyer bewegte sich auf einer äußerst dicht bevölkerten Ebene, was
wiederum eine Folge des besonderen Modells der antijüdischen Politik in den
Niederlanden war. Durch die Delegierung bestimmter Aufgaben an einheimische
Instanzen und die Dekonzentration der Verantwortlichkeiten und Befugnisse gestaltete sich die antijüdische Politik in organisatorischer Hinsicht kompliziert.

Die komplexe Organisationsstruktur der antijüdischen Politik in den besetzten
Niederlanden brachte Calmeyer in Abhängigkeit und schränkte seine Bewegungsfreiheit ein. Andererseits verschaffte sie ihm aber auch Spielräume. Die Über-
schneidung der Befugnisse und Aufgaben ermöglichte es Calmeyer, sich mit Angelegenheiten zu befassen, die nur am Rande mit der Registrierung und der Abstammung zusammenhingen. So kümmerte er sich zum Beispiel um die verschiedenen Kategorien von Ausnahmefällen. Bei solchen und anderen Angelegenheiten, für die er im Grunde gar nicht zuständig war, zahlten sich Calmeyers Fähigkeiten aus. Im Zuge seiner juristischen Ausbildung hatte er zu argumentieren gelernt. Seine Berichte verraten einen kundigen und rational denkenden Mann und
überdies einen guten Redner. Er begründete seine Standpunkte im allgemeinen
sehr ausführlich. Vermutlich haben diese Qualitäten dazu geführt, daß die Spitzen
der deutschen Besatzungsverwaltung auf ihn hörten. Nicht nur der Reichskommissar, sondern auch der Generalkommissar für Verwaltung und Justiz und etliche
höhere SS-Leute und Angehörige der Sipo hatten akademische Bildung aufzuwei-
sen und meist auch einen juristischen Hintergrund.

Hinzu kommt, daß sich Calmeyer auf das Spiel des Gebens und Nehmens ausgezeichnet verstand. Eine Episode aus dem Jahre 1942 illustriert dies besonders
gut. Wie bereits erwähnt, hatte Seyss-Inquart beschlossen, daß ab 1. Dezember
1942 keine weiteren Abstammungsuntersuchungen mehr durchgeführt werden

durften. Trotzdem teilte Calmeyer seinen Mitarbeitern mit, daß man neue Gesuche auch nach diesem Termin behandeln werde, wenn die Antragsteller eine entsprechende „Abstammungserklärung" vorlegen könnten. Er fügte hinzu: „Damit ist für wirkliche Fälle irriger Registrierung ein ausreichendes Ventil geschaffen".[48]

Es ist nicht sehr wahrscheinlich, daß Calmeyer hier im Alleingang handelte. Dazu hatte ihn die Sipo und der SD, die sich erst kurz zuvor genau darüber bei Seyss-Inquart beschwert hatten, viel zu sehr im Visier. Vermutlich war es Calmeyer, möglicherweise durch die Intervention seiner Vorgesetzten, gelungen, den Reichskommissar davon zu überzeugen, daß auch jetzt wieder – genau wie dies in Deutschland der Fall war – begründete Ausnahmen gemacht werden müßten. Diesmal hatte das „Ventil" die konkrete Form einer Urkunde: die „Abstammungserklärung". Daß die Sipo nicht dagegen protestierte, dürfte damit zusammenhängen, daß diese Erklärung nun von einem der ihren, nämlich Unterscharführer ten Cate, abgegeben werden sollte. Indem Calmeyer ten Cate in die Prozedur einbezog, beugte er der Kritik von Seiten der Sipo und des SD vor. Weil er bestimmte Befugnisse abgab, konnte er andere behalten.

Calmeyers außergewöhnliche Beherrschung des Spiels vom Geben und Nehmen, seine Argumentationskraft und seine juristischen Kenntnisse verschafften ihm einen eigenen Handlungsspielraum. Die organisatorische Struktur der antijüdischen Politik in den besetzten Niederlanden, die typische Dezentralisierung der Befugnisse, trug das übrige dazu bei. Es ist sogar fraglich, ob Calmeyer in einer anderen Organisationsstruktur als dieser überhaupt einen solchen Posten hätte bekleiden können. Hätte in den anderen besetzten Gebieten ein Mann ohne Verwaltungserfahrung, ohne nennenswerte Verbindungen, ohne politische Verdienste, ohne SS-Rang und ohne Zugehörigkeit zu Sipo und SD eine solche Funktion einnehmen können? Daß Calmeyer dies in den besetzten Niederlanden tun konnte, hängt größtenteils mit der komplizierten Organisationsstruktur zusammen, die Reichskommissar Seyss-Inquart eingeführt hatte. In diesem System der „checks and balances" konnte ein beschlagener Jurist wie Calmeyer seine Rolle bei der Judenverfolgung in den Niederlanden spielen – wie sehr diese Rolle auch von anderen Akteuren beeinflußt oder auch eingeschränkt gewesen sein mochte.

Anmerkungen

1   Dieser Beitrag geht auf ein Gutachten zurück, das die Verf. im Auftrag der Stadt Osnabrück 2000 geschrieben hat. Geraldien von Frijtag Drabbe Künzel: Gutachten zur Tätigkeit von Hans Calmeyer in den Niederlanden, Amsterdam 2001.

2   Pim Griffioen/Ron Zeller: Anti-joodse politiek en organisatie van de deportaties in Frankrijk en Nederland 1940–1944, in: Henk Flap/Marnix Croes (Hg.): Wat toeval leek te zijn, maar niet was. De organisatie van de jodenvervolging in Nederland, Amsterdam 2001, S.15ff.

3   Hans Blom: De vervolging van de joden in internationaal vergelijkend perspectief, in: De Gids, 1987, S. 494ff. Bloms Studie behandelt auch die Länder Belgien, Dänemark und Norwegen.

4   Griffioen/Zeller, S.15ff. Siehe auch Johannes Houwink ten Cate: Der Befehlshaber der Sipo und des Sicherheitsdiensts in den besetzten niederländischen Gebieten und die Deportation der Juden 1942–1943, in: Wolfgang Benz/Johannes Houwink ten Cate/Gerhard Otto (Hg.): Die Bürokratie der Okkupation. Strukturen der Herrschaft und Verwaltung im besetzten Europa, Berlin 1998, S. 197ff.

5   Bob Moore: Victims and survivors. The Nazi persecution of the Jews in the Netherlands 1940–1945, London 1997. Henk Flap/Kathy Geurts/Wout Ultee: De jodenvervolging in lokaal perspectief, in: Henk Flap/Wil Arts (Hg.): De organisatie van de bezetting, Amsterdam 1997, S. 31ff. Johannes Houwink ten Cate: Het jongere deel. Demografische en sociale kenmerken van het jodendom in Nederland tijdens de vervolging, in: David Barnouw/Dick van Galen Last/ Johannes Houwink ten Cate (Hg.): Oorlogsdocumentatie '40–'45. Jaarboek van het Rijksinstituut voor oorlogsdocumentatie, Zutphen 1989, S. 9ff. Marnix Croes: De jodenvervolging in Utrecht, in: Flap/Croes, S. 39ff.

6   Bert Jan Flim: Omdat hun hart sprak. Geschiedenis van de georganiseerde hulp aan joodse kinderen in Nederland, 1942–1945, Kampen 1997. Bert Jan Flim: Joodse onderduikers en de drievoudige tragiek van de onderduikorganisaties, in: Flap/Croes, S. 145ff. Guus Meershoek: Dienaren van het gezag. De Amsterdamse politie tijdens de bezetting, Amsterdam 1999. Peter Tammes: Nederlandse burgemeesters en de vervolging van joden, in: Flap/Croes, S. 69ff. Henk Flap/Marnix Croes/Peter Tammes/Wout Ultee: Verzet en jodenvervolging in Overijssel, in: Flap/Croes, S. 161ff.

7   Lou de Jong: Het Koninkrijk der Nederlanden in de Tweede Wereldoorlog, Den Haag 1969–1994, Bd. 7, S. 365.

8   Die Kompanie hieß in den besetzten Niederlanden „Luftgau Nachrichten Holland". Personalakte H. G. Calmeyer. Archiv Immigratie en Naturalisatiedienst Den Haag (IND), H. G. Calmeyer.

9   Für ein allgemeines Bild von Calmeyers Karriere vor März 1941 siehe: Peter Niebaum: Ein Gerechter unter den Völkern. Hans Calmeyer in seiner Zeit (1903–1972), Osnabrück 2001.

10   Stüler an Wimmer (12.12.1940). Personalakte H. G. Calmeyer. IND, H. G. Calmeyer.

11 Stüler an Wimmer (12.12.1940), Bericht Krell (8.1.1941), Krell an Calmeyer (21.2.1941), Stüler an Wimmer (6.3.1941). Personalakte H. G. Calmeyer. IND, H. G. Calmeyer.

12 Piesbergen an Wimmer (14.7.1942), Vermerk Calmeyer (20.7.1942 und 11.8.1942), Zwischenbericht Calmeyer (20.7.1942), Telex Calmeyer (4.8.1942), Calmeyer an Frederiks (7.8.1942). Niederländisches Institut für Kriegsdokumentation (NIOD), 25, 136g. Monatsbericht für Januar 1944 (2.2.1944). NIOD, 25, 143o.

13 NIOD, 25, 110 S. (diverse Stücke). Monatsberichte (2.2.1944, 1.6.1944, 1.7.1944). NIOD, 25, 143l, 143o.

14 Als Überblick über die deutsche Judenverfolgung in den besetzten Niederlanden siehe: Peter Romijn: De oorlog (1940–1945), in: Hans Blom/Renate Fuks-Mansfeld/Ivo Schöffer (Hg.): Geschiedenis van de joden in Nederland, Amsterdam 1995, S. 313ff.

15 Verordening 6/41 (10.1.1941), in: Verordeningenblad voor het bezette Nederlandse gebied 1941, S. 19.

16 Rechenschaftsbericht über die Handhabung der Verordnung Nr. 6/41 über die Meldepflicht der Juden, geschrieben von Calmeyer (24.3.1941). NIOD, 25, 122b.

17 Lentz an Calmeyer (7.10.1942). Centraal Bureau voor Genealogie (CBG), Archiv-Calmeyer, Korrespondenz mit den Gemeinden, Schachtel 13 (7.10.1942).

18 Vermerk betr. Entwicklung des Judenbegriffs aus Verordnung 189/40 und 6/41 in der Praxis (8.5.1941). NIOD, 25, 122c; Calmeyer an Lentz (1.10.1942). CBG, Archiv-Calmeyer, Korrespondenz mit den Gemeinden, Schachtel 13 (7.10.1942).

19 CBG, Archiv-Calmeyer, Korrespondenz mit den Gemeinden, diverse Schriftstücke.

20 Ebd.

21 Der deutsche Jurist Kurt Rabl, Leiter der Abteilung Rechtsetzung und Staatsrecht im Reichskommissariat (Generalkommissariat für Verwaltung und Justiz), hatte Calmeyer gesagt, daß er die Verordnung so gemeint hätte, daß Ausnahmen erlaubt seien. So eine undatierte Anmerkung von Calmeyer. NIOD, 25, 122b.

22 Die Verordnung schrieb vor, daß jemand mit mindestens einem der Rasse nach „volljüdischen" Großelternteil sich melden mußte und daß ein Großelternteil gewiß als jüdisch gelten würde, wenn es zur jüdischen Gemeinde gehöre oder gehört habe.

23 Rauter an Wimmer (11.11.1941); Calmeyer an Ancker (18.6.1942). NIOD, 25, 122c.

24 Vermerk betreffend das Problem: praesumtio juris et de jure (16.6.1941), Calmeyer an den Generalsekretär des Innenministeriums (19.9.1941), Calmeyer an G. J. Roes (25.6.1941). NIOD, 25, 122c; Rechenschaftsbericht über die Handhabung der Verordnung Nr. 6/41 über die Meldepflicht der Juden (24.3.1941). NIOD, 25, 122b.

25 Befehlshaber der Sipo/SD Dr. E. Schöngarth an den Chef des Rasse- und Siedlungshauptamtes (5.7.1944). NIOD, 77-85, 183b.

26 Calmeyers Anmerkungen (4.2.1943), Calmeyer an Aust (18.2.1944). NIOD, 25, 153c; Calmeyer an Gruffke (6.8.1942). NIOD, 25, 153d; Calmeyer an Zöpf (24.11.1942, 2.4.1943, 10.7.1943, 18.8.1943, 13.10.1943), Calmeyer an Harster (11.5.1943). NIOD, 25, 152b; Calmeyer an Wimmer (26.6.1942). NIOD, 25, 153f.

27 Calmeyer an Zöpf und den Beauftragten des Reichskommissars für die Stadt Amsterdam (25.2.1942), Calmeyer an Harster (30.3.1942). NIOD, 25, 123a; Vermerk Stüler (3.4.1941). NIOD, 25, 125c.

28 Generalkonsul Haiti an Reichskommissar (11.7.1941), Calmeyer an Gereralkonsul Haiti (22.7.1941). NIOD, 25, 123a; Vermerk Rajakowitsch (5.11.1941), Calmeyer an Bene (6.11.1941), Bene an Rajakowitsch (7.1.1942), Vermerk Zöpf (19.2.1942), Seyss-Inquart an die Generalkommissare Bene und Böhmcker (4.5.1942). NIOD, 77-85, 183a.

29 Zur Frage der Mischehen siehe diverse Akten in: NIOD, 25, 122n, 123a, 123b, 123f. Auch: Heichlinger an Stüler (17.10.1941), Seyss-Inquart an Wimmer (25.11.1941). NIOD, 25, 122ad; Bericht über die Behandlung der Mischehen und der sternbefreiten Juden (undatiert); Spanner an Calmeyer (28.7.1943). NIOD, 25, 150e; Seiffert an Abteilung Rechtsetzung (4.8.1941), Calmeyer an Abteilung Rechtsetzung (22.10.1941). NIOD, 25, 125b; Naumann an Slottke (24.9.1943), Rapport der Besprechung beim Reichskommissar (28.2.1944). NIOD, 77-85, 181a.

30 Ben Sijes: De Februari-staking, 25-26 februari 1941, Den Haag 1954.

31 Arthur Seyss-Inquart: Vier Jahre in den Niederlanden, Amsterdam 1944, S. 37ff.

32 Der Amsterdamer Anwalt A. N. Kotting und sein Haager Amtsbruder Y. H. M. Nijgh arbeiteten beide mit gefälschten und unterschlagenen Blankoformularen. NIOD, 182c (A. N. Kotting). Y. H. M. Nijgh: Genealogie gedurende de bezetting, in: Liber Amicorum Jhr. mr. C. C. van Valkenburg, Den Haag 1985, S. 228. Ein anderes Beispiel: Der Amsterdamer Standesbeamte A. Mom und der Amsterdamer Genealoge C. H. Teutscher sorgten in vielen Fällen dafür, daß das J von den Personalakten im Einwohnermeldeamt entfernt wurde. Mit diesen Fälschungen hatte Calmeyer gar nichts zu tun. Yad Vashem, Lexikon, Aktennr. 2477 (A.G. Mom) und 2478 (C. H. Teutscher). Mit Dank an Bert Jan Flim.

33 NIOD, Doc. I, 1853B, Dr. G. W. Wander.

34 Noch etwas später übernahm ten Cate die Abstammungsprüfung zum größten Teil selbst. Bericht von A. de Vries an den Steueranwalt am Sondergerichtshof (11.9.1945). IND, H. G. Calmeyer. Vermerk Calmeyer (26.9.1942). NIOD, 25, 151a. Calmeyer an Meldeamt Leiden (23.2.1944) und an Präsidialabteilung (24.2.1944). NIOD, 25, 151za.

35 In dieser Angelegenheit bat Calmeyer auch den niederländischen Anwalt J. J. van Proosdij um Hilfe. Alle 14 Tage fuhr van Proosdij ins Lager, um dort im Auftrag Calmeyers die Akten mit Gemmeker zu besprechen. J. van Proosdij: Mijn werk met Calmeyer aan Portugese en afstammingszaken, s. l. 1998. Unveröffentlichter Bericht.

36 Zentralstelle für jüdische Auswanderung.

37 Calmeyer an F. aus der Fünten (5.4.1943). CBG, Archiv-Calmeyer, Korrespondenz, Schachtel 1 (15.10.1942). Dem Text ist zu entnehmen, daß es sich um die Antwort auf einen Brief handelt, den aus der Fünten vier Tage vorher geschickt hatte.

38 Griffioen/Zeller, S. 23–27.

39 Griffioen/Zeller, S. 25.

40 Rauter an Wimmer (11.11.1941). NIOD, 25, 122c; Rajakowitsch an Rauter (15.10.1941 und 17.9.1941), Vermerk Rauter (4.11.1941). NIOD, 77-85, 182b; Vermerk Rajakowitsch (7.11.1941). NIOD, 77-85, 182a. Griffioen/Zeller, S. 25-27, S. 33.

41 Houwink ten Cate: Der Befehlshaber, S. 214.

42 Vermerk Calmeyer (16.7.1942). NIOD, 25, 151h. Zurückstellungsliste und Ergänzungs- sowie Änderungslisten der RIB (8.9.1942, 16.9.1942, 2.10.1942, 21.11.1942), Calmeyer an BdS IVB4 (8.11.1943). NIOD, 25, 123f; Calmeyer an Slottke (27.1.1943), Vermerk Calmeyer (15.1.1944). NIOD, 77-85, 181a.

43 Notiz für Pg. Dr. Calmeyer (28.11.1942). NIOD, 25, 123a.

44 Jacques Presser: Ondergang. De vervolging en verdelging van het Nederlandse Jodendom 1940–1945, Den Haag 1965, S. 56. De Jong, Bd. 6, S. 266ff.

45 Griffioen/Zeller, passim. Bogdan Musial: Deutsche Zivilverwaltung und Judenverfolgung im Generalgouvernement, Wiesbaden 1999. Dieter Pohl: Von der „Judenpolitik" zum Judenmord. Der Distrikt Lublin des Generalgouvernements 1939–1944, Frankfurt a.M. 1993. Christian Gerlach: Kalkulierte Morde. Die deutsche Wirtschafts- und Vernichtungspolitik in Weißrußland 1941 bis 1944, Hamburg 1999.

46 Protokoll des Verhörs von H. G. Calmeyer durch das Büro für nationale Sicherheit (17.8.1945 und 12.11.1945); Bericht, verfaßt von J. Romeijn (politischer Fahndungsdienst) über die Ergebnisse des Verfahrens gegen H. G. Calmeyer (16.4.1946). IND, H. G. Calmeyer.

47 Verteidigungsschrift von H. G. Calmeyer (17.6.1946). IND, H. G. Calmeyer.

48 Calmeyer an Miessen, Wander, Aalbersberg und Berger (26.11.1942). NIOD, 25, 151a.

Kein Raum für Ambivalenzen

Der Chef der niederländischen inneren Verwaltung K. J. Frederiks

Peter Romijn

Das Ende einer Beamtenlaufbahn

Der Untergang des Dritten Reiches bedeutete auch das Ende der Beamtenkarriere des Dr. jur. Karel Johannes Frederiks, der 1881 in Middelburg geboren wurde und von 1931 bis 1945 Generalsekretär des niederländischen Innenministeriums war. Nach der Kapitulation der deutschen Truppen in den westlichen Niederlanden und der Abschaffung des deutschen Reichskommissariats in Den Haag wurde ihm von der aus dem Exil zurückgekehrten niederländischen Regierung befohlen, seine Funktion niederzulegen und sich für ein Säuberungsverfahren bereitzuhalten. Auf diese Weise war das dienstliche Schicksal des Mannes, der mehr als ein Jahrzehnt eine herausragende Rolle im öffentlichen Dienst der Niederlande gespielt hatte, unwiderruflich mit dem Fall des deutschen Besatzungsregimes verbunden. Das nun folgende Säuberungsverfahren war allerdings umstritten.

Das Verfahren wurde im Januar 1946 abgeschlossen, als der neue Innenminister offiziell feststellte, daß der höchste Beamte seines Ministeriums während der Besetzung bei der Ausübung seines Amtes versagt habe. Mit Bestürzung und Empörung nahm Frederiks die Nachricht zur Kenntnis. Er sah sich selbst gerade als denjenigen, der unter extrem schwierigen Bedingungen den Widerstand des öffentlichen Dienstes gegen die Nazifizierung der Niederlande angeführt hatte. „Ich bin noch stets von der Richtigkeit meiner Politik überzeugt und ich gehöre ganz sicher nicht zu den Landesverrätern und treulosen Elementen", hielt er der Kommission entgegen, die im Auftrag der Regierung sein Verhalten untersuchen sollte. Voller Verbitterung fügte er hinzu, er fühle sich durch den erzwungenen Rücktritt und die sich daran anschließende Untersuchung „tief gekränkt."[1]

Bis zu seinem Tode 1962 sollte Frederiks diese Verbitterung nicht mehr loswerden. Er warf den politischen Führern der Nachkriegsniederlande vor, daß es ihnen an Verständnis für die außerordentlich prekären Bedingungen gefehlt habe, unter denen er während der Besetzung arbeiten mußte. Er bestand darauf, auf

Ehre und Gewissen danach gestrebt zu haben, den Interessen seines Landes zu dienen. Daß dies auch den deutschen Besatzern Vorteile gebracht habe, sei unvermeidlich gewesen. Das nationale Interesse und insbesondere die Belange der Bevölkerung hätten für ihn immer an erster Stelle gestanden, behauptete er in einer bereits im Sommer 1945 erschienenen apologetischen Broschüre.[2] Die Diskussion der Frage, ob Frederiks in seinem Amt versagt hatte, ist aufschlußreich und durchaus repräsentativ für das Dilemma, in das die deutschen Besatzer die niederländischen Beamten, die dem Vorkriegssystem entstammten und der eigenen Regierung loyal dienen wollten, brachten. Ihre Lage wurde durch die Tatsache der Besetzung durch eine fremde Macht und durch die politisch-ideologische Umwälzung der nationalsozialistischen „neuen Ordnung" kompliziert. Frederiks war eine der Führungspersonen in den besetzten Niederlanden, die gleichzeitig die alltägliche Verwaltungspraxis leiten und doch Vorreiter sein sollten beim Nachdenken über die zwiespältige Situation, in der sich die niederländischen Verwaltungsleiter und Beamten als Folge der Besetzung und der Nazifizierungspolitik befanden.

Auch der Wortlaut des definitiven Regierungsbeschlusses vom Januar 1946, Frederiks zu entlassen, zeigt in nuce, vor welch schwierigen Abwägungen die Niederlande nach dem Krieg bei der Überprüfung ihrer administrativen Elite standen. Im Nederlandse Staatscourant vom Januar 1946 finden sich die sicherlich als ambivalent zu charakterisierenden Begriffe, die der verantwortliche Minister am Ende des Säuberungsverfahrens in der Entlassungsakte gebrauchte: Er stellte fest, daß einerseits keinerlei Zweifel an Frederiks Treue zur Königin, zur gesetzmäßigen Regierung und zum Vaterland bestehen könne. Stärker noch, durch sein Verbleiben im Amt habe er viel Leid und Schaden verhüten können. Dem stehe jedoch gegenüber, daß der Generalsekretär zur gleichen Zeit dazu beigetragen habe, den Widerstand gegen die Besatzer zu schwächen, weil er deren Forderungen zu sehr nachgegeben habe. So habe er an der deutschen Besatzungspolitik auch in Fällen mitgewirkt, wo eine Weigerung unbedingt angebracht gewesen wäre. Als Folge dieser Nachgiebigkeit, so stellte der Minister förmlich fest, habe Frederiks das Vertrauen der Widerstandsbewegung eingebüßt, da diese aus prinzipiellen Erwägungen gegen den Besatzer und den Nationalsozialismus aufgetreten sei. Aus letztgenanntem Grunde wollte die Regierung Frederiks nicht im Amt belassen, so daß er, in der für die damaligen Säuberungsverfahren typischen Terminologie, „ungebeten" entlassen wurde, übrigens mit dem wichtigen Zusatz „ehrenvoll".[3]

Dieser Beschluß paßte in eine politische Säuberung des Beamtenapparats, durch die ca. 10.000 Nationalsozialisten konsequent und kollektiv wegen des Verbrechens des Landesverrats entlassen und in Abwartung weiterer Strafverfolgung interniert wurden. Auf die im Amt verbliebenen Beamten aus der Vorkriegszeit wartete ein administrativ-rechtliches Säuberungsverfahren, wenn sich der Verdacht erhärtete, daß sie in ihrer Position zu kooperativ gegenüber der Besatzungsmacht und dem Nationalsozialismus aufgetreten waren.[4] Aus dieser Kategorie wurden nochmals etwa 1.000 Personen entlassen. Abhängig von ihrem Verhalten während der Besetzung wurden sie entweder „ehrenvoll" oder „unehrenhaft" entlassen, eventuell sogar mit der zusätzlichen Strafe des Verlusts ihres Rechts auf Wartegeld und Pension. Zudem verhängte das Innenministerium auf Empfehlung der Säuberungskommissionen eine Reihe leichterer disziplinarischer Maßregeln wie Rügen, befristete Gehaltskürzungen oder Versetzungen. Insgesamt wurden 25.000 Lebensläufe untersucht.[5] Das Urteil im Falle Frederiks war generell von großer Bedeutung, weil es die Richtschnur für die Aburteilung des gesamten Beamtenapparats während der Besetzung vorgab. Man konnte den kleinen Beamten nur dann streng entgegentreten, wenn man auch streng gegenüber jenen war, die Leitungsfunktionen innehatten.

Die ambivalente Position des niederländischen Beamten 1940–1945

Die Beurteilung der Politik Frederiks während der deutschen Besetzung kann, allgemein gesprochen, als Modell dafür betrachtet werden, wie die politische Ordnung nach dem Krieg in den Niederlanden und in anderen besetzten Ländern Westeuropas sich zwar von der einheimischen Verwaltungselite, die unter dem Nationalsozialismus im Amt geblieben war, distanzierte, aber auch die Kontinuität des Apparats so gut wie möglich sicherzustellen suchte. Die Feststellung, daß das ambivalente Verhalten der niederländischen Beamten während der deutschen Besetzung nach dem Krieg sich in Form einer ambivalenten politischen Säuberung fortsetzte, ist Ausgangspunkt dieses Beitrags. „Ambivalenz" wird hier interpretiert als Wirkung von kollidierenden Systemen politischer und moralischer Werte, wobei den politischen Taten bald das eine (liberal-demokratische), bald das andere (nationalsozialistische) System zugrunde liegen. Dies führte dazu, daß Verantwortung tragende Personen bald anfingen, einen Unterschied zwischen dienstlicher Notwendigkeit und privater Überzeugung zu machen.

Es ist wichtig, die Frage aufzuwerfen, inwieweit sich eine derartige ambivalente Einstellung überhaupt mit dem Status eines Beamten vereinbaren läßt. Dies gilt sowohl im objektiven Sinne (die Frage nach der Spannung zwischen der beruflichen Tätigkeit und der revolutionären „neuen Ordnung") wie in subjektiver Hinsicht (persönliche Distanz zum Nationalsozialismus). Unter normalen Bedingungen funktioniert der Primat der Politik als ordnendes Prinzip; die Legalität von Verordnungen von oben steht dann grundsätzlich fest und ist nicht strittig. Bei einer revolutionären Veränderung des Regimes wird die politische Ordnung zur Seite geschoben und durch eine neue ersetzt. Die amtlichen Diener der „alten Ordnung" müssen sich dann die Frage stellen, inwieweit sie sich in die neue Ordnung integrieren können und wollen, ohne die Grundsätze ihes Berufes und ihre persönlichen Auffassungen zu verraten.

Max Weber hat im Kontext des Übergangs vom Wilhelminischen Kaiserreich zur Weimarer Republik dargelegt, wie wichtig damals für die Stabilisierung der neuen Ordnung war, daß die Beamten unter „den Verhältnissen bureaukratischer Rationalisierung" weitergearbeitet haben. Das politische Desinteresse der großen Mehrheit – oder wenn man es positiv formulieren will, die grundsätzliche Neutralität der Beamten gegenüber der Obrigkeit – hat in nicht geringem Maße dazu beigetragen.[6] Das gleiche Phänomen konnte man in etwa auch bei der NS-Machtergreifung von 1933 beobachten: Die große Mehrheit der Beamten war bereit, sich in das System, das schnellen politischen Veränderungen unterlag, einzufügen. Ein wesentlicher Unterschied war jedoch, daß Adolf Hitlers neues Regime eine umfassende politische Säuberung durchführte, zunächst informell und gewaltsam, später förmlich und prozedural, mittels des sogenannten Gesetzes zur Wiederherstellung des Berufsbeamtentums vom 7. April 1933.[7]

Viel einschneidender als dies nach 1918 der Fall gewesen war, wurde jetzt bei Beamten auf politische Gesinnung eine Prämie gesetzt oder aber eine Sanktion verhängt. Nationalsozialisten erhielten neue und große Chancen, Anhänger der anderen Richtungen wurden entlassen oder mußten zeigen, daß sie sich fügen wollten. Ein deutsch-nationaler Stadtrat aus Braunschweig schrieb im Mai 1933 seiner in den Niederlanden lebenden Tochter, er sei soeben mit einer Reihe anderer lokaler Prominenter in die NSDAP eingetreten: „So hat also Euer ‚alter Vati‘ sich auch Braunhemd, Schirmmütze, Riemen, Schlips und Parteizeichen schleunigst beschaffen müssen."[8] Die Betonung professioneller Neutralität bot nur vorübergehend für die einen Ausweg, die sich weiterhin als apolitische Sachverständige sehen wollten und dachten, diese tun zu können, indem sie sich auf den vertrauten Primat der Politik beriefen. Dabei übersahen sie jedoch, daß die neue Ordnung einen ganz anderen ideologischen Anspruch und eine radikal neue politische Praxis beinhaltete.

Hier kündigt sich ein Problem an, das auch in den später vom nationalsozialistischen Deutschland besetzten Gebieten Westeuropas eine Rolle spielte: Inwieweit war es möglich, die einheimische Regierung und den dazu gehörenden Beamtenapparat in das Besatzungsregime zu integrieren und aufzunehmen? Die allgemeine Frage ist, wie sich Beamte beruflich und moralisch behaupten konnten, angesichts der wachsenden Spannung zwischen vertrauten Auffassungen über Aufgaben sowie Funktion und dem Druck, der von der ideologischen Instrumentalisierung durch das neue Regime ausging. Hier liegt der Keim dessen, was oben als amtliche Ambivalenz bezeichnet wurde. In seinem Buch über die Kollaboration in den besetzten Niederlanden hat Gerhard Hirschfeld dem Problem, was die führenden Mitglieder der niederländischen administrativen Elite antrieb, mit dem deutschen Regime zu kooperieren, große Aufmerksamkeit gewidmet.[9]

Die Art und Weise, wie Frederiks sich verteidigte, zeigt, wie wichtig die Frage nach den Beweggründen seiner Politik ist. Die niederländischen Beamten blieben nicht ausschließlich deshalb auf ihren Posten, weil sie mental daran festgeschmiedet waren. Im Gegenteil, sie trafen eine bewußte Wahl aufgrund administrativ-strategischer Überlegungen, auch wenn diese vielleicht nicht immer sehr klar durchdacht und formuliert waren. Als Arthur Seyss-Inquart als Reichskommissar die Zivilverwaltung im besetzten niederländischen Gebiet übernahm, forderte er die Generalsekretäre der niederländischen Ministerien auf, ihre amtlichen Funktionen im Rahmen der Besatzungsverwaltung weiter auszuüben. Die höchsten Beamten beschlossen tatsächlich aufgrund von Überlegungen, auf die im folgenden noch näher eingegangen wird, vorerst im Amt zu bleiben. Von den zehn Generalsekretären, die im Mai 1940 diese Entscheidung trafen, wurden bereits im Sommer 1940 zwei vom Reichskommissar entlassen, während einer freiwillig ausschied. Im Frühjahr 1941 schieden drei Generalsekretäre auf eigenen Wunsch aus und im Laufe des Jahres 1943 folgte noch ein weiterer. Die restlichen drei, darunter Frederiks, blieben fast die ganze Besatzungszeit über im Amt.[10] Die entlassenen Generalsekretäre wurden durch pro-deutsche und nationalsozialistisch gesinnte Personen ersetzt, wobei auf Betreiben der Besatzer auch eine institutionelle Nazifizierung stattfand, etwa durch damit einhergehende die Gründung eines niederländischen Pendants zum Goebbels'schen Propagandaministerium.

Gerhard Hirschfeld verbindet in seiner einleitenden Betrachtung die Spannung zwischen amtlichem Funktionieren und dessen subjektivem Erleben durch den Begriff „Ambivalenz". Die Ambivalenz steht für eine Haltung, welche die

Spannung zwischen Notwendigkeit und Abneigung akzeptiert. Das zeigte sich gerade in entscheidenden Momenten in der Korrespondenz mit deutschen Autoritäten über prinzipielle Fragen. Auf die Anordnung des Reichskommissars, alle Juden im niederländischen öffentlichen Dienst zu entlassen, schrieben die Generalsekretäre im Januar 1941 einen Protestbrief an Seyss-Inquart, in dem es hieß, daß diese Maßnahme „dem Rechtsbewußtsein des Volkes und althergebrachten Traditionen" widerspräche; für die höchsten Beamten sei es „peinlich", dabei mitarbeiten zu müssen. Gleichzeitig zeigten die Generalsekretäre ein gewisses Verständnis für das Argument des Reichskommissariats, daß die Juden als Feinde des Deutschen Reiches zu betrachten seien; daher kündigten sie an, diese Maßnahme als eine „vorübergehende" zu akzeptieren, da sie der Aufrechterhaltung der öffentlichen Ruhe und Ordnung diene.[11]

Hier zeigte sich eine gewisse Bereitschaft zum Vergleich, wenn auch nicht einstimmig, so doch mit einer gewissen Reserviertheit; letztere wurde schließlich eines größeren Interesses wegen zur Seite geschoben. Ein anderer Historiker, der sich mit dem Verhalten der Amtspersonen während der Besetzung der Niederlande beschäftigte, hat, Hirschfelds Arbeiten weiterentwickelnd, nicht so sehr die Beweggründe der niederländischen Verwaltungschefs bezüglich ihrer erzwungenen Integration in die deutsche Verwaltungsmacht problematisiert als vielmehr die relative Leichtigkeit, mit der das geschah. Guus Meershoek widmet in seiner grundlegenden Studie über die Amsterdamer Polizei in den Jahren der Besetzung[12] den entscheidenden Momenten, in denen die deutschen Behörden radikale Veränderungen in der Organisation ihres Machtapparats durchführten, große Aufmerksamkeit. Er konstatiert, wie die Besatzer die niederländischen Instanzen und Behörden dabei zur Mitarbeit zwangen, ohne ihnen allzu viel Raum für Ambivalenz und moralische Empörung zu lassen. Das führt zu der Frage, ob die Reserviertheit der niederländischen Beamten nicht weniger wichtig war als die tatsächliche Leichtigkeit, mit der sie sich in die deutsche Verwaltungsmacht einverleiben ließen, und die Rolle, die sie dadurch spielten.[13]

Diese differierenden Sichtweisen legen nahe, daß eine Untersuchung des ambivalenten Verhaltens der niederländischen Beamten – hier dokumentiert am aufschlußreichen Beispiel von K. J. Frederiks – sich weder ausschließlich auf die Erforschung der subjektiven Beweggründe dieser Personen, noch auf die objektive Auswirkung der politischen Strategie, an der sie beteiligt waren, beziehen kann. Dieser Artikel untersucht daher die Beweggründe und die Strategie der Politik von Frederiks in der Kriegszeit auf drei Ebenen: der politischen Legitimität, der politischen Strategien und der persönlichen Wahrnehmung. Auf diese Weise wird gewissermaßen eine gleitende Skala von objektiver zu subjektiver Reflexion des Verhaltens des jeweiligen Beamten vorgestellt. Die Frage nach der politischen Legitimität zwang Frederiks darüber nachzudenken, ob er eigentlich eine verantwortliche Rolle in der Verwaltung der besetzten Niederlande spielen durfte; die strategische Auseinandersetzung zwang ihn, über die Ziele hinter der Entscheidung, im Amt zu bleiben, nachzudenken und der subjektive Faktor provozierte die unvermeidliche Frage nach der Überprüfung der persönlichen Beweggründe am Ergebnis seiner Politik. Ziel dieser Übung ist, ausgehend von der Fragestellung dieses Bandes, Funktion und Bedeutung des Begriffs „Ambivalenz" im Fall Frederiks auszuloten.

Ambivalenz und politische Legitimität

Die deutsche Besetzung der Niederlande und die Errichtung einer Zivilverwaltung stellten die niederländischen Beamten im Mai 1940 vor die drängende Frage, ob das Reichskommissariat in den Niederlanden eine legitime „Regierung" war und ob sie selbst unter dieser „Regierung" im Amt bleiben konnten und durften. Bei der Beantwortung dieser Frage überwog auf niederländischer Seite nachdrücklich die Absicht, die administrative Kontinuität soweit wie möglich aufrechtzuerhalten, das gesellschaftliche Leben möglichst schnell zu normalisieren und die öffentliche Ruhe und Ordnung zu garantieren. Vor der militärischen Kapitulation war die Regierung von Königin Wilhelmina ins Exil nach England geflohen; sie hatte die höchste Regierungsgewalt in den Niederlanden dem Oberbefehlshaber der Streitkräfte General H. Winkelman übertragen. Dieser schaltete das Kollegium der Generalsekretäre ein, um die Wiederherstellung und Ausübung der zentralen Verwaltung zu garantieren. Aus der Sicht Winkelmans und der Generalsekretäre konnte nur so erreicht werden, daß die Niederlande unter den veränderten Bedingungen möglichst schnell wieder zur Normalität zurückkehrten.

Die Beamten machten sich voll Eifer an diese Aufgabe, und so wurden die geheimen Richtlinien der niederländischen Regierung aus dem Jahre 1937 zu der Frage, was im Falle einer feindlichen Besetzung zu tun sei, ausgeführt. Die Tendenz der „Anweisungen" (Aanwijzingen) war, daß der niederländische Verwaltungsapparat im Interesse der Bevölkerung des besetzten Gebietes weiter funktionieren solle. Ausgangspunkt der Anweisungen war, daß die Besatzer sich an die Prinzipien des Völkerrechts halten würden, wie sie in der Haager Landkriegsordnung von 1907 festgelegt waren. Deren Artikel sahen vor, daß ein besetztes Gebiet seine interne Rechtsordnung beibehalten solle. Als Adolf Hitler Ende Mai 1940 beschloß, in den besetzten Gebieten keine Militärverwaltung einzuführen, wie es die Haager Landkriegsordnung vorsah, sondern eine Zivilverwaltung unter Leitung seines Statthalters Arthur Seyss-Inquart als Reichskommissar, schuf er damit für die niederländischen Verwaltungsleiter einen prinzipiellen Legitimitätskonflikt. Das neue „Beamtenkabinett" mußte sich selbst nun fragen, ob der Rahmen, innerhalb dessen Seyss-Inquart sie an der Besatzungsverwaltung beteiligen wollte, sich noch in die legitime Ordnung fügte, innerhalb deren sie gemäß dem Völkerrecht im Auftrag der im Prinzip noch immer gesetzmäßigen Exilregierung im Amt bleiben konnte.

Die deutschen Behörden waren sich darüber im klaren, wie prekär dieser Moment für ihre Beziehungen mit der Spitze des niederländischen Verwaltungsapparats war. Seyss-Inquart lud die Generalsekretäre als Chefs der Ministerien ausdrücklich zur Zusammenarbeit im Interesse beider Parteien ein. Wie bekannt, ließ er sie wissen, daß sie zurücktreten könnten, falls von ihnen etwas gefordert würde, das mit ihrem Amtseid und Gewissen in Konflikt stände. Der Oberbefehlshaber Winkelman spornte sie an: „Es gibt nur die eine Lösung, daß Ihr mit Seyss-Inquart die Sache weiterführt. Ich bin ausgeschaltet."[14] Am 29. Mai 1940 fand im Ridderzaal in Den Haag ein feierlicher Staatsakt statt, bei dem der neue Reichskommissar formell sein Amt übernahm, gemäß eines Führererlasses über die neue Zivilverwaltung in den besetzten Niederlanden.[15] Der Ridderzaal war der Ort, wo traditionsgemäß wichtige politische Ereignisse stattfanden, insbesondere solche, die Krone und Volksvertretung zusammenführten. Die Königin eröffnete jedes Jahr am dritten Dienstag im September im alten Versammlungssaal der Grafen von Holland das politische Jahr mit der Verlesung der Thronrede der Regierung vor der Vereinigten Versammlung der Staten-Generaal (Abgeordnete beider Kammern).

Der Einzug Seyss-Inquarts in das Regierungszentrum in Den Haag am 29. Mai 1940 war auf eine eng an diese Tradition anschließende Weise inszeniert – zumindest äußerlich, denn selbstredend waren weder die Königin, noch die Regierung, noch die Volksvertretung anwesend, wohl aber die Generalsekretäre. Diese hatten angekündigt, sich zu entfernen, sobald über die Position des Staatsoberhauptes geredet oder die Niederlande des Bruchs der Neutralität beschuldigt werden sollten.[16] Durch ihre Anwesenheit brachten Frederiks und seine Amtskollegen ihre Bereitschaft zum Ausdruck, im Amt zu bleiben, – unter Umständen, die sie zu diesem Zeitpunkt übrigens noch nicht beurteilen konnten. Die äußere Seite des durch Musik eines deutschen Militärorchesters umrahmten Staatsaktes, die auch in der Wochenschau und in den Tageszeitungen groß herausgebracht wurde, suggerierte dem oberflächlichen Beobachter in erster Linie administrative Kontinuität und Normalität. In Wirklichkeit wurde eine Machtübernahme inszeniert. Dies wurde noch dadurch unterstrichen, daß Seyss-Inquarts Rede bei seiner Amtsübernahme zusammen mit dem bereits genannten Führererlaß ungekürzt in das erste Verordnungsblatt des Reichskommissariats aufgenommen wurde und dadurch quasi formell einen gesetzeskonformen Status erhielt, in diesem Fall sogar den verfassungsgebender Gesetzgebung.[17]

Angesichts der Machtverhältnisse akzeptierten die Niederländer dies, aber die Generalsekretäre gingen noch einen Schritt weiter: Sie blieben im Amt in der Annahme, damit der Machtübernahme ihre schärfsten Seiten nehmen zu können. Vom ersten Tag an entlehnten sie ihre Legitimität zwei ungleichen Quellen: erstens einem formellen Auftrag auf der Grundlage des Völkerrechts, den die eigene Regierung erteilt hatte, zweitens der Usurpation der Macht entgegen den Grundlagen der internationalen Rechtsordnung, auf der Grundlage des Führererlasses. Dies war aus dem Blickpunkt der Legitimität eine zwiespältige Position, und sowohl der politische Charakter wie auch die radikalen Zielsetzungen des deutschen bzw. nationalsozialistischen Regimes sollten diese Position noch erheblich komplizieren. Die Generalsekretäre wollten anfänglich daran festhalten, die Maßnahmen des Reichskommissars am Völkerrecht zu überprüfen; Seyss-Inquart lehnte es kategorisch ab, eine höhere Rechtsnorm als die seines Führers anzuerkennen, und leitete damit einen staatsrechtlichen Umsturz ein.

Der Reichskommissar gab die Richtlinie aus, daß er als Träger der Befugnisse der Krone (der Königin und ihrer Regierung), der Staten-Generaal und des Kabinetts den Generalsekretären Weisungen erteilen werde, die sie dann an den Interessen des niederländischen Volkes überprüfen könnten. Sollten sie zu dem Schluß kommen, die Ausführung dieser Befehle verweigern zu müssen, dann könnten sie ihr Amt zur Verfügung stellen, ohne daß dies für sie nachteilige Konsequenzen haben sollte.[18] Außerdem sorgte Seyss-Inquart dafür, daß die Generalsekretäre, die in der Übergangsperiode unter dem Oberbefehlshaber des Heeres als Verwaltungskollegium auftraten, keine „niederländische Schattenregierung" bilden konnten. Er machte deutlich, daß er keine kollektive Verantwortung, sondern – über den eigenen Zuständigkeitsbereich jedes Departementchefs hinaus – nur individuelle Verantwortung anerkenne. „Das Interesse des niederländischen Volkes" war natürlich ein vieldeutiger Begriff, über den der Reichskommissar mit jedem Generalsekretär verschiedener Meinung sein konnte. War der Dissens unüberbrückbar, konnte die schwächere Partei ihre Konsequenzen ziehen und zurücktreten. Infolge des absoluten Machtübergewichts der Okkupationsmacht war der Begriff letztlich eine Chimäre.

Als Generalsekretär des Innenministeriums war sich Frederiks sehr bewußt, welch' verantwortungsvolle Position er innehatte. Sein Ressort war, wie er zu sagen pflegte, die Instanz, „wo alle Fäden des Verwaltungsapparats zusammenlaufen", und – mit einiger Übertreibung – „der zentrale Punkt, von dem aus dem Land ein bestimmter Kurs vorgegeben werden konnte."[19] Letzteres galt vor allem im Hinblick auf die Leitung der lokalen Verwaltung, insbesondere der Bürgermeister, die im niederländischen System in erster Linie Diener der Krone sind und erst dann Repräsentanten der kommunalen Obrigkeit. Frederiks bot im Sommer 1940 seine ganze Energie auf, um möglichst umfangreiche Kontrolle über die lokalen Verwaltungsleiter zu erhalten, viel mehr als vor dem Krieg. Mit den Bürgermeistern schloß er einen Pakt: Die zentrale Zielsetzung der niederländischen Verwaltung sollte Normalisierung und Bemühung um gesellschaftliche Kontinuität sein, mit der Wiederherstellung von Ruhe und Ordnung als wichtigstem Schwerpunkt. Von den Bürgermeistern verlangte Frederiks, daß sie diesen Zielen Priorität einräumten, und er ließ sie wissen, daß auch die Besatzer ihnen die größte Bedeutung zumaßen.

So schuf Frederiks einen internen niederländischen Konsens um das externe administrative Arrangement mit dem Besatzer, welches das Fundament für die Fortsetzung seiner Tätigkeit gebildet hatte. Da die Besatzungsverwaltung und ihr niederländischer Bestandteil gewisse Legitimitätsdefizite aufwiesen, leitete Frederiks, zusammen mit einigen Amtskollegen, einen Prozeß der Legitimierung des neuen Regimes ein, der diese Mängel langfristig kompensieren sollte. Dieser Prozeß beruhte auf der Förderung der Sicherheit der Bürger unter den außergewöhnlichen Umständen von Krieg und Besatzung und auf dem Schutz der lokalen Machthaber gegen willkürliche Eingriffe der deutschen Behörden. Mit diesem Konzept vor Augen konnte Frederiks jederzeit die Meinung vertreten, daß die Beamten wirklich, wie die „Aanwijzingen" von 1937 es verlangten, einen Schild für die Bevölkerung bilden konnten und daß ihr Verbleiben im Amt somit mehr im Interesse der eigenen Bevölkerung als in dem der Besatzer lag. Wie die Beamten die Bevölkerung gegen die Auswirkungen der Okkupationspolitik beschützen sollten, so glaubte Frederiks, die Beamten gegen die neuen Machthaber des Reichskommissariats in Schutz nehmen zu können. Hiermit verlor das formale Legitimitätsdefizit seinen prinzipiellen Mangel, und an seine Stelle trat die Verpflichtung, alles zu tun, um das Land unter den schwierigen Umständen der Besetzung doch so gut wie möglich zu führen. Das Mittel (Verwaltung) wurde zu einem Zweck an sich: Kontinuität im Interesse von Ruhe und Ordnung.

Die Haltung der niederländischen Beamten blieb trotzdem zwiespältig, und zwar vor allem bezüglich der Frage, inwieweit die niederländischen Staatsdiener faktisch und formell einen Teil der Besatzungsverwaltung bildeten. Die kalvinistische Widerstandszeitung Trouw nannte sie 1943 „unsere selbstgeflochtenen Geißeln“, womit sie ein äußerst kritisches Urteil über die eigene Bürokratie mit deren noch immer niederländischen Charakter koppelten.[20] Häufiger hat man ziemlich leichthin sowohl während und kurz nach der Besetzung als auch in der Historiographie[21] angenommen, daß in den Okkupationsjahren zwei verschiedene Sphären bestanden hätten: eine besondere Sphäre – die der deutschen Verwaltung –, häufig als „Aufsichtsverwaltung“ bezeichnet; und eine „normale“ Sphäre der authentischen, noch aus der Zeit vor der Besetzung datierenden niederländischen Verwaltung. Nach dieser Auffassung hielt sich die deutsche Führung im Laufe der Besetzung nicht an die eigenen Zielsetzungen (Aufsicht!) und schuf Probleme für die niederländischen Partner, da sie radikale Ziele verwirklichen wollte. Die Ersetzung loyaler niederländischer Beamter durch Landsleute, die sich für die „Neue Ordnung“ einzusetzen versprachen, war aus dieser Sicht die nationalsozialistische Lösung, um einer wachsenden Tendenz zu Nicht-Kooperation oder gar Widerstand unter den Beamten Herr zu werden. Dies habe gezeigt, daß unter der Oberfläche durchaus die patriotische und demokratische Gesinnung der amtierenden Beamten vorherrschend geblieben sei.

Diese Interpretation ist ihrem Wesen nach einseitig und apologetisch und hält einer Rekonstruktion der damaligen Beweggründe nicht stand. Der Versuch von Frederiks, den Beamtenapparat zu führen, war tatsächlich in erster Linie defensiv; er verlangte von den Funktionären, sich zusammenzuschließen und möglichst lange auf ihren Posten zu verbleiben, um diese nicht dem Feind preiszugeben. Die Beamten blieben im Amt, weil sie der Meinung waren, dadurch etwa Gutes erreichen zu können oder aus mehr egoistischen Beweggründen wie Besorgnis um ihre gesellschaftliche Position oder Angst vor den Besatzern. Zudem gab es im Sommer 1940 noch eine weitere Überlegung. Wie überall in dem damals von Deutschland beherrschten Westeuropa verkörperten die administrativen und politischen Eliten den Willen, einen neuen Elan zu entwickeln, mit dem Ziel, einen gesellschaftlichen Wiederaufbau in Angriff zu nehmen, der die veränderten Machtverhältnisse anerkannte. Dies sollte ebenso sehr einen Ausweg aus den Frustrationen der Niederlage weisen wie eine Kompensation für die traumatische Erinnerung an die Krise der dreißiger Jahre bieten. Indem zeitgleich mit dem Scheitern der Vorkriegsordnung abgerechnet wurde, ließ sich gegenüber den Besatzern demonstrieren, was man eigentlich wert war.

Hier sahen die Verwaltungschefs sogar eine gewisse Kongruenz der Zielsetzungen: Auch die deutschen Machthaber waren nämlich an einer gemeinsamen Kraftantrengung interessiert. In den vom Krieg besonders hart getroffenen Gebieten wie Grebbestreek, Walcheren und Rotterdam gingen von den lokalen Machthabern kräftige Impulse aus, um den Schutt wegzuräumen und den Wiederaufbau mit dem Blick in die Zukunft anzupacken. Die angenomme Interessenkongruenz berücksichtigte jedoch nicht die politischen Zielsetzungen der deutschen Besatzer, die kurzfristig auf eine Nazifizierung der Gesellschaft zielten und langfristig eine in Berlin noch näher zu bestimmende Form der Integration der Niederlande ins Deutsche Reich anvisierten. Sobald die deutschen Behörden mit der Nazifizierung der niederländischen Gesellschaft tatsächlich begannen, im Herbst 1940, wurde klar, daß das administrative Arrangement, das sich die niederländischen Spitzenbeamten vorgestellt hatten, bestenfalls zeitlich begrenzt war oder eigentlich sogar nicht bestand. Das Reichskommissariat wollte nämlich keine separate niederländische Sphäre einer „gelenkten Selbstverwaltung" zugestehen. Sowohl das politische Personal als auch das politische Programm waren Objekt der Nazifizierung, die verzögert, aber unverkennbar stattfand.

Seit Herbst 1940 trat deutlich zutage, daß die Besatzer bevorzugt niederländische Spitzenbeamte durch einheimische Nationalsozialisten an strategisch wichtigen Punkten ersetzten: an der Spitze des politischen und justitiellen Apparates, bei der Ernennung von Bürgermeistern großer und bedeutender Städte, sowie auf dem Sektor Schule und Kultur. Auch die programmatische Nazifizierung ließ Prioritäten erkennen: Die parlamentarische Demokratie wurde für obsolet erklärt, eine breite Skala weltanschaulich organisierter gesellschaftlicher Verbände wurde gleichgeschaltet und – hier fanden die radikalsten Maßnahmen statt – Juden wurden ausgegrenzt und verfolgt. Die Nazifizierung schuf auch neue, auf nationalsozialistischer Basis organisierte Verwaltungsorgane, die sich Aufgaben und Befugnisse der traditionellen Instanzen aneigneten. Die niederländische Verwaltung durchlief zeitgleich eine Reihe von Entwicklungen, die charakteristisch waren für den NS-Staat: Zentralisierung und Fragmentarisierung, Generalisierung und Spezialisierung. Das Problem, ob bestimmte Instanzen oder programmatische Fragen zu der „einheimisch" niederländischen oder der „fremden" deutschen Sphäre gehörten, verlor schnell an Bedeutung. Beamte, die man als „gute Niederländer" kannte, wurden mitschuldig an der Durchführung radikaler nationalsozialistischer Maßnahmen wie der Ausstellung von Deportationsbefehlen an jüdische Bürger. Sie empfanden dabei häufig eine innere Distanz, aber das veranlaßte sie in den ersten Jahren der Besetzung nicht dazu, ihre Funktion aufzugeben oder gar Widerstand im Amt zu leisten.

Die Radikalisierung der Politik der Besatzer im Jahr 1941 machte es immer schwieriger, an die beiden fundamentalen Prämissen zu glauben, aufgrund derer der niederländische Verwaltungsapparat weiter funktionierte: die vermeintliche Kongruenz zwischen niederländischen und deutschen Zielen sowie die Existenz eines mehr oder weniger autonomen Tätigkeitsbereichs der niederländischen Beamten. Es ist daher nicht abwegig zu konstatieren, daß der ursprünglich niederländische Verwaltungsapparat nicht nur de jure, sondern auch de facto Bestandteil einer einheitlichen Okkupationsverwaltung geworden war, die von deutschen Machthabern gesteuert und und nach deren Vorgaben von niederländischen Führungskräften der „alten" wie der „neuen" Ordnung geleitet wurde. Das soll nicht heißen, daß es keine Unterschiede zwischen einem nationalsozialistischen und einem Vorkriegs-Bürgermeister oder Polizeikommissar gab, aber es war eine Situation entstanden, welche die Ambivalenz eines jeden Beamten, der im Amt geblieben war, vergrößern mußte. Und doch hielt gerade Frederiks lange und ohne innere Vorbehalte an der Meinung fest, daß er die Legitimation für sein Amt einerseits den Anweisungen der Regierung von 1937 und andererseits der Art und Weise, wie er die im Mai 1940 übernommene Aufgabe zu erledigen wußte, entlehnen konnte.

Frederiks nahm die Abschaffung der lokalen Demokratie und Unanbhängigkeit, die beide wichtige Fundamente des niederländischen Staatssystems waren, hin. Danach akzeptierte er auch im Sommer 1941 die Einführung des Führerprinzips auf lokaler Ebene, die Ersetzung von immer mehr Bürgermeistern und anderer Funktionäre durch niederländische Nationalsozialisten sowie die Einbeziehung der lokalen Verwaltung in die Durchführung nationalsozialistischer Maßnahmen. Während die meisten anderen Generalsekretäre und hohen Beamte ihr Amt in der Folgezeit niederlegten oder aufgeben mußten, war für den Geralsekretär des Innenministeriums der Rücktritt kein Thema. Er entwickelte sich während der fortschreitenden Nazifizierung des Verwaltungsapparats und der gesellschaftlichen Ordnung zum Verteidiger und Apologeten der Vorkriegsordnung, immer in der Überzeugung, daß die von ihm gewählte Strategie sein Verbleiben ihm Amt rechtfertigte.

Strategische Ambivalenz

Frederiks sah sich selbst in erster Linie als Stratege eines gewissermaßen amtlichen Widerstands gegen die deutschen Besatzer. Er hatte Jura studiert und eine Dissertation über das niederländische Jagdrecht geschrieben. In seiner Freizeit war er einer der Wortführer der elitären Haager Napoleonischen Gesellschaft. In den 1930er Jahren hatte er eine unkritische Abhandlung über die Bedeutung der administrativen Ordnung des französischen Kaisers für das moderne Staatssystem verfaßt.[22] Frederiks hatte sich auch, nicht ohne Eitelkeit, die strategische Erfindungsgabe des Korsen zum Vorbild genommen. Seine Strategie bestand jedoch in erster Linie aus einer einzigen Maxime, nämlich dem Grundsatz, daß während der Besetzung vorübergehend das kleinste Übel hingenommen werden mußte, um das größere abzuwenden. Für den Generalsekretär hieß das, Maßnahmen der Besatzer zu akzeptieren, um dem größeren Ziel, Chaos zu vermeiden und dazu beizutragen, daß die gesellschaftliche Ordnung des Landes überlebt, dienen zu können.

Diese Strategie beinhaltete taktisches Zurückweichen: Wenn man sieht, daß die eigene Kompetenz durch einen Gegner mit nachhaltigem Übergewicht angegriffen wird, dann stellt man fest, daß der Zuständigkeitsbereich dieser Kompetenz eingeschränkt ist und daß man also nur noch für ein eingeschränktes Gebiet die Verantwortung tragen kann und will. Als die deutschen Besatzer ihre Zivilverwaltung in den Niederlanden etablierten, beschlossen die Generalsekretäre gemeinsam, im Amt zu bleiben, um ein ökonomisches und gesellschaftliches Chaos zu verhindern. Abzudanken hätte die vollständige Übertragung der Regierungsgewalt an deutsche und niederländische Nationalsozialisten bedeutet und dies hätte, so Frederiks, die Tür zu einer Eingliederung der Niederlande in das Deutsche Reich geöffnet. Eine Konsequenz davon wäre gewesen, daß die niederländischen Männer Wehrdienst in der Wehrmacht hätten leisten müssen. „Dies zu verhindern", so Frederiks, „mußte das Alpha und Omega meiner Politik sein."[23]

Der höchste Beamte des Innenministeriums war unter normalen Umständen ein dezidierter Anhänger von Autorität und Ordnung und empfand keinerlei Sympathie für irgendeine Form von Widerstand gegen die feindlichen Besatzer. Im Gegenteil, wie ein Großteil der niederländischen administrativen Elite fürchtete er eine eventuelle revolutionäre Situation wie im November 1918 noch mehr als eine deutsche Schreckensherrschaft. Aus diesem Grunde kam ein Rücktritt für ihn nicht in Frage, das wäre eine Form von Desertion gewesen. Und doch nahm Frederiks Besetzung und Aufstieg des neuen Regimes nicht willenlos und passiv hin;

er enfaltete eine große Aktivität, die ihn mehr als vor dem Krieg, als seine Funktion mehr administrativer Natur war, ins Zentrum der inländischen Leitung brachte. Wo immer möglich, sprach der Generalsekretär seinen Mitarbeitern Mut zu. In dienstlichen Kontakten zeigte er fortwährend großen Optimismus hinsichtlich der Dauer des Krieges. Auch wenn er dies wirklich glaubte, war es gleichzeitig eine Form von Zweckoptimismus; diesen hatte er nötig, um behaupten zu können, daß man „noch einige Monate" durchhalten und hierbei auch unangenehme Maßnahmen hinnehmen müsse.

Seine Kollegen, die Generalsekretäre, Beamte des Ministeriums sowie Bedienstete im ganzen Land ermutigte und irritierte er abwechselnd durch seine wiederholten Beteuerungen, daß Deutschland nie den Krieg gewinnen könne und daß daher eine klare Perspektive bestehe, daß die Niederlande unter „guter" Führung das Elend erfolgreich überstehen könnten. So lange sei es wesentlich, eine Machtübernahme des NSB zu verhindern und gleichzeitig bei der Besatzungsbehörde „ein Wörtchen mitzureden." So gab Frederiks seinen Aktivitäten Ziel und Richtung. Der Vorwurf der Kollaboration war in seinen Augen unangebracht, er verkenne nur das strategische Konzept, mit dem der Generalsekretär den Interessen des Landes dienen zu können meinte.

Der Faktor Zeit spielte in Frederiks Konzept immer eine wichtige Rolle. Er hoffte, Zeit zu gewinnen und die Ausführung von Maßnahmen zu verzögern, in Abwartung eines schnellen Zusammenbruchs des nationalsozialistischen Deutschland. Solange dieser nicht eintrat, blieb er bemüht, möglichst viele „gute" Behördenleiter anzuspornen und zu ermutigen. Frederiks war im Gegensatz zu der neuen politischen Einheitsbewegung „Nederlandse Unie" ausdrücklich kein Attentist, denn er ging nicht von einer Hinnahme der deutschen Hegemonie auf dem europäischen Kontinent aus. Frederiks benutzte die Möglichkeit, welche die Besetzung ihm bot, um mehr Führungskraft zu zeigen und die in den Niederlanden immer emotional aufgeladene Neueinteilung der Gemeinden durchzusetzen. Je länger der Krieg dauerte und je mehr der Attentismus an politischer Aktualität verlor, desto schwieriger wurde es für ihn, seine auf Zeitgewinn gerichtete Taktik und seine Strategie der schrumpfenden Kompetenz zu verteidigen. Der Generalsekretär unternahm größte Anstrengungen, um die Führungskräfte der „alten" Ordnung so weit wie möglich auch weiterhin zu steuern und ihnen so einen Rahmen zum Verbleiben zu bieten.

Zugleich war er bemüht, die deutschen Maßnahmen abzumildern, vor allem hinsichtlich der Nazifizierung des inländischen Verwaltungsapparats. Wenn auf Weisung des Reichskommissariats doch ein Nationalsozialist auf einen bestimmten Posten berufen wurde, dann bemühte sich der Generalsekretär diesen, wenn er zu sehr über die administrativen Stränge schlug, von seinem Haager Ministerium[24] aus, so gut es ging, zu beeinflußen. So meldete er immer Bedenken an, wenn neuernannte Bürgermeister in ihren Gemeinden durch nationalsozialistische Propaganda Anstoß erregten. Er erhob auch formell Einspruch, wenn auf Kosten der Gemeindekasse Porträtfotos von Adolf Hitler und dem niederländischen nationalsozialistischen Führer Anton Mussert angeschafft und im Rathaus aufgehängt wurden. Der Generalsekretär reiste viel durch das Land, um die ihm treuen Bürgermeister zu ermutigen, unter den zunehmend schwierigeren Umständen durchzuhalten.

Kritik an seiner Politik, unter anderem in der Widerstandspresse, bezeichnete Frederiks als allzu wohlfeil und unfair. In seiner Verteidigungsschrift schrieb er nach der Befreiung mit einem gewissen Recht, daß er schließlich an vier Fronten kämpfen mußte: gegen die deutschen Behörden, die ihn instrumentalisieren wollten, gegen den NSB, der ihn ins Abseits drängen wollte, gegen die Widerstandsbewegung, die ihn aus unlauteren Gründen kritisierte, und gegen die Regierung in London, die sich zu sehr am Widerstand orientierte, nachdem sie doch bei ihrer Flucht versäumt hatte, dem Verwaltungsapparat klare Richtlinien vorzugeben.[25] Frederiks sah ein, daß er in vielen Bereichen keinerlei Möglichkeit hatte, Einfluß auszuüben, und handelte entsprechend dem bereits genannten Prinzip der eingeschränkten Kompetenz. Als die deutschen Behörden niederländische Polizei bei der Verhaftung niederländischer Bürger einsetzten, bemühte er sich, die formelle Verantwortung dafür den Bürgermeistern zu entziehen, um, wie er es nannte, einem Autoritätsverlust bei der eigenen Bevölkerung vorzubeugen. Im August 1941 erließen die Besatzer eine Verordnung, die der kollegialen und demokratischen Verwaltung in den niederländischen Gemeinden und Provinzen ein Ende setzte. Dies war ein fundamentaler Eingriff in das niederländische Staatsrecht, und viele Bürgermeister stellten sich die Frage, ob sie unter diesen Umständen im Amt bleiben konnten.

Frederiks hielt jedoch an seinem Standpunkt fest, daß vor allem anderen eine Machtübernahme der Nationaal-Socialistische Beweging von Anton Mussert verhindert werden müsse. Wie viele seiner Landsleute hielt er die meisten NSB-Mitglieder für dumm und zudem unfähig, das Land zu regieren. Eine Machtübernahme dieser Partei unter deutscher Protektion würde Land und Volk noch weiter ins Unglück stürzen. Frederiks sah daher nicht in dem fremden Besatzer, sondern in der einheimischen NSB den Hauptfeind. Für ihn war das deutsche Regime ein unvermeintliches, aber vorübergehendes Übel, dessen Handlanger, die NSB, aber das eigentliche Unheil verkörperte. Damit verkannte er den radikal-ideologischen Charakter der Besatzer und deren Absicht, auch in den Niederlanden eine Umwälzung zustande zu bringen. Insbesondere war Frederiks' Blick hinsichtlich der Judenverfolgung stark getrübt. Er konstatierte, daß die deutschen Behörden mit dieser Frage blutigen Ernst machten und daß ihm kein Raum blieb, den Kurs zu korrigieren, zu moderieren und sich anzupassen. Die Nationalsozialisten suchten ihre barbarischen Absichten um jeden Preis umzusetzen; nach vergeblichen Protesten blieb dem Generalsekretär nichts anderes übrig, als klarzustellen, daß das Innenministerium hierfür keine Verantwortung übernehmen wolle. Die deutschen Behörden gaben ihm zunächst zu verstehen, daß sie ihm in diesem Punkt entgegen kämen; in Wirklichkeit wurden die niederländischen Rathäuser und Polizeidienststellen bei der umfassenden Diskriminierung, Ausgrenzung und Deportation der Juden in den Niederlanden voll einbezogen.[26]

Frederiks berief sich nach Kriegsende auf Aussagen prominenter Mitglieder der jüdischen Gemeinde, die ihn gebeten hätten, auf seinem Posten zu bleiben.[27] Er suchte und fand, zumindest vorübergehend, Raum für eine eigene Rolle, die man sogar als Glanzrolle bezeichnen könnte, ließe man seine ungewollte, aber nicht zurückgewiesene Beteiligung an der Durchführung der antijüdischen Maßnahmen außer acht. Frederiks gelang es nämlich, einige Hundert prominenter jüdischer Niederländer durch Internierung auf einem Landgut in Barneveld für einige Zeit vor der Deportation zu bewahren. Wie er selbst berichtet, hatten die deutschen Behörden, insbesondere Generalkommissar Fritz Schmidt, ihm und Jan van Dam, seinem nationalsozialistisch gesinnten Amtskollegen aus dem Ministerium für Erziehung, Wissenschaft und Kultur, aus taktischen Gründen diese Gelegenheit geboten. Damit wurde zwar letztlich die Deportation nicht verhindert, aber viele Menschen überlebten, weil der Gruppe gewisse Privilegien eingeräumt wurden.[28]

Die Barneveld-Affäre zeigt auf schmerzhafte Weise die Kehrseite der allgemeinen Politik von Frederiks: im Amt bleiben und großes Übel mit- und ertragen, um, wenn möglich, doch noch Gutes tun zu können. Tatsächlich hat Frederiks nicht gezögert, sich außer bei Schmidt auch bei dem Höheren SS- und Polizeiführer Hanns Albin Rauter in Den Haag und beim Reichskommissar Arthur Seyss-Inquart immer wieder für das Schicksal der Barneveld-Gruppe zu verwenden. Dasselbe gelang ihm jedoch nicht in der allgemeinen Politik angesichts der Beteiligung der niederländischen Bürokratie an der Registrierung, Diskriminierung, Ausgrenzung und Deportierung der Juden. Frederiks hat sich in diesem grundsätzlich so entscheidenden Bereich der Politik kaum Rechenschaft über die amtliche und persönliche Verantwortung der Beamten abgelegt. In Wirklichkeit nahm er vorlieb mit seiner Rolle als Bestandteil der Besatzungsverwaltung und Instrument der Okkupationspolitik. In seiner Verteidigungsschrift bemühte er nochmals den Zeitfaktor: „Wären wir [die niederländischen Beamten] zurückgetreten, dann wäre der Faktor Zeit schon von vornherein entkräftet und die Zukunft mit dem NSB an der Regierung vollkommen hoffnungslos gewesen. Die Juden wären dann ohne jeden Schutz ihren Henkern ausgeliefert gewesen."[29]

Frederiks distanzierte sich im Laufe der Besatzung zunehmend von den Regierungsanweisungen von 1937, weil sie in seinen Augen zwar eine Richtschnur boten, aber doch nicht ausreichten, um eine Antwort auf die Besatzungspolitik des nationalsozialistischen Deutschland zu geben. Solange es möglich war, im Amt zu bleiben, sollte das, so die Anweisungen, geschehen, jedoch nur bis zu dem Augenblick, wo es aus prinzipiellen Gründen nicht länger akzeptabel war oder wo den Interessen der Besatzer mit dem Verbleib mehr gedient war als denen der Bevölkerung. Frederiks war allerdings der Ansicht, daß man sich nicht auf prinzipielle Gründe berufen dürfe, solange man noch etwas für die Bevölkerung erreichen könne. Dieser Ausgangspunkt von „retten, was noch zu retten ist", ließ Fragen nach der Legitimität der Regierung, nach Verantwortlichkeit und Komplizenschaft faktisch außer acht.

Mitte 1943 kamen einige prominente Beamte und Juristen zu der Überzeugung, daß den niederländischen Beamten, allen voran Frederiks, von Persönlichkeiten im Umfeld des niederländischen Widerstands gesagt werden müsse, daß die Politik der Beteiligung an der Besatzungsverwaltung gescheitert sei. Unter dem Titel „Kommentar zu den Anweisungen" verfaßten sie ein Schriftstück, in dem sie auf die verhängnisvollen Folgen der deutschen Besatzungspolitik für die niederländischen Juden, für den Teil der Berufsbevölkerung, der Zwangsarbeit in Deutschland verrichten mußte, und für den Zusammenhalt des gesellschaftlichen Lebens, das Opfer der Nazifizierungspolitik geworden war, hinwiesen. Zu den Verfassern zählte L. H. N. Bosch Ritter van Rosenthal, der von den Besatzern entlassene Kommissar der Königin in der Provinz Utrecht. Bosch war einer der schärfsten Kritiker von Frederiks. Über die Schweiz wurde die Denkschrift an die Regierung in London geschickt. Die Verfasser ersuchten diese, die Denkschrift zu autorisieren und das auch im besetzten Gebiet bekannt zu geben. Die Regierung in London ließ daraufhin über ihren Radiosender die niederländische Bevölkerung, insbesondere die Beamten im besetzten Gebiet, wissen, daß die Grenze des Zulässigen nun überschritten sei. Da die deutschen Besatzer sich grundsätzlich nicht an das Völkerrecht hielten, müsse ein prinzipieller Trennungsstrich gezogen werden. Niederländische Beamten dürften explizit an solchen Maßnahmen nicht mitarbeiten, die in Widerspruch zum Besatzungsrecht standen.

Die Verlautbarung hatte keine direkten Auswirkungen; sie führte bestenfalls dazu, daß die angesprochenen Beamten sich auf lange Sicht mit der Frage auseinandersetzen mußten, was unter diesen Umständen noch vertretbar war. Man befand sich nicht nur in einer äußerst schwierigen administrativen Situation, sondern auch in der politischen Isolierung. Eine Diskussion mit den Besatzern war nicht möglich, ebensowenig eine mehr oder weniger offene Verteidigung des eingeschlagenen politischen Kurses. Frederiks erklärte später, den erwähnten Anregungen aus London keine Beachtung geschenkt zu haben. Er war in jedem Fall nicht bereit, sich damit auseinanderzusetzen, denn zum ersten war er empört, daß die Londoner Regierung sich nicht über eine Vertrauensperson direkt an ihn gewandt hatte und zum zweiten war er mit der ganzen Entwicklung nicht einverstanden. So wuchs die politische Isolierung, in die er sich befand, und seine strategische Konzeption des kleinsten Übels geriet in der zweiten Hälfte der Besetzung immer mehr in Diskredit.

Die Taktik der „schrumpfenden Kompetenz" führte letztlich dazu, daß die administrativen Vertreter der alten Ordnung immer wieder, durch Gewalt gezwungen, akzeptierten, daß die deutschen Besatzer und die niederländischen Nationalsozialisten ihre spezifischen Ziele verwirklichte konnten. Bei anderen Beamten hätte dies zu inneren Vorbehalten geführt, nicht jedoch bei Frederiks. Ambivalente Gefühle verdrängte er mit aller Macht, um zu verhüten, daß die allgemeine Frage nach dem Sinn seiner Beteiligung an der Okkupationsverwaltung in ihm die Oberhand gewann. Deutsche Instanzen (insbesondere der deutsche Polizeiapparat), NSB-Organisationen und darüber hinaus amtliche Hilfsorganisationen eigneten sich fortwährend Aufgaben und Befugnisse des Ressorts des Innenministeriums an. Ab Mitte 1943 mußte Frederiks in einem immer kleiner werdenden administativen Tätigkeitsbereich zurechtkommen, wobei ihm immer weniger Kompetenzen und letztlich auch Autorität verblieben.

Persönliche Ambivalenz

Frederiks hat sich weder während noch nach der Besetzung auch nur ein geringes Maß an Kritik über seine Rolle und sein Funktionieren im Amt in den Jahren 1940–1944 gestattet. Solange er Generalsekretär war, lehnte er es ab, sich mit seinen Kritikern auf irgendeine Diskussion einzulassen. Nach dem Krieg erklärte er explizit, daß er keine Zeitungen des Widerstands lesen oder Radiosendungen der Londoner Exilregierung hören wollte, weil er das nicht für zweckmäßig gehalten habe. Sein Amtskollege Hans Max Hirschfeld, der Generalsekretär für Wirtschaft, unterhielt dagegen Kontakt zum Widerstand und hatte auch mehr Verständnis für die Kritik an seinem Verbleiben im Amt während der Besetzung. Beide Spitzenbeamten räumten der Bewahrung der gesellschaftlichen Ordnung unter den Bedingungen der Besetzung Priorität ein und beide kamen in Konflikt mit der Widerstandsbewegung und der Exilregierung. Hirschfelds wichtigste Aufgabe war die Versorgung der Bevölkerung mit Lebensmitteln und die Sorge für die Befriedigung anderer primärer Lebensbedürfnisse. Beides gelang ihm trotz immer schwieriger werdenden Bedingungen noch recht lange. Frederiks konnte dagegen nur wenig sichtbare Erfolge aufweisen, so daß in verschiedenen Zeitungen des Widerstands schon bald die Frage gestellt wurde, ob es denn einen Unterschied ausmache, von Beamten der „alten" oder der „neuen Ordnung" regiert zu werden. Gegen Ende der Besetzung stand Frederiks weitgehend allein auf einem praktisch irrelevant gewordenen Beamtenposten. Im September 1944 verließ er, nach einem nie aufgeklärten Raubüberfall auf seine Wohnung, diesen Posten und tauchte unter, um sich der Abfassung seiner Verteidigungsschrift widmen zu können.

Frederiks schrieb in seiner nach Kriegsende publizierten apologetischen Stellungnahme „Op de bres", daß er den Widerstand des öffentlichen Dienstes durch seine Teilnahme an der Okkupationsverwaltung gleichsam angeführt habe. Nach seiner Auffasung war das kein Paradox, sondern eine Frage einfacher Logik. Bitter beklagte er sich über die Widerstandsbewegung, die nicht einsehen wollte, daß sein politischer Kurs gerade vom patriotischen Standpunkt aus der einzig richtige war. Es ist wohl sehr kurzsichtig, fügte er auf eine Weise hinzu, die für eine Publikation aus dem Jahre 1945 denkbar provozierend war, zu meinen, daß nur die im Untergrund aktive Widerstandsbewegung mutig gewesen sei.[30] Es dürfte deutlich sein, daß Frederiks bei der Befreiung die nationale Euphorie über die moralische Bedeutung des Widerstands gegen die Unterdrücker nicht teilte. Er forderte gerade Verständnis für die kleine Gruppe, mit der er sich in erster Linie bei allen großen Ereignisssen weiterhin verbunden fühlte: „seine" Bürgermeister, vor allem jene aus den kleinen ländlichen Gemeinden. Trotz der Lücken, die durch Krieg und Besatzung in ihren Reihen gerissen wurden, so beendigte Frederiks sein Plädoyer, hätten diese versucht, im Interesse der Bevölkerung durchzuhalten. Daß dabei Fehler gemacht worden waren, daß dabei auch Bürgermeister versagt hatten, erkannte er an, aber das sei nichts, gemessen an ihren Verdiensten um Bevölkerung und Land. Daher lautete sein Fazit: „Laßt die niederländischen Bürgermeister der Besatzungszeit in Ruhe.“[31]

Die Rechtfertigungsschrift „Op de bres“ enthält keine Reflexionen über die Bedeutung prinzipieller Auffassungen über die Verantwortung des Beamten für den Erhalt des Rechtsstaates in der Besatzungszeit. Durch die Besetzung und die Einführung der nationalsozialistischen Prinzipien in Verwaltung und Gesellschaft veränderte sich der Kontext, in dem die Beamten arbeiteten, grundsätzlich: Das demokratische System wurde abgeschafft, die Gewaltenteilung aufgehoben und die Rechte von Bürger und Individuum wurden zielbewußt beseitigt. Wie die meisten Beamten nahm auch Frederiks wahr, daß die rechtsstaatlichen Prinzipien systematisch verletzt wurden, und so beschloß er, dieser neuen Realität Rechnung zu tragen. Die Haager Beamten gerieten während der Besetzung in eine politische Isolierung. Während der einzelne Bürger von den Besatzern in individuelle Bedrängnis gebracht wurden, mußten Beamte stets in Kategorien von Verantwortlichkeit und Objektivität denken.[32]

Frederiks' Verteidigung seiner Politik während der Besatzung wirft unvermeidlich Fragen auf. Seine Rechtfertigung leidet an mangelndem Verständnis für die Kritik an seiner politischen Strategie und zeigt unbeabsichtigt, in welche politische Isolierung er geraten war. Der Bericht führt aber auch zur Einsicht in die Zwangslage, in der sich Frederiks und seine Behörde befanden. Die Perspektive ist in den Hauptlinien deterministisch angelegt: Man konnte eigentlich nicht anders handeln, weil man in dieser amtlichen Position nur begrenzte Möglichkeiten hatte; jeder andere Generalsekretär mit Verantwortungsbewußtsein hätte genauso gehandelt. Entgehen konnte man dem nur, indem man sich aktiv am illegalen Widerstand beteiligte oder indem man es prinzipiell ablehnte, zur Besatzungsverwaltung zu gehören. Die Beteiligung an Widerstandsaktivitäten hätte aus der Perspektive von Frederiks die Amtsführung eines hohen Beamten in Gefahr gebracht und war daher unvernünftig: Das Wichtigste mußte zuerst kommen. Der Frage, inwieweit er selbst zur Besatzungsverwaltung gehörte, ging er aus dem Wege: Ohne es immer explizit zu sagen, klammerte er sich an den Gedanken, daß er doch eine authentische niederländische, bürokratische Sphäre solide geleitet habe, die den Besatzungsbehörden grundsätzlich widerstanden hätte.

Diese Perspektive ist nach der Befreiung der Niederlande mit der Säuberungsdebatte in Verbindung gebracht worden, die sich vor allem auf die Frage konzentrierte, inwiefern man an der Politik der Besatzer mitarbeiten durfte. Das war im Kontext der Säuberung des Beamtenapparats nach dem Krieg, die im Nachhinein feststellen sollte, wie Beamte sich hätten verhalten sollen, eine naheliegende Re-

aktion. Trotzdem konnte es in den Jahren 1944–1946 durch diese Befragungen zu
keiner tieferen Einsicht in die Dynamik der Politik der betreffenden Beamten
kommen, insbesondere nicht im Falle Frederiks. Eine allzu deterministische Vorgehensweise mag dazu führen, daß die Dynamik der Besatzungspolitik und der
mit ihr zusammenhängenden gesellschaftlichen Entwicklungen und Widersprüche in den besetzten Niederlanden verschleiert wird. Sie fragt nicht nach zeitbe-
dingten Emotionen, Erwartungen, Einsichten und Entscheidungsmöglichkeiten
und auch nicht nach individuellen Erfahrungen, Beurteilungen und Optionen in
spezifischen Momenten.

Der Generalsekretär mußte sich gleichzeit mit einer Reihe fundamentaler Fragen auseinandersetzen. Frederiks machte glaubhaft, daß er sich die Füße wund
gelaufen habe, um zu verhindern, was er als das größte Übel ansah: eine Machtübernahme der NSB mit den entsprechenden politischen und gesellschaftlichen
Konsequenzen. In einigen Punkten glaubte er, Schritte unternehmen zu müssen,
in anderen beschloß er zurückzuweichen, in wieder anderen mußte er einfach abwarten. Frederiks war kein Politiker, sondern ein Beamter, und dazu noch einer
mit geringer politischer Einsicht. Seine Strategie beruhte auf dem Gedanken, daß
der Krieg nicht lange dauern werde und daß verantwortungsvolle Menschen Lei-
tungsaufgaben vernünftig erfüllen sollten, in Abwartung der deutschen Niederlage. Besonders betont wurden von ihm die taktischen Erwägungen: Zeit gewinnen,
abwarten, retten, was zu retten ist. Zwar stellten für ihn die Verletzungen von Bestimmungen des Völkerrechts ein prinzipielles Hindernis da, mit den Besatzern
zu kooperieren. Dennoch mußten sich diese seinen taktischen Argumenten für ein
Verbleiben im Amt unterordnen. Moralische Aspekte hatten kaum Gewicht, wenn
Frederiks vor der Frage stand, an welcher allgemeinen Richtschnur der hohe Beamte seine Politik ausrichten solle.

Mit seiner Broschüre „Op de bres" hoffte Frederiks 1945, Einfluß auf die öffentliche Meinung ausüben zu können. Der Ton war persönlich, aufgeregt und
herausfordernd; die Darstellung der Umstände, unter denen er arbeiten mußte,
und die Überlegungen, die seiner Politik zugrunde lagen, konnten dem Autor zufolge zu keiner anderen Schlußfolgerung führen, als daß er selbst alles am besten
durchschaut habe und daß jeder unbefangene Leser dies bestätigen müsse. Nicht
umsonst lautete das Schlußwort: „Mit einem ruhigen Gewissen warte ich auf das
Urteil des niederländischen Volkes über die von mir geführte Politik."[33] Zu einem
Urteilsspruch des niederländischen Volkes kam es jedoch nicht, der Innenminister
behielt sich diesen selbst vor, und in der Volksvertretung wurden beim Entlas-
sungsbeschluß nur vorsichtige Zweifel geäußert.[34] Unter seinen höheren Beamten

hatte Frederiks mittlerweile kaum noch Anhänger: Sie distanzierten sich im Stillen und öffentlich von dem Mann, der zum Symbol einer verfehlten Einsicht in das Wesen der Besatzungsverwaltung geworden war. Hätte Frederiks sich selbst mehr Ambivalenzen erlaubt und hätte er das während der Besetzung in persönlichen Kontakten und nach der Befreiung in der Öffentlichkeit gezeigt, dann hätte er bestimmt mehr Verständnis für seine Position gefunden. So war er politisch bloßgestellt und als Beamter passé.

Schluß

Frederiks' Verhalten als hoher Beamter' während der deutschen Besetzung der Niederlande ebenso wie sein daraus resultierendes Scheitern lag ein großes Defizit an politischem Urteilsvermögen zugrunde. Dieser Mangel wäre unter normalen Umständen nicht verhängnisvoll gewesen, jetzt aber, da der Generalsekretär an herausragender Stelle der nationalsozialistisch gelenkten Besatzungsverwaltung angehörte, lag die Sache anders. Sich selbst sah Frederiks stets als Führungsperson der niederländischen inländischen Verwaltung und nicht als Teil der deutschen Okkupationsverwaltung. Mit seiner Politik hat er zwar ohne Zögern große Verantwortung übernommen, es gelang ihm aber nicht, sich bei der Umsetzung seiner politischen Strategie auf die großen politischen und moralischen Fragen der Besatzungspolitik zu beziehen. Wie andere hochgestellte Technokraten in den vom Dritten Reich besetzten Staaten ließ er sich auf der Welle der nationalsozialistischen Konzeptionen und Zielsetzungen treiben, ohne deren Charakter und Konsequenzen ausreichend zu hinterfragen oder gar zu verstehen.

Die politische Legitimität seiner Amtsführung läßt ein ständig wachsendes Defizit erkennen. Deren formellen Verlust durch die Einbeziehung in die Besatzungsverwaltung konnte er nicht durch Erfolge oder zumindest gute Absichten kompensieren. Seiner Strategie lagen zwei fundamentale Fehler zugrunde: die Hoffnung auf eine schnelle deutsche Niederlage und die Ausrufung eines falschen Hauptfeindes, die NSB. Sein Verhalten im Amt wurde schließlich auch bestimmt durch eine Reihe verhängnisvoller persönlicher Eigenschaften: Eitelkeit, Eigensinn und Gefühlsarmut, die dazu führten, daß er nicht imstande war zu verstehen, was seine Kritiker antrieb. Frederiks hatte eine sehr persönliche und eigenwillige Auffassung von seiner Aufgabe und verband diese mit einer Strategie, die langfristig keinen Erfolg haben konnte. Sein Scheitern als höchster Beamter resultierte aus der Tatsache, daß er sich keine ambivalenten Gefühle über seine Amtsführung in einer doch extrem ambivalenten Funktion gestattete.

Anmerkungen

1 NIOD Amsterdam, Collectie Doc I, 492 (K. J. Frederiks): Bericht über das Verhör von Frederiks durch eine ad-hoc Kommission unter Vorsitz von mr. A. L. Rutgers, den 20.8.1945.

2 K. J. Frederiks: Op de bres 1940–1944 [„In der Bresche"], Den Haag 1945; vgl. zu dieser Broschüre und ihrem Autor auch: Peter Romijn: Frederiks' Op de bres – een ambtelijke apologie, in: N. D. J. Barnouw u. a. (Hg.): Oorlogsdocumentatie '40–'45. Tiende Jaarboek van het Nederlands Instituut voor Oorlogsdocumentatie, Zutphen 1999, S. 140–164.

3 Verordnung des Innenministers im Falle K. J. Frederiks, erschienen im Nederlandse Staatscourant, 11.1.1946.

4 Vgl. zur Bestrafung der Kollaboration und der Säuberung des Beamtenapparats in den befreiten Niederlanden sowohl Peter Romijn: Snel, streng en rechtvaardig. Politiek beleid inzake de bestraffing en reclassering van „foute" Nederlanders, Houten 1989 sowie Gerhard Hirschfeld/Peter Romijn: Die Ahndung der Kollaboration in den Niederlanden, in: Klaus-Dietmar Henke/Hans Woller (Hg.): Politische Säuberung in Europa. Die Abrechnung mit Faschismus und Kollaboration nach dem Zweiten Weltkrieg, München 1991, S. 281–310.

5 Mehr statistische Daten finden sich in: Romijn: Snel, streng en rechtvaardig, S. 294.

6 Max Weber: Wirtschaft und Gesellschaft. Grundriß der verstehenden Soziologie, hg. von J. Winkelmann, Erster Halbbd., Köln 1964, S. 195–197.

7 Horst Matzerath: Nationalsozialismus und kommunale Selbstverwaltung, Stuttgart 1970, S. 62–71.

8 Hedda Kalshoven: Ich denk so viel an Euch. Ein deutsch-holländischer Briefwechsel 1920–1949, München 1995, S. 202.

9 Gerhard Hirschfeld: Fremdherrschaft und Kollaboration. Die Niederlande unter deutscher Besatzung 1940–1945, Stuttgart 1984, S. 94f.

10 J. J. van Bolhuis u. a. (Hg.): Onderdrukking en Verzet. Nederland in Oorlogstijd I, Arnhem/Amsterdam o. J., S. 409–411.

11 Zitiert nach Hirschfeld: Fremdherrschaft und Kollaboration, S. 94.

12 Guus Meershoek: Zonder de wolven te prikkelen, in: Henk Flap/Marnix Croes (Hg.): Wat toeval leek te zijn, maar het niet was. De organisatie van de jodenvervolging in Nederland, Amsterdam 2001, S. 99–101.

13 Ders.: Zonder de wolven te prikkelen, in: Henk Flap/Marnix Croes (Hg.): Wat toeval leek te zijn, maar het niet was. De organisatie van de jodenvervolging in Nederland, Amsterdam 2001, S. 99–101.

14 Verhör von General H. Winkelman, in: Parlementaire Enquête Commissie Londens Regeringsbeleid 1940–1945, (PEC) Deel 2c, S. 106.

15 Führererlaß vom 18.5.1940 (Verordnung 1940/1), ebenfalls gedruckt im Reichsgesetzblatt.

16 PEC 2a, 142.

17 Aufruf des Reichskommissars für die besetzten niederländischen Gebiete an die niederländische Bevölkerung vom 25. Mai 1940, dd. 29 mei 1940, publiziert 5.6.1940 als VO 1940/2.

18 PEC 7c, 496.

19 Frederiks: Op de bres, S. 10.

20 Trouw vom 23.7.1943.

21 Ein Urtext dieser Tendenz ist der Artikel des ehemaligen Generalsekretärs des Departements van Sociale Zaken, A. L. Scholtens De secretarissen-generaa' in dem grundlegenden Sammelband Anfang der 1950er Jahre, Onderdrukking en verzet I, S. 398–417.

22 K. J. Frederiks: De Napoleontische administratieve ordening, in: Gemeentebestuur, 1935; Romijn: Op de Bres, S. 147

23 Frederiks: Op de bres, S. 11.

24 Ab Mitte 1943 befand es sich übrigens wegen des Baus des Atlantikwalls in der Provinzstadt Apeldoorn.

25 Frederiks: Op de bres, S. 15.

26 Peter Romijn: The War 1940–1945, in: J. C. H. Blom u.a. (Hg.): The History of the Jews in The Netherlands, Oxford, 2002, S. 296–335 und Flap/Croes (Hg.): Wat toeval leek te zijn.

27 Frederiks, Op de bres, S. 72f.

28 Zu einer sorgfältig abgewogenen Geschichte der Barneveldgruppe vgl. B. de Munnick: Uitverkoren in uitzondering? Het verhaal van de Joodse 'Barneveld-groep' 1942–1945, Barneveld 1991.

29 Frederiks: Op de bres, S. 72f.

30 Wohl besteht eine gewisse Parallele zu einer Broschüre aus der gleichen Zeit, in der ökonomische Kollaboration anhand der Anweisungen von 1937 gerechtfertigt wurde, vgl. IJsbrand de Vries (Pseudonym von Dr. L. G. Kortenhorst): Was samenwerking met den vijand geoorloofd?, Den Haag 1945.

31 Frederiks: Op de bres, S. 100f.

32 So eine bemerkenswerte Abhandlung von T. Koopmans: Bureaucratisch gedrag in een ministerloos tijdperk (1940–1942), in: Acta Politica. Tijdschrift voor politicologie IV, 4 (Juli 1969), S. 378–381. Sie beruht weitgehend auf der Auswertung von Verhören hoher Beamter durch die Parlamentarische Untersuchungskommission sowie auf B. A. Sijes: De arbeidsinzet, Den Haag 1966.

33 Frederiks: Op de Bres, S. 102.

34 U.a. vom Mitglied J. le Poole, vgl. zur Debatte in der Zweiten Kammer im Januar 1946 Romijn, Snel, streng en rechtvaardig, S. 135.

Die Geburt eines Konzepts

Über Ambivalenzen in der französischen Beamtenschaft*

Marc Olivier Baruch

Der gaullistische Schriftsteller Georges Bernados beschrieb in einem Vortrag, den er im Oktober 1943 in Brasilien hielt (wo er seit dem Münchner Abkommen lebte), die Situation eines Großteils der Vichy Beamten in Vichy-Frankreich mit einer anschaulichen Metapher. Das Gewissen der meisten dieser Beamten müsse man sich – so Bernados – als von ihrem Körper getrennt vorstellen: Das Gewissen kämpfe jenseits des Atlantiks für die Freiheit, während der Körper zuhausegeblieben sei, wo seine Arbeit und sein Gehalt auf ihn warteten.[1]

Zwar räumte Bernados im gleichen Vortrag ein, daß er nur über geringes Wissen der Freud'schen Psychologie verfüge. Dessen ungeachtet aber kann seine Metapher als ein guter Ausgangspunkt für unsere Analyse der Ambivalenzen französischer Beamten zwischen 1940 und 1944 dienen.

Die Untersuchung von „Ambivalenzen" hat sich zu einem populären Thema unter Historikern wie auch unter Psychologen, die sich mit dieser Epoche beschäftigen, entwickelt. 1986 scheute sich Frankreichs führende psychoanalytische Zeitschrift nicht, die theoretischen Überlegungen Eugen Bleulers und Sigmund Freuds über die menschliche Ambivalenz als „eine vage Mischung von Gegensätzen ohne jeglichen heuristischen Wert" zu bezeichnen.[2] Wir sollten daher noch vorsichtiger sein, wenn wir diese Konzeption zur Analyse historischer Vorgänge bemühen. Menschen – und ich gehe davon aus, daß Bürokraten ebenfalls Menschen sind – handeln stets in einem Umfeld aus Unwägbarkeiten und Unsicherheiten, das nicht selbst schon als systematische Voraussetzung dafür betrachtet werden sollte, daß es Ambivalenz hervorbringt oder nachweist. Nach der möglicherweise unorthodoxen Definition, die ich hier zugrunde legen möchte, stellt sich Ambivalenz gleichsam als ein Konflikt zwischen zwei Legitimationen dar, der (nicht zwangsläufig) dialektisch gelöst wird.

Dieser Definition zufolge könnte unsere Analyse zweifellos streng chronologisch vorgehen. Bezüglich Vichy-Frankreichs würde sie die traurige Geschichte der Delegitimierung von Philippe Pétains anfangs charismatischem Regime er-

zählen. Wie der frühere Justizminister Joseph Barthélemy in seinen Memoiren beschreibt,[3] trat an die Stelle des religiösen Kultes um den Maréchal seit Mitte des
Jahres 1942 die allgemeine Achtung und der Respekt für einen alt gewordenen
Staatsmann. Im Hinblick auf den Aufstieg von Charles de Gaulle würde dieselbe
Geschichte hingegen mit einer bitteren Einschätzung beginnen. In seinen Kriegserinnerungen hat der General beschrieben, wie „das beinahe vollständige Fehlen
irgendeiner entschlossenen Persönlichkeit des öffentlichen Lebens es verhindert
hat, [seinem] Unternehmen Glaubwürdigkeit zu verleihen."[4] Doch de Gaulles
Exil und sein Widerstand gegen die Besatzer fanden ein glückliches Ende – auch
für die Beamten: Schon im Oktober 1944 wurde die Geschichte offiziell umge-
schrieben, als de Gaulle, zu dieser Zeit bereits an der Spitze einer provisorischen
französischen Regierung, den französischen Beamten für ihre patriotische Einstellung während des gesamten Krieges und der Besetzung Frankreichs öffentlich
dankte.

Ein chronologisches Vorgehen müßte natürlicherweise vor allem jene Phasen
herausstreichen, als sich die französische Beamtenschaft vom Vichy Regime ab-
wandte. Die militärischen Ereignisse spielen hierbei gewiß eine gewichtige Rolle,
aber sie sind nicht die einzigen entscheidenden Faktoren in diesem Prozeß. Es
wäre gewiß eine Vereinfachung, davon auszugehen, daß hochrangige Beamten
des Regimes manchen Angehörigen der Résistance nur deshalb halfen, weil sich
die politische und militärische Waage inzwischen zugunsten der Alliierten zu nei-
gen begann. Verwirrt von der Idee nicht zu wissen, welcher Macht sie gehorchen
sollten, klammerten sich die meisten Beamten an die Legende einer geheimen
Vereinbarung zwischen „Schwert" (de Gaulle) und „Schild" (Pétain). Hätte es
solch' eine Vereinbarung gegeben, so wäre die vorherrschende patriotische Einstellung eine aufeinander folgende oder gar gleichzeitige Loyalität zu Pétain und
de Gaulle gewesen. Es ist verblüffend, wenn man realisiert, daß eine solche Vorstellung auch heutzutage noch ihre Anhänger findet – entgegen allen historischen
Tatsachen, ganz so als ob eine ambivalente Haltung gegenüber Vichy inzwischen
nicht völlig obsolet wäre. Es mag daher von Interesse sein, jene Argumente zu
betrachten, die diese Ambivalenz erzeugt haben. Aber Ambivalenz zwischen welchen Polen?

Um diese Frage zu beantworten, sollten wir uns auf drei Bezugspaare konzentrieren: Patriotismus und/oder Kollaboration; Staat und/oder Republik; Menschlichkeit und/oder Gehorsam. Zunächst und am Exponiertesten stand sicherlich der
französische Patriotismus auf dem Spiel. Die militärische Niederlage war im Juni
1940 derart plötzlich und überraschend eingetreten, daß sie die Franzosen mit

quälenden Fragen über das weitere Schicksal ihres Landes und das ihrer bisherigen Verbündeten konfrontierte. Die Zusammenarbeit bzw. Kollaboration zwischen den Besatzern und den Besetzten, wie sie im Waffenstillstandsvertrag vom 22. Juni festgehalten wurde, schien zu Anfang lediglich eine administrative Notwendigkeit zu sein, bevor sie im Herbst 1940 schließlich zu einer politischen Wahl wurde. Die Beamten haben sicherlich nicht unangemessen auf diese Wahl reagiert, obwohl ihre Entscheidung zu schrecklichen, neuen Fragen führte – Fragen, die französische Tribunale und Gerichte einige Jahre später zu beantworten hatten, während der Zeit der Säuberungen. Während des Krieges stellten sich andere Fragen: wo war überhaupt Frankreich zu suchen, in Vichy oder in London? War Deutschland, mit dem zwar ein Waffenstillstand aber kein Friedensvertrag unterzeichnet worden war, immer noch der Feind oder bereits der künftige Führungspartner eines neu gestalteten Europas? Was war mit dem bisherigen Verbündeten England?

Bei den meisten französischen Beamten herrschte lange Zeit die Logik der staatlichen Kollaboration vor. Diese Geschichte muß hier nicht – nach den Studien von Eberhard Jäckel, Stanley Hoffmann, Robert Paxton und Philippe Burrin[5] – noch einmal erzählt werden. Wir sollten vielmehr zwei Punkte im Gedächtnis behalten, zum einen das schiere Ausmaß der Kollaboration – es gab Kollaboration beim Militär, bei der Polizei, bei der Verwaltung, auf dem finanziellen Sektor, auf technischem Gebiet usw. – und zum anderen, daß Kollaboration immer eine Auseinandersetzung bedeutete. Eine gewisse Art von Ambivalenz dürfte sich auf diese Weise für die französischen Beamten bereits aus der jeweiligen Beziehung ergeben haben, die sie zu ihren Besatzern aufbauten. Wie der vormalige Minister für Transport und Verkehr, Jean Berthelot, – als Ingenieur ein Absolvent der berühmten École polytechnique und später stellvertretender Direktor der französischen Eisenbahngesellschaft SNCF – in seiner Verteidigung vor Gericht geltend machte: „Es war unsere Pflicht, mit den Deutschen zu verhandeln, um dadurch die Last der Besatzung zu erleichtern. Es ist mir nicht gelungen, aber das Entscheidende ist doch, zu wissen, ob ich nachgegeben habe oder nicht, wenn es um französische Interessen ging."[6]

Eine inzwischen von Wolfgang Seibel vorgelegte vergleichende Untersuchung[7] über die Rolle, die der Beamtenapparat von Vichy bei der Plünderung jüdischen Eigentums spielte, weist aus, daß französische Staatsdiener sich zwischenzeitlich durchaus besorgt über das Risiko zeigten, daß wichtige Teil der eigenen Wirtschaft nun von den Deutschen übernommen wurden. Sie waren allerdings nicht in gleicher Weise besorgt über die deutschen Absichten, die jüdischen Eigentümer ihres großen oder kleinen Eigentums zu enteignen.

Erst ab 1943 wurde das Dogma der Kollaboration auch aus der Beamtenschaft heraus in Frage gestellt. Gegen Ende des Jahres war selbst René Bousquet, der Generalsekretär der Polizei, der im Sommer 1942 für den Einsatz der französischen Polizei beim Zusammentreiben der Juden verantwortlich war, desillusioniert. Auch er mußte schließlich seinen Arbeitsplatz räumen. Unter denen, die immer noch an der Kollaboration festhielten, waren Ministerpräsident Pierre Laval, der seine Rolle zu Ende spielen mußte, oder der spätere Minister für Industrieproduktion und Kommunikation, Jean Bichelonne, dessen Sichtweise stets auf das Technische beschränkt blieb („Er weiß alles, aber kein bißchen mehr", hatte einer seiner Lehrer an der École polytechnique über ihn gesagt). Die Einführung der Arbeitspflicht STO als Teil der Zwangsarbeitsprogramms Anfang 1943, wenige Tage nachdem die deutsche Niederlage bei Stalingrad bekannt geworden war, hatte Teile der französischen Bürokratie dazu bewogen, auf Abstand zum Kurs der Regierung zu gehen. Wie die Widerstandsbewegung Combat in einem im Untergrund kursierenden Aufruf schrieb, müßten die Beamten nun erkennen, daß sie der Nation mehr dienen würden, wenn sie die entsprechenden Gesetze nicht durchsetzten. Der Widerstand kreierte einen Slogan, der als Symbol der Ambivalenz im Staatsdienst gesehen werden könnte: „Hinsichtlich Zwangsarbeit gilt, Ungehorsam ist Dienst." (Face au STO, désobéir c'est servir).

Anfang 1943 war genau jener Moment, auf den Georges Bernados sich in jener Rede bezog, die ich eingangs zitiert habe. General Henri Giraud spielte damals als ziviler und militärischer Hochkommissar in Französisch-Nordafrika eine wichtige Rolle und wurde von der Beamtenschaft gleichsam als ihr deus ex machina gesehen. Um eine Machtübernahme de Gaulles in Nordafrika zu verhindern, hatten die Amerikaner die Verantwortung in Algier diesem großen Reaktionär übergeben, der wie ein Double Pétains aussah und große Begeisterung für die Révolution nationale aufbrachte, einschließlich der Gesetze Vichys gegen Juden und Freimaurer. Nach seinen Erinnerungen mußte sich Jean Monnet, der damals als wirtschaftspolitischer Berater an der Seite Girauds stand, schon sehr anstrengen, um den General dazu zu bewegen, in einer öffentlichen Rede seine Treue zur Demokratie zu erklären. Selbst ohne diesen Schritt hätte Girauds Haltung genau den Erwartungen jener Beamten entsprochen, die sich darüber sorgten, daß Vichy gleichsam „in Kollaboration badete". Während der ersten drei Jahre war das Bekenntnis zu demokratischen Werten nicht gerade ein Hauptanliegen der französischen Bürokratie gewesen.

Tatsächlich hatte es seit dem Sommer 1940 nur sehr wenige hochrangige Beamte gegeben, die offen gegen die Abschaffung der Republik Stellung bezogen. Selbstredend waren einige von ihnen aus ihren Stellungen gejagt worden, vor allem, wenn sie den linken Ministern der Volksfront von 1936 nahe gestanden hatten. Hingegen blieben ganze Schichten höherer Beamten, einschließlich zahlreicher Präfekten – den höchsten Repräsentanten der Regierung in den Départements –, die der untergegangenen Dritten Republik gedient hatten, im Amt. Selbst Jean Moulin, der als Staatsoberhaupt des gaullistischen Gegenstaates ausersehen war und im Sommer 1943 als Märtyrer des Widerstands sterben sollte, blieb bis November 1940 Präfekt in Chartres, wo er die ersten Gesetze gegen Freimaurer und Republikaner durchsetzen mußte. Wie so viele seiner Kollegen war zunächst auch der junge inspecteur des finances François Bloch-Lainé, ein Linker, der später eine zentrale Rolle bei der Finanzierung der Résistance spielen sollte, überzeugt, daß er dem Vichy-Regime bei dem Versuch helfen müsse, die französischen Institutionen zu erneuern. Wie er vor einigen Jahren in einem Buch bezeugte, daß er gemeinsam mit einem anderen inspecteur, Claude Gruson, schrieb,[8] hielt er den Parlamentarismus für den Hauptverantwortlichen des „schrecklichen Abenteuers" (wie Maréchal Pétain dies einige Monate später nannte), das Frankreich 1940 in den Ruin geführt hatte.

Bloch-Lainé akzeptierte begeistert Bichelonnes Vorschlag, einem Team anzugehören, dem die Aufgabe oblag, einen Plan für die Erneuerung der französischen Industrie zu entwickeln. Erst als er ein paar Wochen später realisierte, daß dieser Plan den deutschen Aufsehern über die französische Verwaltung zuarbeiten sollte, entzog sich Bloch-Lainé der weiteren Mitarbeit. Viele seiner Kollegen reagierten nicht so prompt. Gegenüber ihren Beamten blieben Programm und Rhetorik des Vichy-Regimes doppelgesichtig, zumindest galt dies für die Jahre 1940 und 1941. Sie fußten zum einen auf Schuld und Drohung: Innerhalb der Beamtenschaft wurden Säuberungen vorgenommen, die bereits am 17. Juli 1940 legalisiert worden waren. Zum anderen verlief der offizielle Diskurs gegenüber Bürokraten entlang einer Ideenlinie von Stolz, Kompetenz und Würde. Diejenigen Franzosen, die französisch genug waren – also nicht Juden, Freimaurer, oder solche, deren Väter nicht Franzosen waren –, dazu politisch nicht „gefährlich", sie sollten stolz sein, daß sie, egal wie niedrig ihre Stellung und ihr Rang waren, teilhaben durften an dem großen Programm unter der Führung von le Maréchal: dem Aufbau eines neuen Frankreich.

Eine Aufzählung der Erfolge Vichys ist, auf ihre Weise, durchaus eindrucksvoll – zahlreichen dieser ökonomischen und sozialen Errungenschaften wurde auch nach der Befreiung Frankreichs weiterhin Rechtskraft verliehen, so daß sie einige wichtige Änderungen im Verwaltungsbereich oder auf dem Sozialsektor jahrzehntelang bestimmten. Da die meisten dieser Reformen bereits Jahre zuvor diskutiert oder von Politikern der Vorkriegsjahre zugesagt worden waren, rührte ein Teil der Popularität des Etat Français unter Beamten von dieser Effizienz her. Es schien geradezu, als ob alle jene Überlegungen und Debatten der 1930er Jahre über die Ineffizienz der Demokratie im Gegensatz zur Dynamik autoritärer und totalitärer Regimes sich nun bewahrheiteten.

Dieser wichtige Gesichtspunkt wäre möglicherweise nicht hinreichend gewesen, wenn der in Vichy sich vollziehende Legitimationsprozeß nicht durch Juristen, Verwaltungsrichter und Rechtsgelehrte wiederholt bestätigt worden wäre. Ein einzelner Mann wie Philippe Pétain war fortan berechtigt, Gesetze zu erlassen, die nicht länger als Ausdruck der Souveränität des Volkes gewertet werden konnten. Weder die Professoren für öffentliches Recht noch der Conseil d'état, der höchste Rechtsberater der Regierung, gingen davon aus, daß diese gewaltige Verschiebung irgendeinen Einfluß auf die Durchsetzung oder Einhaltung des Rechts seitens der Verwaltung haben würde. Es gibt nur ein einziges Lehrbuch aus jener Zeit, dessen Autor, Julien Laferrière, sich 1942 noch zutraute, seinen Studenten zu vermitteln, daß die offiziellen Texte, die man nun Gesetze nannte, einzig als Erlasse anzusehen seien. Das ist ein gewaltiger Unterschied: In der revolutionären französischen Tradition, die durch die Verfassung der Dritten Republik (und auch der Vierten Republik bis 1958) bestimmt wurde, konnte es keine höhere Quelle der Legitimität geben als ein Gesetz, das vom Parlament als dem eigentlichen Ort der Souveränität verabschiedet worden war. Vichy entledigte sich des Parlaments, aber behielt zugleich den Mythos des Gesetzes bei. Auf die Aufforderung, diese autoritäre Philosophie zu bestätigen, zeigte der Conseil d'état nicht die geringsten Bedenken, dies auch zu tun. In Einklang mit seinen Vorkriegsentscheidungen entschied der Conseil, daß ein Gesetz wie es in Vichy zustande gekommen war, nicht durch richterlichen Einspruch außer Kraft gesetzt werden könne. Auch wenn das Gesetz nur formal ein Gesetz war, genügte dies, darauf eine rationale Legitimität zu gründen, die Beamte zur Ausführung ihrer Arbeiten benötigten. Als das Oberhaupt der protestantischen Gemeinden Frankreichs, Marc Boegner, den Generalsekretär für Polizeiangelegenheiten Bousquet im September 1942 traf, um gegen die Deportation ausländischer Juden, die in Frankreich lebten, zu protestieren, teilte ihm dieser mit, daß die Entscheidungen der Regierung umzusetzen seien: *Gesetz sei Gesetz.*

Die Unpersönlichkeit der Herrschaft soll die Beamten vor dem Risiko bewahren, menschliche Faktoren zu sehr in ihre Entscheidungen einzubeziehen. Der Lackmustest unserer Zeit im urteilenden Blick auf diese Epoche ist das Schicksal der Juden in Hitlers Europa. In dieser Sichtweise erscheint die Mitwirkung von Beamten an der „Endlösung" nicht nur als eine ethische und moralische Verirrung, sondern, auch auf juristischer Grundlage, als ein Verbrechen. Der vormalige Generalsekretär der Präfektur Bordeaux, Maurice Papon, wurde auf dieser Grundlage im Jahr 1998 für seine Verantwortung bei der Deportation der Juden zwischen 1942 und 1944 zu einer zehnjährigen Gefängnisstrafe verurteilt. Die Logik des gesellschaftlichen Antisemitismus und die Logik staatlicher Kollaboration – letztere deutlich entschiedener denn erstere – vermengten sich und schufen die Voraussetzung zu der überaus gründlichen und effizienten Teilnahme der französischen Verwaltung bei der Abschiebung der Juden „nach dem Osten". Hingegen konnten bereits im Herbst 1940 einige Stimmen innerhalb der Beamtenschaft vernommen werden. Es waren nicht viele, aber man könnte das Beispiel von inspecteur général Monod anführen, einem höheren Beamten des Erziehungsministeriums, der zurücktrat als ihm klar wurde, daß er sich am Ausschluß der Juden von den Universitäten beteiligen würde. Etwa zur selben Zeit, Ende 1940, bemühte sich Mademoiselle Laveissière, eine der wenigen Frauen, die als chef de bureau im Arbeitsministerium eine halbwegs hochrangige Stelle bekleideten, die Härte der gesetzlichen Anordnungen, welche Juden vom Beamtendienst ausschlossen, zu mindern. Im Großen und Ganzen sah die Mehrheit der öffentlich Bediensteten jedoch keinen Anlaß, gegen den Ausschluß ihre jüdischen Kollegen zu protestieren, wie Claude Singer dies am Beispiel der französischen Hochschullehrer gezeigt hat.[9]

Hingegen bot die Umsetzung der antijüdischen Gesetze innerhalb der Beamtenschaft einige charakteristische Beispiele für durchaus ambivalentes Verhalten. So entwickelten sich die Kassen der öffentlichen Finanzverwaltung (Caisses des dépôts et consignations) einerseits zu einem wichtigen Rad in der Maschinerie der Enteignung von jüdischem Vermögen, andererseits nahmen manche Personalführungen von Finanzkassen bei der Entlassung der jüdischen Mitarbeiter eine ausgesprochen rücksichtsvolle Haltung ein. Diese Haltung, die man später sogar im Innenministerium vorfinden konnte – hingegen nicht im Conseil d'état, der sich buchstabengetreu an die antisemitische Gesetzgebung hielt – weist offensichtlich ambivalente Züge auf. Doch dies war weniger eine Wahl zwischen zwei antagonistischen Weltanschauungen – etwa ein liberaler Universalismus gegenüber einem rassistisch motivierten fremdenfeindlichen Nationalismus – als vielmehr eine Entscheidung zwischen der unpersönlichen Herrschaft, welcher sich Beamte unterzuordnen haben, und dem Willen, Kollegen, (die vielleicht sogar Freunde gewesen sein mögen) oder auch Gruppen zu beschützen.

Es ist auffällig, daß jene Verwaltungen am zurückhaltendsten bei der Umsetzung der Gesetze zur Entlassung von Juden aus dem öffentlichen Dienst vorgingen, die im so genannten technischen Bereich angesiedelt waren: Arbeitsverwaltung, Sozialhilfe, Postämter, etc. Es war sicherlich einfacher, den gesetzlichen Anordnungen nicht Folge zu leisten, wenn man den Arisierungsprozeß gegenüber den tatsächlichen Aufgaben im Dienst der Nation als nachrangig ansehen und darstellen konnte.

Es war dennoch kein einfacher Schritt für einen öffentlich Bediensteten, hierbei auszuscheren. Im Juni 1940 trat der französische Botschafter in London, Charles Corbin, spontan von seinem Amt zurück, nachdem die Regierung Pétain den von ihm missbilligten Waffenstillstand mit den Deutschen unterzeichnet hatte. Seine Ablehnung, General de Gaulles Bewegung „Freies Frankreich" beizutreten, begründete er mit den Worten: „Ich bin ein alter Beamter. Seit vierzig Jahren habe ich innerhalb eines geregelten Umfelds gelebt und gehandelt. Ein Dissidentendasein ist zuviel für mich!"[10] Diese Art der Reaktion wurde seitens des Vichy-Regimes erwartet. Darüber hinaus bemühte sich Pétains Regierung, die Beamten durch Drohungen oder Entlassungen[11] unter Druck zu setzen, indem man – einer sehr alten Idee folgend – von den obersten Beamten einen Treueid verlangte. Doch schien die Regierung die französische Verfassungsgeschichte des 19. Jahrhunderts nicht zu kennen, wo so viele Regierungen derart leichtfertig Treueide von ihren fähigsten Beamten verlangten und erhielten.

Die meisten Zeremonien zur Ablegung des Treueides fanden zwischen Sommer 1941 und Frühjahr 1942 statt. Knapp zwölf Monate später konnte das Regime von seinen Beamten bestenfalls eine abwartend-passive Einstellung erwarten. Auch wenn Pétains Charisma, das in den Jahren 1940 und 1941 sehr ausgeprägt gewesen war, ihn niemals gänzlich verließ, konnte er auf diese Weise ersichtlich nicht länger die Staatsdiener zu einer loyalen Tätigkeit für die weithin als illegitim angesehene Regierung Laval bewegen. Selbst die Präfekten der Départements schienen inzwischen in ihren Berichten den raschen Wandel in der öffentlichen Meinung zu teilen. Ihre Berichte an die Vichy-Regierung zeigen deren Tendenz, die öffentlich nicht geäußert werden konnte, der Opposition zu einigen offiziellen Entscheidungen beizupflichten. Es wäre sicherlich aufschlußreich, die amtliche Rhetorik mit ihren Ausdrucksformen der Ironie und Distanzierung auf Hinweise von Ambivalenz der Beamten zu analysieren.

Je offensichtlicher zu erkennen war, daß die Vichy Regierung niemals die Attribute konkreter Legitimation zurückgewinnen würde, desto weniger dürfte sich die Ambivalenz in der Rhetorik niedergeschlagen haben. Es war fortan die Résistance, die ihre Vorschläge über die Pflichten des öffentlichen Dienstes öffentlich machte. Mitte des Jahres 1943 forderte ein Pamphlet, das eine Gruppe junger Katholiken veröffentlicht hatte, die strikte Umsetzung der Lehren des Thomas von Aquin auch in jenen schweren Zeiten, in denen man sich gerade befand. Der Inhalt des Pamphlets spiegelte die theologische Doktrin des Allgemeinwohls wider, wie sie zuvor von Mgr. Gaston Fessard entwickelt worden war. Fessard, ein bekannter katholischer Geistlicher, hatte zuvor die so genannte „Sklave-Prinz"-Theorie entwickelt, nach der Gehorsam nur insofern von der Bevölkerung verlangt werden konnte, wenn auf diese Weise der Staat hoheitlichen Aufgaben nachkam: der Bereitstellung von Grundnahrungsmitteln, der Aufrechterhaltung der öffentlichen Kommunikation und der Transportwege, des Erziehungswesens, usw. Mit anderen Worten: Gehorsam mußte vom Prinzen geleistet werden, nicht aber vom Sklaven. Justizminister Joseph Barthélemy lehnte, wie nicht anders zu erwarten war, diese Interpretation strikt ab.[12] Die Ablehnung stellte insgesamt einen wichtigen Schritt im Prozeß der Delegitimierung der Vichy-Regierung dar, da die religiösen Führer zweifellos über einen gewissen Einfluß in der französischen Gesellschaft geboten.

Die katholische Stimme war bereits im August 1942 vernommen worden, als der Erzbischof von Toulouse, Mgr. Géraud Saliège, einen Hirtenbrief in allen Diözesen seiner Kirche verlesen ließ. Darin prangerte er die Inhaftierungen der Juden offen an: „Es gibt eine christliche, es gibt eine menschliche Moralität, aus der sich Rechte und Pflichten ergeben. Diese Rechte und Pflichten sind mit der Natur des Menschen verknüpft. Sie kommen von Gott. Sie können verletzt werden [...], aber kein Mensch kann sie wegnehmen."[13] Wenn von ihm gefordert werde, etwas zu tun, was sein Gewissen ihm verbiete, sei es dem katholischen Staatsdiener erlaubt auf die Antwort „non possumus" zu verweisen.

Doch das Vichy-Regime wies die Idee, göttliches und natürliches Recht als Prinzipien einer guten Verwaltung einzuführen, zurück. In einer Radioansprache im Juni 1943 verhöhnte Ministerpräsident Laval jene Staatsdiener, die glaubten sich „Skrupel und ihr Gehalt" leisten zu können. Es ist da schon überraschender, daß der Conseil d'état, Frankreichs höchste Verwaltungsgerichtsbarkeit, nach dem Krieg zu ähnlichen Schlußfolgerungen kam. Diese wurden natürlich nicht direkt, sondern ungleich subtiler ausgesprochen. Unter dem Vorsitz von René Cassin, einem Widerständler der ersten Stunde, entschied der Conseil d'état im November

1944 die Frage, woher ein Beamter das Recht nehme, staatliche Anweisungen nicht auszuführen, daß die Logik der Kontinuität des Staates alle anderen Bereiche überlagere.[14] Mit dieser Entscheidung schien das ewige Prinzip von Ordnung und Hierarchie die Erfahrungen des Widerstandes und die Lehren der Résistance außer Kraft zu setzen: Daß nämlich in der Karriere eines Staatsdiener die Zeit kommen kann, in der eine moralische oder eine politische Notwendigkeit den Zwang zur Konformität innerhalb einer Verwaltung außer Kraft setzt. Nur wenige Monate nach dem Fall des Vichy-Regimes, zu einem Zeitpunkt, als die Nation ihren Widerstandsmythos erfand, könnte die Entscheidung des Conseil d'état als ein posthumer Triumph der Ambivalenz gelesen werden.

Anmerkungen

*   Aus dem Englischen übersetzt von den Herausgebern.

1   Georges Bernanos: Essais et écrits de combat, Bd. 2, Paris 1995, S. 892–893 (Den Vortrag hielt er am 15.10.1943 in Rio de Janeiro).

2   Joseph-Bertrand Pontalis (Hg.): L'amour de la haine, Paris 2001, S. 11.

3   Joseph Barthélemy: Ministre de la Justice: Vichy 1941–1943. Mémoires, Paris 1989, S. 613f.

4   Charles de Gaulle: Mémoires de guerre, Bd. 1: L'appel, 1940–1942, Paris 1955, S. 107.

5   Zur älteren Literatur siehe Marc Olivier Baruch: Das Vichy-Regime. Frankreich 1940–1944, Stuttgart 2000, S. 203–213. Eine neuere wissenschaftliche Arbeit über die staatliche Kollaboration in Frankreich stammt von Barbara Lambauer: Otto Abetz et les Français ou l'envers de la collaboration, Paris 2001.

6   Compte rendu sténographique du procès de Jean Berthelot devant la Haute Cour, Archives nationales (Paris) 334AP 35, 9. Juli 1946, Bd. 2, S. 27.

7   Wolfgang Seibel/Gerald D. Feldman (Hg.), Nazi Bureaucracy, Business, and the Organization of the Holocaust, New York/Oxford 2004.

8   François Bloch-Lainé/Claude Gruson: Hauts fonctionnaires sous l'occupation, Paris 1996.

9   Claude Singer: Vichy, l'université et les juifs. Les silences et la mémoire, Paris 1992.

10   De Gaulle: Mémoires de guerre, Bd. 1, S. 106.

11   Ein Gesetz ermöglichte die Entlassung nicht-willfähriger Beamter. Gegen Ende des Vichy-Regimes konnte Illoyalität sogar die Todesstrafe nach sich ziehen.

12   So in seinen Memoiren: Barthélemy: Mémoires, S. 614.

13   Zitiert in Baruch: Das Vichy-Regime, S. 107.

14   Arrêt Langneur, 10.11.1944, Recueil Dalloz de doctrine, de jurisprudence et de législation, 1945, S. 88.

III. Offiziere

Ein unpolitischer Soldat?

Generalfeldmarschall Erich von Manstein

Oliver von Wrochem

Die Debatte um Erich von Lewinski, genannt von Manstein (1887-1973), ist so alt wie die Bundesrepublik Deutschland. Nur wenige deutsche Generäle haben die Gemüter derart bewegt wie „Hitlers Stratege", der von sich selbst 1955 rückblickend sagt, er sei bis zum Schluß des Krieges ein unpolitischer „Nur-Soldat" gewesen.[1] In den älteren militärgeschichtlichen wie biographischen Werken zu Manstein galt er als einer der fähigsten deutschen Generale, als das „Feldherrngenie" des Zweiten Weltkriegs[2] und als Opfer alliierter Siegerjustiz.[3] In jüngeren Werken der kritischen Militärgeschichtsschreibung agiert jedoch zugleich eine scheinbar andere Person: eine tragende Säule des Vernichtungskrieges gegen die Sowjetunion. Diese polarisierte Wahrnehmung ist eine biographisch gewendete Fortsetzung des Umstandes, daß lange Zeit „militärische Kriegführung" und „nationalsozialistische Verbrechen" zuwenig in Bezug gesetzt, d.h. in unterschiedlichen Kontexten betrachtet wurden und teilweise noch immer werden. Im Folgenden sollen dagegen anhand verschiedener Aspekte seines Verhaltens während der NS-Zeit der Grad der Übereinstimmung bzw. der Widerständigkeit Mansteins gegenüber den herrschenden Zielen der neuen NS-Führung ausgelotet werden. Exemplarisch sollen sein Verhältnis zur NSDAP und zu Hitler, seine Einstellung gegenüber dem rassenideologischen Vernichtungskrieg und dem militärischen Widerstand thematisiert werden. Zum Abschluß werden die Hintergründe dargestellt, die dazu führten, daß Manstein nach 1945 zur „größten soldatischen Ikone"[4] derjenigen Deutschen wurde, die sich für eine Rehabilitierung der Wehrmachtelite einsetzten.

Manstein wurde 1887 als zehntes Kind des Generals Eduard von Lewinski und Helene von Sperling in Berlin geboren, kurz darauf adoptierte ihn die kinderlos gebliebene Schwester seiner Mutter, Hedwig von Sperling, und deren Mann General Georg von Manstein. Auch die Schwestern Sperling entstammten einer Generalsfamilie. Der frühe Verlust der leiblichen Eltern hat Mansteins Verhalten, das durch die Trennung von Politischem und Soldatischem und der Voranstellung militärischer Disziplin vor politischen Erwägungen gekennzeichnet war, möglicher-

weise mit bestimmt, indem die äußere Stabilität (Armee) auch dazu diente, eine
fehlende innere Stabilität zu ersetzen.[5] Allerdings kommt der preußisch-militäri-
schen Sozialisation Mansteins weit mehr Bedeutung zu. Sie weist große Ähnlich-
keiten mit den Biographien anderer preußischer Offiziere jener Jahre auf. Eine der
Gemeinsamkeiten war die Ausgrenzung des als „weiblich" Definierten aus dem
Erfahrungshorizont des Heranwachsenden. Bereits mit 13 Jahren (1900) kam
Manstein in den militärischen Drill des Kadettenkorps, nach dem Abitur 1906 als
Offiziersanwärter ins Dritte Garderegiment der kaiserlichen Armee, in der auch
sein Onkel, der spätere Reichspräsident Hindenburg gedient hatte.[6] Im ersten
Weltkrieg zuerst als Hauptmann an der Front eingesetzt, wurde er nach einer
schweren Verwundung zum Generalstab versetzt. Nach der Niederlage 1918
wirkte er als Stabsoffizier in zahlreichen Funktionen in der Reichswehr, unter anderem an der deutschen Grenze zu Polen. Für seine Haltung in den Jahren bis
1933 kennzeichnend waren Traditionsverbundenheit, protestantisches Ethos,
Standesdenken und Demokratiefeindlichkeit, wie sie in der Ablehnung der Revolution 1918/19 und der Weimarer Republik insgesamt zum Ausdruck kamen. Damit einher gingen Unverständnis für soziale Konflikte und für innenpolitische
Auseinandersetzungen.[7]

Den Aufbau Deutschlands zur Großmacht unterstützten die meisten der preußischen Offiziere – das umfaßte vor allem die Einführung der Wehrpflicht, die
Wiederaufrüstung und damit einhergehend die veränderte Außenpolitik, den Anti-
kommunismus und die Idee der nationalen Einheit.[8] Hier ging es um Machtausweitung und die Revision von Versailles.[9] Manstein, der Hitler zum ersten Mal
1934 im Reichskriegsministerium hörte, war jedenfalls von dessen Auftreten be-
eindruckt[10] und gestaltete in den folgenden Jahren alle wichtigen militärischen
Entscheidungen maßgeblich mit.[11]

Für die Bewertung von Mansteins Verhältnis zum NS-Regime ist seine Position gegenüber den weltanschaulichen Zielen und der völkischen Politik von größerer Bedeutung als diese Übereinstimmungen. Folgt man seiner eigenen Darstellung nach dem Krieg – und viele Militärhistoriker haben dies lange getan -, stand
er ihnen distanziert bis ablehnend gegenüber.[12] Seine bekannt gewordenen Meinungsverschiedenheiten mit Hitler in militärischen Fragen hinzugenommen, erscheint dieser Protagonist der alten preußischen Militärelite als ein Instrument des
Regimes, der von den aus der oben bezeichneten Politik resultierenden Verbrechen nichts wußte oder vor ihnen die Augen verschloß. Ganz in diesem Sinne
schrieb Manstein nach dem Krieg:

„Nach den Erfahrungen der Republik [...] schien es unvermeidbar, dem neuen Regime im Kampf gegen den Kommunismus einen gewissen Spielraum zur Anwendung auch undemokratischer Methoden gewähren zu müssen. Es wird nur leicht vergessen, welche Gefahr der Kommunismus für Deutschland bedeutet hat. [...] Es wurde dabei leicht übersehen, daß sich jene Methoden auch gegen andere richten könnten – wie dies alsbald in der Stellung zu den Kirchen und vor allem in der Rassen-Gesetzgebung offenbar wurde. Desweiteren ist zu sagen, daß das System des Terrors und der Unterdrückung, als welches wir heute das nationalsozialistische Regime vor Augen haben, in der Praxis für die Masse des Volkes noch nicht sehr in Erscheinung trat."[13]

Vor diesem Hintergrund ließe sich sein Verhalten im Dritten Reich als Ausdruck der Loyalität einer jeglichen Armee zum Staat, als Wahrung des soldatischen Gehorsams begreifen.

„[...] gegen den nun einmal bestehenden Staat anzugehen, widersprach seiner Pflichtauffassung. So rettete er sich in die Idee des ‚Reiches' [...]. Als Deutschland in einem Kampf auf Leben und Tod stand, konnte die Armee nur die Aufgabe sehen, den Bestand des ‚Reiches' bis zum Letzten zu verteidigen. Mit nationalsozialistischer Gesinnung oder mit einem Kampf für die Erhaltung des nationalsozialistischen Systems hatte dies nichts zu tun."[14]

Manstein selbst verknüpft in seinen Memoiren die Loyalität gegenüber dem Herrschaftssystem nicht allein mit seiner Pflichtauffassung als Soldat, im engeren der Gehorsamspflicht, sondern zugleich mit der Behauptung, von den rassistisch motivierten Verbrechen nichts gewußt zu haben. Diese Verknüpfung ist bereits ausgearbeitet in der von ihm mitverfaßten Generalsdenkschrift 1945 und Teil seiner Verteidigungsstrategie in dem gegen ihn gerichteten britischen Militärgerichtsprozeß von 1949 in Hamburg. Aus ihr folgt die interpretatorische Trennung von militärischem Handeln und weltanschaulichen Verbrechen. Wie verhielt sich Manstein aber tatsächlich gegenüber der antisemitischen Politik und dem nationalsozialistischen Terror? Und wie war er den weltanschaulichen Aspekten des Vernichtungskrieges gegenüber eingestellt, wie sie etwa auch in der Besatzungspolitik zum Ausdruck kamen?

Manstein hatte nach dem Machtantritt der NSDAP seine Distanz zum Parteiapparat bewahrt. 1934 setzte er sich, inzwischen zum Oberst befördert, als Chef des Generalstabes des Wehrkreiskommandos III in Berlin für die bereits dienenden Reichswehrsoldaten jüdischer Herkunft ein, die nunmehr infolge der Anwendung des „Arierparagraphen" gezwungen wurden, die Armee zu verlassen. Allerdings bekundete er zugleich seine grundsätzliche Übereinstimmung mit der antisemitischen Politik in anderen Bereichen und betrachtete ihre zukünftige Anwendung auf die Armee als selbstverständlich. Der Historiker Klaus-Jürgen Müller hat diese positiven Äußerungen zur antisemitischen Politik in anderen gesellschaftlichen Bereichen als taktischer Natur betrachtet, zugleich jedoch hervorgehoben, daß die Denkschrift an keiner Stelle einen grundsätzlichen Impuls gegen das rassistische Prinzip beinhaltet. Umso deutlicher verteidigt Manstein darin allerdings den Autonomie-Anspruch des Offizierkorps.[15]

Während der Blomberg-Fritsch-Krise (1938), infolgedessen es zur endgültigen Unterwerfung der bewaffneten Macht unter die Führungsgewalt Hitlers kam, gehörte Manstein zu den Gegnern der tiefgreifenden Änderungen im Gefüge der Armee. Manstein wurde konsequenterweise von seinem Posten als Oberquartiermeister unter Generalstabschef Beck entbunden und nach Schlesien versetzt. Kurze Zeit (1938) später nahm er beim Einmarsch in die CSSR als Stabschef der 12. Armee unter Generaloberst Ritter von Leeb teil. Im Krieg gegen Polen wirkte er als Stabschef der Heeresgruppe Süd mit. Im September 1939, also im ersten Monat des deutschen Einmarsches, kam es zu Massakern und Misshandlungen gegenüber Kriegsgefangenen und Zivilisten, insbesondere an der jüdischen Bevölkerung durch Wehrmacht, Waffen-SS und SS-Einsatzgruppen.[16] Die Einsatzgruppen unterstanden in Polen aufgrund einer Vereinbarung dem Militär und seiner Gerichtsbarkeit und waren je einer Armee zugeteilt. Im Bereich der Heeresgruppe Süd operierte unter anderem die Einsatzgruppe z.b.V. [zur besonderen Verfügung] unter Leitung des Höheren SS- und Polizeiführers, SS-Obergruppenführer Udo von Woyrsch. Ihre besondere Brutalität gegen die Zivilbevölkerung rief Kritik bei der Heeresführung hervor.[17] Übergriffe während des Krieges durch das Heer galten als „Randerscheinung", kamen jedoch wiederholt vor. Nach dem Ende des Feldzugs gegen Polen sah sich der Militäroberbefehlshaber der neubesetzten Gebiete, Generaloberst Johannes Blaskowitz, zu der Mahnung veranlaßt, die Besatzungstruppen sollten sich auf ihre „soldatischen Aufgaben" beschränken.[18] Neben massivem Protest gab es auch Personen, die diese Politik mittrugen. Manstein äußerte sich zu den verübten Verbrechen kaum. Aus welcher Motivation heraus er sich zurückhielt, läßt sich schwer ermitteln. In einem konkreten Einzelfall gab er die Meldung über Verbrechen nicht an seinen Vorgesetzten weiter, weil er von deren Wahrheitsgehalt nicht überzeugt war, wie er nach dem Krieg zu Protokoll gab. Seine Beteiligung bei der Vertreibung der Juden, etwa in Ostoberschlesien ostwärts über den Fluß San, gründete sich auf Befehle übergeordneter Stellen, die er nicht in Frage stellte. Es war sein Vorgesetzter, Generaloberst Gerd v. Rundstedt, der als OB Ost Anfang Oktober die energische Vertreibung erst einmal zurückstellte.[19]

Im Krieg gegen die Sowjetunion stand Manstein spätestens seit seiner Berufung zum Oberbefehlshaber der 11. Armee an einer zentralen Schaltstelle. Etwa zwei Monate nach seiner Befehlsübernahme erließ Manstein am 20. November 1941 einen Befehl an die ihm unterstehenden Truppen, der sich an dem zuvor vom Oberbefehlshabers der 6. Armee, Feldmarschall v. Reichenau, erlassenen Befehl orientierte. Hitler hatte seine Befehlshaber im Ostkrieg dazu ermuntert, v. Reichenau nachzueifern.[20] Die Befehle fielen in eine Situation, in der neben dem Kampf gegen die Rote Armee auch die bekannten Facetten der weltanschaulich motivierten Verbrechen an sowjetischen Kommissaren und Kriegsgefangenen sowie vor allem der jüdischen Bevölkerung den Alltag an der Front und in den besetzten Gebieten bestimmten. Mansteins Version hat mit der Reichenaus vieles gemeinsam, so etwa die Aufforderung, die Wehrmacht sei aus Landesvorräten zu ernähren und dürfe kein Mitleid mit den Hungernden haben. Andererseits sind einige Absätze hinzu gefügt, die an die soldatische Ehre erinnerten und eine zurückhaltende Behandlung der nichtbolschewistischen Bevölkerung forderten. Im Zentrum des Diskussion um Mansteins Stellung zur Vernichtungspolitik standen und stehen allerdings folgende Formulierungen: „Für die Notwendigkeit der harten Sühne am Judentum, dem geistigen Träger des bolschewistischen Terrors, muß der Soldat Verständnis aufbringen. Sie ist auch notwendig, um alle Erhebungen, die meist von Juden angezettelt werden, im Keime zu ersticken" und weiter „Der deutsche Soldat hat daher nicht allein die Aufgabe, die militärischen Machtmittel dieses Systems zu zerschlagen. Er tritt auch als Träger einer völkischen Idee und Rächer für alle Grausamkeiten, die ihm und dem deutschen Volk zugefügt werden, auf."

Die Frage nach der Motivation, diese Befehle zu erlassen, ist häufig gestellt worden. Hans Breithaupt urteilt, der Befehl sei erlassen worden, um die Soldaten an die Disziplin zu erinnern. Die „Anwendung des Propagandavokabulars aus Antisemitismus und Rassendenken" im ersten Teil wertet er als „Tarnung und Absicherung nach oben".[21] Die Historiker Manfred Messerschmidt und Andreas Hillgruber äußerten Ende der 1960er bzw. Anfang der 1970er Jahre die Ansicht, daß die Befehle der militärischen Führung als Propaganda-Mittel zur Festigung der Kampfkraft gedient hätten, in denen sich eine „objektive Nachbarschaft und die faktische Unterstützung von Hitlers rassenideologischem Ost-Programm",[22] jedoch weder subjektive Schuld noch antisemitische und rassistische Überzeugung manifestiere.[23] Trotz der mit den Befehlen objektiv abgesicherten Verbrechen sprechen sie damit den Beteiligten zu, ihre „soldatische Ehre" bewahrt zu haben. Vor dem Hintergrund der neueren Forschungen zur massiven Beteiligung der

Wehrmacht am NS-Vernichtungskrieg werden die Befehle oft als Reaktion auf interne Wehrmachtskritik an der Judenvernichtung gedeutet.[24] Weitergehend ist die These, die Befehle zeugten von der rassistischen Disposition ihrer Verfasser.[25]

Inwieweit der Inhalt des Befehls mit Mansteins eigener Haltung übereinstimmt, ist aus den zeitgenössischen Quellen nicht eindeutig zu entscheiden. Das gilt im Besonderen für die Klärung der Motivation, diese Befehle im Herbst 1941 zu erlassen. Ähnlich wie Mansteins Stellungnahme zum Arierparagraphen läßt sich der Befehl auch taktisch werten. Hitlers Wunsch Genüge getan und zugleich die Härten des Reichenau-Befehls abgemildert zu haben – das war jedenfalls Mansteins eigene Interpretation seiner Anweisung. Tatsächlich wird in dem Befehl deutlich, daß Manstein den Besatzungsmaßnahmen nicht unterschiedslos zustimmte und außerdem für die Wahrung von Disziplin und Zurückhaltung auf Seiten der Wehrmacht eintrat. Die Formulierungen in Bezug auf die Maßnahmen gegenüber der jüdischen Bevölkerung oszillierten zwischen der militärischen Sphäre der Juden als Kriegsgegner und Anklängen von Rassenantisemitismus. Die Juden werden nicht zu „Untermenschen" wie im Reichenau-Befehl, zumindest aber zu „Trägern des bolschewistischen Terrors" und damit zu weltanschaulichen bzw. politischen Gegner. In dem von Reichenau übernommenen Bild vom deutschen Soldaten als „Träger einer völkischen Idee" wird allerdings die völkische Ordnung als Leitgedanke auch für die deutsche Wehrmacht propagiert. Manstein selbst betonte nach dem Krieg wiederholt, daß dieser erste Teil des Befehls ihm vermutlich nur zur Unterschrift vorgelegt worden sei. Andererseits legitimierte er noch 1949 das im Vernichtungskrieg gegen die Sowjetunion gängige Deutungsmuster der Identifizierung von Juden mit (kommunistischen) Partisanen mit den Worten:

> „[...] es war wirklich so, daß die jüdischen Gemeinden einen hohen Prozentsatz an Franktireurs, Saboteuren und gefährlichen Leuten stellten [...] Die Tatsache, daß die Juden Grund hatten, uns zu hassen, veranlaßte uns natürlich aufzupassen, um zu verhindern, daß sie ihren Haß in die Tat umsetzten."[26]

Zur Klärung der Motivation ist es sinnvoll, die konkrete Besatzungspolitik der 11. Armee auf der Krim in den Blick zu nehmen,[27] insbesondere die Bereiche Judenvernichtung und die Behandlung der nichtjüdischen Zivilbevölkerung, weil sich hier zeigt, daß die strukturellen Rahmenbedingungen ein wichtiges, aber keineswegs allein entscheidendes Kriterium für das Handeln des Feldmarschalls Manstein darstellten. Es wird vielmehr deutlich, daß sich seine Handlungsweisen je nach Gruppe und Situation unterschied.

Die Auslöschung der jüdischen Gemeinden beruhte auf der Krim, wie andernorts auch, auf einer vor Kriegsbeginn geregelten Arbeitsteilung und engen Zusammenarbeit zwischen den im Gefolge der Armeen eingesetzten Einsatzgruppen und der Wehrmacht, insbesondere deren Abwehrabteilungen. Dem Heer waren sie hinsichtlich Marsch, Unterkunft und Versorgung unterstellt. Dienstlich unterstanden sie dem Chef der Sicherheitspolizei und des SD. Seine Anweisungen mußten dem Armeeoberbefehlshaber rechtzeitig zur Kenntnis gebracht werden. Dieser war berechtigt, ihren Einsatz in Teilen des rückwärtigen Armeegebietes auszuschließen, „in denen durch den Einsatz Störungen der Organisation eintreten können."

Exekutivmaßnahmen gegenüber der Zivilbevölkerung trafen die Einsatzgruppen in eigener Verantwortung.[28] Bei den Armeen waren die Feldgendarmerietrupps als Exekutivkräfte der Orts- und Feldkommandanturen und die der Ic-Abteilung angegliederte Geheime Feldpolizei (GFP) für die Überprüfung der als feindlich eingestuften Zivilbevölkerung zuständig. Hierzu zählten auf der Krim neben Juden und der ethnischen Gruppe der Krimtschaken unter anderem Partisanen und deren Sympathisanten, Kommissare der Roten Armee, Kommunisten und Zigeuner, aber auch unerwünschte Personen wie Obdachlose und geistig Kranke. Die Personen wurden verhört und bestraft, in einigen Fällen dem SD übergeben, in zahlreichen Fällen jedoch auch liquidiert. Während die auf der Krim eingesetzte GFP 647 die Maßnahmen in der Regel mit dem Abwehroffizier der Abteilung Ic der 11. Armee abklärte, liefen die Informationen der auf der Krim eingesetzten Feldgendarmerie-Abteilung 683, kurz FGA (mot.) 683, über den Kommandant des rückwärtigen Armeegebiets (Korück) 553 an die Quartiermeisterabteilung des Armeeoberkommandos (AOK) 11. Beide Einheiten erschossen häufig Juden im Zusammenhang und unter dem Deckmantel von Partisanenbekämpfungsaktionen, in einigen Fällen auch in Zusammenarbeit mit der auf der Krim operierenden Einsatzgruppe D unter Leitung des SS-Gruppenführers Otto Ohlendorf. Diese Exekutionen waren von den übergeordneten Dienststellen der Armee abgesegnet worden. Bei manchen Exekutionen ist ungeklärt, auf wessen Veranlassung sie vollzogen wurden. So meldete der Ortskommandant von Kertsch, einer Stadt mit 50.000 Einwohnern, darunter 15% Juden, an den Korück 553 am 27. November 1941, die Liquidierung der Juden müsse „angesichts der gefährdeten Ernährungslage" beschleunigt durchgeführt werden.[29] Die Exekution von 2.500 Juden erfolgte vom 1.–3. Dezember 1941. Das Wort Exekution war im Original durchgestrichen und durch „Umsiedlung" ersetzt worden. Eine Kopie dieser Meldung erhielt die Quartiermeisterabteilung der 11. Armee.[30] Am 5. Dezember 1941 berichtete

das AOK 11/OQu. an den Generalquartiermeister Wagner den Grund für die vor-
gezogene Massenexekution: „Die Ernährungslage in Kertsch zwingt schon jetzt
zum Eingreifen."[31]

Es kam allerdings auch zu Exekutionen in eigener Verantwortung der Feldgendarmerie. So ordnete der Feldgendarmerie-Leutnant Karl Rudolf Pallmann als
Führer des bei der Feldkommandantur 810 in Eupatoria (Krim) eingesetzten 3.
Feldgend. Abt. (mot.) 683 mehrfach auf eigene Verantwortung die Tötung unter
anderem von Juden an. Pallmann wurde im August 1969 vom Landesgericht Düsseldorf wegen gemeinschaftlichen Mordes in 6 Fällen an insgesamt 109 Menschen zu 6 mal lebenslangem Zuchthaus verurteilt,[32] nicht zuletzt, weil er im Verfahren ausgesagt hatte, er selbst sei Herr über Leben und Tod gewesen. Es war
eines der wenigen Verfahren, in dem Verbrechen der Wehrmacht vor Gericht ver-
handelt worden waren, und die Presse stellte nach der Urteilsverkündung die Frage nach der Verantwortung des AOK 11 für die Morde.[33] Ein anschließendes Er-
mittlungsverfahren gegen Angehörige des Korücks 553 und des AOK 11, das sich
allerdings nicht gegen Manstein richtete, wurde im August 1971 eingestellt. Es sei
zwar – mit einer Ausnahme – erwiesen, daß die Beschuldigten Kenntnis der Vernichtungsaktionen hatten. „Es haben sich jedoch keine Anhaltspunkte dafür ergeben, daß die Beschuldigten aus niedrigen Beweggründen untätig geblieben
sind."[34]

Innerhalb der oben beschriebenen Strukturen spielte der Armeebefehlshaber
nur insofern eine Rolle, als er nicht gegen solche Aktionen einschritt. In der Praxis
waren die Orts- und Feldkommandanturen, der Korück, die Abwehr- und die
Quartiermeisterabteilung der 11. Armee mit solchen Fragen befaßt. Zumindest in
Simferopol forcierte die 11. Armee jedoch aktiv die Massenerschießung von Juden durch die Einsatzgruppen. Aus den Unterlagen der 11. Armee und des Korücks geht hervor, daß hier die Juden nicht beseitigt werden sollten, weil sie als
Partisanenunterstützer und damit als potentieller Störfaktor von Operationen der
Armee. Das Kerninteresse der Armee war es augenscheinlich, wie in Kertsch, die
angespannte Versorgungslage auf der Krim zu verbessern. In Simferopol lebten
etwa 13.000 Juden und 1.500 Krimtschaken, deren Auslöschung von der Einsatzgruppe D für das Frühjahr 1942 vorgesehen war. Nach dem Krieg sagten verschiedene Angehörige der Einsatzgruppe D aus, daß die 11. Armee die Einsatzgruppe
um eine beschleunigte Ermordung noch vor Weihnachten 1941 gebeten hätte.
Dies sei vom AOK 11 mit einer drohenden Hungersnot und einem großen Wohn-
raummangel begründet worden. Eine Anweisung Mansteins hierzu gibt es nicht.

Anhand der Quellen läßt sich der mögliche Ablauf weitgehend rekonstruieren.[35] In zwei Beratungen zwischen den Spitzen der Armee- und Militärverwaltung vom 2. bis 4. Dezember, an denen unter anderem Manstein als Oberbefehlshaber, der Oberquartiermeister der 11. Armee Oberst Friedrich Wilhelm Hauck, der Kommandant des Korück 553 Generalleutnant Heinrich Doehla und dessen Quartiermeister Oberstleutnant Dr. Friedrich Benecke teilnahmen, wurde die kritische Ernährungslage dem AOK 11 vorgestellt und vermutlich die Entscheidung zur Vorverlegung der Ermordung der Juden in Simferopol getroffen. Am 5. Dezember trafen sich Dr. Benecke und der in der Quartiermeisterabteilung der 11. Armee für die Verwaltung der Zivilbevölkerung verantwortliche Major Helmut Oppermann. Am gleichen Tag erließ Benecke eine Verfügung „über die von Juden zurückgelassenen Gegenstände".

Am 6. Dezember berichtete der Stabsoffizier der Feldgendarmerie, daß die von der Einsatzgruppe D geforderten 11 Feldgendarme „zum SD zur Judenaktion" abkommandiert worden seien.[36] Weiterhin waren Angehörige der Geheimen Feldpolizei 647 an der Aktion beteiligt und die Armee stellte Lastwagen und Treibstoff für den Transport zu den Erschießungsplätzen ab. Nach der Ermordung der Simferopoler Juden forderte Manstein von der Einsatzgruppe D „die aus der Judenaktion noch vorhandenen Uhren für dienstliche Zwecke der Armee" an.[37] Wenngleich Manstein demnach auch eigene Interessen mit einbrachte – der Initiator der Ermordung war er nicht. Das größte Interesse an der Beschleunigung der bereits beschlossenen Massenerschießung zeigten allem Anschein nach die Wirtschaftsstellen der Armee. Die grundsätzlich weltanschaulich begründete Bereitschaft zur Ermordung der jüdischen Bevölkerung diente hier als Grundlage für eine praktische Politik, die rational und pragmatisch argumentierte.

Die Behandlung der einheimischen Bevölkerung folgte im Verantwortungsbereich Mansteins über die genannten Gruppen von Juden, Partisanen, Zigeunern, Kommissaren, Kommunisten und unerwünschten Personen hinaus einer auf den militärischen Erfolg hin ausgerichteten Logik: Sicherte es den militärischen Erfolg und erleichterte die Besatzungsherrschaft, wurde die Bevölkerung relativ gut behandelt, brachte es keinen militärischen Vorteil, so war der militärischen Führung die Behandlung der Bevölkerung in der Regel gleichgültig. Manstein scheute sich beispielsweise nicht, nachdem ihm am 21. August 1942 vorübergehend die Leitung des „Nordlicht"-Unternehmens übertragen worden war, dafür zu plädieren, „die Stadt einzuschließen und Verteidiger wie Bewohner verhungern zu lassen",[38] da er Hitlers Ziel, Leningrad im Kampf „dem Erdboden gleichzumachen", als unrealistisch ansah. Das Ziel (Vernichtung Leningrads) war von der politischen Führung vorgegeben; Mansteins Vorschläge waren darauf ausgerichtet, den besten Weg zur Erreichung dieses Zieles zu finden. Auch zur Befriedung des Armeegebietes als Operationsraum der Armee zeigte Manstein eine extreme Härte, wie etwa Anfang Januar 1942 in Eupatoria, wo reguläre Einheiten der 11. Armee 1.200 Zivilisten als Sühnemaßnahme für ihre vermeintliche oder tatsächliche Kollaboration mit Partisanen erschossen. In beiden Fällen, sowohl in Leningrad wie in Eupatoria, war Manstein vom militärischen Nutzen der Maßnahme überzeugt.

Dagegen leistete Manstein zumindest passiven Widerstand gegen Vorhaben der nationalsozialistischen Führung, die die militärische Lage zu gefährden drohten. So trat er seit Mitte Dezember 1941 im Rahmen seiner Möglichkeiten für die Sicherung der Ernährungslage auf der Krim ein, weil er Hungeraufstände und damit einhergehend ein Anwachsen der Partisanenbewegung fürchtete. Auch seine Haltung zur geplanten Umsiedlung der einheimischen Bevölkerung auf der Krim Anfang Juli 1942 war obstruktiv. Die nationalsozialistische Führung war im Begriff, die geplante Germanisierung großer Gebiete im Osten am Beispiel der Krim zu erproben, was die Deportation von bis zu 700.000 Zivilisten (vor allem Russen und Ukrainer) bedeutet hätte. Vollständig unklar war jedoch, wohin diese Personen gebracht werden sollten. Für Manstein stellte sich das Projekt einerseits als Gefährdung der inneren Sicherheit der Region dar, andererseits fürchtete er den Verlust der gesamten Ernte, den Verfall der Unterkünfte in Städten und Dörfern sowie das Zusammenbrechen der gewerblichen und industriellen Wirtschaftszweige.[39] Dahinter stand auch die reale Bedrohung, daß die Versorgung der deutschen Armee nicht mehr gewährleistet werden könnte. Unterstützung bekam Manstein vom Wirtschaftsstab Ost (WiStabOst), der Ende Juli die Zahl der betroffenen Ukrainer und Russen auf 397.398 nach unten korrigierte,[40] in der Sache aber ganz auf der Linie von Manstein argumentierte.[41] Was die militärischen Operationen tatsächlich zu gefährden drohte, machte Manstein nicht mit, auch wenn er damit die völkischen Umsiedlungspläne und die Ziele der Neuordnung der besetzten Gebiete unterlief. Einer unterschiedslos repressiven Politik, wie sie damals andere Befehlshaber anwandten, hatte er bereits in dem Befehl vom 20. November 1941 eine Absage erteilt.

Ein weiteres Feld, auf dem Mansteins Verhältnis zum Herrschaftssystem erkennbar wird, ist seine Haltung Hitler gegenüber. Als einer der wenigen deutschen militärischen Führer an der Ostfront war er durchaus bereit, in militärischen Fragen gegen Hitler Stellung zu beziehen. Insbesondere in Bezug auf die Spitzengliederung des Heeres und hinsichtlich der richtigen militärischen Strategie kam er mit Hitler nicht überein. Das zeigte sich besonders, nachdem in der zweiten Jahreshälfte 1943 mit der „Operation Zitadelle" die letzte große Überraschungsoffensive unter Beteiligung Mansteins abgebrochen werden mußte. Hitler forderte ein Halten der Front um jeden Preis, während Manstein weiterhin für operative Flexibilität eintrat. Dies führte schließlich zu seiner vorzeitigen Versetzung in den Ruhestand im März 1944.[42] Am vieldiskutierten Beispiel „Stalingrad", d.h. der Kapitulation der unter Generalfeldmarschall Friedrich Paulus kämpfenden 6. Armee wird deutlich, daß Manstein allerdings eine offene Konfrontation mit Hitler vermied.[43] Als Leiter der Heeresgruppe Don war Manstein der unmittelbare Vorgesetzte von Paulus und somit weisungsbefugt. Mehrfach versuchte er Hitler im Dezember 1942 davon zu überzeugen, der 6. Armee einen noch möglich erscheinenden Ausbruchsversuch zu genehmigen; gegen Hitlers ausdrückliche Weisung zu handeln lehnte er allerdings ab. Auch die Erlaubnis zur Kapitulation mochte Manstein Paulus nicht erteilen. Manstein schrieb zu den Ereignissen in Stalingrad nach dem Krieg: „[...] mag diese Treue einem Mann [Hitler] gehalten worden sein, der sie weder verstand noch erwiderte und darum auch nicht verdiente, so bleibt doch diese Tapferkeit, diese Treue, diese Pflichterfüllung ein Hohelied deutschen Soldatentums."[44] Wegen dieses heroisierenden Verständnisses von Treue und Pflichterfüllung war Manstein nach dem Krieg vor allem in der ehemaligen DDR heftiger Kritik ausgesetzt, unter anderem von Paulus selbst. Und auch in Westdeutschland kam es zu kritischen Interventionen, etwa 1956 durch den Publizisten Joachim Wieder in den Frankfurter Heften.[45]

Sein Handeln bei Stalingrad und seine nachträgliche Rechtfertigung des Massensterbens verdeutlichen auch, warum Manstein, der in der Planungsphase des Umsturzversuches vom 20. Juli mehrfach angesprochen und umworben worden war,[46] eine aktive Beteiligung rigoros ablehnte. Das viel zitierte Gespräch zwischen Christopher Frhr. von Gersdorff und Manstein legt den meines Erachtens berechtigten Eindruck nahe, Manstein habe als Soldat die Verpflichtung zur Loyalität der politischen Führung gegenüber verspürt.[47] Die Loyalität Mansteins entsprang aber nicht allein dem Befehlsgehorsam. Manstein fürchtete einen Bürgerkrieg, insbesondere innerhalb der Armee und betrachtete das Vorhaben als unsoldatisch. Zudem gab er den Krieg noch nicht endgültig verloren. Daher hoffte er noch kurz vor Kriegsende auf eine neue Chance im aktiven Dienst.[48] Auch aus diesem Grund war der Schritt in den Widerstand für ihn undenkbar.

Das klassische Urteil über Manstein, daß die Anerkennung des „Hitlerschen Führungsprinzips" für ihn eine zeitgerechte Transposition der einst im Eid auf den Monarchen bekräftigten Treue- und Gehorsamspflicht gewesen sei und er sich daher als blind gegenüber Hitlers mehr und mehr sich enthüllender verbrecherischer

Staats- und Heeresführung zeigte, obwohl man ihn mehrfach mit gut belegten und im Grunde unbestreitbaren Beweisen darauf hinwies,[49] erweist sich angesichts der konkreten Maßnahmen und Handlungen Mansteins als zu eng. Manstein war nicht blind, er verfolgte im Rahmen seiner Möglichkeiten eine eigene Besatzungspolitik und scheute sich auch nicht davor, gegen Anweisungen übergeordneter Stellung zu intervenieren. Manstein war kein bekennender Anhänger des rassistischen Antisemitismus, allerdings übernahm er etwa die Identifizierung von Juden mit Partisanen und war bereit, die völkische Terminologie bei der Kriegführung einzusetzen. In größerem Maße selbst Akteur war Manstein im Hinblick auf die Behandlung von Kriegsgefangenen und Zivilisten. Seine Praxis und seine Haltung radikalisierten sich im Verlaufe des Krieges, möglicherweise durch den Krieg selbst. Gab es vor dem Krieg, in den ersten Jahren der NS-Herrschaft noch zahlreiche Hinweise auf Mansteins Reserviertheit gegenüber der nationalsozialistischen Bewegung und deren völkischen Vorstellungen, kam es in Polen zu einem Anpassungsprozeß. Im Krieg gegen die Sowjetunion unterstützte Manstein dann mit seinen Maßnahmen insbesondere auf der Krim eine Besatzungspolitik, die mit dazu führte, daß der Krieg zunehmend den Charakter eines Vernichtungskrieges annahm. Das Hineinholen der völkischen Vorstellungen in die militärische Kriegführung geschah prozeßhaft. Seit November 1941 galt für ihn eine Kriegslogik, die nicht mehr nur die Unterwerfung des militärischen Gegners beinhaltete, sondern auch den nationalsozialistischen Weltanschauungskampfes als Teil des militärischen Kampfes umfaßte. Kritik an völkisch motivierten Aktionen regte sich bei ihm, wenn er den militärischen Erfolg und damit die Interessen der Armee bedroht sah. Nicht nur wegen seinen Forderungen nach einer Reorganisation der Heeresführung geriet er mit Hitler in Konflikt, auch mit Größen der NS-Bewegung, wie Goebbels und anderen stand er in verdeckter Gegnerschaft. Manstein blieb an Politik, außerhalb des von ihm als militärisch definierten Bereiches, wenig interessiert, insbesondere blieb er der „Bewegung" distanziert gegenüber eingestellt. Er war tatsächlich bis zuletzt „in erster Linie Soldat". Sein „Soldat-Sein" hatte sich allerdings im und durch den Vernichtungskrieg zumindest vorübergehend tiefgreifend gewandelt.

Nach dem Krieg kam Manstein in britische Kriegsgefangenschaft. Er verteidigte im Nürnberger Hauptkriegsverbrecherprozeß als Zeuge das Oberkommando des Heeres und beteiligte sich als Mitautor der sogenannten Generalsdenkschrift daran, die militärische Kriegführung systematisch von den weltanschaulichen Hintergründen des Krieges und den in ihm verübten Verbrechen zu „reinigen".[50] Bereits zu diesem Zeitpunkt entwickelte Manstein eine enge Beziehung zum britischen Militärhistoriker Sir Basil Liddell Hart. Ihm verdankte er es, als er 1949 in Hamburg vor ein britisches Militärgericht gestellt wurde, daß sich prominente Vertreter des britischen Militärs, der britischen Friedensbewegung und der Konservativen Partei für ihn einsetzten und ihn damit öffentlich rehabilitierten.[51] Gegenstand der 17 Anklagen waren Verbrechen von Militäreinheiten (einschließlich Waffen-SS, Feldgendarmerie und Geheimer Feldpolizei) sowie den SS-Einsatzgruppen in Mansteins Befehlsbereich. Manstein wurde vorgeworfen, die Kriegsgesetze und -gebräuche verletzt zu haben, indem er in offensichtlich verbrecherische Befehle eingewilligt bzw. selbst solche erlassen habe und daher für ihre Folgen verantwortlich sei.[52] Der Prozeß begann am 23. August 1949, eine Woche nach der Wahl zum ersten deutschen Bundestag. Zu diesem Zeitpunkt hatten die Fragen nach der staatlichen Souveränität und der künftigen Rolle der beiden deutschen Staaten im sich anbahnenden Kalten Krieg die Auseinandersetzung mit dem Nationalsozialismus weithin schon überlagert. Am 19. Dezember 1949 verurteilte das Gericht Manstein zu 18 Jahren Haft. In acht Punkten wurde er freigesprochen. Verurteilt wurde er, seine Aufsichtspflicht als Oberbefehlshaber vernachlässigt und damit den Völkermord zugelassen zu haben, sowie unter anderem dafür, die Deportation, Misshandlung und Erschießung von sowjetischen Kriegsgefangenen, Kommissaren der Roten Armee und Zivilisten zugelassen zu haben.[53]

Die Verurteilung schadete dem Ansehen Mansteins nicht, was entscheidend daran lag, daß sich nicht nur seine britischen und deutschen Verteidiger, sondern ebenfalls Liddell Hart in den folgenden Jahren publizistisch für Manstein einsetzten. Der ehemalige Generalfeldmarschall avancierte zu einem der prominentesten deutschen Gefangenen in alliiertem Gewahrsam und stand bald mit im Zentrum der Debatte um die Behandlung der als Kriegsverbrecher verurteilten deutschen Soldaten in Westdeutschland und in Großbritannien.[54] Das führte schließlich zu seiner vorzeitigen Entlassung im Mai 1953.

Liddell Harts Engagement beschränkte sich nicht allein auf Manstein. So finden sich in seinem Nachlaß Briefwechsel mit zahlreichen deutschen Offizieren und Generälen. Das Eintreten für die ehemaligen deutschen Wehrmachtsangehörigen erklärt sich aus der Interpretation des Zweiten Weltkriegs und dem Verhalten der deutschen Wehrmachtsoffiziere in diesem Krieg. Für Liddell Hart waren zumindest die bereits in der Zwischenkriegszeit aktiven deutschen Offiziere überwiegend vorbildliche Soldaten geblieben. Angesichts des Nürnberger Hauptkriegsverbrecherprozesses, den Liddell Hart im Hinblick auf die Behandlung der Wehrmacht, wie auch die späteren Nürnberger Prozesse gegen Wehrmachtsangehörige, aufmerksam verfolgte, schrieb er im Juli 1946, daß die deutschen Soldaten in der Zwischenkriegszeit weniger militaristisch geworden seien als die der meisten anderen Armeen. Er fuhr fort:

> „Having dabbled too much in politics then, they almost fell over backwards in an endea
> vour to keep clear of it. As regards their policy of non-interference during the war, with
> State actions of an immoral kind, I very doubt whether soldiers of other nationalities would
> have behaved any differently if standing in their shoes. Indeed, I have been surprised to
> find, from the evidence, that a number of them ventured to make as much protest as they
> did. [...]. Knowing soldiers, their ambitions, and human nature, I wonder wether the like of
> such action would have been seen in the Allied Armies."[55]

Ebenfalls im Angesicht des Nürnberger Tribunals verglich Liddell Hart den Zweiten Weltkrieg mit den „allseits bewunderten" Kriegen der griechischen und römischen Antike, welche wesentlich grausamer geführt worden seien.[56] So verwies er
etwa auf die Behandlung von Kriegsgefangenen durch Julius Caesar in Gallien.[57]
Manstein selbst veröffentlichte 1955 unter dem programmatischen Titel Verlorene
Siege seine ersten Memoiren, die sich mit den Kriegsereignissen befaßten. Die
Memoiren erreichten bis 1961 eine Auflage von 30.000 Exemplaren. Es war das
erfolgreichste Erinnerungswerk eines deutschen Generals, einzig sechs Memoiren
von Unteroffizieren und Mannschaftsdienstgraden übertrafen diese Auflage in
den 1950er Jahren bei weitem. Allerdings erzielten nur zwei von ihnen, Peter
Bamm [d.i. Oberstabsarzt Curt Emmerich] und Helmut Gollwitzer [Unteroffizier], vergleichbar viele Neuauflagen bis in die Gegenwart hinein wie Mansteins
Verlorene Siege.[58] Während Mansteins Werk die Strategie- und Planungsebene
des Krieges behandelte, stellten diese beiden Memoiren vorwiegend die Leiden
und den Alltag des Krieges dar und brachten partiell auch Verbrechen zur Sprache.

Mansteins Buch wurde 1958 unter der aufmerksamen Begleitung von Liddell-
Hart ins Englische übersetzt und von diesem mit einem Vorwort versehen, das
Mansteins strategische Kompetenzen und Führungsqualitäten hervorhob. Wie
Manstein in seinen Autobiographien betrachtete Liddell Hart hier den Krieg gegen die Sowjetunion als „titanic struggle".[59] Manstein selbst bedankte sich im
Juni 1958 für die Einleitung Liddell Harts mit folgenden Worten: „I should like to
express to you my gratefulness for your help during and after my trial and for
writing the introduction, the higly estimating words, which, however, I think to be
too friendly with regard to a man who did nothing but his duty."[60] Basil Collier,
Cabinet Office, Historical Section, kritisierte in der Sunday Times das Erscheinen
der englischen Übersetzung[61] der Memoiren Mansteins. In einer Stellungnahme
zu dieser Rezension schrieb Liddell Hart an Basil Collier, die deutschen Generäle

hätten sicherlich einen Mangel an moralischem Mut bewiesen, sich Hitler zu widersetzen, insbesondere diejenigen, die mit seinen Methoden nicht einverstanden gewesen seien. Das war auf Manstein gemünzt. Allerdings, so Liddell Hart weiter, sei dieser Mangel an moralischem Mut in den höheren Ebenen aller Armeen sehr verbreitet, auch in der britischen.[62] Collier antwortete darauf, daß sich alle militärischen Führer, die mit ihren politischen Führern nicht übereinstimmten, in keiner beneidenswerten Lage befänden, dennoch verlange das Handeln des deutschen militärischen Oberkommandos nach einer Erklärung.[63]

Liddell Harts Engagement hat die Perspektive auf Manstein nachdrücklich mit geprägt.[64] Insbesondere die deutsche Militärgeschichtsschreibung orientierte sich in den ersten Nachkriegsjahrzehnten an seinen Schriften über die deutsche Wehrmacht, deren erste bereits 1948 erschien. Wie Liddell Hart betonten sie insbesondere Strategie und Taktik des Zweiten Weltkrieges. Die deutschen Historiker standen in den 1950er Jahren weiterhin unter dem Einfluß der Veröffentlichungen der Historical Division, der Memoiren sowie zahlreicher Aufsätze und Artikel von Wehrmachtsgenerälen. Hinzu kam, daß ehemalige Wehrmachtsoffiziere durch ihre Mitarbeit in militärgeschichtlichen Arbeitskreisen und Organisationen bis in die 1960er Jahre aktiv waren und auf diese Weise unter anderem das Militärgeschichtliche Forschungsamt (gegründet 1957), das Bundesarchiv-Militärarchiv (gegründet 1955) sowie zahlreiche historische Institute zu beeinflussen suchten. Die Darstellungen über Manstein durch Liddell Hart und deutsche Militärhistoriker aus diesen Jahren beeinflussen auch die heutige Literatur – unabhängig davon, ob die Autoren ihnen zustimmen oder widersprechen. Allein die Debatte um den „Mythos" wird der Vielschichtigkeit der historischen Person jedoch nicht gerecht.

Anmerkungen

1   Erich von Manstein: Aus einem Soldatenleben 1887–1939, Bonn 1958, S. 84. Vgl. Ders.: Verlorene Siege, Bonn 1955. Im Vorwort heißt es: „Dieses Buch ist eine Aufzeichnung eines Soldaten. Bewusst habe ich darauf verzichtet, politische Probleme oder nicht mit den militärischen Ereignissen in unmittelbarem Zusammenhang Stehendes zu erörtern. [...] Das Entscheidende [ist] die Hingabe, die Tapferkeit, die Treue, die Pflichterfüllung des deutschen Soldaten und die Verantwortungsfreudigkeit wie das Können der Führer aller Grade gewesen. Sie waren es, durch die unsere Siege errungen worden sind. Sie allein ermöglichten es, der erdrückenden Überlegenheit unserer Gegner die Stirne zu bieten."

2   Vgl. Basil Liddell Hart: The other Side of the Hill, London 1948, S. 71–74; Lord Carver: Manstein, in: Corelli Barnett (Hg.), Hitler's Generals, London 1990, S. 221–246. Andreas Hill-

gruber: Generalfeldmarschall Erich von Manstein in der Sicht des kritischen Historikers, in: Nie außer Dienst: Bundeswehrfestschrift zum achtzigsten Geburtstag von Generalfeldmarschall Erich von Manstein, Köln 1967, S. 65–83.

3 Heuer schreibt, daß seine Entlassung durch Hitler [im März 1944, d. Verf.] Manstein nicht davor bewahrte, „daß er nach dem endgültigen Zusammenbruch vor ein britisches Kriegsgericht gestellt und als angeblicher Kriegsverbrecher für unbewiesene Schuld zu achtzehn Jahren Gefängnis verurteilt wurde [...]." Gerd Heuer: Die deutschen Generalfeldmarschälle und Großadmirale. Dokumentationen zur Geschichte des Krieges, Rastatt 1988, S. 87–92, Zitat S. 92.

4 Norbert Frei: Vergangenheitspolitik. Die Anfänge der Bundesrepublik und die NS-Vergangenheit, München 1996, S. 246.

5 Vgl. Christian Schneider: Denkmal Manstein. Psychogramm eines Befehlshabers, in: Hannes Heer/Klaus Naumann, Klaus (Hg.): Vernichtungskrieg. Verbrechen der Wehrmacht 1941 bis 1944, Hamburg 1995, S. 402–417.

6 Walter von Schultzendorf: Der Mensch und der Soldat Erich von Manstein, in: Nie außer Dienst, S. 9–34. Theodor Fuchs/Rüdiger von Manstein: Manstein – ein Soldat im 20. Jahrhundert. Militärisch-politische Nachlese, München 1981, S. 10–131.

7 Carver, S. 222. Hillgruber, Generalfeldmarschall, S. 66–69.

8 Manstein, Soldatenleben, S. 268–278, 347–354.

9 Die Familie von Mansteins Frau Jutta von Loesch hatte selbst durch den Ausgang des 1. Weltkrieges Güter in Schlesien verloren. Das mag Mansteins strikte Haltung mitbeeinflußt haben.

10 Zeugenaussage Mansteins vor dem britischen Militärgericht 1949, zitiert nach: Paul Leverkuehn: Verteidigung Mansteins, Hamburg 1950, S. 4.

11 Vgl. die biographische Übersichtsdarstellung von Bernd Boll: Generalfeldmarschall Erich von Lewinski, gen. von Manstein, in: Gerd R. Ueberschär (Hg.): Hitlers militärische Elite, Bd. 2, Darmstadt 1998, S. 143–153.

12 Manstein, Soldatenleben, S. 166–178.

13 Ebd., S. 274.

14 Ebd., S. 55f.

15 Denkschrift des Chefs des Generalstabes des Wehrkreiskommandos III (3. Division), Oberst i.G. von Manstein, über die nachträgliche Anwendung des Arierparagraphen auf die Wehrmacht nebst Anschreiben an den Chef des Truppenamtes, Generalleutnant Beck, vom 21. April 1934. Die Denkschrift bezieht sich auf den „Erlass des Reichswehrministers vom 28. Februar 1934 über die Anwendung des § 3 (Arierparagraphen) des Gesetzes zur Wiederherstellung des Berufsbeamtentums auf die Soldaten der Reichswehr", beides abgedruckt bei: Klaus-Jürgen Müller: Das Heer und Hitler, Armee und nationalsozialistisches Regime 1933–1940, Stuttgart 1969, S. 592–598. Vgl. zur Haltung Mansteins auch Brian Rigg, Hitlers jüdische Soldaten, Paderborn u.a. 2003, S. 120–123.

16 Public Record Office London (PRO), FO 1060/1354 (Dokumentenband) und PRO, WO 235/589 (Anklageschrift). Die Beteiligung von Wehrmachtseinheiten ist unumstritten. Vgl. Martin Gilbert: Endlösung. Die Vertreibung und Vernichtung der Juden. Ein Atlas, Reinbek bei

Hamburg 1982, S. 32–39; Die faschistische Okkupationspolitik in Polen (1939–1945), Dokumentenauswahl und Einleitung von Werner Röhr, S. 346–354, Köln 1989; Czeslaw Madajczyk: Die Okkupationspolitik Nazideutschlands in Polen, ins Deutsche übertragen und wissenschaftlich bearb. v. Berthold Puchert, Berlin/Ost 1987 (Warschau 1970), S. 17–22; Frank Golczewski: Polen, in: Wolfgang Benz (Hg.), Dimensionen des Völkermords. Die Zahl der jüdischen Opfer des Nationalsozialismus, München 1991, S. 411–497, hier S. 419–426.

17 Folge war die Abberufung v. Woyrschs. Vgl. Helmut Krausnick: Hitler und die Morde in Polen, in: Vierteljahrshefte für Zeitgeschichte, 11 (1963), S. 196–210.

18 Krausnick, Hitler und die Morde in Polen, S. 203. Vgl. Tomasz Gross: Polish Society under German Occupation. The Generalgouvernement 1939–1945, Princeton, New Jersey, 1979, S. 68–71. Raul Hilberg: Die Vernichtung der europäischen Juden, Frankfurt/M. 1990, S. 197–203.

19 Ursächlich dafür waren militärische und technische Gründe. Vgl. Dennis Kuck: Wehrmacht und NS-Verbrechen. Das Beispiel Erich von Manstein, unveröffentlichte Magisterarbeit, Berlin 1997, S. 36.

20 Diese Befehle finden sich in: Gerd R. Ueberschär: Dokumente zum „Unternehmen Barbarossa" als Vernichtungskrieg im Osten, in: Ders./Wolfram Wette (Hg.): Der deutsche Überfall auf die Sowjetunion. „Unternehmen Barbarossa" 1941, Frankfurt/Main 1991, S. 241–348, hier S. 285–291.

21 Hans Breithaupt: Zwischen Front und Widerstand. Ein Beitrag zur Diskussion um den Feldmarschall Erich von Manstein, Bonn 1994, S. 50f.

22 Andreas Hillgruber: Die „Endlösung" und das deutsche Ostimperium als Kernstück rassenideologischen Programms des Nationalsozialismus, in: Vierteljahrshefte für Zeitgeschichte, 23 (1972), S. 147.

23 Manfred Messerschmidt: Die Wehrmacht im NS-Staat. Zeit der Indoktrination, Hamburg 1969, S. 414f.: „Möglicherweise haben sie nicht einmal begriffen, warum Hitler derartige Befehle ausgezeichnet finden konnte."

24 Christian Streit: Keine Kameraden. Die Wehrmacht und die sowjetischen Kriegsgefangenen 1941–1945, Stuttgart 1978, S.117–125; Helmut Krausnick: Hitlers Einsatzgruppen. Die Truppen des Weltanschauungskrieges 1938–1942, Frankfurt/Main 1985, S. 192, 226–230; Peter Jahn: Russenfurcht und Antibolschewismus. Zur Entstehung und Wirkung von Feindbildern, in: Ders./Reinhard Rürup (Hg.), Erobern und Vernichten. Der Krieg gegen die Sowjetunion 1941–1945, Berlin 1991, S. 47–64; Hilberg, Vernichtung, S. 337.

25 Hannes Heer: Killing Fields. Die Wehrmacht und der Holocaust, in: ders./Naumann (Hg.), Vernichtungskrieg, S. 57–77. Jehuda L. Wallach: Feldmarschall Erich von Manstein und die deutsche Judenausrottung in Russland, in: Jahrbuch des Instituts für Deutsche Geschichte Tel Aviv 4 (1975), S. 457–472; Omer Bartov: Hitler's Army. Soldiers, Nazis, and War in the Third Reich, Oxford/New York 1991, S. 129–131.

26 Bundesarchiv-Militärarchiv Freiburg (BA-MA), N 507/v.7, F. 16–17. Vgl. Oliver von Wrochem: Der Fall Manstein. Aufarbeitung von Wehrmachtsverbrechen und Kriegsverbrecherfrage im Schatten des Kalten Krieges 1947–1953, unveröff. Magisterarbeit, Hamburg 1995, S. 98f.

27 Vgl. Marcel Stein: Generalfeldmarschall Erich von Manstein. Kritische Betrachtung des Soldaten und Menschen, Mainz 2000, S. 239–299; Kuck, Wehrmacht und NS-Verbrechen, S.

41–87; Oliver von Wrochem: Der Prozess gegen Generalfeldmarschall Erich von Manstein, in: Zeitschrift für Geschichtswissenschaft, 4/1998, S. 329–353, hier S. 337–349. Vgl. Jörg Friedrich: Das Gesetz des Krieges. Das deutsche Heer in Russland 1941–1945; der Prozeß gegen das Oberkommando der Wehrmacht, Neuausgabe München, 2. Aufl. 1995.

28 Regelung des Einsatzes der Sicherheitspolizei und des SD im Verbande des Heeres vom 28. 4. 1941, gez. v. Brauchitsch, abgedruckt in: Ueberschär/Wette (Hg.), Der deutsche Überfall auf die Sowjetunion, S. 249f. Vgl. Krausnick, Hitlers Einsatzgruppen, S. 127–137; Hilberg, Vernichtung, S. 288–304.

29 Zentrale Stelle Ludwigsburg (ZStL), 213 AR-Z 72/67, Bd. II, S. 3: NOKW 1651, Auszug aus dem Tätigkeitsbericht der Ortskdtur I/287 (Kertsch) an Korück 553 vom 27.11.1941.

30 ZStL 213 AR-Z 72/67, Bd. II: NOKW-1628, Ortskdtur I/287 (Kertsch) an Korück 553, 7.12.41. Vgl. BA-MA, N 507/v.14, F. 93 und F. 98.

31 BA-MA, RH 20-11/418: AOK 11/OQu an OKH/GenQu, 5.12.1941: Zur wirtschaftlichen Lage auf der Krim.

32 ZStL, 213 AR-Z 29/61, SA 362, Urteil LG Düsseldorf, 21.8.1969, 8 Ks1/68, S. 4.

33 Nordrhein-Westfälisches Hauptstaatsarchiv Düsseldorf, Zweigarchiv Schloß Kalkum, Ger. Rep. 388, Bde. 685–695 und Bde. 707–738, 8 Ks/1/68 Strafsache bei der XI. Strafkammer des Landgerichts Düsseldorf gegen Pallmann u.a.

34 Ebd., Ger. Rep. 388, Bd. 725, Bl. 28–35. Staatsanwaltschaft bei dem Landgericht Stuttgart, 5.8.1971 815 Js 1742–1746/69, gez. Gerichtsassessor Stockinger.

35 Manfred Oldenburg gilt mein herzlicher Dank für diese vorab zur Verfügung gestellten Informationen aus seinem Dissertationsmanuskript.

36 PRO, FO 1060/1350: Translation of Document No. MAR 1364: Field Officer with Military Police File No. 13/42 (2.1.1942).

37 ZStL 213 AR 1897/66 = StA München 22 Js 201/61, Dokumentenband II: NOKW 3238, Der Beauftragte des Chefs der Sicherheitspolizei und des SD beim Befehlshaber des rückwärtigen Heeresgebietes Süd – Einsatzgruppe D – Tgb.Nr.380/42 an das AOK 11, 12.2.1942.

38 Bernd Wegner: Der Krieg gegen die Sowjetunion, in: Das deutsche Reich und der Zweite Weltkrieg Bd. 6, Stuttgart 1990, S. 900 (H. Gr. Nord/Ia, KTB, 28.8.1942, BA-MA, RH 19 III/185).

39 BA-MA, RH 20-11/424: AOK 11/OQu (geheime Kommandosache) an OKH/Gen. Qu, 3. 7. 1942 betr. Räumung der Krim.

40 Früher Potsdam, Film F 42744 (jetzt BA-MA): WiStabOst, Chefgruppe Arbeit, gez. KVA-Chef Dr. Roth , 31.7.1942.

41 Früher Potsdam, Film F 42744 (jetzt BA-MA): WiStabOst, Chefgruppe Arbeit, gez. KVA-Chef Dr. Roth, 27. 7.1942.

42 Roman Töpsel, Legendenbildung in der Geschichtsschreibung – die Schlacht bei Kursk, in: Militärgeschichtliche Zeitschrift, 61 (2002); Dana v. Sadarananda: Beyond Stalingrad. Manstein and the operations of Army Group Don, New York u.a. 1990.

43 Vgl. hierzu Stein, S. 120–148.

44 Manstein, Verlorene Siege, S. 320.

45 Joachim Wieder: Welches Gesetz befahl den deutschen Soldaten, an der Wolga zu sterben? In: Frankfurter Hefte, 11 (1956), S. 307–325.

46 Vgl. hierzu u.a. Stein, S. 167–188.

47 R. Christoph Frhr. von Gersdorff: Soldat im Untergang – Lebensbilder, Frankfurt a.M. 1979.

48 Nach Theodor Fuchs und Rüdiger von Manstein entsprang diese Haltung „zweifelsohne dem Pflichtgefühl des Soldaten gegenüber dem Volk und der Armee, das die Ablehnung des Regimes und die Enttäuschung bei weitem überwog", Fuchs/Manstein, Manstein, S. 199.

49 Erich Kosthorst: Die Geburt der Tragödie aus dem Geist des Gehorsams. Deutschlands Generäle und Hitler, Bonn 1998, S.203. Stein, S. 294, schreibt: „Sein Schicksal war es, auf einen Kriegsschauplatz verlegt zu werden, dessen politische und gesellschaftliche Struktur ihm unverständlich war und auf dem sich seine Vorstellungen den Forderungen des Weltanschauungskrieges anpassen konnten." In diesem Sinne auch: Enrico Syring: Erich von Manstein – Das operative Genie, in: Ronald Smelser/ders. (Hg.): Die Militärelite des Dritten Reiches. 27 biographische Skizzen, Berlin 1995, S. 325–348. Guido Knopp/Jörg Müllner: Der Stratege, in: Guido Knopp, Hitlers Krieger, München 1998, S. 157–226. Jürgen Engert (Hg.): Soldaten für Hitler, Göttingen 1998, S. 157–162.

50 Staatsarchiv Nürnberg, PS 3798: Denkschrift Walther von Brauchitsch, Erich von Manstein, Franz Halder, Walter Warlimont, Siegfried Westphal; vgl. Manfred Messerschmidt: Vorwärtsverteidigung. Die „Denkschrift der Generäle" für den Nürnberger Gerichtshof, in: Heer/Naumann (Hg.), Vernichtungskrieg, S. 532.

51 Tom Bower: Blind Eye to Murder. Britain, America and the Purging of Nazi Germany – a Pledge betrayed, London 1981, S.241–267; J. H. Hoffman: German Field-Marshals as war-criminals? A British Embarassment, in: Journal of Contemporary History 23 (1988), S.17–35. Oliver von Wrochem: Rehabilitation oder Strafverfolgung. Kriegsverbrecherprozess gegen Generalfeldmarschall Erich von Manstein im Widerstreit britischer Interessen, in: Mittelweg 36 (1997), S. 26–36; Charles Messenger: The last Prussian. A biography of Field Marshal Gerd von Rundstedt 1875–1953, London u.a. 1991, S. 243–291; Donald Bloxham, Punishing German Soldiers during the Cold War: the Case of Erich von Manstein, in: Patterns of Prejudice 33 (1999), S. 25–45.

52 Anklageschrift, PRO, WO 235/589.

53 Urteil PRO FO 1060/1345.

54 Vgl. u.a. Frei, Vergangenheitspolitik; Ulrich Brochhagen: Nach Nürnberg. Vergangenheitsbewältigung und Westintegration in der Ära Adenauer, Hamburg 1994. Jörg Friedrich: Die kalte Amnestie. NS-Täter in der BRD, Frankfurt a.M. 1984; Georg Meyer: Zur Situation der deutschen militärischen Führungsschicht im Vorfeld des westdeutschen Verteidigungsbeitrages 1945–1950/51, in: Anfänge westdeutscher Sicherheitspolitik 1945–1956, Bd.1, hrsg. v. Roland G. Foerster u.a., München/Wien 1982, S. 624–628; Georg Meyer: Soldaten ohne Armee. Berufssoldaten im Kampf um Standesehre und Versorgung, in: Martin Broszat/Klaus-Dietmar Henke/Hans Woller (Hg.): Von Stalingrad bis zur Währungsreform. Zur Sozialgeschichte des Umbruchs in Deutschland, München 1988, S. 709–713.

55 Kings College London, Liddell Hart Centre for Military Archives (Liddell Hart Centre), LH 9/24/155. Liddell Hart an Vivian Gaster, 30. Juli 1946.

56 Liddell Hart Centre, LH 9/24/155, The Nuremberg Trials, o.D.: „Terrible as was Hitler´s conduct of war in comparison with the standards of the last two centuries, it was mild compared with the practise of those admired models of ancient civilization, the greeks and the romans."

57 Liddell Hart Centre, LH 9/24/155, The Nuremberg Trials, o.D.: „In none of these particular points – least of all in the treatment of prisoners of war – did Hitler go nearly as far as that much extolled hero of classical civilization, Julius Caesar – in Gaul. But Caesar's massacres of conquered armies and peoples were not exeptional – and he was merciful compared with Genghis Khan [...]."

58 Peter Bamm: Die unsichtbare Flagge. Ein Bericht, München 1952 (438.000 gedruckte Ex. bis 1961, 31 Aufl./Ausg. bis 1996/97); Gollwitzer, Helmut: ...und führen, wohin Du nicht willst. Bericht einer Gefangenschaft, München 1951 (254.000 Ex. bis 1961, 2 Aufl./Ausg. bis 1996/97). Mansteins Buch erreichte 23 Aufl./Ausg. bis 1996/97. Angaben zu Auflagenhöhe und – zahl finden sich bei Rolf Düsterberg: Soldat und Kriegserlebnis. Deutsche militärische Erinnerungsliteratur (1945–1961) zum Zweiten Weltkrieg. Motive, Begriffe, Wertungen, Tübingen 2000. S. 47–49. Mansteins zweiter Autobiographie „Aus einem Soldatenleben" war kein vergleichbarer Erfolg beschieden.

59 Liddell Hart Centre, LH 9/24/45 Vorwort zu „Lost Victories". Vgl. Liddell Hart Centre, LH 9/24/155, War Crimes Trials. Answers to questions from M. J. Williams of Jesus College, Oxford, to Professor Howard Gordon, Armhurst College, University of Massachusetts, 29.3. und 12.9.1960, S. 3. Liddell Hart formuliert hier paradigmatisch, daß die Verbrechen der Härte des Krieges im Osten auf beiden Seiten entsprangen.

60 Liddell Hart Centre, LH 9/24/71: Manstein an Liddell Hart, 3.6.1958.

61 Erich von Manstein: Lost Victories. Ed. and transl. by Anthony G. Powell, London 1958.

62 Liddell Hart Centre, LH 9/24/45: Liddell Hart an Basil Collier, 23.6.1958. „The German Generals, with few exeptions, certainly showed lack of moral courage in standing up Hitler, and the deficiency was most marked in some of those who felt most disagreement with his methods. Such lack of moral courage is very common in the higher levels of armies everywhere. Even in our own forces it has been very rare for anyone to carry into effect their talk of resignation on issues that they regarded as matters of principle, although one hopes that they might have proved stronger in expressing opposition if they had ever had to serve a regime as bad as Hitler's."

63 Liddell Hart Centre, LH 9/24/45. Basil Collier an Liddell Hart, 6. 7. 1958: „I agree with you that a General of any nationality who finds himself out of sympathy with his political chiefs is in an unenviable position. Even so the failure of the High Command of the German Army to maintain its authority before and during the war does seem to call for comment."

64 Vgl. zur Wirkung Liddell Harts auf die westdeutschen Historiker Bernd Wegner: Erschriebene Siege. Franz Halder, die „Historical Division" und die Rekonstruktion des Zweiten Weltkriegs im Geiste des deutschen Generalstabs, in: Politischer Wandel, organisierte Gewalt und nationale Sicherheit. Beiträge zur neueren Geschichte Deutschlands und Frankreichs. Festschrift für Klaus-Jürgen Müller, hrsg. v. Ernst Willi Hansen, Gerhard Schreiber und Bernd Wegner, München 1995, S. 298.

Soldat bis zum letzten Tag?
Generalfeldmarschall Albert Kesselring

Kerstin von Lingen

Von Februar bis Mai 1947 stand der Oberbefehlshaber (OB) der Heeresgruppe C und Oberbefehlshaber Südwest, Generalfeldmarschall Albert Kesselring, vor einem britischen Militärgericht in Venedig. Die Anklage lautete auf Durchführung von Repressalien in den Fosse Ardeatine in Rom, bei der 335 Menschen den Tod fanden und Aufstachelung der Truppe zum Krieg gegen die italienische Zivilbevölkerung durch Erlaß zu scharf formulierter Befehle. In sogenannten „Bandenaktionen" waren während der deutschen Besatzung in Italien rund 9.000 Frauen, Kinder und Greise umgekommen.[1]

Es war der längste Kriegsverbrecherprozeß, der nach dem Krieg gegen einen deutschen Offizier geführt worden ist. Am 6. Mai 1947 stellte das Gericht Kesselrings Schuld juristisch fest und verkündete das Strafmaß: Tod durch Erschießen. Kesselring wie auch sein Rechtsanwalt Hans Laternser wurden von dem Urteil offenbar völlig überrascht. Der Angeklagte schrieb erstaunt in sein Tagebuch: „Schuldig gesprochen und zum Tode durch Erschießen verurteilt. Einem langen, arbeits-, verantwortungs- und segensreichen Leben ist damit ein Ende gesetzt. Der Herrgott wird wissen, warum?"[2]

Kesselring wußte es offensichtlich nicht. Er sah sich selbst als „unpolitischen Soldaten", der „nur seine Pflicht getan" habe. Die Kriegsverbrechen in Italien, die er persönlich zunächst durchaus bedauerte,[3] subsumierte er angesichts des drohenden eigenen Prozesses unter dem Satz: „Der völkerrechtswidrige Bandenkrieg in seinen leider nicht vermeidbaren unmoralischen Erscheinungsformen! [...]"[4]

Damit stilisierte er sich selbst zum „kleinen Rädchen" im Getriebe, gleichsam zu einem Opfer seines Soldatenberufs. Er schuf damit zwar einen Mythos um die eigene Person, der in den 1950er Jahren sehr wirkungsmächtig war, geriet aber dadurch in die „Viktimisierungsfalle".[5] Wer einmal in diese hineingetappt ist, den entbindet die „Pflicht", ein „alles durchdringender, gleichsam verinnerlichter Gehorsam, von der individuellen Verantwortung und vom Nachdenken über den Ort des Einzelnen in der großen Politik."[6] Dabei wird das Töten legitimiert durch das

Prinzip von Befehl und Gehorsam und den Verweis auf das „Dienstethos des Soldaten", das die eigene Position in der Befehlskette als nicht bedeutsam definiert
und durch wiederholten Rekurs auf die „Pflicht", die man zu erfüllen gehabt habe,
die eigene Verantwortung verschleiert.[7]

„Onkel Albert", wie Kesselring von seinen Soldaten genannt wurde, oder
„Smiling Al", wie ihn die Gegner titulierten, war einer der populärsten militärischen Führer des Zweiten Weltkriegs. Er galt als großer Taktiker und Manager des
Krieges, ohne jedoch die strategische Brillanz eines Manstein oder Rommel zu
besitzen. Seine Generalstabskameraden irritierte sein militärischer Zweckoptimismus, Hitler hielt ihn für „zu weich". Seine Soldaten dagegen verehrten ihn als
„volksnahen General" und schätzten das Gefühl, von ihrem Oberbefehlshaber
ernst genommen zu werden, der durch regelmäßige und oft unangekündigte
Frontbesuche sein Verantwortungsgefühl gegenüber der Truppe unterstrich. Italienische Äbte rühmten seine Versuche, die Kunstschätze Italiens vor der Zerstörung
durch den Krieg zu bewahren. Dieses Bild ist von einer durchaus willfährigen
Memoirenliteratur in den 1950er Jahren breit aufgegriffen und mehrfach ausge-
schmückt worden, so daß der Schluß naheliegt, Kesselring habe gleichsam die
„Marschrichtung" einmal mehr vorgegeben. Die Popularität des von Kesselring
gezeichneten Italienbildes vor allem in den 1950er Jahren läßt darauf schließen,
daß die Konstruktion des Kesselring-Mythos für die Sinnstiftung und Legitimation einer ganze Generation höchst bedeutsam war. Das im Prozeß entstandene Bild
vom „guten General" wird jedoch vor dem Hintergrund der blutigen Übergriffe
auf ganze Dörfer während des Rückzugs der Wehrmacht im Sommer 1944 zum
Zerrbild.

Vor dem Hintergrund des Kesselring-Mythos, der den gerade erst zum Kriegsverbrecher rechtskräftig verurteilten Feldmarschall 1953 zum „Soldaten bis zum
letzten Tag" – so der Titel seiner Memoiren – beförderte, scheint eine Bestandsaufnahme von Kesselrings Soldatenbild anhand soldatischer Ehrbegriffe lohnend.
Erst durch die Überbetonung soldatischer Werte wurde es möglich, „über die unmittelbare Vergangenheit und die aus ihr resultierenden Anklagen hinauszugrei-
fen, das Außergewöhnliche der Kriegsverbrechen in den Schatten des Normalen
zu stellen und dadurch die Spezifika des Zweiten Weltkriegs für das Gros der
Wehrmacht zu relativieren".[8] Um zudem noch die moralische Rechtfertigung der
soldatischen Existenz zu ermöglichen, wird der Gegensatz zwischen Töten und
Getötetwerden mithilfe eines in christlichen Traditionen verankerten soldatischen
Tugendkatalogs zugunsten von Werten der Selbstlosigkeit wie *Pflichterfüllung*,
Dienst am Vaterland und *Opfermythos* aufgelöst.[9]

Was können wir heute über die Karriere Albert Kesselrings sagen? Wie lassen sich seine soldatischen Wertvorstellungen mit den Kriegsgreueln in Italien zur Deckung bringen, von denen er spätestens in seinem Prozeß detailliert Kenntnis erhalten hat?

Generalfeldmarschall Albert Kesselring war allein schon aufgrund seines Ranges ein herausragender Vertreter der Wehrmachtselite. Aber war er auch ein „ambivalenter Funktionär"? Die Hypothese liegt nahe, daß im Wandel von Kesselrings Auffassung von soldatischem Verhalten im Verlauf seiner Karriere eine Ambivalenz zutage tritt, die die Legende von der sauberen Kriegführung in Italien begünstigt hat. Zumindest wird Albert Kesselrings Haltung im Dritten Reich als ambivalent geschildert: diese oszillierte zwischen Gentleman und rücksichtslosem Karrieristen und Taktiker. Kesselrings Nachfolger in Italien, Generaloberst Heinrich von Vietinghoff, genannt Scheel, schrieb in seinen nicht für die Öffentlichkeit bestimmten Erinnerungen 1950 über seinen Vorgesetzten, indem er das von Kesselring oft verwendete Bild des Gentleman im Kriege transportierte:

> „Ein starker Charakter, reich und vielseitig begabt, war [Kesselring] der Organisator großen Stils, ebenso bewegte er sich auf dem politischen Parkett mit ausgesprochener Gewandtheit. In seinem durch Gastfreiheit bekannten Hauptquartier war man sicher, immer interessante Gäste beider Nationen und hohes Niveau der von ihm mit Geist und Temperament geführten Unterhaltung zu finden. [...] Mit größtem Nachdruck verlangte er stets einwandfreies Verhalten der Truppe gegen die friedliche Bevölkerung und scharfes Einschreiten gegen jeden Übergriff."[10]

Ein interner Bericht des westdeutschen Verfassungsschutzes beleuchtete dagegen die andere Seite des Generalfeldmarschalls und urteilte 1953:

> „Kesselring war ein überzeugter Anhänger des nationalsozialistischen Regimes und verschloß seine Augen häufig gegenüber rechtswidrigen Handlungen in seinem Befehlsbereich. So wurde er für Ausschreitungen verantwortlich, die das sonst auch beim Gegner anerkannte Prestige Kesselrings und seiner Truppe beeinträchtigten. Andererseits bewies er häufig Verständnis für die Schonung der Zivilbevölkerung und der Kulturgüter."[11]

Albert Kesselring kam 1885 in Marksteft in Unterfranken als Sohn eines Lehrers zur Welt. Er gehörte damit zur Alterskohorte der zwischen 1881–1900 geborenen Offiziere, die im Zweiten Weltkrieg über die Hälfte der Wehrmachtsspitzenstellungen bekleideten.[12] Besonderes Merkmal dieser Gruppe ist die Sozialisation im Kaiserreich bzw. dem jeweiligen Königreich und der Eintritt ins Heer zwischen 1904 und 1918, und damit einer weiteren wichtigen Prägung durch die Erfahrung des Ersten Weltkriegs. Auch Albert Kesselrings Karriere verlief nach diesem Muster.

„Ich stamme nicht aus einer Soldatenfamilie"[13] ist der erste Satz seiner Memoiren. Da Kesselring sich aufgrund seines Notendurchschnitts nicht für ein Universitätsstudium qualifiziert hatte, strebte er im Einverständnis mit seiner Familie die Offizierslaufbahn im bayerischen Heer an, die ihm gesellschaftliches Ansehen versprach. „Ich wollte Soldat werden, war geradezu versessen auf diesen Beruf und war, das darf ich rückblickend sagen, mit Leib und Seele Soldat" schrieb Kesselring in seinen Memoiren.[14] 1904 trat er als Fahnenjunker in das Königlich-Bayerische Heer ein. Kesselrings Zugehörigkeit gerade zur stolz auf Eigenständigkeit bedachten Königlich-Bayerischen Armee muß besonders hervorgehoben werden. Die Anforderungen, die in Bayern an junge Offiziersanwärter gestellt wurden, waren höher als beispielsweise in Preußen.[15] Er diente im 2. Bayerischen Fußartillerieregiment, das in Metz stationiert war, und erhielt von Anfang an hervorragende Zeugnisse, so daß er von 1908 bis 1910 außerdem die Artillerie- und Ingenieurschule in München besuchen durfte.

Seine Vorgesetzten schätzten an ihm besonders seine Bereitwilligkeit, den Dienst an neuen Waffengattungen auszuüben. Regimentskommandeur Otto Mayer machte zu der Routine-Beurteilung Kesselrings vom 1. Januar 1909 sogar den Zusatz: „Leutnant Kesselring ist unter den jüngeren Offizieren mit Abstand der Beste; allem Anschein nach verspricht er, sich weit über den Durchschnitt zu erheben."[16] Kesselring war sich bewußt, daß er ein Aufsteiger war, und achtete darauf, seine neu erreichte gesellschaftliche Position weiter auszubauen.

Bereits 1912 absolvierte er einen Lehrgang als Ballonbeobachter in der Luftschiffabteilung – sein erster Kontakt mit der späteren Luftwaffe. Seine Vorgesetzten hielten ihn für geeignet, als Lehrer an der Artillerie- und Ingenieurschule zu unterrichten. Doch dazu kam es nicht mehr: Kesselring wurde im Laufe des Ersten Weltkriegs Generalstabsoffizier, eine nicht unübliche Karriere für einen Fußartilleristen, da der Erste Weltkrieg, wie kaum ein militärischer Konflikt zuvor, von der Artillerie geprägt war.[17] Viele Offiziere, die ursprünglich der Fußartillerie entstammten, hatten später im Zweiten Weltkrieg Spitzenstellungen inne.[18] Kesselring gehörte damit zu jenen, die durch den Ersten Weltkrieg als Spezialisten in die Offizierslaufbahn vordrangen, nach 1919 eine laufbahnrechtliche Besserstellung erlangten und seit Ende der 1920er Jahre, besonders aber durch Hitlers Aufrüstung, schließlich Eliteränge erreichen sollten.[19]

Acht Monate lang versah Kesselring Truppendienst in Flandern und den Vogesen und wurde 1915 zum Hauptmann befördert, bis er sich 1917, wie eine Beurteilung anerkennend vermerkt, nun „auch in der wirklichen Front und an einer Kriegsfront" beweisen durfte.[20] Von Bedeutung für seine spätere Karriere war seine Versetzung als Generalstabsanwärter in der 2. Landwehrdivision an die Ost-front,[21] wo sich sein antikommunistisches Feindbild durch Erfahrungen mit sowjetischen Soldatenräten verfestigte. Er wurde, obwohl er die Kriegsakademie nicht besucht hatte, in den Truppengeneralstab befördert, weil man ihn für besonders geeignet hielt, wie die Beurteilungen belegen.[22]

Am 10. November 1918 wurde er in Nürnberg stationiert und mit der Demobilisierung des III. Bayerischen Armeekorps betraut. Dort zeigte Kesselring bemerkenswerten militärischen Ungehorsam: er geriet mit dem Führer eines Freikorps aneinander und verweigerte die Ausführung von Befehlen, weil er dies für seine Pflicht hielt, und wurde dafür „in eine schmierige Zelle abgeführt".[23] Sein Vorgesetzter, Major Seyler, Chef des Generalstabs beim Generalkommando des III. Bayerischen Armeekorps, tadelte, Kesselring sei „zu hartnäckig" gewesen und habe es „an der nötigen Diskretion fehlen" lassen. Durch den langen Dienst in höheren Stäben sei er wohl „von jungen Jahren an gewöhnt, die eigene Person überzubewerten. [...] Seine große Beharrlichkeit auf einmal gefaßten Ansichten hat nicht selten beeinträchtigenden Mangel an Wendigkeit zur Folge".[24] Kesselring war zwar zutiefst konservativ und monarchistisch eingestellt, einer gewählten Volksregierung gegenüber verhielt er sich jedoch keineswegs militärisch „bedingungslos loyal", wie er später in seinen Memoiren glauben machen wollte, sondern nur in so weit, wie sich dieses Verhalten mit den eigenen Wertvorstellungen deckte. Gegenüber dieser Einschätzung hat sich Kesselrings Persönlichkeit offenbar später stark verändert. Nachdem er aus dem Generalstab verbannt und als Batteriechef zum Artillerieregiment 24 kommandiert worden war, wo er zwei Jahre lang Truppendienst versah, zeigte er sich bereit, sich unterzuordnen und nach der Protektion mächtiger Fürsprecher zu streben.

Das schlechte Zeugnis aus der Freikorps-Zeit hat Kesselring nicht geschadet: er erhielt eine neue Chance beim Aufbau der Reichswehr und wurde dafür 1922 nach Berlin versetzt. Sein militärischer Aufstieg verlief stetig und unspektakulär, und Kesselring wurde gemäß seinen persönlichen Stärken als Verwaltungsfachmann eingesetzt. Lediglich aus laufbahntechnischem Kalkül kehrte er immer wieder in den Truppendienst zurück, wenn es galt, eine nächsthöhere Rangstufe zu erreichen. So wurde er als Major 1926 in den Stab der Heeresleitung, 1927 ins Wehramt versetzt; ab 1. Februar 1927 machte die Beförderung zum Oberleutnant einen Wechsel zum Generalstab der 7. Division nötig. Als Abteilungskommandeur des III./Artillerie-Regiments 4 qualifizierte sich Kesselring 1932 für die Beförderung zum Oberst. Danach nahm er seine bereits 1931 begonnene Tätigkeit in der Personalgruppe der Reichswehr wieder auf. So bearbeitete Kesselring als einer der engsten Mitarbeiter des Chefs der Heeresleitung jahrelang die Bereiche Ausbildung, Organisation und Technik aller Waffen, Haushalts-, Verwaltungs-Rechts- und Völkerrechtsfragen, sowie Probleme mit der Internationalen Militär-Kontroll-Kommission. Damals erhielt er den Spitznamen „Sparkommissar". Er sah sich auch hier als Soldat in der Pflicht, wie eine Passage aus seinen späteren Memoiren belegt, in der er das in der Weimarer Republik gängige Selbstbild der Armee zur Charakterisierung seiner Haltung übernahm und zur nachträglichen Legitimierung heranzog:

> „Wir waren außerhalb jeder Parteipolitik unpolitisch geworden, bewußt von Generaloberst von Seeckt zu unpolitischen Soldaten erzogen, die in den Wirren der Zeit [...] lediglich durch ihr „Dasein" und ihre Haltung einen unblutigen Ablauf aller Krisen erwarten ließen. Deutschlands unpolitische Wehrmacht war unbewußt und unsichtbar der tragende politische Pfeiler der vom Volk gewählten Regierung geworden."[25]

Es ist bezeichnend, daß Kesselring hier Seeckt gleichsam als Vorbild namentlich nennt, war es doch gerade Seeckt, der in vollem Bewußtsein seiner politischen Verantwortung durch eine großzügige Auslegung der Versailler Vertragsbestimmungen teilweise gegen diese verstieß. Als erster Generalstabsoffizier (Ia) Seeckts hatte Kesselring auch die geheime Aufrüstung und 1923–1924 die ersten Versuche zum Aufbau einer Luftwaffe durchgeführt, in Zusammenarbeit mit der Sowjetunion in der Stadt Lips, wie er 1946 in Nürnberg freimütig zu Protokoll gab.[26]

Das Jahr 1933 brachte einen neuen Wirkungskreis: Kesselring wurde zum 1. Oktober 1933 als Chef des Verwaltungsamtes in das neugeschaffene Luftfahrtministerium berufen und begann seine Laufbahn dort im Rang eines Kommodore. Er lernte mit 48 Jahren selbst noch fliegen, was ihm besonders bei den einfachen Soldaten Anerkennung eintrug. Die Managerqualitäten Kesselrings wurden beim Aufbau der Luftwaffe dringend benötigt. Bereits 1934 beförderte Göring ihn zum Generalmajor, 1936 zum Generalleutnant. Geschmeichelt fühlte sich Kesselring vor allem vom sozialen Aufstieg, der mit einer Stellung bei der jungen Luftwaffe verbunden war. Dieses auf Eitelkeit basierende Selbstbild liest man selbst 20 Jahre später noch aus seinen Memoiren heraus, wenn er schreibt: „Als Angehörige der Luftwaffe, gedeckt durch die damals mächtige Persönlichkeit des Oberbefehlshabers, fanden wir in allen Gesellschaftskreisen, einschließlich der nationalsozialistischen Partei, eine wohltuende Anerkennung."[27]

Diese Anerkennung, zumal aus den Reihen der neuen Machthaber, war für Kesselring ein persönlicher Ansporn, sich besonders einzusetzen. Neben der freiwilligen Bindung gab es jedoch auch eine dienstliche, die ungleich stärker war:

durch den Eid fühlte sich Kesselring unbedingt an Hitler gebunden.[28] Später versuchte er, diesen Zusammenhang zwischen persönlicher Korrumpierung durch gesellschaftliche Anerkennung und „dienstlicher Verstrickung" durch den Eid herunterzuspielen, wenn er betonte, seine steile Karriere sei zufällig gewesen und er lediglich ein „brauchbarer Soldat", gleichsam ein technischer Fachmann, dessen das Regime sich bedient habe. In seiner Nürnberger Zeugenvernehmung gab er 1946 zu Protokoll: „Wir Soldaten des Generalstabs und des Führerkorps waren stolz, daß wir Techniker unseres Berufsgedankens waren."[29]

Von 1936–1937 war Kesselring Generalstabschef der Luftwaffe. Damit unterstanden ihm das gesamte Fliegerausbildungswesen, die Organisation der Flakartillerie und die Luftnachrichtentruppe. 1937 wurde er zum General der Flieger befördert und mit dem Kommando des Luftkreises III betraut. 1938 wurde er Chef der Luftflotte I. Von Hitler erhielt Kesselring, nach erfolgreichen Einsätzen der Luftwaffe im Frankreichfeldzug, den Marschallstab, und dies in Überspringung eines Dienstgrades, was Hitlers Wertschätzung für den General aus dem Volk noch einmal unterstreicht. In der kaiserlichen Armee wäre der Lehrersohn kaum Feldmarschall geworden.[30]

Im November 1941 wurde Kesselring mit Blick auf den gemeinsamen Krieg mit den italienischen Verbündeten gegen die alliierten Truppen in Nordafrika zum OB Süd ernannt. Seine Aufgabe war praktisch die eines Verbindungsoffiziers, wobei es ihm mit erheblichem diplomatischen Geschick gelang, zwischen Hitler, Rommel und Mussolini sowie den konkurrierenden deutschen und italienischen Oberkommandos zu vermitteln.[31] Nach dem Sturz Mussolinis und der deutschen Besetzung Oberitaliens wurde Kesselring im November 1943 OB Südwest und führte die Heeresgruppe C in hinhaltenden und verlustreichen Rückzugskämpfen bis März 1945 von Neapel zum Po hinauf. Die letzten acht Wochen des Krieges war Kesselring OB West mit dem Auftrag, den Vormarsch der Alliierten nach der Überschreitung des Rheins bei Remagen irgendwie aufzuhalten.

Seiner eigens aufgestellten Definition von der Rolle des Soldaten ist er dabei jedoch keineswegs gerecht geworden, vergleicht man etwa das Verhalten der Wehrmacht in Italien mit Kesselrings Aussage vor dem Nürnberger Gerichtshof von 1946. Dort hatte er versucht, sein soldatisches Weltbild zu definieren:

> „Ich verlange von jedem höheren Offizier [...] eine hohe politische Einsicht, die ihm einen
> zutreffenden Einblick in alle Geschehnisse des politischen Lebens inner- und außerhalb
> seines Landes vermittelt, [...] die Beraterrolle dem Staatsführer gegenüber, das Vorausdenken und gleichzeitig das Abstimmen der militärischen Notwendigkeiten mit den politischen
> Gegebenheiten. [...] Ich erkenne aber keineswegs einen politischen Soldaten an, der nach

seiner jeweiligen Auffassung von Politik *seine* eigene Politik treibt und damit das Soldatentum in seinem innersten Wesen verkennt."[32]

Kesselring selbst hatte den Überblick des Oberbefehlshabers in Italien jedoch
nach dem alliierten Einmarsch in Rom im Juni 1944 zumindest zeitweilig verloren, als die Wehrmacht sich völlig ungeordnet und überstürzt über den Appenin
zurückziehen mußte, zusätzlich behindert durch erheblich gesteigerte Partisanentätigkeit. Der britische Oberbefehlshaber Harold Alexander hatte am 7. Juni die
italienische Resistenza aufgerufen, den alliierten Vormarsch mit allen Mitteln zu
unterstützen.[33] Es steht außer Zweifel, daß die von Kesselring selbst daraufhin
formulierten sogenannten „Bandenbefehle" vom 17. Juni und 1. Juli 1944, in denen er versprach, „jeden Führer zu decken, der über das bei uns übliche Maß an
Zurückhaltung hinausgeht", den Haß gesteigert, Wehrmachts- wie Partisanenverbände radikalisiert und somit zur Eskalation des Krieges in Italien im Sommer
1944 beigetragen haben.

Kesselring selbst verstand sich einerseits als „erster Mann in Italien" und leitete daraus einen autokratischen Führungsstil ab. Er versuchte, möglichst alle Entscheidungen persönlich zu fällen und durch rastlose Inspektionsreisen ständig den
Kontakt zur Fronttruppe zu halten. Der Soldat Kesselring war andererseits stets
auffällig um die Balance nach oben bemüht und bis zuletzt bestrebt, seine Arbeit
zur Zufriedenheit seiner Vorgesetzten zu erfüllen. Kesselring war einer der wenigen hohen Wehrmachtsoffiziere, der von Hitler im Verlauf des Krieges niemals
seines Postens enthoben und sogar im September 1942 zeitweilig als Nachfolger
Keitels erwogen wurde,[34] was die Wertschätzung Hitlers für den bayerischen Offizier unterstreichen könnte. Kesselring selbst rühmte sich noch bei seiner Zeugenvernehmung 1946 in Nürnberg seiner guten Verbindung zu Hitler: Er habe in
einem „gewissen Vertrauensverhältnis zum Führer" gestanden, sei nie „als ewiger
Besserwisser und Nörgler" aufgetreten und habe sich im übrigen ganz „auf sein
Arbeitsgebiet beschränkt".[35] Andere Offiziere machten ihm jedoch nach dem
Krieg den Vorwurf, er habe seine „Nibelungentreue" zu Hitler übertrieben, indem
er bis zum Schluß seine Soldaten zum Kämpfen antrieb und die Kapitulation ablehnte. Ulrich de Maizière beschreibt in seinen Memoiren eine Szene, in der Kesselring Hitler über die aussichtslose Lage an der Westfront vorträgt: „Und Kesselring verabschiedete sich mit den Worten: ‚Mein Führer! Ich will es noch einmal
versuchen!'"[36] Als die Kapitulation in Italien am 29. April 1945 bekannt wurde,
ließ Kesselring die beiden Verantwortlichen, Generaloberst von Vietinghoff-
Scheel und dessen Generalstabschef Röttiger verhaften und ihnen ein Standgericht in Aussicht stellen. Kesselring unterzeichnete erst am 6. Mai für die Heeres-

gruppe C „Alpenfestung" die Waffenstillstandsvereinbarung mit den Alliierten. Selbst Jahre nach dem Krieg verteidigte Kesselring noch sein „Durchhalten bis zum Schluß" und verwahrte sich gegen die Feststellung,[37] er habe damals die falsche Entscheidung getroffen, als er seinen Eid als Treue zur Person des Oberbefehlshabers und nicht, wie Vietinghoff es forderte, als Treue gegenüber dem deutschen Volk auslegte.[38]

Anders als Hitler, hielt Kesselring jedoch Selbstmord für den falschen Weg: „Ich wollte kein Schuldbekenntnis durch diese Handlung ablegen, wo ich keines abzulegen hatte, ich kam immer mehr zu dem Schluß, daß ein Führer – komme, was wolle – nicht in der Notzeit von seinen Männern abrücken dürfe [...]."[39]

Die „Notzeit" kam für Kesselring während seines Kriegsverbrecherprozesses in Venedig 1947. Dieser Prozeß ist auf zwei Ebenen bedeutsam. Zunächst einmal ging es darum, die rechtliche Zuordnung der individuellen Verantwortlichkeit für Kriegsvergehen korrekt zu klären und nach dem Ort des Einzelnen in der militärischen Befehlskette zu fragen. Die Frage nach dem tatsächlichen Kriegsgeschehen wurde dadurch jedoch nicht berührt. Es ging um eine juristische Schuldzurechnung, nicht um die historische oder gar politische Beurteilung des Kriegsgeschehens. Auf der Moskauer Außenministerkonferenz vom Oktober 1943 hatten sich die Alliierten darüber verständigt, daß sie die Kriegsverbrecherprozesse an den Hauptverantwortlichen selbst durchführen würden, die jeweils betroffenen Länder sollten zudem ihre eigenen Verfahren abhalten. Doch Italien galt nicht als souveräner Staat und fiel folglich unter eine Sonderregelung. Da das Land unter alliierter Verwaltung stand, war formal ein britisches Militärgericht für die geplanten Kriegsverbrecherprozesse zuständig. Die britischen Ermittler im Büro des Militärgeneralstaatsanwalts (Judge Advocate General – JAG – in London) hatten bereits im Januar 1946 entschieden, nur diejenigen vor Gericht zu bringen, die „für die Politik der Repressalien" verantwortlich wären, und es wurde vereinbart, nur Offiziere oberhalb des Generalmajor-Ranges anzuklagen, während italienische Gerichte individuelle Schuld feststellen und einzelne Täter vor Gericht bringen sollten.[40]

Der britische Kriegsverbrecherprozeß gegen den Oberbefehlshaber Kesselring war formaljuristisch die Voraussetzung für eine mögliche Verurteilung nachgeordneter Täter durch italienische Gerichte. Für die Anklage war es wichtig, Kesselring in einem Gerichtsprozeß die persönliche Verantwortung für die *Ermöglichung* eines völkerrechtswidrigen Verhaltens seiner Truppen nachzuweisen, um einen der Verantwortlichen für das Gesamtgeschehen juristisch fassen zu können.[41] Dieses juristische Verfahren wurde jedoch andererseits zu einer geeigneten

Plattform für den Mythos um Kesselring. Juristische Mängel im Nachweis recht-
licher Verantwortlichkeit für Einzelfälle, wie z.b. nicht erfolgter Vereidigung von
Zeugen, wurden von Kesselrings Anwalt Hans Laternser genutzt, um generell
Zweifel an den Taten selbst und am daraus resultierenden schlechten Ruf der
Wehrmacht in Italien entstehen zu lassen. Laternser verkoppelte damit die beiden
Ebenen des Prozesses, um das Bild einer „anständigen" Wehrmacht heraufzube-
schwören, denn es erschien möglich, das Negativ-Bild durch Überbetonung eben
dieser juristischen Mängel zu brechen und das positive Bild in der kollektiven
Erinnerung umgekehrt gleichsam als Entlastungsbeweis zu verankern. Der Prozeß
gegen Kesselring und die nachfolgende Verurteilung schufen somit erst die Voraussetzung für den Mythos von Kesselrings Unschuld.

Kesselring selbst machte, entgegen seiner späteren Haltung, vor Gericht niemals den Versuch, die Massaker zu leugnen. Die von Kesselring stets so bezeichneten „Übergriffe" waren ihm aufgrund seiner unzähligen Frontfahrten bekannt,
auch wenn er sich nicht jeden einzelnen Ortsnamen gemerkt haben dürfte. Ausdrücklich fand Kesselring anläßlich eines Verhörs in Nürnberg im Frühjahr 1946
noch Worte der Anteilnahme für die Italiener: „Ich bedaure jeden dieser Vorfälle,
ich habe jedes Mittel angewendet, um diesen gesetzwidrigen Zustand des Ban-
denkampfes nicht aufkommen zu lassen, und zwar deshalb, weil ich wußte, daß
auf beiden Seiten Greuel und Scheußlichkeiten nicht zu vermeiden sind."[42] Er
habe jedoch stets die Kontrolle behalten, wie er damals versicherte: „Wie ein
Arzt" habe er die ganze Zeit über „die Hand am Pulsschlag dieser ganzen Bewegung" gehabt und daher „sowohl erleichternde wie auch erschwerende Anordnungen" geben können.[43] Doch er zeigte auch Verständnis für seine Soldaten, denn
„diese Atmosphäre von Haß und Rache, die leider sehr unangenehme Eigenmäch-
tigkeiten auslöste", sei letztendlich auf das „Verhalten der Bevölkerung" zurückzuführen, „für die der deutsche Soldat viel Blut geopfert hat."[44]

Das Bild vom Krieg in Italien, das Kesselring in dieser Vernehmung als Zeuge
vor Gericht im Nürnberger Prozeß entwarf, ist aus heutiger Sicht als für seine Person und Stellung das zutreffendste. Noch ohne die Notwendigkeit, sich selbst zu
verteidigen, stellte Kesselring die Partisanenbekämpfung als militärische Operation dar, in deren Verlauf man den Tod Unschuldiger billigend in Kauf nehmen
mußte, um den Gesamterfolg, ein ruhiges Hinterland für die deutschen Fronttruppen zu schaffen, nicht zu gefährden. Zwar war er in der Lage, die Exzesse als
unmäßig zu verurteilen und Selbstkritik zu üben. Die Schuld an dieser Entwicklung, die er persönlich bedauerte, trug nach seiner Einschätzung jedoch nicht die
Wehrmacht oder gar seine eigene Befehlsgebung, sondern der von ihm als unmi-

litärisch und „hinterhältig" verurteilte Partisanenkampf, der noch dazu von den Alliierten logistisch unterstützt und genährt worden sei.

Die Anklage kreiste um zwei Fixpunkte: Zum einen die Frage nach der Verhältnismäßigkeit der Erschießungen in den Fosse Ardeatine, und zum anderen die Frage, ob die „Bandenbefehle" von Kesselring nicht bewußt so formuliert und ihre Ausführung daher nicht kontrollierbar waren, so daß man sie als Freibrief zum Töten auffassen konnte.

Kesselrings Verteidigung verkannte den Kern der britischen Anklage, ihn für eine ganze fehlgeleitete Politik zur Rechenschaft zu ziehen und bemühte sich vielmehr, Kesselrings persönliche Unschuld nachzuweisen. Diese Argumentation wurde später zur Grundlage für den Kesselring-Mythos. So hatte beispielsweise Kesselring während der Eröffnungsrede des Anklägers notiert: „Der Ankläger stellt zu große Forderungen, soll ich alles, was ich befohlen, nachprüfen? Das geht über die Kraft eines Einzelnen und eines Stabes, der Krieg zu führen hatte und mit solchen Gemeinheiten und Entartungen nichts zu tun haben wollte."[45]

Diese spontane Notiz offenbart Kesselrings in militärischen Kategorien von „guten" und „schlechten Soldaten" geordnete Denkweise, die es dem SD und den SS-Verbänden überließ, gegen die Bevölkerung Krieg zu führen und seine Forderungen nach einem „befriedeten Hinterland" zu erfüllen. Positiv besetzt war für Kesselring dagegen der Soldat der Wehrmacht, denn er notierte weiter: „Soldaten werden es verstehen, daß man nicht alles machen kann, daß das Verbrecherische hinter dem ehrlichen Kriegsgeschehen rangiert, daß man nicht in die Befehlsbereiche anderer eingreifen kann."[46]

Kesselring blieb seinen Soldaten gegenüber stets der loyale Oberbefehlshaber, der sich vor die eigenen Leute stellte. Aus einem nahezu theatralischen Hang zur Selbstüberschätzung heraus neigte er sogar dazu, seine Person selbst dann in den Vordergrund zu spielen, wenn eigentlich andere verantwortlich waren. Seine Rolle als „erster Mann in Italien" durfte nicht einmal im Rückblick als unvollkommen gedacht werden, als jede Entlastung seinen Kopf gerettet hätte. Er zeigt sich damit für seine Untergebenen wirklich als oberster Soldat bis zum Schluß.

Er sah weniger sein eigenes Handeln als inkriminierend an, im konkreten Fall die Herausgabe der Bandenbefehle, sondern unkameradschaftliche Belastung durch Untergebene, wie er seinem Tagebuch im Herbst 1946 anvertraute:

„Ich will mich vor meine Untergebenen stellen; das bedeutet, daß ich manches nicht niederlegen kann, weil ich sie sonst belaste. Eines kann ich *diesen* Blättern anvertrauen: Ich bin tatsächlich erschüttert darüber, wie wenig meine hohen Untergebenen mitdachten und wie stark sie mich belasteten, weil sie sich gar nicht die Mühe gaben, den Urgründen meiner

Handlung nachzugehen und mit einer mehr als laxen Handbewegung die Sache einfach laufen ließen."[47]

In der Haft wandelte sich Kesselrings Soldatenbild unter dem Einfluß seines Rechtsanwalts Hans Laternser, und es kam gleichsam zu einem Rollentausch: Der treue, pflichtbewußte Diener schlüpfte in eine Opferrolle, die er wiederum als Dienst an seinem Vaterland verstand. Er folgte damit dem vielfach zu beobachtenden Entlastungsmuster, bei welchem die Argumente der Anklage umso geringer geachtet wurden, „je stärker der Glaube an eine ebenso tragische wie zwangsläufige historische Entwicklung wurde".[48] Der individuelle Prozeß der Umwidmung vom potentiellen Täter zum tatsächlichen Opfer wurde in einem übergeordneteren Kontext zum Bild von der Wehrmacht als „mißbrauchter Armee". Der so entstandene Opfermythos verwandelte Macht in Ohnmacht, Aktivität in Passivität, Aggression in Verteidigung und verband die christlichen Werte von der Heiligkeit der Opferhandlung mit dem der Unschuld des Opfers.[49] Diese Umdeutung begann im Fall Kesselrings bereits mit der Urteilsfindung am 6. Mai 1947.

Der Prozeß bot Kesselring vor allem durch die nach der Verurteilung von der Presse weiter transportierten Schlußworte eine Plattform für die Verbreitung seiner militärisch geprägten Sicht auf den Krieg in Italien. Für ihn, so erläuterte Kesselring in einem Entwurf seines Schlußwortes für die Presseagentur Reuters, sei alles „außerordentlich einfach": Er habe die ihm gestellten Aufgaben „auf militärische Weise", auch unter „Inkaufnahme größter Nachteile für die deutsche Kriegführung" zu lösen versucht, was von der „Geschichtsschreibung" ja „bereits jetzt in bemerkenswert hohem Umfang" anerkannt werde.[50] Italien und seine Kunstschätze wie auch das Volk selbst hätten „im eigenen Land weniger gelitten als die meisten anderen kriegführenden Nationen".

Er selbst sah sich ganz in der Tradition christlicher Märtyrer und schrieb nach der Urteilsverkündung an seine Frau, er begrüße die gegen ihn verhängte Todesstrafe, „weil dadurch für das deutsche Volk ein Märtyrer geschaffen [werde], dessen Erinnerung und Fortleben der Jugend einen Auftrieb würde geben können."[51] Dieser Vorbildfunktion wegen habe er sich entschlossen, „noch bis zum Schluß um mein Recht und damit um das Recht meiner Soldaten zu kämpfen." Er wurde so ein letztes Mal zum *Leit-Kameraden*, der Identifikationsmöglichkeit und Projektionsfläche der Hoffnungen zugleich bot. Seine Begnadigung zu lebenslanger Haft 1947 ließ hoffen, daß eine Rehabilitation der Wehrmachtsoldaten möglich sein könnte, wie sie 1952 tatsächlich erfolgte. So wurde Kesselrings Entlassung 1952 fast unisono von Parteien und Verbänden als „Freispruch des deutschen Soldatentums" gefeiert.

In den Kreisen der Kritiker der Kriegsverbrecherprozesse setzte man sich weniger mit den Vorwürfen der Anklage auseinander, als man sich pauschal dagegen wandte, daß diejenigen, die – so die ständig wiederholte Auffassung – doch „nichts als ihre Pflicht" getan hätten, nun von den *Siegern* zur Verantwortung gezogen worden wären.[52] Die Politisierung der Kriegsverbrecherfrage sorgte zudem dafür, daß auf eine sachliche Beurteilung der Einzelfälle verzichtet wurde, zugunsten einer undifferenzierten Forderung nach einer Generalamnestie, die jeden Soldaten unterschiedslos zum Opfer der alliierten Siegerjustiz erklärte. Falsch verstandener Korpsgeist ließ so aus allen Kriegsverbrechern, einschließlich derer, an deren Täterschaft kein Zweifel bestehen konnte, Kameraden werden, die „unschuldig hinter Kerkermauern schmachteten".[53]

Kesselring wurde in seiner Opferrolle auf vielfältige Weise bestätigt, beispielsweise durch Zuschriften wie jener der Oberin Mater Alfonsa vom deutschen Franziskanerinnenkloster in Venedig, die den Angeklagten bereits während des Prozesses psychologisch betreut hatte:

> „Ich ersehe aus Ihren Briefen, daß Sie immer noch der gleiche große, tapfere Kämpfer und Sieger sind wie einst, wenn auch das Kampffeld gewechselt hat. Gott wird einmal entscheiden, welches die größten Siege Ihres Lebens waren: jene auf den Schlachtfeldern Italiens oder jene hinter Kerkermauern. In meinen Augen fordert das stille Heldentum viel mehr Seelengröße."[54]

Doch Kesselrings soldatisches Wertesystem war durch die demütigenden Erfahrungen der Nachkriegszeit und besonders durch Prozeß und Haft zerbrochen. Zudem erschien es angesichts eines gewandelten Klimas in der bundesrepublikanischen Öffentlichkeit, die mehrheitlich den ehemaligen Soldaten die Möglichkeit geben wollte, in ihrem Einsatz nachträglich einen Sinn zu sehen,[55] nicht mehr zweckmäßig, wirklich die Verantwortung für die Exzeßtaten der eigenen Truppe zu übernehmen. In seiner Entnazifizierungsverhandlung tönte Kesselring gemäß der Vorformulierung seines zweiten Rechtsanwalts Rudolf Aschenauer 1951 folglich, „daß sich die Soldaten, falls die Übergriffe vorgekommen sind und meinen Truppen zur Last gelegt werden können, was in keinem Fall bewiesen ist, aus einem nicht zu fesselnden Naturinstinkt heraus gegen die völkerrechtswidrigen brutalen Banden gewehrt haben."[56]

Neben der Notwehrtheorie präsentierte Kesselring auch gleich die mutmaßlichen Täter, die bereits in Prozessen „ermittelt" worden seien: „neofaschistische, kommunistische italienische Gruppen und deutsche Deserteure". Sein ehemaliger Generalstabschef Hans Röttiger sekundierte seinem alten Oberbefehlshaber ein letztes Mal und gab zu Protokoll, es habe sich „bereits damals herausgestellt, daß die gemeldeten Übergriffe der bekanntlich sehr erfinderischen Phantasie der italienischen Bevölkerung entsprungen waren."[57]

Wenige Monate nach seiner Entlassung erschienen Anfang 1953 in der überraschend hohen Auflage von 10.000 Stück Kesselrings Memoiren unter dem bezeichnenden Titel „Soldat bis zum letzten Tag". Sie fanden ein breites Echo und stützten Kesselrings Version vom *Gentleman im Krieg*, der nur seine Pflicht getan habe und der die Verstrickungen der Wehrmacht und SS in Kriegsverbrechen in Italien konsequent ausblendete bzw. nachträglich negierte. Das amerikanische Magazin The New Yorker befand in seiner Buchkritik, Kesselring sei „das beste Beispiel für gutgemeinte deutsche Intelligenz, die sich mit technischen Fähigkeiten und unglaublicher Hartnäckigkeit, gepaart mit Gehorsam, zu einem Substitut für Moral entwickelt habe".[58] Der bundesdeutsche Verfassungsschutz urteilte:

> „Wie sein Buch ‚Soldat bis zum letzten Tag' beweist, ist Kesselring ein typischer Vertreter jenes hohen Offizierskorps, das die Beschäftigung mit Politik ablehnt. Das Buch hat in den beteiligten Kreisen nicht nur hinsichtlich seines kriegsgeschichtlichen Wertes zu heftigen Kritiken Anlaß gegeben. So schrieb die Wehrwissenschaftliche Rundschau: ‚Soldat bis zum letzten Tag' ist im Mund eines der höchsten militärischen Führer, dem – wie er selbst bezeugt, Einflußmöglichkeit sowohl auf Hitler, wie auch auf Göring gegeben war – eine etwas unbefriedigende Stellungnahme zu dem gerade im letzten Krieg so dringlich gestellten Problem der Gehorsamspflicht."[59]

In der Bundesrepublik hat Kesselring mit seinem überkommenen Soldatenbild nicht mehr Fuß fassen können. Zwar begrüßte er die Aufstellung einer neuen deutschen Armee unter grundsätzlichen Gesichtspunkten. Der geistigen Konzeption der Bundeswehr aber stand er kritisch bis verständnislos gegenüber. Der Grund für diese Ablehnung ist darin zu suchen, daß Kesselring, wie viele alte Soldaten, den sozialen, politischen und technischen Umbruch nicht begriffen hat, der sich nach 1945 vollzogen hatte und sich nach dem Willen des Parlaments auch im Geist der Bundeswehr widerspiegeln sollte. Er offenbart darin eine grundlegende Schwäche der traditionell konservativen Denkart des Militärs.[60]

Die Ehrenpräsidentschaft im „Stahlhelm – Bund der Frontsoldaten", die Kesselring sofort nach seiner Haftentlassung 1952 übernommen hatte, brachte schließlich die ganze Orientierungslosigkeit und das eigentliche Dilemma Kesselrings, zwischen vermeintlicher Traditionswahrung und Anpassung an die neue Zeit, ans Licht. Kesselring fiel einerseits dadurch auf, daß er die „Stahlhelm"-Uniform und all seine ihm verbliebenen Kriegsauszeichnungen anlegte, um einen Vorbeimarsch der Mitglieder abzunehmen, während er öffentlich und kämpferisch „soziale Gerechtigkeit gegenüber den alten Soldaten" einforderte. Intern dagegen gab er sich anpassungsfreudig an die neue Zeit: der alte „Stahlhelm" sei wohl eine Kampforganisation gewesen, der neue Verband sei jedoch parteipolitisch neutral und stehe hinter Verfassung und Staat – auch SPD-Mitglieder und Kommunisten seien schließlich „gute Soldaten gewesen" und könnten Mitglieder werden.[61] Kesselring geriet mit diesem regierungstreuen Kurs wiederum bei seinen Anhängern in Mißkredit. Es hagelte Proteste, Kesselring habe aus den Frontsoldaten eine „Reichsbanner-ähnliche Prätorianer-Garde" oder gar einen „Fürsorge-Verein" oder eine „Generals-Gewerkschaft" gemacht.[62] Die Stahlhelmer, die sich nicht nur ihrer Bundesflagge Schwarz-Rot-Weiß sowie des martialischen Grußes „Front Heil!" durch Kesselring beraubt sahen, waren verunsichert. Hatten sie den Feldmarschall nicht eigens zum Ehrenpräsidenten gewählt, um „die Diffamierung des deutschen Soldaten aus eigenem Selbstbewußtsein"[63] zu beenden? Hatte die Wahl von Kesselring und dessen symbolträchtigem Namen nicht ursprünglich den Kriegsteilnehmern die Möglichkeit geben sollen, wieder einen Sinn in ihrem damaligen Kampf zu sehen und eine gesellschaftliche Aufwertung zu erfahren? Nun zeigte sich selbst der Ehrenpräsident zu Konzessionen an die neue Zeit bereit und schien den Kriegerkult selbst in Frage zu stellen.

Der Öffentlichkeit galt Kesselring zunehmend als „unverbesserlicher Militarist" in Uniform. Auf Leserbriefseiten forderten aufgebrachte Bürger, auch für „Kesselring und seine Leute" müsse „das Uniformverbot gelten". Ein Herr Wagner aus Frankfurt brachte es auf den Punkt:

> „Angeführt von Feldmarschall a.D. Kesselring, der trotz zweier verlorener Kriege und trotz seiner Erfahrungen nach dem Zusammenbruch die Chance zu einem Leben ziviler Besinnlichkeit verpaßt hat und nun als Stahlhelmpräsident mit kommandogewohnter Stimme seine Ansprachen hält oder – angetan mit Ledermantel, Koppel und Schirmmütze – in altem Sinne Vorbeimärsche von Männern abnimmt, die sich von ihm für Stahlhelme, Reichskriegsflagge und Runenabzeichen begeistern lassen."[64]

Pfarrer Floßdorf aus Mülheim forderte gar, Kesselring von Amts wegen zum Schweigen zu bringen. Überall, wo er auftrete, gebe es „Scherben".

> „Heute spricht Kesselring unter der ‚ruhmgekrönten Reichskriegsflagge' und bezieht dabei die Pensionen von dem deutschen Volk, dem sie wieder eine glorreiche Vergangenheit bescheren wollen. Wir danken für solche Herrschaften, die Hitler bis zur letzten Minute ‚treu' dienten. Wann greift der Bundesinnenminister ein? Wir wollen von solchen fragwürdigen Gestalten, die jetzt überall aus den Mauselöchern kriechen, nichts mehr wissen."[65]

Es gelang dem alternden Feldmarschall nicht, die Widerstände aufzulösen. Unter Kesselrings Ägide sank der „Stahlhelm" schließlich in die politische Bedeutungslosigkeit ab.

Auf anderen Gebieten zeigte sich Kesselring dagegen weiterhin kompromiß-
los in Verteidigung der von ihm vertretenen soldatischen Ideale. Zweimal, 1953
und 1954, trat er als Sachverständiger in Desertionsprozessen vor Gericht, um den
sinnlosen Kampf der angeklagten Offiziere bis zur letzten Patrone öffentlich als
„militärische Notwendigkeit" zu verteidigen.[66] Kesselring fiel zudem mit der Bemerkung auf, „man werde für die neue Armee keine Soldaten finden, wenn man
acht Jahre nach Kriegsende noch Prozesse gegen Soldaten führe."[67] Möglicherweise läßt sich aus dieser Äußerung, die Prozesse gegen Soldaten per se ablehnt,
ein Hinweis auf das Prozeß-Trauma Kesselrings ablesen, das er in der Haft zweifellos entwickelt hatte und welches er als sich unschuldig fühlender Verurteilter
stark verinnerlicht hatte.

Was der Prozeß in Venedig 1947 nicht vermocht hatte, erledigte Kesselrings
Rolle als Gutachter in den Desertionsprozessen 1954: sein Nimbus vom Gentleman im Kriege war fortan zerstört. In Umkehrung der Wertung von 1945 galten
nun Zivilcourage und Schutz vor unnötigen Zerstörungen sowie Schonung des
Lebens der eigenen Soldaten als vorbildlich.

Der SPD-Abgeordnete Weißhäuptl widersprach öffentlich Kesselrings Selbst-
definition vom „Soldaten bis zum letzten Tag" und machte ihn auf den gegenüber
1945 erfolgten Wandel des militärischen Selbstverständnisses aufmerksam, indem
er schrieb, Kesselring habe „den Idealen der Soldaten einen Bärendienst erwiesen", da er „nazistische Verbrechermethoden verteidigt" habe.[68] Viele dachten,
was Franz-Josef Strauß, in seiner Funktion als Bundesminister für besondere Aufgaben, aussprach: „Leute seines Schlages dürfen niemals mehr Verteidigungsge-
walt oder Macht erhalten."[69] Möglicherweise heimlich gehegte Wünsche Kesselrings, als Berater der neuen Bundeswehr Gehör und Anerkennung zu finden, erwiesen sich für alle Zukunft als unrealistisch.

Kesselring starb am 16. Juli 1960 in einem Sanatorium in Bad Nauheim an
einem Herzinfarkt und ist heute fast vergessen. Das ist angesichts des überaus positiven Bildes vom „Soldaten Kesselring", das nach dem Prozeß aufgebaut und in
der Öffentlichkeit erfolgreich durchgesetzt worden war, zunächst überraschend.
Kesselring hatte nach seiner Haftentlassung 1952 aufgrund der beispiellosen Soli-
daritätskampagne, die im Rahmen der Wiederbewaffnungsdebatte in der Forderung nach seiner Freilassung gegipfelt hatte, durchaus eine Chance, das Bild vom
Gentleman im Kriege zu konservieren, hätte er Worte des Bedauerns für die Taten
gefunden und so deutlich machen können, daß die zwei von ihm erlassenen „Bandenbefehle" nicht die Regel seiner Kriegführung darstellten. Doch durch die allgemein als sehr unglücklich empfundene Rolle, die Kesselring bei der Führung

des „Stahlhelm" und als Sachverständiger vor Gericht spielte, löste sich das positive Bild vom Krieg in Italien von der Person des Autors. Während der Kesselring-Mythos mit seinem Protagonisten 1960 begraben wurde, hat sich die Legende vom „Sauberen Krieg an der Südfront" bis in die 1980er Jahre halten können. Erst jüngere historische Forschungen, die die Verstrickung der Wehrmacht in die Übergriffe auf die italienische Zivilbevölkerung untersuchten,[70] legen den Schluß nahe, daß auch Albert Kesselring durch den Erlaß der rücksichtslosen „Bandenbefehle" tiefer in die verbrecherische Kriegführung des Dritten Reiches verstrickt war, als ihm in seinem Prozeß nachgewiesen wurde.

Anmerkungen

1   Gerhard Schreiber: Partisanenkrieg und Kriegsverbrechen der Wehrmacht in Italien 1943 – 1945, in: Repression und Kriegsverbrechen, Berlin 1997, S. 93–129, hier S. 99.

2   Bundesarchiv-Militärarchiv Freiburg (BA-MA), Nachlaß Kesselring N 750/ 3, Tagebuch Kesselring, Eintragung vom 6.5.1947.

3   Staatsarchiv (StA) Nürnberg, KV-Prozesse IMT, A-333, Vernehmung Kesselring durch Kempner vor der 1. Kommission vom 3.7.1946, S. 2113 („Ich bedauere jeden dieser Vorfälle.") und S. 2114.

4   Zentrale Stelle der Landesjustizverwaltungen zur Aufklärung von NS-Verbrechen Ludwigsburg (ZStL), JAG 260, Aussage Kesselring in London vom 4.10.1946, report No. 1356 (b), (markiert als „Exhibit 3"), 6 Seiten, hier S. 6.

5   Thomas Kühne: Die Viktimisierungsfalle. Wehrmachtsverbrechen, Geschichtswissenschaft und symbolische Ordnung des Militärs, in: Michael Th. Greven/Oliver von Wrochem (Hg.): Der Krieg in der Nachkriegszeit. Der Zweite Weltkrieg in Politik und Gesellschaft der Bundesrepublik, Opladen 2000, S. 183–196.

6   Ebenda, S. 186.

7   Ebenda.

8   Jörg Echternkamp: Mit dem Krieg seinen Frieden schließen – Wehrmacht und Weltkrieg in der Veteranenkultur 1945–1960, in: Thomas Kühne (Hg): Von der Kriegskultur zur Friedenskultur? Zum Mentalitätswandel in Deutschland seit 1945, Münster 2000. S. 78–93, hier S. 82.

9   Kühne, Viktimisierungsfalle, S. 186.

10 Bundesarchiv (BA) Koblenz, Nachlaß Lindner N 1245/ 45, Das Kriegsende in Italien. Von Heinrich von Vietinghoff-Scheel, 1950 (Abschrift). 40 Seiten, hier S. 3.

11 BA-MA, BW 9/2127, Bericht des Verfassungsschutzes über den „Stahlhelm", 20.10.1953, S. 191–225, hier S. 207.

12 Reinhard Stumpf: Die Wehrmacht-Elite. Rang- und Herkunftsstruktur der deutschen Generale und Admirale 1933–1945, Boppard 1982. S. 285.

13 Albert Kesselring: Soldat bis zum letzten Tag, Bonn 1953, S. 11.

14 Ebd. In der Neuauflage seiner Memoiren findet sich zudem ein Bild, das ihn als Vierjähri-
gen in Uniform mit Spielzeugsäbel und grimmigem Blick zeigt.

15 Hans Rumschöttel: Das bayerische Offizierskorps 1866–1914, Berlin 1973, S. 41ff.

16 Bayerisches Hauptstaatsarchiv – Kriegsarchiv – München (KA), Personalakte Kesselring
Nr. 61536, Beurteilung vom 1.1.1909.

17 Joachim Engelmann/Horst Scheibert (Hg.): Deutsche Artillerie 1934–1945, Limburg 1974,
S. 52f. Dagegen Stumpf: Wehrmacht-Elite, S. 168, Anm. 421.

18 Stumpf: Wehrmacht-Elite, S. 168.

19 Ebd., S. 12.

20 KA, Personalakte Nr. OP 61536, Beurteilung Albert Kesselring vom 1.1.1917.

21 Peter Herde: Albert Kesselring, in: Fränkische Lebensbilder, Neustadt an der Aisch 2000,
S. 295–314, hier S. 299.

22 KA, Personalakte Nr. OP 61536, Beurteilungen 1915, 1916, 1917. Ebenso Herde: Kesselring, S. 299.

23 Franz Kurowski: Generalfeldmarschall Albert Kesselring, Oberbefehlshaber an allen Fronten, Berg am See 1985, S. 14.

24 KA, Personalakte Nr. OP 61536, Beurteilung Kesselring vom Juni 1919.

25 Kesselring, Soldat, S. 18f.

26 StA, KV-Prozesse IMT, A-310, Vernehmung Kesselring durch Kempner vor der 1. Kommission vom 2.7.1946, S. 1763.

27 Kesselring, Soldat, S. 27.

28 StA, KV-Prozesse IMT, A-310, Vernehmung Kesselrings durch Kempner vor der 1. Kommission vom 2.7.1946, S. 1774. Etwas variiert findet sich der Gedanke später auch in den Memoiren, Kesselring, Soldat, S. 26.

29 StA, KV-Prozesse IMT, A-310, Vernehmung Kesselring durch Kempner vor der 1. Kommission vom 2.7.1946, S. 1766.

30 Herde, Kesselring, S. 297.

31 Reinhard Stumpf: Der Krieg im Mittelmeerraum 1942/1943. Die Operationen in Nordafrika und im mittleren Mittelmeer, in: Das Deutsche Reich und der Zweite Weltkrieg, Bd. 6, S.
569–760, hier S. 573.

32 Kesselring, Soldat, S. 424f.

33 Friedrich Andrae: Auch gegen Frauen und Kinder. Der Krieg der deutschen Wehrmacht
gegen die Zivilbevölkerung in Italien 1943–1945, München 1995. S. 171f.; Gerhard Schreiber:
Deutsche Kriegsverbrechen in Italien. Täter, Opfer, Strafverfolgung, München 1996. S. 164f.

34 Stumpf: Wehrmacht-Elite, S. 318.

35 StA, KV-Prozesse IMT, A-310, Vernehmung Kesselring durch Kempner vor der 1. Kommission vom 2.7.1946, S. 1775.

36 Ulrich De Maizière: In der Pflicht. Lebensbericht eines deutschen Soldaten im 20. Jahrhundert, Herford 1989, S. 105f.

37 BA-MA, Nachlaß Röttiger N 422/4, Brief Kesselring an Röttiger, 24.3.1948. „Auf die anderen Punkte gehe ich nicht ein; über bestimmte Sachen habe ich meine unabänderliche Auffassung, die auch meine jetzt mehr als bescheidene Lage nicht verändert hat."

38 BA, Nachlaß Lindner N 1245/45, Das Kriegsende in Italien. Von Heinrich von Vietinghoff-Scheel, 1950 (Abschrift). 40 Seiten, hier S. 38.

39 BA-MA, Nachlaß Kesselring N 750/2, Londoner Tagebuch, S. 9.

40 Public Record Office (PRO) London, WO 310/ 127, Office of the Deputy Judge Advocate General GHQ Central mediterranean Forces an JAG London, 13.1.1946. 12 Seiten, hier S. 1.

41 Ebenda, S. 10. Es ging gerade nicht um den Nachweis individueller Beteiligung an den Massakern. Vgl. auch ZStL, JAG 260/ 1, Minutes of Pretrial Advices, JAG, Colonel Halse, 7.1.1947. „Ich bin der Überzeugung, daß keine persönliche Beteiligung an den Tötungen nachgewiesen werden muß, sondern nur, daß diese in direkter Konsequenz auf ihre Befehle erfolgten."

42 StA, KV-Prozesse IMT, A-333, Vernehmung Kesselring durch Kempner vor der 1. Kommission vom 3.7.1946, S. 2113.

43 Ebd., S. 2089.

44 Ebd., S. 2092.

45 BA-MA, Nachlaß Laternser N 431/888, Notizen Kesselring zur Eröffnungsrede Halse für Laternser, wahrscheinlich 17.2.1947. 14 Blätter, hier Bl. 6.

46 Ebd., Bl 7.

47 BA-MA, N 750/2, Londoner Tagebuch, S. 42f.

48 Echternkamp, Mit dem Krieg seinen Frieden schließen, S. 82.

49 Kühne, Viktimisierungsfalle, S. 186.

50 Die Anklage kreiste um zwei Fixpunkte: zum einen die Frage nach der Verhältnismäßigkeit der Erschießungen in den Fosse Ardeatine, und zum anderen die Frage, ob die „Bandenbefehle" von Kesselring nicht bewußt so formuliert und ihre Ausführung daher nicht kontrollierbar waren, so daß man sie als Freibrief zum Töten auffassen *konnte*. BA-MA, N 431/933, Kesselrings Schlußwort. Entwurf vom 4.5.1947, S. 2.

51 Kesselring, Soldat, S. 444.

52 Georg Meyer: Zur Situation der deutschen militärischen Führungsschicht im Vorfeld des westdeutschen Verteidigungsbeitrages 1945–1950/51, in: Foerster et al. (Hrsg): Anfänge westdeutscher Sicherheitspolitik 1945–1956, Bd. 1, S. 577–736, hier S. 619.

53 Krafft Freiherr Schenck zu Schweinsberg: Die Soldatenverbände in der Bundesrepublik, in: Studien zur politischen und gesellschaftlichen Situation der Bundeswehr, hrsg. von Georg Picht, Bd. 1, Witten 1965, S. 96–177, hier S. 118.

54 BA-MA, N 750/Zugang 2000, laufende Nummer 45, Brief Mater Alfonsa, Venedig, an Kesselring, Werl, 4.1.1948.

55 Vgl. Norbert Frei: Vergangenheitspolitik. Die Anfänge der Bundesrepublik und die NS-Vergangenheit, München 1996. S. 22.

56 BA-MA, Nachlaß Röttiger N 422/15, Anträge und Einwendungen gegen Art. 33 und 34 des Befreiungsgesetzes in Sachen Albert Kesselring, vom 14.12.1951, S. 19.

57 Ebd., S. 27.

58 The New Yorker, 26.3.1955, Buchkritik von A. J. Liebling, S. 124–134, hier S. 125.

59 BA-MA, BW 9/2127, Bericht des Verfassungsschutzes über den „Stahlhelm", 20.10.1953, S. 191–225, hier S. 207.

60 Schenck zu Schweinsberg, Soldatenverbände, S. 141.

61 Der Spiegel, 8/1954, S. 8–10: Stahlhelm, Das Problem Kesselring.

62 Ebd.

63 Zitiert in Stimme des Friedens, 20.10.1952: „Mit Kesselring Front Heil!"

64 Der Spiegel 33 (1953), S. 34: Stahlhelm. Leserbrief von A. Wagner, Frankfurt.

65 Neue Rhein Zeitung, 22.9.1954: Er soll schweigen! Leserbrief von Pfarrer Floßdorf, Mülheim.

66 Alaric Searle: Revising the myth of a „clean Wehrmacht": Generals' trials, public opinion, and the dynamics of Vergangenheitsbewältigung in West Germany, 1948–1960, in: German Historical Institute London, Bulletin XXV (2003), S. 17–48, hier S. 25.

67 BA, B 106/15456, dpa-Meldung vom 19.11.1953.

68 Der Stahlhelm, Nr. 1/1954: Sachverstand, S. 1.

69 Bonner Rundschau, 30.11.1953: Franz-Josef Strauß kritisiert Kesselring.

70 Friedrich Andrae: Auch gegen Frauen und Kinder. Der Krieg der deutschen Wehrmacht gegen die Zivilbevölkerung in Italien, 1943–1945, München 1995; Lutz Klinkhammer: Zwischen Bündnis und Besatzung. Das nationalsozialistische Deutschland und die Republik von Salò 1943–1945, Tübingen 1993; ders.: Stragi naziste in Italia. Rom 1997; ders.: Der Resistenza-Mythos und Italiens faschistische Vergangenheit, in: Holger Afflerbach (Hg): Sieger und Besiegte. Materielle und ideelle Neuorientierung nach 1945, Tübingen 1997, S. 119–139; ders.: Der Partisanenkrieg der Wehrmacht 1941–1944, in: Rolf-Dieter Müller/Hans-Erich Volkmann (Hg.): Die Wehrmacht. Mythos und Realität. München 1999, S. 815–836; Gerhard Schreiber: Die italienischen Militärinternierten im deutschen Machtbereich 1943–1945. Verraten, verachtet, vergessen, München 1990; ders.: La vendetta tedesca 1943–1945. Le rappresaglie naziste in Italia, Milano 2000; Michele Battini/Paolo Pezzino: Guerra ai civili. Occupazione tedesca e politica del massacro Toscana 1944, Venezia 1997; Giovanni Contini: La memoria divisa. Milano 1997; Focardi, Filippo: La questione della punizione die Criminali di Guerra in Italia, in: Quellen und Forschungen aus italienischen Archiven und Bibliotheken 80 (2000), S. 543–624; Claudio Pavone: Una guerra civile. Saggio sulla moralità nella Resistenza, Turin 1991; Paolo Pezzino: Anatomia di un massacro. Controversia sopra una strage tedesca, Bologna 1997; ders.: Sant'Anna di Stazzema 1944: La strage impunita, Milano 1998; Rochat, Giorgio: Guerre italiane in Libia e in Etiopia. Studi militari 1921–1939, Treviso 1991.

Gehorsam im Widerstand
Der Generalstabschef Franz Halder

Christian Hartmann

Für eine so ungewöhnliche Geschichte wie derjenigen des Dritten Reiches mit all ihren Extremen und Brüchen, ihren Verheißungen, Verführungen und Verbrechen ist der Begriff der Ambivalenz mehr als einmal bemüht worden, um menschliches Verhalten zu schildern und zu deuten. Ganz besonders betrifft dies die Funktionseliten des NS-Regimes.[1] Gerade die traditionellen Eliten hatten viel zu selten Skrupel, in zentralen Bereichen mit den neuen Machthabern weiter zu kooperieren, mit Leuten, die von ihrer Herkunft, Erziehung und in nicht wenigen Fällen auch von ihrer Moral und ihren Vorstellungen eigentlich wenig mit ihnen und ihrer Welt gemein hatten. Selbst wenn die Übereinstimmung dieser Eliten vielfach gebrochen war und ihre Zusammenarbeit nicht selten nur von Fall zu Fall erfolgte, so gab es unter ihren zentralen Protagonisten nur wenige, bei denen sich der Begriff des Ambivalenten so sehr bewahrheitet wie im Falle des Generaloberst Franz Halder.

Dieses Leben, das am 30. Juni 1884 in Würzburg beginnt und am 2. April 1972 im Chiemgau endet,[2] scheint beinahe in zwei Linien zu verlaufen. Die eine liegt offen: Halders ungewöhnliche militärische Karriere, die ihn in eine der Spitzenstellungen der deutschen Wehrmacht führte, vielleicht sogar in die bedeutendste und einflußreichste Position, die diese Armee überhaupt zu vergeben hatte. Vier Jahre lang, von September 1938 bis September 1942, war Halder Generalstabschef des deutschen Heeres. Damit besetzte er in der Nachfolge eines Moltke, Schlieffen oder Hindenburg viel mehr als nur ein traditionsreiches Amt. In einer Zeit, in der auf deutscher Seite alle wesentlichen strategischen und operativen Entscheidungen des Zweiten Weltkrieges fielen, war dieser General die zentrale militärische Planungsinstanz der mit Abstand größten und wichtigsten deutschen Teilstreitkraft. Alle großen Feldzüge der Wehrmacht: Polen, Frankreich, Balkan und die Sowjetunion, hat Halder geplant und vorbereitet. Doch hat er nicht nur die deutsche Kriegführung zu Lande geplant und mitorganisiert, er hat auch seinen Teil zu deren Radikalisierung beigetragen. Daß ihm seine anfangs gewaltige

Kompetenz in jenen vier entscheidenden Jahren Stück für Stück genommen wurde, war zunächst kaum absehbar. Der Rückzug des Generalstabschefs bleibt stets aufs engste verknüpft mit einer Emanzipation Hitlers als Feldherr, wie sie in dieser Form eigentlich überraschend war.

Der rapide Machtverlust Halders verweist auf seine andere Lebenslinie, eine verborgene und nie zu Ende geführte. Denn geduldet und zuweilen gefördert durch „den Chef" begann sich unter den Generalstabsoffizieren des Heeres eine Verschwörung gegen Hitler und die NS-Diktatur auszubilden. Selbst wenn diese Sondierungen, Gespräche und Planungen zu einem guten Teil nicht mehr waren als Klatsch, Kompensation oder politische Phantasterei, so ändert das nichts daran, daß die Wurzeln des mit Abstand erfolgversprechendsten und auch folgenreichsten Umsturzversuchs der Jahre 1933 bis 1945 in jenem subversiven Geflecht zu suchen sind, das sich in Halders Zeit ausgebildet hatte. Zwar versuchte sich dieser dann, so gut es ging, vom Staatsstreich seines Zöglings Stauffenberg zu distanzieren. Aber Halders Schicksal nach dem 20. Juli 1944, seine Passion durch die nationalsozialistische Lagerwelt, ist ein Indiz dafür, daß seine Häscher einiges über ihn in Erfahrung bringen konnten – Informationen, die uns heute fehlen. Deshalb ist es auch so schwierig, die Bedeutung der ersten großen Verschwörung in der Wehrmacht, der sog. September-Verschwörung des Jahres 1938, einzuschätzen. War sie nur eine nachträglich aufgebauschte Fiktion? Oder handelte es sich hier doch um einen ernst zu nehmenden, ausgeklügelten Aktionsplan, mit dem Hitler auf dem Höhepunkt der Sudeten-Krise gerade noch aufgehalten werden sollte? Nur die friedliche Beilegung dieser Krise – so Halders Beteuerung nach 1945 – hätte eine Auslösung des Staatsstreichs verhindert.[3]

Wie dem auch sei, eines läßt sich sicher sagen: Die Spannbreite dieser Biographie ist ungewöhnlich groß: Generalstabschef und KZ-Häftling. Im Establishment des Dritten Reichs finden sich viele abenteuerliche, fast immer turbulente Lebensläufe, aber ein crossover wie im Falle des Franz Halder bleibt doch die Ausnahme. Allerdings ist auch hier das Widersprüchliche, das diese Biographie durchzieht, nicht allein psychologisch begründet. Erst die politische Situation dieses Offiziers und – nicht zu vergessen – seine institutionelle Aufgabe ließen ihn zu mehr werden als nur zu einem hochgestellten Funktionär des NS-Regimes. Einzugehen ist daher auf alle drei Faktoren, auf den Menschen Franz Halder, auf seine politische Lage und auf sein Amt, und schließlich auch darauf, wie Halder mit diesen Widersprüchen umging.

Ziehen wir uns zunächst zurück auf den Kern, auf die Person Franz Halder. In dem, was über Herkommen und Charakter, Jugend und Laufbahn bekannt ist, findet sich auf den ersten Blick wenig Ungewöhnliches. Im Juli 1902 war Halder in die bayerische Armee eingetreten, 1904 wurde er im 3. Feldartillerie-Regiment, dem „Stammregiment der Familie",[4] zum Leutnant befördert.[5] Seine militärische Laufbahn verlief anfangs ganz in den vorgegebenen Bahnen, so daß auch in diesem Soldatenleben zunächst der Mensch ganz in seiner Uniform zu verschwinden scheint. Bei genauerem Hinsehen fallen jedoch einige Punkte auf, die eigentlich untypisch waren für den durchschnittlichen Vertreter der preußisch-deutschen Militärelite. Das begann bereits bei der Herkunft: Als Bayer war Halder in einem Umfeld groß geworden, das eben doch etwas anders war als jenes bewunderte und gehaßte Preußen, aufs ganze gesehen liberaler, bürgerlicher und nicht in dieser Form fixiert aufs Militärische. Das wird Folgen gehabt haben für die Mentalität dieses Generals, der im übrigen nicht im Kadettenkorps, sondern auf einem humanistischen Gymnasium erzogen worden war. Herkunft und Bildung stellten ihn also später eher an den Rand der Wehrmachtselite und nährten – Halder hat es später selbst zugegeben[6] – ein gewisses Minderwertigkeitsgefühl gegenüber den Profis aus Preußen und damit auch den brennenden Ehrgeiz, es denen, dem Manstein, Bock oder Brauchitsch, einmal wirklich zu zeigen.

Dem Umfeld, dem Halder entstammte, jede militärische Tradition abzusprechen, wäre indes grundfalsch. Im Gegenteil: Halder entstammte – wie sein Vater bereits vor dem Ersten Weltkrieg stolz konstatierte – einer „der ältesten bayerischen Offiziersfamilien".[7] Diese Tradition einer alten, wenngleich bürgerlichen Offiziersfamilie, die ihre Tradition bis ins 17. Jahrhundert zurückverfolgen konnte, hatte er als einziger Sohn natürlich fortzusetzen. Ob das freiwillig geschah oder nicht, ist unbekannt. Wir wissen aber, daß es noch einen Punkt gab, in dem Halders Persönlichkeit ganz entschieden von der strengen Norm des Standes abwich. Nicht ohne Befremden, Verwunderung oder Mitgefühl ist immer wieder berichtet worden, wie leicht dieser General – der schon von seinem Habitus: seinem Bürstenhaarschnitt, seinem Zwicker, seiner Schulmeisterlichkeit, so ganz anders wirkte – bereits bei geringen Anlässen in Tränen ausbrechen konnte.[8] Vielleicht bietet gerade die ganz ungewöhnliche Emotionalität Halders, seine Rührungszustände und Gemütsüberwältigungen, einen Zugang zu seiner komplexen Persönlichkeit. Sie allein als Rührseligkeit abzutun, wäre zu einfach. Seine Empfindsamkeit verrät auch, wie sehr sich dieser uniformierte hagere Gelehrte seiner Umwelt – Institutionen, Menschen, Werten – verpflichtet fühlen konnte. Und vielleicht ist dieser Charakterzug auch ein Hinweis auf die inneren Spannungen, welche die militärische Sozialisation ausgelöst haben könnte. Halder tat jedenfalls viel, um diese zu verbergen. Mit einem Übermaß an Arbeitseifer, Ehrgeiz, Härte und notfalls auch bloßer Pedanterie suchte er sein dünnhäutiges und labiles Temperament auszugleichen. „Im übrigen ist man auch so sehr beschäftigt, um sich Empfindungen zu sehr herzugeben [...], man hört fast auf, Mensch zu sein; man ist nur mehr Gedanke und Wille", heißt es in einem Brief vom Juli 1941.[9]

So ließ sich selbst der Krieg kompensieren. Schon im Ersten Weltkrieg scheint dies offensichtlich funktioniert zu haben. Vieles spricht dafür, daß auch Halder die niederdrückende Erfahrung dieses Krieges, jenes millionenfachen Opfers, das dann doch in einer Niederlage endete, rationalisierte, auf ein militärfachliches Problem reduzierte. Bewegungskrieg hieß für ihn die Lösung aus diesem strategischen und taktischen Dilemma; später sollte er dieses Konzept Blitzkrieg nennen.[10] Möglicherweise war diese Form der distanzierten, nüchternen Verarbeitung auch in jener sehr speziellen, eher ungewöhnlichen Perspektive begründet, die er auf diesen Krieg hatte. Während der Jahre 1914 bis 1918 war Halder, der sich schon sehr früh für den Generalstabsdienst qualifiziert hatte, fast nur in Stabsstellungen eingesetzt worden. Frontoffizier im eigentlichen Sinn ist er dagegen nie gewesen. Zeit seines Lebens stand er im Banne des Generalstabsdienstes, jener ganz eigenen Symbiose von Militär und Wissenschaft. Den Krieg, von seiner Natur ein durch und durch chaotischer Vorgang, erlebte er ganz offensichtlich als einen Akt der planenden und ordnenden Vernunft.

Ein solch intellektueller und psychischer Kraftakt war freilich nur dann möglich, wenn er ein konkretes Ziel kannte. Gerade eine Persönlichkeit, die im Grunde ihres Wesens so labil war und so empfänglich für Eindrücke wie Halder, brauchte ein weltanschauliches Gerüst, etwas, an das er sich über den Augenblick hinaus halten konnte. Das verweist auf den zweiten Grund, der verantwortlich sein könnte für die Ambivalenz dieser Biographie, darauf, daß sich diese über weite Strecken im Widerspruch zu den herrschenden politischen Tendenzen ihrer Zeit befand.

Als der Erste Weltkrieg zu Ende ging, war Halder 34 Jahre alt. Im Falle dieser Biographie waren also zwei Dinge gleichzeitig zum Abschluß gekommen: nicht nur eine individuelle, biologische, sondern auch eine kollektive, politisch-militärische Entwicklung. Die Kräfte und Institutionen, die das weltanschauliche Fundament des damaligen Hauptmanns formiert hatten, waren in den Jahren 1918/19 tief erschüttert worden. Die Nation, ausgeblutet und erschöpft durch den Ersten Weltkrieg, war durch den Versailler Vertrag vollends lahmgelegt, wenngleich auch nicht wirklich zerstört worden. Von der Armee, die nicht nur ihm Heimat geboten hatte, war mit dem 100.000-Mann-Heer nur ein kümmerlicher Rest mit ziemlich bescheidenen Aufstiegsmöglichkeiten geblieben. Unwiderruflich beendet aber war die Herrschaft der bayerischen Könige. Mit dem Ende des Hauses Wittelsbach hatte Halder einen zentralen Bezugspunkt seiner Existenz verloren – politisch, aber auch persönlich.

Auch die nationalsozialistische Herrschaft konnte diese Verluste nur teilweise ersetzen. Zwar schien es mit der Nation seit 1933 wieder aufwärts zu gehen, nicht nur wirtschaftlich, sondern auch machtpolitisch, was Halder wohl als wichtiger erachtet haben dürfte. Zwar profitierte die Armee, die nun Wehrmacht hieß, erheblich von der stürmischen Aufrüstungspolitik, so daß ein so hoffnungsvoller Generalstabsoffizier wie Halder nun endlich reüssieren konnte. Doch war das neue Regime alles andere als eine Fortsetzung der alten monarchischen Ordnung, und es ist auffällig, wie früh Halders Konflikte mit den Nationalsozialisten begannen. Schon im August 1934 schrieb der damalige Oberst Halder an den Generalleutnant Ludwig Beck, seinen künftigen Vorgesetzten als Generalstabschef: „Das reine und von idealistischem Schwung getragene Wollen des Kanzlers [Hitler] wird durch die Überzahl völlig unzulänglicher, z[um] T[eil] wahrhaft minderwertiger Ausführungsorgane in der Praxis vielfach zu einem Zerrbild, teilweise zum Gegenbild dessen, was der Kanzler will."[11] Wenn Halder in seinem Schreiben schließlich empfahl, alles zu tun, „was uns später die schreckliche Rolle des bewaffneten Friedensstifters im eigenen Volke ersparen kann", so sind solche Zeilen Ausdruck eines eigenwilligen wie ungewöhnlichen politischen Verantwortungsgefühls. Die Armee als Ordnungsmacht, als letzte Instanz, auch in den Fragen der Politik; der Weg zu dem, was sich unter die Begriffe Widerstand oder gar Staatsstreich subsumieren läßt, war schon hier nicht mehr weit.

Während der Jahre 1934 bis 1936, in seiner Zeit als Kommandeur der in München stationierten 7. Infanteriedivision, spitzten sich Halders Konflikte mit den Nationalsozialisten derart zu, daß sie sich an der Basis in handfesten Schlägereien zwischen Feldgrauen und Braunen entladen konnten.[12] Halder riskierte damals einiges, um jene Kräfte, die bislang seine Heimat repräsentiert hatten – Königshaus, Kirche und in gewisser Weise auch den Staat – vor dem Zugriff der neuen Machthaber zu schützen. Entsprechend skeptisch dachte man in der Partei von Halder, den Himmler noch im Juni 1938 mißvergnügt als „Mutter-Gottes-General" bezeichnete.[13] Zwar war Halder nicht der einzige nationalkonservative Monarchist, der dem NS-Regime zwiespältig gegenüberstand, doch verschärften in seinem besonderen Fall zwei weitere Faktoren diesen Konflikt: Halder war mächtig, als Divisionskommandeur war er in der „Hauptstadt der Bewegung" ein Faktor, der sich nicht einfach übergehen ließ.[14] Und: Während es im übrigen Deutschland Vertreter des deutschen Hochadels gab, die – vorsichtig formuliert – den Kontakt zu den neuen Machthabern suchten, allen voran der berüchtigte Preußenprinz August-Wilhelm,[15] hatte Halders ehemaliger direkter Vorgesetzter aus dem Weltkrieg, der Kronprinz Rupprecht, der schon in den 1920er Jahren gegen Hitler prozessiert hatte,[16] wenig Zweifel daran gelassen, daß er nicht viel von den Hakenkreuzlern hielt.

Doch wurzelte Halders Zweifel an Hitler und seinem System nicht allein in seiner monarchischen Überzeugung, sondern zunehmend auch in einer ganz allgemeinen, politischen Sorge um Deutschland. Noch einmal sollte sich in Halders Leben jene Übereinstimmung von individueller und überindividueller Veränderung wiederholen. Mit seiner eher zufälligen Beförderung in den Generalstab des Heeres während der Jahre 1937/38[17] geriet Halder genau zu dem Zeitpunkt in das Führungszentrum der Wehrmacht, als das Element des Risikos und dann die Option des Krieges die deutsche Außenpolitik zu prägen und mehr und mehr zu ersetzen begann. Ein militärischer Fachmann wie Halder, der am 1. September 1938 das Amt des Generalstabschefs des Heeres und damit eine, wenn nicht sogar die entscheidende Schlüsselposition in der Wehrmachtsführung übernommen hatte, wußte sehr genau, welch gefährliches und dilettantisches Spiel Hitler während der Krisen der Jahre 1938/39 trieb: Konnte, ja durfte er diesem Kriegsherrn noch folgen? Welches Verhalten forderte die Sorge um das Reich? Und wohin war die Armee zu dirigieren? Eine Armee wohlgemerkt, die sich traditionell stets auf das Prinzip der politischen Loyalität berufen hatte. Im permanenten Wechselbad der politischen Ereignisse und Emotionen, das dem Zweiten Weltkrieg vorausging, scheint die Beantwortung solcher Fragen für Halder manchmal unmöglich geworden zu sein. Die persönliche Krise und das berufliche Dilemma, mit dem er sich nun als Generalstabschef konfrontiert sah, waren mit den Mitteln seines Ressorts nicht mehr zu bewältigen. Das, was später als Septemberverschwörung der Generale bezeichnet worden ist, aber auch die unruhigen Sondierungen im Herbst und Winter 1939/40 sind Ausdruck seiner Opposition,[18] die freilich eine stille geblieben ist.

Halders Skepsis änderte allerdings nichts daran, daß er als neuer Generalstabschef letzten Endes im Sinne Hitlers funktionierte – ganz unabhängig davon, ob es um den Aufmarsch gegen die Tschechoslowakei, gegen Polen oder Frankreich ging. Halder tat alles, um seiner militärischen Aufgabe gerecht zu werden. Doch ist nicht allein das aufschlußreich. Von Halder sind auch bereits aus jener Zeit ganz andere Bemerkungen überliefert, die dafür sprechen, daß die Phasen des Zweifels, der Verzagtheit, der Verunsicherung schon damals immer wieder durchbrochen wurden von ganz anderen Stimmungen. Einen ehemaligen Verbündeten

aus dem oppositionellen Umfeld ließ er im Sommer 1939 wissen, daß „die Grenz-
ziehung im Osten [...] unsinnig" wäre und daß „Hitler es niemals zum Weltkrieg
kommen lassen würde".[19] Noch entschiedener argumentierte Halder vor seinen
Generalstabsoffizieren; vor denen gab er sich schon im Frühjahr 1939, als die
Planungen gegenüber dem polnischen Nachbarn Gestalt annahmen, siegessicher:
„Die britische Garantie wird den Polen im Moment des Krieges wenig nützen, sie
wird vor allem nicht davor bewahren, von uns überrannt zu werden. England
wird, wenn es überhaupt zum Eingreifen kommt, im Westen und vor allem im
Mittelmeer, mehr als ihm lieb ist, [mit Italien] beschäftigt werden."[20]

Spätestens der Triumph des Sommers 1940 beendete dann die politische Indifferenz dieses hohen militärischen Funktionärs, zumindest für die nächste Zeit;
von einer grundsätzlichen politischen Opposition wollte er nun nichts mehr wissen. Jetzt zeigte sich endgültig die Kehrseite von Halders Denken in nationalen
Kategorien, dem er notfalls auch ganz Europa unterwerfen wollte. Nach diesen
Geburtswehen, die seine Kooperation mit Hitler anfangs begleitet hatten, stand für
diesen Generalstabschef ausschließlich seine Arbeit im Vordergrund: Das war die
operative Planung und Führung des Landkriegs.

Damit sind wir beim dritten und letzten Faktor, der verantwortlich ist für die
Brüche und Zäsuren im diesem Leben, das nicht einfach auf einen Nenner zu
bringen ist. Denn auch in seinem Amt als Generalstabschef des Heeres, scheinbar
klar und präzise definiert, verbargen sich von Anfang an unauflösbare Widersprüche. Eigentlich war er im September 1938 mit der wichtigsten Aufgabe betraut
worden, die es im Krieg, auch im modernen, gab und gibt: der übergeordneten
militärischen Führung. Daß sich diese andererseits nicht einfach isolieren läßt, gehört ebenfalls zu den Charakteristika des modernen Krieges. Das Militärische
bleibt letzten Endes immer eingebunden in die Große Strategie, in die viele Einflüsse münden: Außen- und Innenpolitik, wirtschaftliche Leistung, Propaganda
oder Technik zum Beispiel. Es ist daher unabdingbar, den Generalstabschef als
den wichtigsten Vertreter der Armee an der Konzipierung der Großen Strategie zu
beteiligen. Genau das hatte Halders Vorgänger Ludwig Beck mit seinen bekannten Denkschriften gefordert,[21] doch war er, der Theoretiker, damit vor aller Augen
kläglich gescheitert. Das war Halders Ausgangsposition. Wenn er sich dennoch
auf ein solches Hasardspiel einließ, so allein im Vertrauen auf die Möglichkeiten
der Praxis, auf die Macht des Faktischen. In den Zeiten des Krieges schien es doch
absehbar, daß die Armee zwangsläufig zum ausschlaggebenden Faktor werden
würde. Schon im letzten Krieg war ihre Bedeutung so groß geworden, daß es nicht
der Reichskanzler, ja noch nicht einmal der Kaiser selbst war, sondern der Gene-

ralstab, der wirklich regierte.[22] „Der Krieg hat zahlreiche Probleme aufgeworfen, er wird sie selbst beantworten", lautete Halders Parole, die er im April 1940 ausgab.[23] Der deutsche Generalstab habe „nicht nur ein Erbe zu wahren, sondern auch zu mehren". Erst einmal war der Krieg zu gewinnen; danach konnte man weitersehen, vielleicht auch politisch.

Aber selbst auf dem Schlachtfeld sollte es dem Generalstab immer schwerer werden, sich gegenüber dem Diktator durchsetzen. Allein im September 1939, während des Polenfeldzugs gelang dies noch. Aber schon im April 1940, beim Angriff auf Dänemark und Norwegen, wurde das Oberkommando des Heeres schlichtweg übergangen und die Führung dieser triphibischen Operationen in die Hände der Konkurrenz, des Wehrmachtführungsstabs gelegt, an dessen Spitze nicht Halder, sondern der General Alfred Jodl stand. Ungleich einschneidender war freilich, daß Hitler auf dem Hauptkriegsschauplatz, bei der Vorbereitung des Westfeldzugs mehr und mehr dazu neigte, die Dinge selbst in die Hand zu nehmen: Hitler war es, der sich über alle Krisen und Zweifel der Generalität hinwegsetzte; und er war es, der den feldzugsentscheidenden operativen Ansatz eines weiteren Konkurrenten Halders, des Generals Erich von Manstein, erkannte und favorisierte.[24]

So wichtig Hitlers Beitrag bei der Vorbereitung des sogenannten Sichelschnittplans gewesen war, in der Durchführung verdarb er fast alles. Seiner mangelnden Erfahrung und seiner Nervosität war es zuzuschreiben, daß bis Juni 1940 zwar Frankreich, nicht aber Großbritannien besiegt wurde. In der Euphorie dieses Sieges waren jedoch nur wenige bereit, sich einer nüchternen Manöverkritik zu stellen, Hitler am wenigsten. Was blieb war vielmehr der Eindruck des Präzedenzfalls. Nachdem der Generalstab so viel von seinem fachlichen Prestige eingebüßt hatte, begann Hitler nun wirklich an seine Berufung zum Feldherrn zu glauben. Von einer substantiellen strategischen oder gar politischen Einflußnahme Halders konnte seit Sommer 1940 nicht mehr die Rede sein. Vielmehr verlor er selbst im letzten, ihm verbliebenen Bereich der operativen Führung zusehends an Einfluß. Dennoch war Halder nun bereit – wie er selbst öffentlich eingestand –, „jede Aufgabe zu erfüllen, die uns gestellt wird".[25]

Aber erst der Feldzug gegen die Sowjetunion sollte das ganze Dilemma zum Vorschein bringen – nicht nur das Dilemma eines hohen militärischen Funktionärs, den man schlichtweg überforderte, sondern auch das einer ganzen Nation, die sich mit ihrem hypertrophen Welteroberungsprogramm konsequent selbst zerstörte – bis in den totalen Untergang. Bereits der Operationsplan für den „Fall Barbarossa", den der Generalstab des Heeres ab Winter 1940 entwickelte, war nicht mehr als ein lahmer Kompromiß; in ihm neutralisierten sich gewissermaßen die Vorstellungen Halders, für den ein scharf konzentrierter Vormarsch auf Moskau oberste Priorität besaß, und diejenigen Hitlers, dessen Schlachtplan auch von ökonomischen Kriterien bestimmt war. Anstatt die viel zu geringen deutschen Kräfte an einer Stelle zusammenzufassen, wurden sie nun verteilt auf den Norden mit Marschrichtung Leningrad, in Weißrußland mit Stoßrichtung Moskau und schließlich auch noch im Süden, wo sie die industrie- und rohstoffreichen Regionen im Süden der Sowjetunion besetzen sollten.

Spätestens der Feldzug selbst – die operative Krise im August 1941, der verspätete Angriff auf Moskau, die Beinahe-Katastrophe des Winters 1941/42 oder die verfehlte Sommeroffensive des Jahres 1942 – offenbarte, daß dieser Generalstabschef sich nun mit einer Aufgabe auseinandersetzen mußte, bei der er mehr und mehr zwischen den Vorgaben des Diktators und der Wirklichkeit dieses Krieges zerrieben wurde. In der militärischen Terminologie wird der Generalstabsoffizier zuweilen auch als „Führergehilfe“ bezeichnet;[26] im Falle des höchsten Vertreters des deutschen Generalstabs erhielt dieser Begriff nun eine makabre Doppelbedeutung. Was zunächst mit dem Anspruch einer gewissen, wenn auch verdeckten militärischen Herrschaftsteilhabe begonnen hatte, endete bei Halders mehr oder weniger freiwilligen Rücktritt im September 1942 mit dem erschütternden Eingeständnis völliger Macht- und Hilflosigkeit im Angesicht einer sich abzeichnenden militärischen Katastrophe.

Die Selbstpreisgabe des Generalstabschefs führte allerdings auch zu politischen und nicht zuletzt zu moralischen Konzessionen an das NS-Regime. Halder war durchaus bereit gewesen, die Exzesse der deutschen Besatzungspolitik im besetzten Polen hinzunehmen. Während der Jahre 1941/42 akzeptierte er den ideologischen Charakter des Vernichtungs- und Ausbeutungskriegs gegen die Sowjetunion. Mehr noch: Ohne das Zutun des Generalstabschefs wäre es nicht zu jenen verbrecherischen Befehlen gekommen, mit denen er das gesamte Heer zum Komplizen des nationalsozialistischen Vernichtungskriegs machte, erinnert sei an das Zustandekommen des Kriegsgerichtsbarkeitserlasses „Barbarossa“, den Kommissarbefehl wie überhaupt an die Weisungen der Heeresführung zur Besatzungspolitik, zum Kampf gegen die Partisanen oder zur Be-, oder genauer gesagt zur Mißhandlung der sowjetischen Kriegsgefangenen.[27] Für Halder standen dabei wohl nicht so sehr rassenideologische Motive im Vordergrund. Maßgebend waren wohl eher jene handfesten Gemeinsamkeiten, wie sie in der Bewertung des Bolschewismus zwischen der NS-Führung und großen Teilen des Offizierskorps bestanden. Vor allem aber sollte mit dieser Anbiederung an die NS-Ideologie jener Eindruck revidiert werden, den der Generalstab während der Jahre 1938/39 mit seinen ständigen Bedenken und seinem Zögern bei Hitler hinterlassen hatte. Unter den wenigen, noch verbliebenen Oppositionellen erkannte man schon im Sommer 1941 sehr klarsichtig:[28] „Brauchitsch und Halder haben sich nun bereits auf das Hitlersche Manöver eingelassen, das Odium der Mordbrennerei von der bisher allein belasteten SS auf das Heer zu übertragen; sie haben die Verantwortung übernommen und durch einige an sich gar nichts ändernde, aber den Schein wahrende Zusätze (über die Notwendigkeit, die Disziplin zu wahren usw.) sich selbst und andere getäuscht. Hoffnungslose Feldwebel!"

In pointierter Form könnte man das als das Ergebnis, als die Bilanz von Halders Ägide als Generalstabschef des deutschen Heeres verstehen; einer der höchsten und wichtigsten militärischen Funktionäre war durch den „Führer" faktisch zum Unteroffizier degradiert worden. Aber noch im September 1942 verkündete der scheidende Generaloberst dem Staatssekretär von Weizsäcker, daß er „seinen Posten ohne Sorgen für das Heer" verlasse.[29] Glaubte er das wirklich? Sechs Wochen später schloß sich der Ring um Stalingrad. Aber es gab mehr als die strategische Seite des Krieges. Halder führte regelmäßig Buch über die deutschen Verluste, die der Ostkrieg forderte. In seinem letzten Eintrag vom September 1942 bezifferte er sie bereits auf über 1,6 Millionen: Gefallene, Verwundete, Vermißte.[30]

Dies waren keine Widersprüche mehr, die sich im Innern einer Person abspielten, das war die Wirklichkeit. Wie hat Halder darauf reagiert? Die disparaten und meist wenig persönlich gehaltenen Quellen bieten keine schnellen Antworten, so daß hier lediglich Vermutungen präsentiert werden können. Als Halders Enkelin in einer jener persönlichen Befragungen, die schwer zu organisieren sind und im Grunde wenig bringen, erzählte, zu Hause, auf Halders Schreibtisch hätten sich nur zwei Gegenstände befunden, ein Foto des Kronprinz Rupprecht und eine Büste Napoleons, schien diese Information zunächst wenig Wert zu besitzen,[31] bis dem Verfasser die vielen, ganz unmotivierten Hinweise Halders auf die Französische Revolution und die Napoleonische Epoche aufgefallen sind, die sich in seinen Gesprächen mit Peter Bor finden.[32] Verräterisch ist aber auch jene Passage, die sich in einem Brief Halders vom Juli 1941 findet: „Die Einigung Europas ist der geschichtliche Sinn dieses Krieges", schrieb er dort.[33] Das alles sind Stichworte, die dafür sprechen könnten, daß sich dieser ehemalige Königlich Bayerische Generalstabsoffizier am historischen Beispiel der Französischen Revolution orientierte, wenn er den Zusammenbruch der alten Ordnung zu rationalisieren suchte. Und von dort war der Weg zur Gleichsetzung Hitlers mit der Führerfigur Napoleons nicht weit.

Doch gab es immer wieder Situationen, wo selbst solch dürftige historische Analogien nicht mehr griffen, so im Sommer 1967, als Halder bereits 81 Jahre zählte. Der Direktor des Instituts für Zeitgeschichte, Helmut Krausnick, edierte damals die Tagebücher eines gewissen Helmuth Groscurth, eines jüngeren Generalstabsoffiziers, der sich durch seinen ungewöhnlichen moralischen Rigorismus ausgezeichnet hatte.[34] Auch er hatte zu Halders Schützlingen gezählt, doch war es wohl kein Zufall, wenn dieser ihn im Frühjahr 1940 fallen ließ und vom OKH an die Front versetzte. Dort war er schließlich in Stalingrad gelandet, wenige Monate nach seiner Gefangennahme starb Groscurth in einem sowjetischen Lager. Jemand wie Krausnick wußte sehr gut, was sich zugetragen hatte, und er konnte nicht der Versuchung widerstehen, die letzten Briefe dieses ungewöhnlich couragierten Offiziers dem greisen Generaloberst zur Kenntnis zu bringen.[35] Halders Antwort ließ erkennen, daß er sich noch sehr genau an Groscurth erinnerte. Jedoch wage er es „leise zu bezweifeln", ob „sein Tagebuch einen wirklich wertvollen Beitrag für die Zeitgeschichte darstellte". Im übrigen aber habe er noch keine Zeit gefunden zur Lektüre dieser letzten Briefe aus Stalingrad.

Der Mut – so sagt man – gehört zu den soldatischen Elementartugenden, und gegen sie dürfte der Generaloberst damals wohl verstoßen haben. Und mitunter hat es den Anschein, als sei dies, vielleicht, nicht das einzige Mal gewesen.

Anmerkungen

1   Unter der Prominenz des Dritten Reichs finden sich selbst bei einer oberflächlichen Betrachtung bemerkenswert viele Schicksale, die nur schwer in ein simples Täter-Opfer-Schema zu pressen sind; erwähnt seien beispielsweise so unterschiedliche Namen wie Wilhelm Canaris, Friedrich Fromm, Gustaf Gründgens, Ernst Jünger, Arthur Nebe oder Ernst Frhr. von Weizsäcker. Zweifellos gibt es angesichts der deutschen Geschichte der Jahre 1933 bis 1945 viele Gründe, sich vor einer inflatorischen und leichtfertigen Verwendung des Begriffs „Ambivalenz" zu hüten. Dessen ungeachtet bleiben aber immer noch genügend prominente Biographien, die nicht wirklich „aufgehen" und die sich nicht einfach bestimmten Gruppen zuordnen oder mit einem Schlagwort kategorisieren lassen. Zu den Einzelbiographien vgl. Heinz Höhne: Canaris. Patriot im Zwielicht, München 1976; Bernhard R. Kroener: Friedrich Fromm – Der „starke Mann im Heimatkriegsgebiet", in: Ronald Smelser/Enrico Syring (Hg.): Die Militärelite des Dritten Reiches. 27 biographische Skizzen, Berlin, 2. Aufl. 1998, S. 171–186; Peter Michalzik: Gustaf Gründgens. Der Schauspieler und die Macht, Berlin 1999; Hans-Peter Schwarz: Der konservative Anarchist. Politik und Zeitkritik Ernst Jüngers, Freiburg i. Br. 1962; Peter Black: Arthur Nebe – Nationalsozialist im Zwielicht, in: Smelser/Syring (Hg.), Die SS: Elite unter dem Totenkopf. 30 Lebensläufe, Paderborn 2000, S. 364–378; Rainer A. Blasius: Für Großdeutsch-

land – gegen den großen Krieg: Staatssekretär Ernst Frhr. von Weizsäcker in den Krisen um die Tschechoslowakei und Polen 1938/39, Köln 1981.

2 Zur Biographie Halders vgl. Christian Hartmann: Halder. Generalstabschef Hitlers 1938–1942, Paderborn 1991; Gerd R. Ueberschär: Generaloberst Franz Halder. Generalstabschef, Gegner und Gefangener Hitlers, Göttingen 1991; Bernd Wegner: Erschriebene Siege. Franz Halder, die „Historische Division" und die Rekonstruktion des Zweiten Weltkrieges im Geiste des deutschen Generalstabes, in: Ernst Willi Hansen/Gerhard Schreiber/Bernd Wegner (Hg.), Politischer Wandel, organisierte Gewalt und nationale Sicherheit. Festschrift für Klaus-Jürgen Müller, München 1995, S. 287–302. Apologetisch dagegen die Dissertation von Halders Enkelin: Heidemarie Gräfin Schall-Riaucour: Aufstand und Gehorsam. Offizierstum und Generalstab im Umbruch. Leben und Wirken von Generaloberst Halder, Generalstabschef 1938–1972, Wiesbaden 1972.

3 Vgl. hierzu Hartmann: Halder, S. 99ff.

4 Schall-Riaucour: Aufstand und Gehorsam, S. 311.

5 Halders militärische Personalakten sind bis 1919 vollständig überliefert in Bayerischen Hauptstaatsarchiv, Abt. IV, OP 41450.

6 Vgl. hierzu Hartmann: Halder, S. 70ff.

7 Maximilian Halder: Die Halder in der Bayerischen Armee 1689–1910. Entwicklungsgeschichte einer bayerischen Offiziersfamilie, Erlangen 1911, S. V.

8 Vgl. hierzu Hartmann: Halder, S. 67ff.

9 Aus einem Brief Halders vom 16.7.1941, zit. bei Schall-Riaucour: Aufstand und Gehorsam, S. 167.

10 Vgl. hierzu ausführlich Karl-Heinz Frieser: Blitzkrieg-Legende. Der Westfeldzug 1940, München 1995, S. 409ff.

11 BA-MA, N 28/1: Brief Halders an Ludwig Beck vom 6.8.1934.

12 Vgl. hierzu ausführlich Klaus-Jürgen Müller: Das Heer und Hitler. Armee und nationalsozialistisches Regime 1933–1940, Stuttgart 1969, S. 142ff. Ferner Wolfgang Kern: Die innere Funktion der Wehrmacht 1933–1939, Berlin (Ost) 1979, S. 88ff.

13 Heeresadjutant bei Hitler 1938–1943. Aufzeichnungen des Major Engel. Hg. und kommentiert von Hildegard v. Kotze, Stuttgart 1974, S. 11 (Eintrag vom 25.6.1938).

14 Vgl. Hartmann: Halder, S. 46ff.

15 Zur politischen Rolle des Hauses Hohenzollern in der Zwischenkriegszeit vgl. Sylvia Andler: „....ein neues Deutsches Reich mir erobern." Politische Verbindungen und Verbündete des Kaisers im Exil, in: Der letzte Kaiser Wilhelm II. im Exil. Hg. im Auftrag des Deutschen Historischen Museums von Hans Wilderotter und Klaus-D. Pohl, Gütersloh 1991, S. 143–149; Willibald Gutsche: Ein Kaiser im Exil. Der letzte deutsche Kaiser Wilhelm II. in Holland. Eine kritische Biographie, Marburg 1991.

16 Eine wissenschaftliche Biographie über den Kronprinzen Rupprecht liegt immer noch nicht vor. Zu seinen Auseinandersetzungen mit Hitler vgl. jedoch Hitler: Reden, Schriften, Anordnungen, Februar 1925 bis Januar 1933, Bd. III: Zwischen den Reichstagswahlen Juli 1928–

September 1930, Teil 2: März 1929–Dezember 1929. Hg. u. kommentiert von Klaus A. Lankheit, München 1994, Dok. 91, 93, 94, 99, 112, Teil 3: Januar 1930–September 1930. Hg. u. kommentiert von Christian Hartmann, München 1995, Dok. 5.

17 Vgl. Hartmann: Halder, S. 50ff.

18 Ebd., S. 99f. sowie S. 162ff. und 184ff.

19 Hans Bernd Gisevius: Bis zum bitteren Ende, Bd. II, Zürich 1946, S. 116.

20 Christian Hartmann/Sergej Slutsch: Franz Halder und die Kriegsvorbereitungen im Frühjahr 1939. Eine Ansprache des Generalstabschef des Heeres, in: Vierteljahrshefte für Zeitgeschichte 45 (1997), S. 467–495, hier S. 484f. Nicht überzeugend dagegen die primär philologische Kritik von Klaus Mayer: Eine authentische Halder-Ansprache? Textkritische Anmerkungen zu einem Dokumentenfund im früheren Moskauer Sonderarchiv, in: Militärgeschichtliche Mitteilungen 58 (1999), S. 471–527.

21 Zu Beck vgl. Nicholas Reynolds: Beck. Gehorsam und Widerstand. Das Leben des deutschen Generalstabschefs 1933–1938, Wiesbaden 1977; Klaus-Jürgen Müller: General Ludwig Beck. Studien und Dokumente zur politisch-militärischen Vorstellungswelt und Tätigkeit des Generalstabschefs des deutschen Heeres 1933–1938, Boppard a. Rh. 1980; Peter Hoffmann: Generaloberst Ludwig Becks militärpolitisches Denken, in: Historische Zeitschrift 234 (1982), S. 101–121; ders.: Ludwig Beck. Oberhaupt der Verschwörung, in: Für Deutschland. Die Männer des 20. Juli, hg. von Klemens von Klemperer, Enrico Syring und Rainer Zitelmann, Frankfurt a. M. 1994, S. 26–43.

22 Vgl. hierzu Gerhard Ritter: Staatskunst und Kriegshandwerk. Das Problem des „Militarismus" in Deutschland, Bd. III, München 1964; Karl-Heinz Janßen: Der Kanzler und sein General. Die Führungskrise um Bethmann Hollweg und Falkenhayn (1914–1916), Göttingen 1967; Martin Kitchen: The Silent Dictatorship. The Politics of the German High Command under Hindenburg and Ludendorff 1916–1918, London 1976.

23 Aus einer Ansprache Halders, die er am 3.4.1940 vor jüngeren Generalstabsoffizieren hielt. Zit. bei Schall-Riaucour: Aufstand und Gehorsam, S. 110ff.

24 Vgl. hierzu Hartmann: Halder, S. 172ff. sowie Frieser: Blitzkrieg-Legende, S. 71ff.

25 Generaloberst [Franz] Halder: Kriegstagebuch. Tägliche Aufzeichnungen des Chefs des Generalstabes des Heeres 1939–1942, Bd. II, Stuttgart 1963, S. 231 (13.12.1940).

26 Vgl. Hansgeorg Model: Der deutsche Generalstabsoffizier. Seine Auswahl und Ausbildung in Reichswehr, Wehrmacht und Bundeswehr, Frankfurt a. M. 1968.

27 Zu Halders Anteil an der Genese dieser Befehle vgl. Hartmann: Halder, S. 241ff.

28 Die Hassell-Tagebücher 1938–1944. Aufzeichnungen vom Andern Deutschland, hg. von Friedrich Frhr. Hiller von Gaertringen, Berlin 1988, S. 257 (15.6.1941).

29 Leonidas E. Hill (Hg.), Die Weizsäcker-Papiere 1933–1950, Frankfurt a. M. 1974, S. 303 (Eintrag vom 30.9.1942).

30 Halder: Kriegstagebuch, Bd. III, S. 522 (15.9.1942).

31 Vgl. Hartmann: Halder, S. 348 mit Anm. 7.

32 Vgl. Peter Bor [d. i. Paul Lüth]: Gespräche mit Halder, Wiesbaden 1950, passim.

33 Brief Halders an Luise von Benda vom 3.7.1941, Kopie im Privatbesitz des Verfassers.

34 Vgl. Helmuth Groscurth: Tagebücher eines Abwehroffiziers 1938-1940. Mit weiteren Dokumenten zur Militäropposition gegen Hitler, hg. von Helmut Krausnick und Harold C. Deutsch unter Mitarbeit von Hildegard von Kotze, Stuttgart 1970.

35 IfZ, ZS 240/V: Schreiben Halders an Helmut Krausnick vom 7.7.1967.

Konservative Mentalität, militärischer Pragmatismus, ideologisierte Kriegführung

Das Beispiel des Generals Georg von Küchler

Johannes Hürter

An einem Herbsttag des Jahres 1941 besuchte der Oberbefehlshaber der deutschen Belagerungsarmee vor Leningrad das Kriegslazarett Nikolskoje in der Nähe des schönen Zarenschlosses von Gatschina. Dies war keiner der normalen Routinebesuche eines Generals bei seinen verwundeten Soldaten, wie sie gerne in den Wochenschauen gezeigt wurden. Es war eine Inspektionsreise an einen Ort des Schreckens. Das Grauen bestand nicht allein aus dem sichtbaren Elend versehrter Landser, sondern mehr noch aus dem unsichtbaren Schicksal von etwa 900 psychisch kranken Menschen, die hier noch bis vor vier Tagen in einer großen psychiatrischen Klinik gelebt hatten. Sie waren nun verschwunden, ermordet durch die deutsche Sicherheitspolizei und verscharrt in einem nahen Panzergraben.[1] Dieses Verbrechen unter dem Deckmantel der „Euthanasie" hatte die 18. Armee gleich von zwei Sorgen befreit. Sie mußte sich nicht mehr um die Ernährung der Patienten kümmern und konnte in den Steinbauten der Anstalt ihre Verwundeten unterbringen. Der Oberbefehlshaber konnte sich an diesem Herbsttag mit eigenen Augen davon überzeugen, daß dieses lästige Problem endlich gelöst war. Seine Truppen hatten sich durch Transport- und Absperrungsdienste am Mordwerk von Himmlers Polizei beteiligt.[2] Mehr noch: Er selbst hatte auf Vorschlag seines Oberquartiermeisters genehmigt, „die Irren in Nikolskoje dem S.D. zu übergeben".[3] Der General, der damit für den Tod von vielen hundert Geisteskranken in seinem Befehlsbereich verantwortlich war, hieß Georg von Küchler.

Wer war dieser General, der anscheinend mitleidlos den nationalsozialistischen „Euthanasie"-Mord in das ferne Gebiet der Leningrader Front importierte? Handelte er aus Kalkül oder Dogma, Pragmatismus oder Ideologie? War er ein „Nazi-General", der schon wegen seiner Nähe zum Regime vor NS- und Kriegsverbrechen nicht zurückschreckte? Seine Biographie weist keineswegs in diese Richtung.[4] Der am 30. Mai 1881 geborene Sohn eines großherzoglich-hessischen Obristen, Flügeladjutanten und Hofmarschalls war geradezu das Muster eines konservativen Berufsoffiziers, wie er die ältere Wehrmachtgeneralität prägte: hineingeboren in die „erwünschten Kreise"[5] der „adelig-bürgerlichen Amtsaristokratie",[6] tief verwurzelt im Offizierberufsstand der Kaiserzeit, dem angestammten Herrscherhaus wie dem protestantischen Glauben treu ergeben. Nach dem Abitur trat er im Jahr 1900 als 18jähriger in das hochangesehene Feldartillerieregiment Nr. 25 in Darmstadt ein und war seit seiner Ernennung zum Leutnant im August 1901 für über 42 Jahre ohne Unterbrechung aktiver Berufsoffizier.

Auch seine Laufbahn prädestinierte Küchler keineswegs zum „Nazi-General". Schon vor dem Ersten Weltkrieg gehörte er zu den besonders begabten und hoffnungsvollen jungen Offizieren, denen eine gute Karriere bis in die Generalsränge hinein vorhergesagt werden konnte. Er absolvierte die Kaderschmiede der Kriegsakademie in Berlin und war gerade in die Topographische Abteilung des Großen Generalstabs versetzt, als der Erste Weltkrieg ausbrach. Den Krieg erlebte er ausschließlich an der Westfront und – bis auf eine kurze Frontverwendung als Batteriechef in Flandern, wo er sich bei der Erstürmung von Dixmuiden das Eiserne Kreuz I. Klasse verdiente – durchgehend in der höheren Adjutantur und im Generalstabsdienst. Die militärische Niederlage, den Zusammenbruch des Kaiserreichs und die revolutionären Unruhen im Herbst und Winter 1918/19 wird der 1. Generalstabsoffizier einer Infanteriedivision ebenso als Katastrophe und Untergang seiner Welt empfunden haben wie die meisten anderen monarchisch gesinnten Offiziere auch.

Für kurze Zeit verließ der Hauptmann die geordneten Bahnen seines geradlinigen professionellen Aufstiegs und engagierte sich im Kampf gegen den als neuen Erzfeind ausgemachten „Bolschewismus". Der hessische Offizier, dem der Osten bisher unbekannt war, ging in das Baltikum und beteiligte sich im Mai 1919 als Generalstabsoffizier der „Brigade Kurland" an der Eroberung Rigas.[7] Dabei gewann er das Selbstgefühl eines „Baltikumkämpfers", der das baltische Deutschtum gegen fremde Völker und „bolschewistische Horden" verteidigte. Dieser erbitterte und von beiden Seiten mit größter Grausamkeit geführte Kleinkrieg wird sich ihm tief eingeprägt haben. Die erste Berührung mit „dem" Osten war ein schreckliches Gemetzel um „Blut und Boden" mit lettischen Freischärlern und russischen Bolschewiki. Der schmutzige Krieg zwischen Deutschen, Balten, Slawen, Freikorps, Partisanen und Bolschewisten radikalisierte die vorhandenen Feindbilder und vermittelte den Eindruck, daß der „Volkstumskampf" im osteuropäischen Raum nach anderen Regeln geführt werden müsse als herkömmliche militärische Auseinandersetzungen. Als Küchler zwanzig Jahre später genau in dieses Gebiet zurückkehrte, konnten, ja mußten diese Erfahrungen erneut abgerufen werden.

1919 war das Intermezzo im Baltikum für Küchler allerdings schnell beendet. Er zog sich zurück, als die Freikorps immer selbständiger agierten und kaum mehr durch die Berliner Reichsregierung sowie die militärischen Zentralbehörden zu lenken waren.[8] Ungehorsam gegen seine Vorgesetzten wollte sich der pflichtbewußte Berufsoffizier nicht leisten. Die Übernahme in die Reichswehr war ihm wichtiger als das landsknechtsmäßige Abenteurertum im Baltikum. Die Laufbahn Küchlers in der Reichswehr verlief entsprechend ruhig, unspektakulär, geradezu langweilig, aber recht erfolgreich. Der Kriegsakademiker wurde vor allem in der Offiziersausbildung verwendet, sowohl an den Waffenschulen[9] als auch im Reichswehrministerium und kontinuierlich bei jeder Beförderung vom Major (1924) bis zum Generalmajor (1934) berücksichtigt. Die Politisierung des „Baltikumkämpfers" verschwand hinter den professionellen Aufgaben. Selbst die Krise der Republik und die Machtübernahme Hitlers ließen ihn nicht politisch hervortreten.

Im April 1937 wurde Küchler zum General der Artillerie und Kommandierenden General des I. Armeekorps in Königsberg ernannt. Fortan sah er sein berufliches Schicksal nahezu ausschließlich mit dem Osten verbunden. Der Königsberger Standort und die Exklave Ostpreußen galten als Symbole für den deutschen Abwehrkampf gegen die „slawische Bedrohung". Entsprechend hoch war das Prestige des Militärs in dieser als nationales Bollwerk und belagerte Festung heroisierten Region. Der Befehlshaber des ostpreußischen Wehrkreises war eine Institution, die im gesellschaftlichen Leben der regen Universitäts- und Garnisonsstadt Königsberg eine große Rolle spielte. Küchler verkehrte mit prominenten Vertretern der konservativen Eliten aus Aristokratie, Bürokratie, Hochschule und Klerus. Dabei erwarb er sich den Ruf, ein Hort konservativer Gesinnung gegen die nationalsozialistische „neue Zeit" zu sein.[10] Sein Haus war eine Anlaufstelle Gleichgesinnter und bot Raum für freimütige Diskussionen, in denen sich besonders die Ehefrau des Generals als entschiedene Gegnerin der NS-Diktatur hervortat. Doch auch Küchler selbst galt als gegen den Nationalsozialismus eingestellt. In der Partei wurde bereits von einer „Küchlerclique" gesprochen.

Sein Verhalten im Polenfeldzug schien diese antinazistische Einstellung zu bestätigen. Der Oberbefehlshaber der 3. Armee zog mehrmals den Unmut Hitlers und seiner Paladine auf sich. Als der vom NS-Regime geschaßte Generaloberst Werner Freiherr von Fritsch, mit dem er seit der gemeinsamen Regimentszeit in Darmstadt befreundet war, am 22. September 1939 vor Warschau fiel, hielt Küchler am Tag darauf vor der Trauerversammlung in der Kirche von Struga eine sehr persönliche Gedenkrede.[11] Dabei erinnerte er nachdrücklich an den „schamlosen

Verleumdungsfeldzug", der den Oberbefehlshaber des Heeres 1938 gestürzt hatte. Die Adressaten dieser Kritik waren den zahlreichen anwesenden Offizieren klar.

Noch deutlicher war seine Reaktion auf die Judenmorde in seinem Befehlsbereich. Als Angehörige des ihm unterstellten SS-Artillerieregiments gemeinsam mit einigen Soldaten der Wehrmacht in den ersten Kriegstagen bei Rozan etwa 50 Juden ermordeten und das zuständige Gericht der Panzerdivision Kempf dieses Verbrechen nur milde ahndete, hob Küchler das Urteil auf und bemühte sich um härtere Strafen.[12] Außerdem machte er den SS-Kommandeuren schwere Vorwürfe, bezeichnete die SS-Einheit als „Schandfleck der Armee" und bat das Oberkommando des Heeres um ihre Verlegung aus seinem Befehlsbereich. Himmler war über dieses Verhalten höchst verärgert und weigerte sich noch Monate später, überhaupt wieder mit Küchler zu verkehren.[13] Die Vorbehalte des Reichsführers SS gegen den Armeeoberbefehlshaber wurden noch größer, als dieser die verbrecherische Tätigkeit der Sicherheitspolizei im Gebiet seiner Armee zu unterbinden suchte. Die Deportation und Ermordung von Juden durch die Einsatzgruppe V in Mlawa ließen Küchler Anfang Oktober 1939 sofortige Strafen gegen die ihm formal unterstellte Polizeieinheit fordern.[14] Himmler und Heydrich tobten, und Hitler zitierte den Oberquartiermeister der 3. Armee zur Beschwerde ins „Führerhauptquartier".[15] Großen Erfolg hatte Küchler mit seinen Interventionen gegen den SS-Terror in Polen nicht, aber sie waren immerhin ein sichtbares Zeichen gegen die nationalsozialistischen Gewaltverbrechen. Um eine Verabschiedung kam der General dennoch herum. Küchler wurde auch nach dem Polenfeldzug weiter als Oberbefehlshaber verwendet und übernahm am 5. November 1939 die neugebildete 18. Armee.

An dieser Stelle sei eine Hypothese gewagt: Wäre Küchler tatsächlich im Herbst 1939 abgelöst und nicht mehr oder nur noch im Reich und im Westen wiederverwendet worden, dann hätte er noch heute den guten Ruf eines „anständigen Soldaten", der seine moralische Integrität gegenüber einem verbrecherischen System bewahren konnte. Er stünde auf einer Stufe neben seinem Kameraden Blaskowitz, dem „christlichen General",[16] für dessen Nachruhm die räumliche Ferne zur Ostfront sehr vorteilhaft war. Sein guter Leumund aus Königsberg und sein Verhalten in Polen würden ihn von jedem Verdacht befreien, bei einem eventuellen Einsatz im Osten genauso wie ein Reichenau gehandelt zu haben. Ja, man würde es geradezu bedauern, daß es Küchler durch seine Kaltstellung nicht möglich gewesen wäre, auf dem sowjetischen Kriegsschauplatz wenigstens in seinem Befehlsbereich Schlimmeres zu verhüten. – Dieses Gedankenspiel zeigt, wie vorsichtig man in der Beurteilung von Kritik und Widerstand sein sollte.[17] Eine kritische Haltung gegen das NS-Regime und die Exzesse seiner Schergen war noch nicht gleichbedeutend mit einer Immunisierung gegen eine Beteiligung an den Verbrechen des rassenideologischen Vernichtungskriegs.[18] Niemand weiß, ob sich Beck, Fritsch, Witzleben oder Blaskowitz an der Ostfront wirklich grundsätzlich anders verhalten hätten als Rundstedt, Kluge, Hoth oder eben Küchler.

Dennoch ist es erstaunlich und erschreckend zugleich, aus den Akten zu erfahren, wie stark dieser konservative, christliche und regimekritische General, dieser kunstsinnige Edelmann, der sich in den besetzten Gebieten für den Erhalt von Schlössern und Kirchen einsetzte, an den dunklen Seiten der Kriegführung im Osten beteiligt war. Unter den deutschen Oberbefehlshabern an der Ostfront würde man ihn zunächst vielleicht doch eher auf der Seite der maßvolleren, nicht direkt für NS- oder Kriegsverbrechen verantwortlichen Generale erwarten. Dies erweist sich als Irrtum. Es zeigt sich ein Zwiespalt zwischen seinem Verhalten in Königsberg und Polen einerseits und im deutsch-sowjetischen Krieg andererseits. In diesem Sinne war auch er ein „ambivalenter Funktionär". Allerdings bestand diese Ambivalenz nicht aus der Gleichzeitigkeit von Widersprüchen, sondern aus dem Nacheinander von unterschiedlichen Verhaltensweisen, die aus heutiger Sicht den Eindruck von Ambivalenz vermitteln. Während des Ostfeldzugs kann von einer wirklichen Ambivalenz keine Rede mehr sein.

Den Bruch stellte offenbar der triumphale Sieg über Frankreich dar, der dem Westfrontveteranen des Ersten Weltkriegs die ungeheure Genugtuung gab, als hoher Truppenbefehlshaber das zu erleben, was ihm von 1914 bis 1918 als junger Generalstabsoffizier trotz aller Anstrengungen unerreichbar geblieben war. Nun war es ausgerechnet ihm vorbehalten, an der Spitze seiner Armee „mit klingendem Spiel"[19] in Paris einzumarschieren. Nach dem Waffenstillstand wurde er wie so viele siegreiche Generale am 19. Juli 1940 von Hitler belohnt und zum Generaloberst befördert. Vermutlich waren es auch diese Erfolge, die ihn korrumpierten und zu einer erschreckenden „moralischen Indifferenz"[20] führten. Als Küchler bereits im Juli 1940 als erster Oberbefehlshaber mit seiner 18. Armee in den Osten verlegt wurde, war von seiner kritischen Haltung gegenüber dem Nationalsozialismus, der SS und der Polizei nicht mehr viel übrig. Im Gegenteil: Dieser General, der sich kaum ein Jahr zuvor noch gegen das Morden der Schergen Himmlers gestellt hatte, rechtfertigte jetzt in einem Armeebefehl den „im Generalgouvernement durchgeführten Volkstumskampf, z.B. Behandlung der polnischen Minderheiten, der Juden und kirchlichen Dinge" und untersagte seinen Untergebenen jede Einmischung oder Kritik.[21]

Nach dieser Kehrtwendung von der Ablehnung zur Akzeptanz der nationalso-zialistischen Schreckensherrschaft in Polen konnte es nicht überraschen, daß Küchler im Frühjahr 1941 Hitlers Begründung eines rassenideologischen Ver-nichtungskriegs gegen die Sowjetunion[22] nicht nur hinnahm, sondern bis in die Formulierungen hinein übernahm. Noch bevor der erste Schuß fiel, schwor er sei-ne Kommandeure und Mitarbeiter ganz im Sinne des Diktators auf einen erbar-mungslosen Weltanschauungskrieg und Eroberungsfeldzug ein. So erklärte er am 25. April in einer Besprechung mit den Divisionskommandeuren der 18. Armee: „Von Rußland trennt uns weltanschaulich und rassisch ein tiefer Abgrund. Ruß-land ist schon nach der Masse seines Landbesitzes ein asiatischer Staat."[23] Das Ziel des bevorstehenden Feldzugs sei es, diese „drohende schwarze Wolke im Osten" zu vertreiben, „das europäische Rußland zu vernichten" und über einen Raum zu gebieten, der „das wirtschaftliche und industrielle Leben" des Großdeut-schen Reiches garantiere. Gleichzeitig kündigte er seinen Kommandeuren die völkerrechtswidrige Beseitigung der politischen Kommissare sowie die Maßnah-men von SS-Sonderformationen an.

In einer Ansprache vor seinem Stab am Morgen des deutschen Angriffs auf die Sowjetunion bezeichnete Küchler den Ostfeldzug als „Fortsetzung eines seit Jahr-hunderten durchgeführten Kampfes zwischen Germanentum und Slawentum", um dann zu ergänzen: „Seit Tschingis Khan [sic!] suchen asiatische Horden ge-gen die rassisch höher stehenden Germanen vorzudrücken und sie von ihrer ange-stammten Scholle zu vertreiben. Aber der jetzige Krieg ist nicht nur der Kampf zwischen zwei rassisch verschiedenen Völkern, er ist mehr als das, er ist der Kampf zwischen zwei Weltanschauungen, dem Nationalismus [!] und dem Bol-schewismus."[24] Slawen, Asiaten, Bolschewisten – lediglich die antisemitische Stereotype wurde von Küchler ausgelassen: Traditionelle und nationalsozialisti-sche Ressentiments verbanden sich zu einem Feindbild, das dem „Baltikumkämp-fer" von 1919 gewiß nicht fremd war.

Diese Einstellung ließ von vornherein für die Bevölkerung der besetzten Ge-biete wenig Gutes erwarten. Als die 18. Armee im September 1941 vor den Toren Leningrads von ihrem stürmischen Vormarsch zu einem jahrelangen Belagerungs-krieg überging, begann nicht nur in der 3-Millionen-Stadt, sondern auch in ihrem Vorfeld eine Zeit des Leidens.[25] Küchlers Einverständnis mit der Ermordung von 900 russischen Psychiatriepatienten war nur die schlimmste Ausprägung einer dauernden Terrorisierung der Zivilbevölkerung durch die Wehrmacht. Der Ober-befehlshaber trug in den Monaten vor Leningrad die größte Verantwortung für eine Kriegführung und Besatzungspolitik, deren Hauptmerkmal der allgegenwärtige Hunger war. Nicht allein die belagerte Stadt hungerte. Das von der 18. Armee besetzte Gebiet vor Leningrad war der rücksichtslosen Ausbeutung preisgegeben. Überall dort, wo sich die Deutschen breitmachten, verlor die Zivilbevölkerung ihre sprichwörtliche „letzte Kuh", wurde aus den Häusern gejagt und in Hungerreservate vertrieben. Hinter den „Kriegsnotwendigkeiten", den Bedürfnissen der Truppe an festen Unterkünften und frischen Lebensmitteln, verschwand das Lebensrecht der Einheimischen ins Nichts.

Das Elend der Bevölkerung, überwiegend Frauen, Kinder und Greise, erregte allerdings oft auch Mitleid und Hilfe nachgeordneter Frontdienststellen. Der Kommandant des rückwärtigen Armeegebiets, Generalmajor Hans Knuth, kritisierte die Besatzungspolitik der 18. Armee und forderte: „Man gebe den Menschen zu essen, damit ist jede Frage gelöst. Versprechungen glaubt kein Mensch, Propaganda ist ihnen ein verlogener Ekel."[26] Auch die Kommandostellen des Gefechtsgebiets baten wiederholt um eine gezielte Versorgung der Zivilisten, die sich „kümmerlich von gefallenen Pferden, Kartoffeln und Kohl, die sie noch auf dem Felde vorfanden, und von der Truppe erbettelten Lebensmitteln ernährten".[27] Anders als das Armeeoberkommando sahen sich die Fronttruppen in ihren Abschnitten und Quartieren mit dem Jammerbild verhungernder und erfrierender Menschen unmittelbar konfrontiert. Teilweise bemühten sich die Soldaten, die Not wenigstens etwas zu lindern, indem sie die Bevölkerung mit Lebensmitteln aus der Truppenverpflegung oder Pferdekadavern versorgten und in ihren Unterkünften duldeten.

Gegen diese Regungen ging Generaloberst von Küchler mit mehreren Befehlen und Belehrungen scharf an. Er wollte seine Soldaten zu einer gleichgültigen, ja erbarmungslosen Haltung erziehen. Schon der Befehl des Armeeoberkommandos, die Flucht von Zivilisten aus dem belagerten Leningrad „unter allen Umständen, notfalls mit Waffengewalt, zu verhindern", stellte eine ungeheure Anforderung an die Truppe dar, die auf Frauen und Kinder schießen sollte.[28] Küchler bekräftigte bei seinen Frontbesuchen, daß man unbedingt „ein Abfließen von Flüchtlingen verhindern und rücksichtslos von der Waffe Gebrauch machen" müsse.[29] Diese Form der „Rücksichtslosigkeit" erschreckte selbst hartgesottene Landser, die nach dem Bericht eines Divisionskommandeurs vor der Aussicht, „immer wieder auf Frauen und Kinder und wehrlose alte Männer zu schießen", mehr Angst hatten als vor den erbitterten Kämpfen mit der Roten Armee.[30] Doch selbst die negativen Auswirkungen auf die Stimmung und Moral der Truppe konnten den Armeeoberbefehlshaber nicht davon abhalten, persönlich die „Rücksichtslosigkeit" gegen die Zivilisten vor Leningrad zu predigen. Küchler wollte seine Soldaten strikt von der Bevölkerung getrennt sehen und von mitleidigem Handeln abhalten. Am 6. November 1941 befahl er die „scharfe Trennung zwischen Truppe und Zivilbevölkerung".[31] Die russischen Zivilisten mußten die gemeinsam mit deutschen Soldaten bewohnten Häuser räumen und durften keinen „nichtdienstlichen Verkehr" mit Wehrmachtsangehörigen mehr pflegen. Um die Wirkung seines Befehls zu verstärken, griff Küchler auf die ideologische Argumentation zurück und erinnerte alle Soldaten daran, „daß die Zivilbevölkerung in dem Raum, in dem wir Krieg führen, einer uns rassefremden, feindlich gesinnten Art angehört". Als Küchler auf seinen Besichtigungsfahrten feststellen mußte, daß die Trennung von den Zivilisten nicht überall vollzogen war, wiederholte er seinen Befehl und ergänzte ihn durch den Zusatz: „Immer wieder muß der deutsche Soldat darüber belehrt werden, daß die Sicherheit der Truppe allem vorzugehen hat, daß Rücksichtnahme und Weichheit gegenüber der Zivilbevölkerung fehl am Platze ist."[32]

Küchlers Absperrungs- und Trennungsbefehle verschärften die elende Lage der Bevölkerung im Armeegebiet erheblich. Tausenden wurde die letzte Möglichkeit genommen, sich notdürftig vor Hunger und Kälte zu retten. Doch der Oberbefehlshaber hielt unbeirrt und mitleidslos an seinem harten Kurs fest. Er überprüfte im November 1941 auf mehreren Inspektionsfahrten an die Front die Durchführung seiner Anordnungen, etwa bei der 122. Infanteriedivision, wo die Truppe zu seiner Befriedigung „durch das Ziehen eines großen Stacheldrahtzaunes" endgültig von der Bevölkerung getrennt wurde, „so daß die Soldaten auch nicht dauernd in die Versuchung kämen, den Einwohnern von ihren Lebensmitteln abzugeben".[33] Oder bei der SS-Polizei-Division, die er nachdrücklich ermahnte: „An die Zivilbevölkerung dürfen unter keinen Umständen Lebensmittel abgegeben werden. Jeder Soldat muß sich darüber klar sein, daß letzten Endes diese Lebensmittel seinen Angehörigen in der Heimat entzogen werden."[34]

Solch eine unbarmherzige Besatzungspolitik, die das Hungern und sogar Verhungern von Teilen der Zivilbevölkerung bewußt in Kauf nahm, ja förderte, stimmte direkt mit den politischen und wirtschaftlichen Zielen Hitlers und der Zentralbehörden überein.[35] Doch erst die „rücksichtslose" Haltung Küchlers und seiner Mitarbeiter im Oberkommando der 18. Armee führten zu einer derart brutalen Umsetzung der Berliner Vorgaben vor Ort, denn die Handlungsspielräume der deutschen Front- und Besatzungstruppen hätten vermutlich ausgereicht, den Zivilisten im besetzten Leningrader Raum ein erträglicheres Dasein zu ermöglichen. Aber davon wollte Küchler nichts wissen. Er schritt sowohl mit pragmatischen als auch mit ideologischen Argumenten gegen eine „weiche" Behandlung der Bevölkerung ein. Der militärische Profi hatte ein Interesse daran, daß in der kalten Jahreszeit genug feste Unterkünfte zur Verfügung standen, Lebensmittel gespart wurden und sich die Seuchen- und Spionagegefahr verringerte, kurz: daß die Kampfkraft der Truppe erhalten blieb. Der Freibrief, den die nationalsozialistische Ideologie für nahezu jede Härte gegen die „rassefremde" sowjetische Bevölkerung ausgestellt hatte, erleichterte ihm dabei das professionelle Geschäft eines Generals im „totalen Krieg" – und vermutlich auch sein Gewissen.

So kann es kaum verwundern, daß Küchler für seinen Kommandobereich den Befehl eines anderen Armeeoberbefehlshabers an der Ostfront übernahm, der die Verbindung von militärischem Utilitarismus und nationalsozialistischer Ideologie am brutalsten zum Ausdruck brachte. Generalfeldmarschall Walter von Reichenau hatte am 10. Oktober 1941 die Versorgungs- und Sicherheitsbedürfnisse der Truppe mit dem rassenideologischen Kampf gegen den „jüdischen Bolschewismus" verknüpft und dabei auch das Verpflegen von Landeseinwohnern als „mißverstandene Menschlichkeit" angeprangert.[36] Küchler gab diesen berüchtigten „Reichenau-Befehl" mit der Anweisung an seine Verbände weiter: „Da im Armeegebiet vielfach ähnliche Verhältnisse vorliegen, ist die Truppe entsprechend zu belehren."[37] Lediglich in einem Punkt milderte er den Befehl. Der kunstverständige General sorgte sich um den Erhalt der Gebäude, die sich als Truppenunterkünfte eigneten, und ganz besonders um die Zarenschlösser vor Leningrad, da sie „nicht Symbole der Bolschewistenherrschaft, sondern im Gegenteil Zeugen der unüberwindlichen Kraft deutscher Kultur mitten in einer rohen und feindlichen Umwelt" seien.

Der Oberbefehlshaber der 18. Armee betrieb im Herbst und frühen Winter 1941/42 mit großem persönlichem Engagement eine Besatzungspolitik, die nur aus Hunger, Vertreibung und Ausbeutung bestand. Die traditionelle Verantwortung und Fürsorge der Besatzungsmacht für die Bevölkerung des besetzten Gebiets wurde von ihm vollständig ignoriert. Diesen Traditionsbruch attestierte auch ein deutscher Offizier, der am Ende der Tätigkeit Küchlers in diesem Gebiet knapp bemerkte: „Im Raum vor Leningrad geschieht für die Zivilbevölkerung im Augenblick so gut wie nichts."[38]

Am 18. Januar 1942 übernahm Küchler den Oberbefehl über die Heeresgruppe Nord und war damit nicht mehr unmittelbar für die Besatzungspolitik zuständig. Wie sehr er durch sein hartes Vorgehen als hoher Truppenbefehlshaber im Ansehen Hitlers gestiegen war, zeigte nicht nur diese Beförderung und die Ernennung zum Generalfeldmarschall am 30. Juni 1942. Als er zur Überreichung des Marschallstabs im „Führerhauptquartier" empfangen wurde, traf der noch im Polenfeldzug so beargwöhnte General auf großes Wohlwollen: „Der Chef [Hitler] freute sich sehr über die Art, wie der Marschall mit der Miene eines Biedermannes von den schweren, mühsamen Wolchow-Kämpfen erzählte. Bezüglich der gemachten Gefangenen erwähnte er, es seien auch noch 10.000 Verwundete da. Sie habe man aber gar nicht erst angegeben, da sie, ohne daß man ihnen in dem Sumpfgelände Hilfe bringen könnte, doch eingingen."[39] Seine Bereitschaft, in diesem „besonderen" Krieg auch besondere Maßnahmen zu akzeptieren und anzuwenden, bewahrte Küchler noch bis zum Beginn des Jahres 1944 das Vertrauen Hitlers. Seine Ablösung war in rein militärfachlichen Meinungsverschiedenheiten begründet.[40] Anschließend trat er nicht mehr hervor.

Wie war es möglich, daß dieser konservative, gebildete, christliche, keineswegs mit dem Nationalsozialismus sympathisierende General im deutsch-sowjetischen Krieg zum willigen Vollstrecker der Vorgaben Hitlers wurde? Wie konnte seine Kritik am NS-Regime und dessen Gewaltmaßnahmen so sehr zurücktreten, daß von einer ambivalenten Haltung an der Ostfront nichts mehr zu spüren war? Die in seinem Wirken als Oberbefehlshaber vor Leningrad sichtbare Unterdrükkung militärischer Tradition und humanitärer Werte ist geradezu bestürzend und kann einen wohl kaum unbeeindruckt lassen. Vermutlich stößt man auf der Suche nach weiteren Gründen auch auf psychologische Probleme in der Persönlichkeit Küchlers, die der Analyse des Historikers verschlossen bleiben müssen.

Deutlich und für die hier gestellte Frage nach dem Verhalten „ambivalenter Funktionäre" im NS-Regime interessant ist aber, daß sich im Handeln dieses Armeeoberbefehlshabers pragmatische und ideologische Motive zu einer unseligen Allianz verbanden. Starke antibolschewistische und offenbar auch antislawische Ressentiments waren gewiß schon vorher im Denken Küchlers vorhanden. Sie lassen sich wohl vor allem auf seine Erfahrungen als „Baltikumkämpfer" zurückführen und konnten von da an jederzeit angesprochen werden. Im Polenfeldzug wurden sie noch nicht wirksam, denn erstens waren die Polen keine Bolschewisten, sondern treue Katholiken oder hilflose Juden, und zweitens gestaltete sich der Feldzug so kurz und erfolgreich, daß übermäßige Härte unnötig schien. Ganz anders geartet war der Krieg gegen die Sowjetunion, der auch von Küchler von vornherein als Existenzkampf „auf Biegen und Brechen" gegen die „Gefahr aus dem Osten" verstanden wurde.

Hitler gab seinen Generalen den Auftrag, den Erfolg auf diesem besonderen Kriegsschauplatz um jeden Preis und mit allen Mitteln zu erreichen. Der Freibrief, traditionelle Rücksichten und moralische Bedenken abzulegen, wurde nicht von allen genutzt. Die Handlungsspielräume in den fernen Frontgebieten erlaubten den Versuch einer Abschwächung dieser Vorgaben. Doch für Küchler entwickelte sich der von einer verbrecherischen Ideologie enthemmte und daher nahezu grenzenlose militärische Utilitarismus zum wesentlichen Motiv einer brutalen Kriegführung und Besatzungspolitik. Die Zivilbevölkerung schien nichts gegen die Notwendigkeit, die eigene Truppe durch feste Unterkünfte und gute Verpflegung schlagkräftig zu erhalten. Alles schien erlaubt, solange man Erfolg hatte, und gerade Hitlers Erfolge in den vorhergehenden Jahren konnten als Beweis gesehen werden, wie diese immer wieder beschworene Rücksichtslosigkeit belohnt wurde.

Man mußte kein Nationalsozialist sein, um sich nach anfänglichem Zögern auf dieses offensichtliche Erfolgsrezept zu verlegen. Die ideologischen Raster und militärischen Nützlichkeitserwägungen, die einen alten Berufsoffizier wie Küchler zur Übernahme der Hitlerschen Gewaltpolitik in seinen Befehlsbereich veranlaßten, waren nicht originär nationalsozialistisch, auch wenn sie erst durch den Zusatz der NS-Ideologie solch radikale Folgen zeitigten. Das Beispiel dieses typischen Vertreters der konservativen Heeresgeneralität zeigt, daß zwischen konservativer Gesinnung, ja innerer Distanz zum Regime und aktiver Beteiligung an Kriegs- und NS-Verbrechen nicht unbedingt ein Widerspruch liegen mußte. Der Eindruck der Ambivalenz stellt sich häufig erst bei dem zurückblickenden Betrachter ein, ist in diesem Sinne also anachronistisch.

Anmerkungen

1 Zu den Einzelheiten dieses Verbrechens vgl. Johannes Hürter, Die Wehrmacht vor Leningrad. Krieg und Besatzungspolitik der 18. Armee im Herbst und Winter 1941/42, in: Vierteljahrshefte für Zeitgeschichte 49 (2001), S. 377–440, hier S. 436–438.

2 Armeeoberkommando 18, Kriegstagebuch Oberquartiermeister, 18.11.1941, 10.00 Uhr, Bundesarchiv-Militärarchiv Freiburg i.Br. (künftig: BA-MA), RH 20-18/1204, über den Anteil der Armee an der „Durchführung der Aktion in Nikolskoje": „A[rmee]-Nachschub-F[ührer] stellt 5–6 Lkw. zum Transport. Teile Nachr[ichten]-Rgt. in Nikolskoje die äußere Absperrung. Sonst nichts." Nach sowjetischen Quellen wurden am 20.11.1941 etwa 850–900 Patienten der Kaschtschenko-Klinik durch Giftinjektionen getötet. Diese Zahl wird durch eine Meldung der 18. Armee vom 13.12.1941 bestätigt, daß sich „in der Irrenanstalt Nikolskoje mit Nebenanstalten" von den ursprünglich 1200 Patienten noch 310 aufhielten. Vgl. AOK 18, KTB O.Qu., 13.12.1941, 23.30 Uhr, BA-MA, RH 20-18/1205.

3 AOK 18, KTB O.Qu., 15.11.1941, 11.00 Uhr, in: BA-MA, RH 20-18/1204, über einen Vortrag des Oberquartiermeisters Bucher bei Küchler. Bucher hatte die Aktion angestoßen, da seiner Meinung nach die „Ernährung der 1.200 Irren in Nikolskoje nicht mehr möglich" war und außerdem die Räume der Anstalt für das Kriegslazarett gebraucht wurden. Ebd., 11.00 Uhr. Die

Besichtigung Nikolskojes durch Küchler folgte vier Tage nach der Mordtat, vgl. ebd., 24.11.1941, 10.15 Uhr.

4 Die deutschen Truppenbefehlshaber des Zweiten Weltkriegs wurden bisher von der Forschung vernachlässigt. Dies gilt auch für die Person und das Wirken Küchlers. Lediglich zwei knappe Portraits liegen vor: Gerd F. Heuer: Die deutschen Generalfeldmarschälle und Großadmirale 1939–1945, Rastatt 1978, S. 71–75; John McCannon: Generalfeldmarschall Georg von Küchler, in: Gerd R. Ueberschär (Hg.), Hitlers militärische Elite, Bd. 1, Darmstadt 1998, S. 138–145. Für die biographischen Daten wurde im folgenden außerdem die Personalakte Küchlers ausgewertet, in: BA-MA, Pers 6/8. Der Nachlaß Küchlers im Bundesarchiv-Militärarchiv (BA-MA, N 184) enthält nahezu ausschließlich Materialien zum amerikanischen Militärtribunal gegen Wehrmachtsgenerale (u.a. Küchler) in Nürnberg 1947/48 (Fall 12: „OKW-Prozeß"). Der Autor bereitet eine gruppenbiographische Studie über „Die deutschen Oberbefehlshaber an der Ostfront 1941/42" vor, in der auch Küchler berücksichtigt wird.

5 Zur sozialen Rekrutierung des Offizierkorps aus den „erwünschten Kreisen", die noch bis in die Anfänge der Bundeswehr nachwirkte, vgl. Detlef Bald: Der deutsche Offizier. Sozial- und Bildungsgeschichte des deutschen Offizierkorps im 20. Jahrhundert, München 1982, S. 43–62. Die „erwünschten Kreise" innerhalb der Klassengesellschaft des Kaiserreichs bestanden aus den Familien der – vorzugsweise protestantischen – Offiziere, höheren Beamten, Geistlichen, Akademiker und Gutsbesitzer.

6 Werner Conze: Konstitutionelle Monarchie – Industrialisierung. Deutsche Führungsschichten um 1900, in: Deutsche Führungsschichten in der Neuzeit. Eine Zwischenbilanz. Büdinger Vorträge 1978, hg. v. Hanns Hubert Hofmann u. Günther Franz, Boppard a.Rh. 1980, S. 173–201, hier S. 177.

7 Zu den Kämpfen im Baltikum vgl. Hagen Schulze: Freikorps und Republik 1918-1920, Boppard a.Rh. 1969, S. 125–201. Vgl. auch Dominique Venner: Baltikum. Dans le Reich de la défaite, le combat des Corps-francs, 1918–1923, Paris 1974.

8 Vgl. dazu die Vernehmung Küchlers in Nürnberg, 29.3.1947, Archiv des Instituts für Zeitgeschichte München (künftig: IfZ-Archiv), MA 1569/39.

9 Im April 1935 übernahm er dann für zwei Jahre die verantwortungsvolle Stellung des Inspekteurs der Waffenschulen.

10 Dies wird übereinstimmend von den zahlreichen Entlastungszeugen Küchlers im Nürnberger „OKW-Prozeß" berichtet. Vgl. die Eidesstattlichen Erklärungen aus dem Frühjahr 1948, IfZ-Archiv, MB 31/44 (Dok. Küchler 1-124). Natürlich ist der Quellenwert dieser retrospektiven und dazu noch in einem Prozeß von der Verteidigung verwendeten Zeugnisse fragwürdig. Dennoch sollte ihnen nicht jede Glaubwürdigkeit abgesprochen werden, zumal auch mehrere Zeugen aus dem Umfeld des 20. Juli für Küchler aussagten. So erinnerte sich Marie-Agnes Gräfin zu Dohna, die mit ihrem später als Verschwörer hingerichteten Mann seit 1937 mit dem General gut bekannt war (Eidesstattliche Erklärung vom 6.4.1948): „Wohl in keinem Hause habe ich soviel Kritik, Ablehnung und Empörung über die unmenschlichen Maßnahmen der Partei, z.B. die Judenverfolgung angetroffen, wie im Küchlerschen Hause." Vgl. außerdem die Aussagen von Graf Manfred Lehndorff und Fabian von Schlabrendorff. Vgl. auch Jörg Friedrich: Das Gesetz des Krieges. Das deutsche Heer in Rußland 1941–1945. Der Prozeß gegen das

Oberkommando der Wehrmacht, München 1993, S. 437–440, zu den „über hundert eidesstattlichen Erklärungen unzweifelhaft vornehmer Charaktere" für Küchler, unter ihnen zahlreiche Königsberger Professoren wie etwa der Historiker Friedrich Baethgen. Neue, auf zeitgenössischen Quellen fußende Forschunjgen von Helga Grebing über die Widerstandskreise in Königsberg bestätigen die Nähe besonders von Frau von Küchler zur Opposition gegen den Nationalsozialismus (freundliche Auskunft von Prof. Dr. Helga Grebing, München). Näheres zu diesem Königsberger Milieu demnächst in Grebings Doppelbiographie des Künstlerehepaares Wilhelm und Marta Worringer.

11 Vgl. die Zeugenbefragung des bei dieser Trauerfeier anwesenden Wehrmachtsdekans Stefan Gmeiner am 10.11.1951, IfZ-Archiv, ZS 48.

12 Generaloberst Halder: Kriegstagebuch, Bd. 1, Stuttgart 1962, S. 67 (10.9.1939): „SS-Artillerie des Panzerkorps hat Juden in eine Kirche zusammengetrieben und ermordet. Kriegsgericht hat ein Jahr Zuchthaus ausgesprochen. Küchler hat Urteil nicht bestätigt, weil *strengere Strafen fällig*. Verband wird OKH angeboten." Vgl. auch Helmut Krausnick/Hans-Heinrich Wilhelm: Die Truppe des Weltanschauungskrieges. Die Einsatzgruppen der Sicherheitspolizei und des SD 1938–1942, Stuttgart 1981, S. 81.

13 Tagesnotiz Tippelskirchs, 20.2.1940, über ein Gespräch mit Himmler, in: Klaus-Jürgen Müller: Zu Vorgeschichte und Inhalt der Rede Himmlers vor der höheren Generalität am 13. März 1940 in Koblenz, in: Vierteljahrshefte für Zeitgeschichte 18 (1970), S. 95–120, hier S. 113: „H[immler] würde gewisse Armeen und H[eeres]Gr[uppen] überhaupt nicht aufsuchen, z.B. Küchlers Armee wegen seiner Bemerkung: SS-Einheit (bei Kempf) sei Schandfleck der Armee."

14 Krausnick/Wilhelm: Truppe, S. 80.

15 Halder: Kriegstagebuch, Bd. 1, S. 99 (7.10.1939): „Heydrich beim Führer: Klage über Mlawa. Judenbehandlung. Prüter [Oberquartiermeister der 3. Armee] kommt im Flugzeug."

16 Vgl. Christopher Clark: Johannes Blaskowitz. Der christliche General, in: Die Militärelite des Dritten Reiches. 27 biographische Skizzen, hg. v. Ronald Smelser u. Enrico Syring, Berlin 1995, S. 28–49. Vgl. auch Richard Giziowski: The Enigma of General Blaskowitz, London/New York 1997. Von Mai 1940 bis zum Kriegsende wurde Blaskowitz ausschließlich im Westen verwendet.

17 Vgl. auch den Beitrag von Christian Hartmann über Franz Halder in diesem Band.

18 In diesem Sinne auch – mit Blick auf Küchler – Friedrich: Gesetz, S. 441: „Die Königsberger Nazi-Kritik war aber im Armeegebiet spurlos verschollen. Doch haben die Fürsprecher sie gewiß nicht nachträglich erfunden. Sie glaubten, daß ein Hitler-Gegner keine Gefangenen maltraitiert, weil dies von Nationalsozialismus zeugt. Das ist ein Irrtum. Die Nazi-Generäle haben Gefangene ebenso terrorisiert wie die Anti-Nazi-Generäle. Der Terror war vom politischen Bekenntnis unabhängig."

19 Heuer: Generalfeldmarschälle, S. 74. Küchler nahm am 14.6.1940 die Parade seiner Truppen auf den Champs-Élysées ab.

20 Krausnick/Wilhelm: Truppe, S. 112. Zum nachfolgend zitierten Befehl heißt es ebd. tref-

fend: „Im Scheinzeichen von Gehorsam und Disziplin diente dieser mit NS-Parolen gespickte Befehl der Lähmung eines Gewissens, dessen Regungen unbequem wurden."

21 Befehl Küchlers (AOK 18, OB, Ic, Nr. 2489/40 geh.), 22.7.1940, IfZ-Archiv, MA 1564, NOKW-1531: „Der an der Ostgrenze seit Jahrhunderten tobende Volkstumskampf bedarf zur endgültigen völkischen Lösung einmaliger scharf durchgreifender Maßnahmen. Bestimmte Verbände der Partei und des Staates sind mit der Durchführung dieses Volkstumskampfes im Osten beauftragt worden. Der Soldat hat sich daher aus diesen Aufgaben anderer Verbände herauszuhalten. Er darf sich auch nicht durch Kritik in diese Aufgaben einmischen."

22 Vgl. vor allem Hitlers berüchtigte Ansprache in der Reichskanzlei am 30.3.1941 vor den Oberbefehlshabern, die für das „Unternehmen Barbarossa" vorgesehen waren, unter ihnen auch Küchler, Halder: Kriegstagebuch, Bd. 2, Stuttgart 1963, S. 335–337 (30.3.1941).

23 Notizen Küchlers für die „Besprechung mit den Divisionskommandeuren" am 25.4.1941, in: Hans-Heinrich Wilhelm: Rassenpolitik und Kriegführung. Sicherheitspolizei und Wehrmacht in Polen und der Sowjetunion 1939–1942, Passau 1991, S. 133–139, hier und im folgendem S. 133f.

24 Ansprache Küchlers, 22.6.1941, 7.30 Uhr an die Führungsabteilung, 9.00 Uhr an die Oberquartiermeister-Abteilung des AOK 18, National Archives, Washington D.C. (künftig: NA), T 312/799.

25 Zum folgenden ausführlich Hürter: Wehrmacht.

26 Denkschrift Knuths (Korück 583, Kdt., Nr. 217 geh.) an AOK 18, 15.11.1941, BA-MA, RH 20-18/1448. Der Oberquartiermeister der 18. Armee, Oberst i.G. Wolfgang Bucher, notierte unter diese Denkschrift den kurzen, aber höchst aufschlußreichen Kommentar: „Wir kämpfen mit 86 Millionen gegen 186 Millionen." Die Kritik Knuths wurde mit dem Argument zurückgewiesen, daß man keine Rücksichten auf die Bevölkerung nehmen dürfe, „wenn es sich um die Erhaltung der Kampfkraft der Truppe handelt". AOK 18, KTB O.Qu., 17.11.1941, 11.00 Uhr, BA-MA, RH 20-18/1204, über ein Gespräch Buchers mit dem Quartiermeister des Korück 583.

27 So etwa das Generalkommando des XXVIII. Armeekorps (Ic/AO, Nr. 1293/41 geh.) an das AOK 18, 15.11.1941, BA-MA, RH 24-28/110.

28 AOK 18 (Ia, Nr. 2737/41 geh.) an das XXVI. und das XXXVIII. Armeekorps, 13.9.1941, BA-MA, RH 20-18/113.

29 Bericht über die Fahrt Küchlers zum L. Armeekorps am 17.9.1941, NA, T 312/799. Vgl. ebd.: „Während der Einschließung von Petersburg besteht die Möglichkeit, daß die Zivilbevölkerung, in erster Linie Frauen und Kinder, herausgeschickt werden bzw. flüchten, um dem Hunger und Elend zu entgehen. Diese Flüchtlinge bedeuten eine große Gefahr für die Truppe. Sie verlängern durch ihr Abströmen die Ernährungsbasis von Petersburg und öffnen dem Agentenwesen Tor und Tür."

30 Bericht des Ia der Heeresgruppe Nord über ein Gespräch mit dem Kommandeur der 58. Infanteriedivision, Heeresgruppe Nord, KTB Ia, 24.10.1941, BA-MA, RH 19 III/168.

31 Befehl Küchlers (AOK 18, O.Qu./Qu. 2, Nr. 2078/41 geh.), 6.11.1941, in: BA-MA, RH 10-18/1209. Wie wichtig ihm dieser Befehl war, zeigt auch die Tatsache, daß er ihn selbst ausarbeitete.

32 Befehl Küchlers (AOK 18, Ia, Nr. 5835/41 geh.), 29.11.1941, ebd.

33 Bericht über die Frontfahrt Küchlers am 9.11.1941, NA, T 312/799.

34 Bericht über die Frontfahrt Küchlers am 20.11.1941, ebd.

35 Vgl. Andreas Hillgruber: Hitlers Strategie. Politik und Kriegführung 1940-1941, Frankfurt a.M. 1965, S. 516–532; Das Deutsche Reich und der Zweite Weltkrieg, Bd. 4, Stuttgart 1983, S. 98–189 (Beitrag Müller), S. 413–447 (Beitrag Förster); Christian Gerlach: Kalkulierte Morde. Die deutsche Wirtschafts- und Vernichtungspolitik in Weißrußland 1941 bis 1944, Hamburg 1999, S. 44–94.

36 Armeebefehl Reichenaus „Verhalten der Truppe im Ostraum", 10.10.1941, gedruckt in: Gerd R. Ueberschär/Wolfram Wette (Hg.): „Unternehmen Barbarossa". Der deutsche Überfall auf die Sowjetunion 1941. Berichte, Analysen, Dokumente, Paderborn 1984, S. 339f.

37 Befehl Küchlers (AOK 18, Ia, Nr. 5016/41 geh.), 3.11.1941, BA-MA, RH 20-18/1209. Im „OKW-Prozeß" leugnete Küchler später, den Befehl Reichenaus weitergegeben zu haben. Vgl. Records of the United States Nuernberg War Crimes Trials, Case XII, Verhandlung vom 28.4.1948, IfZ-Archiv, MB 31, Bd. 37, S. 2875.

38 Stimmungsbericht zum Lagebericht Nr. 12 der Propaganda-Abteilung Ostland für die Zeit vom 10.1.–25.1.1942, 31.1.1942, BA-MA, RH 22/272. Verfasser war Oberleutnant Knoth.

39 Henry Picker: Hitlers Tischgespräche im Führerhauptquartier, 3. Aufl. Stuttgart 1976, S. 394f. (30.6.1942).

40 Küchler galt als „verbraucht", weil er die Leningrader Front nicht halten konnte und sich für Frontverkürzungen ausgesprochen hatte. Er wurde am 1.2.1944 durch Generaloberst Walter Model ersetzt. Nach Kriegsende geriet er in amerikanische Gefangenschaft und wurde im Nürnberger „OKW-Prozeß" (Fall 12) im Oktober 1948 zu zwanzig Jahren Haft verurteilt, dann aber im Februar 1953 vorzeitig entlassen. Georg von Küchler starb am 25.5.1968 in Garmisch-Partenkirchen.

Die vermeintliche Ambivalenz des Bösen

Der SS-Offizier Kurt Gerstein

Tobias Jersak

Kurt Gerstein tanzt in vieler Hinsicht aus der Reihe. Er war kein Funktionär im nationalsozialistischen Führerstaat, kein Mitglied der NS-Elite, sondern Bergassessor bei der Saargruben AG. Als solcher konnte er auch nicht „qua Funktion" in ein Dilemma kommen, das man als Ambivalenz ansprechen könnte. Im Gegenteil. Kurt Gerstein *begab* sich absichtsvoll in eine solche Funktion, an den „Feuerofen des Bösen", wie er es nannte. Er bewarb sich bei der Waffen-SS, um „in diese Öfen und Kammern hineinzuschauen, um zu wissen, was dort geschieht."[1] Das war kein ambivalentes Verhalten. Saul Friedländer hat daher seiner Gerstein-Biographie auch den Untertitel „Die Zwiespältigkeit des Guten" gegeben.[2] Was Kurt Gerstein tat, das tat er ganz – getreu seinem Lebensmotto aus der Bibel: „Alles, was ihr tut, das tut von Herzen, als dem Herrn, und nicht den Menschen."[3] Für Gerstein bedeutete „alles" auch Zyklon-B-Lieferungen nach Auschwitz.

Bevor die Ambivalenz des SS-Mannes Kurt Gerstein zur Sprache kommen und seine Biographie näher beleuchtet werden soll, sei vorweggenommen, worin die historische Leistung des Kurt Gerstein besteht und warum er für die Geschichtswissenschaft aktuell bleibt. Kurt Gerstein hat maßgeblich dazu beigetragen – das ist im Londoner Irving-Prozeß wieder deutlich geworden[4] – daß nicht in allen Vernichtungslagern mit Zyklon-B gemordet wurde. Dieser vermeintliche „Erfolg" ist zugleich Gersteins größtes Scheitern. Denn was nützt es, ein Mordmittel zu verhindern, solange ein anderes ungehindert zum Einsatz kommt? Während in Auschwitz, Birkenau und Majdaneck mit Zyklon-B vergast wurde, wurde in den drei Lagern der sogenannten „Aktion Reinhardt"[5] – Belzec, Sobibor und Treblinka – bis zum Ende mit Kohlenmonoxid aus Motorenabgasen gemordet. Gerstein stellte sich im Machtkampf zwischen dem Polizeihauptmann Christian Wirth, der das Lager Belzec leitete, und der höheren SS-Führung, die auch in den Lagern der Operation Reinhard Zyklon-B einführen wollte, auf die Seite von Wirth. Bei seinen Besuchen der Lager Belzec und Treblinka im August 1942, zu denen er 260kg Zyklon-B zu Versuchszwecken mitbrachte, versagte er sich als

Desinfektionsexperte des Hygiene-Instituts der Waffen-SS einem Tötungsversuch mit Zyklon-B, indem er das von ihm selbst gerade erst in der Fabrik abgeholte Zyklon-B kurzerhand für unbrauchbar erklärte.

Die andere historische Leistung des Kurt Gerstein stellt zweifellos der Gerstein-Bericht dar, der erste genaue Augenzeugenbericht über den Holocaust, wie Florent Brayard ihn nennt.[6] Die deutsche Version von Gersteins Bericht, den dieser nach seiner Verhaftung im April und Mai 1945 in verschiedenen Formen auf deutsch und französisch im Rottenburger Gewahrsam niederschrieb, wurde bereits 1953 in den Vierteljahresheften für Zeitgeschichte veröffentlicht und taucht in vielen Schulbüchern der 1960er und 1970er Jahre auf. Er liefert weiterhin eines der erschreckendsten Zeugnisse der Massenvernichtung und klingt allen, die ihn einmal gehört oder gelesen haben, sofort wieder im Ohr:

> „Dann setzt sich der Zug der Menschen in Bewegung. Voran ein bildhübsches junges Mädchen, so gehen sie die Allee entlang, alle nackt, Männer, Frauen, Kinder, ohne Prothesen. Ich selbst stehe mit dem Hauptmann Wirth oben auf der Rampe zwischen den Kammern. Mütter mit ihren Säuglingen an der Brust, sie kommen herauf, zögern, treten ein in die Todeskammern! – An der Ecke steht ein starker SS-Mann, der mit pastoraler Stimme zu den Armen sagt: Es passiert Euch nicht das geringste! Ihr müsst nur in den Kammern tief Atem holen, das weitet die Lungen, diese Inhalation ist notwendig wegen der Krankheiten und Seuchen."

Wie kommt einer dazu, sich dieses Wissen antun zu wollen? – Wenn ich am Anfang sagte, daß Kurt Gerstein aus der Reihe tanzt, dann war das genau so gemeint. In der Schule war der 1905 in Münster geborene aufmüpfig – sein Griechisch-Lehrer sagte über ihn: „Viel besser war es, Unfug zu machen und den Unterricht zu stören, und das tat er ausgiebig",[7] in seinem Schulzeugnis findet sich unter „Betragen" der Eintrag „Tadelnswert".[8] Seine Mutter schrieb seinem Vater: „Kurt braucht bloß durchs Zimmer zu laufen und die Nähmaschine geht kaputt."[9] Nach dem Abitur wandte sich Kurt, anders als seine vier älteren Brüder, nicht dem Korporiertenwesen, sondern der evangelischen Jugendbewegung zu. In einem radikal gelebten Christentum engagierte er sich in der Bekennenden Kirche von Anfang an gegen deutschgläubige Tendenzen innerhalb der nationalsozialistischen Weltanschauung. Sätze wie „Jesus Christus, der Herr! Er allein ist unser Führer zu Gott!"[10] wurden von Kurt Gerstein laut und öffentlich artikuliert. So auch in der Hagener Stadthalle, wo im Januar 1935 das mit antichristlichen Spitzen durchsetzte Stück „Wittekind" aufgeführt wurde. Nachdem die Uraufführung reibungslos verlief, störten am 29. Januar etwa 30 Personen der katholischen Jugend die Aufführung so sehr, daß die Polizei eingriff. Tags darauf, am zweiten Jahrestag der Machtergreifung, war Kurt Gerstein mit angestecktem Parteiabzeichen (alle männlichen Gersteins waren auf Druck des Vaters im Mai 1933 der NSDAP beigetreten) inmitten von Parteigenossen im Theater präsent. Obwohl der Oberbürgermeister vor Störungen warnte und auf den hohen künstlerischen Wert des Stücks verwies, störte Kurt Gerstein durch Zwischenrufe so laut, daß der Vorhang fiel und die Vorstellung unterbrochen werden mußte. Die anwesende Hitler-Jugend nahm sich Gerstein dergestalt vor, daß ihm dabei zwei Zähne ausgeschlagen wurden. Hinterher erklärte er: „Glauben heißt bereit sein, sich die Knochen kaputt schlagen zu lassen."[11]

Beruflich hatte Kurt Gerstein zu dieser Zeit beste Aussichten. 1931 hatte er das Examen seines Bergbau-Studiums als Diplom-Ingenieur abgelegt, bis Ende 1935 absolvierte er erfolgreich die Ausbildung zum Bergassessor und erlangte eine Anstellung bei der Saargruben AG. Dort boten sich dem talentierten 30jährigen steile Aufstiegschancen. Kurt Gerstein jedoch suchte einmal mehr die Auseinandersetzung im öffentlichen Raum und hatte den Bereich des sexuellen Jugendschutzes zu seinem Kampfgebiet erkoren. Aus dem Familienvermögen ließ er sexualpädagogische Jugendschriften in einer Auflage von insgesamt 230.000 Stück drukken, die sich für „Reinheit" und gegen „Schmutz und Schund" einsetzten. Doch nicht nur seine eigenen Schriften versandte Gerstein; von einem Adreßverlag hatte er die Adressen aller Staats- und Ministerialräte gekauft. An diese und vor allem an die Richter im Deutschen Reich versandte er zu hunderten anonyme Umschläge mit Schriften der Bekennenden Kirche. Als dies herauskam, durchsuchte die Gestapo sein Dienstzimmer und seine Privatwohnung und nahm ihn am 24. September 1936 auf Ersuchen des Reichskommissars für das Saarland fest. Zwei Tage darauf wurde er in Schutzhaft überführt. Mindestens vier Wochen verbrachte Gerstein im Zuchthaus Lerchesflur.

Die Verhaftung hatte zur Folge, daß Gerstein aus der NSDAP ausgeschlossen und aus dem Staatsdienst entlassen wurde. Seine Karriere war an ihr Ende gekommen, bevor sie richtig begonnen hatte. Seine Aktionen hatten solchen Widerhall entfaltet, daß der Staat ihn mit einem landesweiten Redeverbot belegte.

Wer Kurt Gersteins Leben betrachtet, der stößt auf zwei große weiße Flecken in seiner Biographie. Der erste liegt zwischen Ende 1936 und 1940, in der Zeit nach seiner Ausschließung aus dem Staatsdienst und vor seiner Bewerbung bei der Waffen-SS. Hier ist vor allem die Frage nach seiner Stellung gegenüber dem NS-System von Interesse.

Der zweite weiße Fleck liegt zwischen 1943 und 1945, nachdem Gerstein die Vergasungen in Belzec miterlebt hatte und bevor er den Gerstein-Bericht schrieb.

Hat er hier, am „Feuerofen des Bösen", pflichtbewußt dem Vernichtungssystem gedient?

Zwischen Ende 1936 und 1940 heiratete Kurt Gerstein seine Verlobte Elfriede Bensch, eine Pfarrerstochter, zeugte zwei Kinder und begann pro forma ein Medizinstudium. Er wurde im Juli 1938 wegen Verdachts auf hochverräterische Verbindungen erneut verhaftet und sechs Wochen später mangels Beweisen wieder freigelassen. Nach seiner Freilassung sah er sich nicht mehr in der Lage, weiterzustudieren. Das Familienvermögen ging zur Neige und der 35jährige stand 1940 mit Familie, aber ohne Lebensunterhalt da.

Zu gleicher Zeit bemühte er sich vergeblich um Rehabilitierung und Wiederaufnahme in die NSDAP. Sein ambivalentes Verhalten klärt die jüngst erschienene Biographie von Jürgen Schäfer auf der Grundlage neu zugänglicher Dokumente: Tatsächlich wollte Kurt Gerstein nach seiner Entlassung aus Partei und Staatsdienst in Tübingen Theologie studieren und Pfarrer werden. Da ihm eine Einschreibung in Theologie sowohl in Tübingen, als auch in Münster verwehrt blieb, schrieb er sich in Tübingen pro forma in Medizin ein, belegte aber alle theologischen Veranstaltungen. Gersteins Absicht, Theologie zu studieren, traf jedoch auf scharfen Widerspruch seines Vaters, des regimegläubigen Landgerichtspräsidenten von Münster, der ihn dazu drängte, den Parteiausschluß anzufechten. Sein älterer Bruder Fritz, der inzwischen als Rechtsanwalt arbeitete, hatte einen Einspruch an das Gaugericht Westfalen-Süd verfaßt, und Kurt Gerstein unterzeichnete ihn trotz seines wahrheitswidrigen Inhalts.[12] Als das Gaugericht den Parteiausschluß auch nach mündlicher Verhandlung bestätigte, kam es zu schwersten Auseinandersetzungen zwischen Vater Gerstein und seinem Sohn Kurt. Unter dem Druck des Vaters focht Kurt Gerstein erneut den Spruch des Gaugerichts an und machte weitere wahrheitswidrige Angaben über seine eigene Rolle. Mitte 1939 wurde der Parteiausschluß zwar in eine Entlassung umgewandelt wurde, doch wurde Kurt Gersteins Antrag auf Wiederaufnahme per Gnadenakt 1940 abgewiesen.

Die Auseinandersetzung mit dem übermächtigen Vater, die in die Zeit zwischen 1936 und 1940 fiel, und in der der Sohn wiederholt einknickte, findet auf seltsame Weise ihre Entsprechung in der anderen Zeit biographischer Leere, zwischen 1943 und 1945. Die Ambivalenz zwischen Privatem und Öffentlichen, die sich im Verhältnis zum Vater und im Verhältnis zur NSDAP repräsentiert findet, scheint Kurt Gerstein erst überwunden zu haben, nachdem er sich bewußt auf das verbrecherische System eingelassen hatte. Nunmehr verkörperte er als SS-Offizier jenen Einsatz für den Staat, den der Vater immer von ihm gefordert hatte. Erst aus dieser Position heraus sah er sich in der Lage, dem systemtreuen Vater die Gewissensfrage zu stellen. In einem Brief vom 5. März 1944, einem der wenigen Dokumente aus dieser Zeit, schrieb Kurt ihm:

> „Tief erschreckt hat mich Dein Wort, das Du mir in einem bitteren Augenblick meines Lebens zuriefst [...] als ich mit schwersten Dingen rang: Harte Zeiten erfordern harte Mittel! – Nein, ein solches Wort reicht nicht aus, um Geschehenes vertretbar zu machen. [...] Ich bin weit entfernt von meiner Enge von vorgestern. Aber ich kenne unveräußerliche Begriffe und Maßstäbe, gegen die man nicht ohne schwerste Folgen und Auswirkungen verstoßen kann. [...] niemals dürfte der Einzelne seine Maßstäbe und Begriffe verlieren. Nie darf er sich seinem Gewissen und der ihm gesetzten obersten Ordnung gegenüber darauf herausreden vor sich selbst: Das geht mich nichts an, das kann ich nicht ändern."[13]

Der Vater antwortete ihm:

> „Du bist Soldat, Beamter und hast die Befehle Deiner Vorgesetzten auszuführen. Die Verantwortung trägt der Befehlende, nicht der Ausführende. Ungehorsam gibt es nicht. Du hast zu tun, was befohlen wird, so habe ich es als alter preußischer Beamter und als Offizier gelernt."

Damit sind wir zu jenem Abschnitt in Kurt Gersteins Leben gelangt, der am besten dokumentiert ist und für den sein Name symbolisch steht: den freiwilligen Eintritt in die SS mit dem Ziel, den staatlichen Mordaktionen auf die Spur zu kommen und sie zu sabotieren oder zumindest zu verraten. Wie der aus Partei und Staatsdienst entlassene und mehrfach inhaftierte Familienvater auf die Idee kam, sich ausgerechnet der härtesten militärischen Ausbildung im Dritten Reich zu unterziehen, ist nur aus dem Umstand heraus nachvollziehbar, daß der Gescheiterte bereit war, sein ganzes Leben auf diese riskante Karte zu setzen. Ein Euthanasie-Fall in der Familie bekräftigte diesen Entschluß, nachdem Gerstein im Sommer 1940 erste Euthanasie-Gerüchte und der Protestbrief des württembergischen Bischof Wurm zu Ohren gekommen waren. An seiner konspirativen Absicht von Anfang an kann nach Quellenlage keinerlei Zweifel bestehen. Daß er nach einer überharten Ausbildung zum 1. Juni 1941 ins Hygiene-Institut der Waffen-SS abkommandiert wurde, entsprach zwar nicht seinem Wunsch, aber ganz ungewollt seinen Zielen. In der Abteilung „Trinkwasserbeschaffung" entwickelte er eigenständig fahrbare Desinfektionswagen für Kleider; einen dafür fuhr er eigens bei seiner Frau in Tübingen vor und erklärte ihr: „Du mußt wissen, welche Züge ich gebaut habe"[14] – zur selben Zeit wurden bereits im Rahmen der Euthanasie-Aktion andere Gaswagen zur Tötung entwickelt.

Am 9. November 1941 wurde Kurt Gerstein als Untersturmführer fest vom Hygiene-Institut übernommen. Gersteins technischer Sachverstand ermöglichte ihm die selbständige Entwicklung und Konstruktion von Desinfektionsanlagen, die um die Jahreswende 1941/42 erfolgreich bei der Bekämpfung von Fleckfieberepidemien eingesetzt wurden. Daraufhin wurde Kurt Gerstein mit dem Aufbau einer Abteilung „Gesundheitstechnik" im Hygiene-Institut der Waffen-SS beauftragt, in die er auch mehrere Freunde einschleuste.[15] Wie immer tat er das, was er tat, ganz. Dabei entging ihm offenbar, daß seine Entwicklungen zur Seuchenbekämpfung nicht etwa den Krieg sabotierten, sondern zur Stabilisierung der Besatzungs- und Lagersituation führten.

Nachdem er im August 1942 Belzec und Treblinka besucht und eine Massenvergasung miterlebt hatte, wandte er sich noch auf der Heimfahrt von Treblinka im Zug von Warschau nach Berlin in äußerster Erregung an den zufällig im Zug anwesenden schwedischen Gesandten von Otter und berichtete ihm wohl die ganze Nacht von seinem Wissen. Von Otter war nicht der einzige: fast die komplette evangelische Kirchenführung wurde nachweislich von Gerstein noch im Jahr 1942 mit detaillierten Einzelheiten über die Judenvernichtung unterrichtet. Obwohl die hohen Herren allesamt darüber berichten – nicht selten in ihren Memoiren – wurde Gersteins Aufschrei vor Kriegsende unterdrückt. Die Ambivalenz dieser hohen Kirchenmänner harrt immer noch einer eindringlichen Untersuchung.

Kurt Gerstein war noch bis Ende 1944 mit Zyklon-B-Lieferungen befaßt; später ist er teilweise verdächtigt worden, als Chefeinkäufer für Zyklon-B das Vernichtungssystem erst richtig versorgt zu haben. Da er allerdings den Geschäftsführer der DEGESCH überreden konnte, die Rechnungen für mehrere Tonnen Zyklon-B auf seine Privatadresse auszustellen und es in Auschwitz im April 1944, gerade als die Vernichtung der ungarischen Juden anlaufen sollte, zu einem Engpaß an Zyklon-B ohne Reizstoff kam, stellt sich sein Verhalten eher als ein Spiel mit dem Feuer dar. Wäre er, wie Rolf Hochhut es in seinem Stück „Der Stellvertreter" ausmalt, aufgeflogen und verhaftet worden, hätte er wohl größte Schwierigkeiten gehabt zu erklären, warum er 17.000 Reichsmark Außenstände bei der DEGESCH nicht bezahlte und wo überhaupt jene mindestens 3.790kg Zyklon-B abgeblieben waren, die nachweislich geliefert wurden – annähernd vier Tonnen Zyklon-B müssen erst einmal unauffällig unschädlich gemacht werden. An dieser Furcht, entdeckt zu werden, ist Kurt Gerstein fast zerbrochen.

Nach seiner als Befreiung erlebten Verhaftung durch die Franzosen im April 1945 und nach der Weitergabe von Informationen an Briten und Amerikaner wurde er jedoch unter Mordanklage gestellt und in Cherche-Midi eingekerkert. Die Haft überlebte Kurt Gerstein, der von den Briten bereits als Zeuge für den Nürnberger Prozeß gesucht wurde, nicht. Auch wenn die genauen Todesumstände im Dunkeln bleiben, ist Selbstmord des Verzweifelten die wahrscheinlichste Erklärung.

Was Kurt Gerstein tat, das tat er ganz. Seine (Selbst-)Einschätzung dessen war allerdings ambivalent, um das mindeste zu sagen. Noch im Herbst 1944 schrieb er wiederum seinem Vater:

> Ich habe meine Hände zu nichts hergegeben, was mit diesem allem zu tun hat. Wenn ich und soweit ich derartige Befehle erhielt, habe ich sie nicht ausgeführt und die Ausführung abgedreht. Ich selbst gehe aus dem ganzen mit reinen Händen und einem engelreinen Gewissen heraus.

Das schrieb der SS-Offizier, anläßlich dessen Besuch in Mauthausen Exekutionen durchgeführt wurden, der in Ravensbrück Zeuge von grauenhaften Menschenversuchen war und auf dessen Namen Tonnen von Zyklon-B berechnet wurden. Sein Hang zur Selbstinszenierung hinterläßt große Fragezeichen. So gab es bei ihm daheim stets, auch zu größten Notzeiten, literweise feinsten Cognac und kiloweise Butter. Viele Angaben in den verschiedenen Versionen seines Berichts sind maßlos übertrieben und haben Zweifel an manch' anderen Einlassungen aufgeworfen.

Bei Kurt Gerstein wird man nicht von Tragik sprechen können in der klassischen Definition des „unschuldig schuldig Werdens". Denn im Gegensatz zu klassisch tragischen Figuren (wie Ödipus) wußte Gerstein von Anfang an, was er tat – und wollte genau dies tun. Fast hat man den Eindruck, als hätte Gerstein ganz mitmachen wollen, um nachher nicht als Heuchler dazustehen. Für Kurt Gerstein scheint vielmehr das von ihm so verstandene Böse selbst ambivalent gewesen zu sein: hier das Böse, an dem die Bösen sich die Hände schmutzig machen; dort das Böse, aus dem der Gute mit reinen Händen und engelreinem Gewissen herausmarschiert.

Anmerkungen

1 Helmut Franz: Kurt Gerstein. Außenseiter des Widerstandes der Kirche gegen Hitler, Zürich 1964, S. 24: „Ich war natürlich entsetzt, als er mir das mitteilte. Ich sagte ihm, ich hielte dieses Unternehmen für ein wahnsinniges Gott-Versuchen".

2 Saul Friedländer: Kurt Gerstein oder die Zwiespältigkeit des Guten, Gütersloh 1968.

3 Gerstein hatte diesen Bibelspruch zur Konfirmation erhalten und ihn später auch als Trauspruch gewählt. Gersteins Konfirmations-Schein ist im Faksimile abgedruckt in: Hey/Rickling/Stockhecke (Hg.): Kurt Gerstein (1905–1945). Widerstand in SS-Uniform, Bielefeld 2000, S.

29. Der Bibelspruch stammt aus dem neutestamentlichen Brief des Paulus an die Kolosser, Kapitel 3, Vers 23.

4	Zum Irving-Prozeß siehe http://www.hdot.org, sowie Eva Menasse: Der Holocaust vor Gericht. Der Prozess um David Irving, Berlin 2000; Don D. Guttenplan: Der Holocaust-Prozess. Die Hintergründe der „Auschwitz-Lüge", München 2001; Richard Evans: Der Geschichtsfälscher. Holocaust und historische Wahrheit im David-Irving-Prozess, Frankfurt a.m. 2001; Peter Longerich: Der ungeschriebene Befehl. Hitler und der Weg zur „Endlösung", München 2001; Robert Jan van Pelt: The case for Auschwitz. Evidence from the Irving trial, Bloomington 2002.

5	Es ist fraglich, ob der Staatssekretär im Reichsfinanziministerium, das für die Verwertung des Vermögens der ermordeten Juden zuständig war, seinen Namen dafür hergab (wie Wolfgang Benz: Der Holocaust, München 1997, S. 109 vermutet), oder ob die Aktion nicht vielmehr nach Reinhardt Heydrich benannt war, was wesentlich wahrscheinlicher ist.

6	Florent Brayard: L'humanité versus Zyklon B. L'ambiguïté du choix de Kurt Gerstein, in: Vingtième siècle 73 (2002), S. 15–25.

7	Hey/Rickling/Stockhecke (Hg.): Kurt Gerstein, S. 28.

8	Ebd., S. 26.

9	Ebd., S. 24.

10	Zit. nach: Schwertkreuz 4 (August 1934), S. 98.

11	Franz: Gerstein, S. 15.

12	Jürgen Schäfer: Kurt Gerstein – Zeuge des Holocaust. Ein Leben zwischen Bibelkreisen und SS, Bielefeld 1999, S. 105.

13	LKA Bielefeld, 5,2 NS, Nr. 29.

14	Schäfer: Gerstein, S. 156.

15	Ebd., S. 160.

IV. Wissenschaftler

Visionen, Expertisen, Kooperationen
Forschen für das Dritte Reich –
Beispiele aus der Kaiser-Wilhelm-Gesellschaft

Carola Sachse

Noch bis vor wenigen Jahren wurde das Verhältnis von Naturwissenschaften und Nationalsozialismus vorzugsweise mit sedativen Stereotypen beschrieben. Sie erlaubten den wissenschaftlichen Eliten von damals und heute, sich selbst bzw. ihre Lehrer als Gegner und ihre Disziplinen als Opfer nationalsozialistischer Herrschaft zu stilisieren: Irrationale Ideologie habe den wissenschaftlichen Fortschritt behindert. Nur „bad science" habe mit dem NS-Regime kollaboriert – „good science" habe sich, sofern ihre Repräsentanten nicht ins Exil vertrieben wurden, in die Nischen der Grundlagenforschung zurückgezogen. Allenfalls seien politikferne Spitzenforscher nichtsahnend mißbraucht worden.[1]

Solche Vorstellungen werden zwar seit den 1980er Jahren von der Wissenschaftsgeschichte immer mehr in Frage gestellt und zurückgewiesen.[2] Aber sie schimmern selbst bei expliziten Kritikerinnen und Kritikern der Kaiser-Wilhelm- bzw. Max-Planck-Gesellschaft noch durch. So charakterisiert die Wissenschaftshistorikerin Kristie Macrakis in ihrer Analyse von 1993 zwar die Forschungspolitik dieser Spitzenforschungsinstitution als bereitwillige Anpassungsleistung während der Stabilisierungsphase der NS-Herrschaft; für die Kriegsjahre bescheinigt sie der Kaiser-Wilhelm-Gesellschaft sogar eine „symbiotische Beziehung" zum NS-Regime.[3] Aber sie interpretiert diese Organisationspolitik als eine Strategie des „Überlebens". Mit dem marktgängigen amerikanischen Titel „Surviving the Swastika. Scientific Research in Nazi Germany" stellt sie die mächtige, bis in die letzten Kriegsjahre expandierende Forschungsorganisation semantisch neben die ohnmächtigen, mit dem nackten Leben davongekommenen Überlebenden, die Holocaust survivors. Dies ist nicht nur ein sprachlicher Mißgriff, sondern auch eine methodische Verkürzung. Macrakis' Herangehensweise stützt sich auf die implizite Annahme, daß sich die Kaiser-Wilhelm-Gesellschaft a priori in einer dem NS-Regime äußerlichen und angreifbaren Position befunden habe. Nur um zu „überleben", habe sie ihre genuin apolitische Position verlassen, sich zunächst in den „Nischen" des polykratischen Herrschaftssystem versteckt und sich schließlich in eine Komplizenschaft mit dem NS-Regime begeben.[4] Werden die Wissenschaften und ihre Organisationen hingegen inmitten einer zunehmend wissensbasierten Gesellschaft des 20. Jahrhunderts plaziert, dann richtet sich der Blick auf die spezifischen Kontinuitäten und Brüche im Verhältnis der Kaiser-Wilhelm-Gesellschaft zu ihrem gesellschaftspolitischen Umfeld vor und nach 1933. Dann wäre zu fragen, wie die wissenschaftlichen Akteure sich selbst und ihre Forschungsinteressen im Zuge des politischen Macht- und Systemwechsels positionierten.

Auch der Genetiker Benno Müller-Hill, der seit Jahrzehnten die Aufklärung der NS-Vergangenheit der Max-Planck-Gesellschaft eingefordert und selbst nicht wenig dazu beigetragen hat, erträgt die Möglichkeit der Symbiose von Spitzenforschung und Verbrechen nicht.[5] Einerseits hält er – mit mehr Vermutungen als Belegen – dem Direktor des Kaiser-Wilhelm-Instituts für Biochemie Adolf Butenandt (1903–1995), dem späteren Präsidenten und Ehrenpräsidenten der Max-Planck-Gesellschaft, vor, er habe mit dem berüchtigten Erbpathologen Otmar Freiherr von Verschuer (1896–1969) nachbarschaftlich-kollegial „kollaboriert".[6] Letzterer war seit 1942 Direktor des Kaiser-Wilhelm-Instituts für Anthropologie, menschliche Erblehre und Eugenik und unterhielt 1943/44 eine direkte wissenschaftliche Kooperationsbeziehung zum KZ-Arzt Josef Mengele (1911–1979) in Auschwitz. Andererseits postuliert der aktive Biowissenschaftler von heute, daß „Massenmord und Wahrheit" prinzipiell „inkompatibel" seien.[7] Wie aber können dieses Credo des Naturwissenschaftlers und jene wissenschaftliche „Kollaboration" von Mengele, Verschuer und Butenandt als Tatsachenvermutung des historischen Aufklärers gleichermaßen gültig sein? „Wahrheit" als „Basis von Wissenschaft", so Müller-Hills argumentativer Ausweg, verflüchtige sich in dem Maße, wie die Unmenschlichkeit zunehme.[8] Deshalb baut der Genetiker Müller-Hill nicht nur den seit langem wissenschaftlich umstrittenen Erbpathologen Verschuer, sondern auch den bis heute anerkannten Hormonforscher Butenandt in ein wissenschaftshistorisch inkonsistentes Konstrukt ein: Das „wissenschaftliche Klima" Nazi-Deutschlands habe eine mentale Gemeinschaft von Gelehrten hervorgebracht, die sich bereits während des Dritten Reiches im einvernehmlichen Beschweigen von wissenschaftlichem „Betrug", methodischer Leichtfertigkeit und moralischer Blindheit einig gewesen sei.[9] Ins Zentrum seines Konstrukts rückt Müller-Hill die Theorie Abderhaldens, die besagte, daß sich Resistenzen gegen Infektionskrankheiten wie zum Beispiel gegen Tuberkulose über spezifische „Abwehrfermente" vererbten. Verschuer knüpfte an diese Theorie an, wenn er in Kooperation mit Mengele in Blutproben von Auschwitz-Häftlingen nach vermeintlich rassenspezifischen „Eiweißkörpern" suchte. Die Abderhaldensche Theorie beruhte auf Experimenten von 1912, die sich in zahlreichen Kontrolluntersuchungen international weder eindeutig bestätigen noch widerlegen ließen. Sie wurde trotz frühzeitiger Kritik erst in den späten 1940er Jahren und nicht zuletzt auf Butenandts Nachfragen von 1947 hin fallen gelassen. Die Geschichte der Abderhaldenschen „Abwehrfermente" ist nach heutigem Kenntnisstand zweifellos die Geschichte eines langwierigen, wissenschaftshistorisch und -soziologisch aufschlußreichen Irrtums.[10] Aber für Benno Müller-Hill und Ute Deichmann ist sie das Paradebeispiel für einen notorischen Wissenschaftsbetrug, an dem sich alle beteiligten, die nach den ersten Kritiken noch immer einen positiven Beweis für möglich hielten.[11] Nur um den angeblich wider besseres Wissen unternommenen Versuch der Verifikation einer falschen Theorie willen seien die mörderischen Experimente in Auschwitz durchgeführt worden. Was in Mengeles, Verschuers und Butenandts Labors betrieben wurde, sei „Pseudowissenschaft" gewesen.[12] Damit ist selbst bei Benno Müller-Hill die Welt der guten Wissenschaft wieder in Ordnung.

In den meisten Fällen waren die Beziehungen zwischen den Wissenschaftseliten und den NS-Verbrechen komplizierter und banaler zugleich. So jedenfalls könnte man aus einer akteursorientierten Perspektive die vorliegenden Zwischenergebnisse aus dem laufenden Forschungsprogramm der Max-Planck-Gesellschaft zur Geschichte ihrer Vorgängerorganisation, der Kaiser-Wilhelm-Gesellschaft, im Nationalsozialismus zusammenfassen.[13] Um so verstörender weisen sie über die säkulare Katastrophe des nationalsozialistischen Völkermords und Vernichtungskriegs hinaus.

Hannah Arendt war eine der ersten, die in ihrer Berichterstattung über den Prozeß gegen den Schreibtischtäter Adolf Eichmann 1961 in Jerusalem die „Banalität des Bösen" hervorhob. Sie erkannte nicht nur die frappierende moralische Indifferenz des Bürokraten. Als politische Denkerin war sie vor allem irritiert über einen Funktionsträger des NS-Staates, der sich einerseits seiner professionellen Leistungen rühmte, der aber andererseits jede persönliche Verantwortung für seine Handlungen ablehnte.[14] Besonders in der israelischen und US-amerikanischen Öffentlichkeit der 1960er Jahre machte sich Hannah Arendt mit ihrer Prozeßanalyse viele Feinde, weil sie die einfachen Bilder von bösen und guten Menschen zerstörte und die Funktionsweise der nationalsozialistischen Barbarei an die Funktionsweise moderner gesellschaftlicher Organisation heranrückte. Im Anschluß an Hannah Arendt kann danach gefragt werden, inwiefern die Möglichkeit, sich auf die Partialität des eigenen Handelns zurückzuziehen, auch im Bereich der Wissenschaft gegeben war. Inwieweit war es Wissenschaftlern möglich, sich etwa

bei der Erarbeitung von erbgesundheitlichen, Abstammungs- und „Rasse"-Gut-
achten für die nationalsozialistischen Verfolgungsapparate oder von technikwissenschaftlichen Problemlösungen für eine Optimierung der Waffenproduktion als
vom politischen Kontext abgekoppelt zu imaginieren und sich damit der Verantwortung für die politischen, sozialen und humanitären Folgen des eigenen Handelns zu verweigern? Inwieweit wurden solche Ausblendungen gerade auch von
Angehörigen einer renommierten Spitzenforschungsinstitution vollzogen?

Auch wenn unser Wissen über die Geschichte des Dritten Reiches, den Vernichtungskrieg und den Holocaust heute erheblich umfangreicher ist als zu Hannah Arendts Zeiten, so ist mit dem zeitlichen Abstand die Beantwortung neu auf-
geworfener bzw. zu spät gestellter Fragen, wie etwa die nach der Rolle der Wissenschaften im NS-Herrschaftssystem und nach dem Anteil von Wissenschaftlern
an den Verbrechen dieses Regimes, nicht einfacher geworden. Am Ende einer historischen Aufarbeitung von wissenschaftlichen Fragestellungen, Denkprozessen,
Versuchsanordnungen und Kooperationsbeziehungen in ihren institutionellen, sozialen und politischen Kontexten steht wiederum nur ein – meist fragiles – histo-
risches Konstrukt. Die Deutung der fast immer lückenhaft überlieferten und selten
vollständig zu erfassenden Quellen ist der jederzeit möglichen und, sobald neue
Quellen ins Spiel gebracht werden, der zwingenden Revision ausgesetzt. Das Zu-
sammenfügen von Quellen und Deutungen mündet insofern bestenfalls in eine
plausible Erzählung von endlicher Gültigkeit.[15] Schließlich ist die historisch-mo-
ralische Bewertung dessen, was Historiker als Haltungen, Entscheidungen und
Handlungsweisen von wissenschaftlichen Akteuren aus den Quellen herausdestil-
lieren, oft umstritten.

Ein eindrückliches Beispiel dafür ist die anhaltende Auseinandersetzung über
Werner Heisenberg und seine Forschungsgruppe am Kaiser-Wilhelm-Institut für
Physik. Die Frage, warum die deutschen Kernforscher die Atombombe nicht entwickelten, wurde inzwischen erfolgreich auf dem Broadway inszeniert. Der
Schriftsteller und Philosoph Michael Frayn hat sie theatralisch zugespitzt auf den
legendären Besuch Heisenbergs bei seinem Lehrer und Freund Niels Bohr im besetzten Kopenhagen im September 1941.[16] Es handelt sich dabei um eine Episode, die nur aus den Jahre später formulierten, keineswegs deckungsgleichen Erinnerungen der Beteiligten, mehr noch aus Wiedererzählungen ihrer Kollegen und
Schüler überliefert und rekonstruierbar ist. An diesem methodisch gewagten Unternehmen hat sich bisher mehr als ein Dutzend renommierter Wissenschaftshisto-
riker und -historikerinnen versucht.[17] Die Ergebnisse sind, was nicht überraschen
kann, kontrovers. An einem Pol dieser Kontroverse steht die Narratio, Heisenberg

habe Bohr mit Blick auf dessen Beziehungen zu den Alliierten vor der bevorstehenden Entwicklung einer deutschen Atombombe warnen wollen. Darüber hinaus habe Heisenberg gemeinsam mit seinem Kollegen Carl Friedrich v. Weizsäcker alles versucht, um die Entwicklung der deutschen Bombe zu verzögern und sich deshalb allein auf den Reaktorbau als Energiequelle konzentriert. Die gegenteilige Interpretation lautet: Heisenberg habe mit dem ihm eigenen wissenschaftlichen Ehrgeiz ohne Rücksicht auf die möglichen Konsequenzen einer militärischen Nutzung seine Forschungen zur Herstellung einer Kettenreaktion vorangetrieben und Bohr zur Kollaboration mit dem NS-Regime überreden wollen.[18]

Der Dramatiker Frayn weigert sich mit gutem Grund, eine eindeutige Position zu beziehen. Er bietet vielmehr mehrere Szenarien an, die Zwischenstufen auf dieser Skala durchspielen, das Schwarz-Weiß der beiden Pole zu unterschiedlichen Grauabstufungen mischen und verschiedene Möglichkeiten nebeneinander stehen lassen. Am Ende seines Nachworts zur wissenschaftshistorischen Metadebatte, die sein Stück hervorgerufen hat, zieht er die Möglichkeit in Erwägung, daß nicht dezidierter Widerstand, wohl aber Heisenbergs Mangel an „wirklichem Enthusiasmus und wirklicher Entschlossenheit", mit anderen Worten und, um die Fragestellung dieses Sammelbandes aufzugreifen, seine ambivalente Haltung als Wissenschaftler im Dritten Reich die zügige Entwicklung der deutschen Atombombe verhindert haben könnte.[19] Freilich präsentiert Frayn auch damit keine letzte Geltung beanspruchende Deutung des Heisenberg'schen Handelns, sondern nur einen möglichen Ausweg für streitende Interpreten, deren emotionsgeladene Debatten längst den Stoff für eine weitere Inszenierung bieten.[20]

In den 1930er und 1940er Jahren vereinigte die Kaiser-Wilhelm-Gesellschaft unter ihrem Dach rund fünfzig Forschungsinstitute mit knapp 500 Wissenschaftlern und wenigen Wissenschaftlerinnen. Heute sind es etwa 80 Institute mit mehr als 3.000 Wissenschaftlern und immer noch wenigen Wissenschaftlerinnen. Die Institute gruppierten sich damals wie heute in eine medizinisch-biologische, eine physikalisch-chemisch-technische und eine kleine geisteswissenschaftliche Sektion. Sie wurden und werden von Instituts- und Abteilungsdirektoren (äußerst selten nur von Direktorinnen) geleitet, die in ihrer Amtsführung, vor allem aber in der Wahl ihrer Forschungsfelder und ihrer Mitarbeiter und Mitarbeiterinnen ein – auch im Vergleich mit anderen Forschungseinrichtungen und Universitäten – außergewöhnlich hohes Maß an Autonomie besitzen.[21] Diese Autonomie war für ein diktatorisches Regime, das sich das Führerprinzip auf die Fahne geschrieben hatte, selbstverständlich ein Stein des Anstoßes. In welchem Maß und in welchen Teilbereichen das NS-Regime die Autonomie tatsächlich einschränkte und das sakrosankte, nach dem Initiator und ersten Präsidenten der Kaiser-Wilhelm-Gesellschaft benannte „Harnack-Prinzip" direktorialer Herrschaft in den Instituten beeinträchtigte, ist eine wichtige Frage.[22] Sie kann aber erst nach Abschluß der laufenden Einzelstudien im Forschungsprogramm „Geschichte der Kaiser-Wilhelm-Gesellschaft im Nationalsozialismus" sinnvoll diskutiert werden.

Die folgenden Ausführungen beschränken sich darauf, einige Ausprägungen des Verhältnisses von Wissenschaft und Nationalsozialismus in den Forschungs- und Kooperationspraktiken an Kaiser-Wilhelm-Instituten zu beschreiben. Dafür wähle ich weder einen biographischen, noch einen institutionen- oder disziplinengeschichtlichen Zugang. Meinen Fokus bilden vielmehr die „Taten" oder neutraler: solche Handlungs-, Forschungs- und Verhaltensweisen von wissenschaftlichen Akteuren, die sich auf verschiedenen Ebenen mit den Verbrechen des NS-Regimes berührten. Sie sind nach drei Schlagworten sortiert, die gewissermaßen auch die zeitliche Abfolge markieren können: Visionen (im Vorfeld des nationalsozialistischen Machtantritts), Expertisen (vor allem in der Phase der Etablierung und Festigung der NS-Herrschaft), Kooperationen (insbesondere während des Zweiten Weltkriegs). Die Beispiele sind den vorliegenden Publikationen aus dem Forschungsprogramm „Geschichte der Kaiser-Wilhelm-Gesellschaft im Nationalsozialismus" entnommen und konzentrieren sich auf solche Wissenschaftsgebiete, die in diesem Programm schwerpunktmäßig bearbeitet werden; dies sind die Biowissenschaften, die Rüstungsforschung und die agrarwissenschaftliche Züchtungsforschung.[23] Den Abschluß bildet die Skizze einer möglichen historischen Bewertung der Handlungsweisen der vorgestellten wissenschaftlichen Akteure.

Visionen

Auf unterschiedlichen Gebieten formulierten Wissenschaftler der Kaiser-Wilhelm-Gesellschaft in den 1920er Jahren Visionen von einer wissenschaftlich geleiteten Politik und einer nach wissenschaftlichen Kriterien reorganisierten deutschen Gesellschaft. Ähnliche Ideen waren bereits seit dem ausgehenden 19. Jahrhundert entworfen worden. Sie wurden im Reflex auf die traumatische Erfahrung des verlorenen Weltkrieges und seiner als andauernde Bedrohung empfundenen sozialen, wirtschaftlichen und räumlichen Verwerfungen um so nachdrücklicher vorgetragen. Als Prozeß der „Verwissenschaftlichung des Sozialen" wurden solche sozial- und biowissenschaftlichen Sichtweisen auf gesellschaftliche Verhältnisse, häusliche, familiäre und intime Lebensbereiche und die entsprechenden

Vorschläge zur staatlichen Intervention in den letzten Jahren von Historikern und Historikerinnen verstärkt bearbeitet.[24] Aber auch andere Politikfelder wie etwa die Agrarpolitik, die Raumordnungspolitik und die Rüstungspolitik gerieten in den Blick der Wissenschaften – unter anderem dann, wenn es galt, die Notwendigkeit eines neuen Kaiser-Wilhelm-Instituts öffentlich zu legitimieren.

Schon 1917 trat der Doyen der deutschen Züchtungsforschung Erwin Baur (1875–1933) mit dem Antrag an die Kaiser-Wilhelm-Gesellschaft heran, ein größeres Institut mit weiträumigerem Gelände für Pflanzenzüchtung, als es an der Landwirtschaftlichen Hochschule Berlin möglich war, zu gründen.[25] Die herkömmlichen Methoden der natürlichen Auslese seien erschöpft. Nur auf dem Wege wissenschaftlich betriebener Neuzüchtungen durch Sortenkreuzung seien die dringend erforderlichen agrarwirtschaftlichen Fortschritte zu erzielen. Eine wissenschaftlich gesteuerte Produktionssteigerung sei um so dringender, als sich Deutschland für die Zeit nach dem Krieg auf einen veränderten Wirtschaftsraum einzustellen habe und von der Einfuhr landwirtschaftlicher Produkte unabhängiger machen müsse.[26] Wenig später hatte Deutschland den Krieg und seine Kolonien verloren. Aber erst zehn Jahre später konnte Baur als Direktor 1928 in das neugegründete Kaiser-Wilhelm-Institut für Züchtungsforschung in Müncheberg einziehen. Er tat dies mit der Vorstellung, nunmehr endlich mit „den Russen" in einen züchterischen Wettlauf treten und in großem Umfang landwirtschaftliche Importe durch verbesserte Anbaumethoden und ertragreichere Sorten im Inland sowie ein verändertes Konsumverhalten der deutschen Bevölkerung substituieren zu können.[27] Im Zentrum des Interesses standen die für „Kombinationskreuzungen" wertvollsten Wildpflanzen vor allem in den vorder- und mittelasiatischen Sammlungsgebieten. Nach 1933 erfreuten sich, wie die Studien von Susanne Heim zeigen, gerade die agrarwissenschaftlich relevanten Kaiser-Wilhelm-Institute, unter den Fittichen von Herbert Backe (1896–1947), dem für die landwirtschaftliche Autarkiepolitik zuständigen Staatssekretär im Reichsministerium für Ernährung und Landwirtschaft, des stärksten Mittelzuwachses.[28]

Bereits ein Jahr vor Baur konnte 1927 sein Kollege, der Anthropologe Eugen Fischer (1874–1967), sein Amt als Direktor eines neuen Kaiser-Wilhelm-Instituts antreten. Beide hatten gemeinsam mit dem Rassenhygieniker Fritz Lenz (1887–1976) 1920/21 den Doppelband über „Menschliche Erblehre und Rassenhygiene" veröffentlicht. Der mehrfach aufgelegte und bis heute bekannte „Baur-Fischer-Lenz" galt jahrzehntelang als Standardwerk.[29] Am Kaiser-Wilhem-Institut für Anthropologie, menschliche Erblehre und Eugenik in Berlin-Dahlem versammelten sich Visionäre wie Eugen Fischer, Fritz Lenz und Otmar von Verschuer. Letzterer

war von 1934 bis 1935 als Abteilungsleiter dort tätig, wurde dann auf einen Lehrstuhl in Frankfurt/Main berufen und übernahm 1942 als Nachfolger Fischers die
Institutsleitung. Die drei Wissenschaftler stellten ihre Fachdisziplinen – Anthropologie, Erbpathologie, Eugenik, Rassenhygiene – in einen explizit gesellschaftspolitischen Bezug.[30] Von ihrer angewandten Wissenschaft sollte sich eine zukünftige staatliche Sozial- und Bevölkerungspolitik tunlichst leiten lassen.

Keinem von ihnen war die Einschränkung der Individualrechte auf körperliche Unversehrtheit ein grundsätzliches Problem. Staatliche Maßnahmen von Ehe-
verboten über Zwangssterilisationen, Zwangsabtreibungen bis hin zur „Euthanasie" von „mißgebildeten" Neugeborenen, die Alfred Ploetz bereits 1895 vor-
schlug, waren lange vor 1933 Teil der internationalen fachwissenschaftlichen Diskussion und ihrer bevölkerungspolitischen Konzepte.[31] Die Zulässigkeit der Tötung geborenen menschlichen Lebens blieb unter Rassenhygienikern umstritten,
aber einig waren sie sich in der Forderung, daß in einer zukünftigen Bevölkerungspolitik der Maßstab der „Qualität" Vorrang haben solle vor der „Quantität".
In diesem Sinne pries Lenz schon 1930 die NSDAP als die Partei, „welche die
Rassenhygiene als eine zentrale Forderung ihres Programms vertritt".[32] Verschuer
feierte 1934 Hitler als denjenigen, der „unseren mehr als dreißigjährigen Traum"
verwirkliche, „Rassenhygiene in die Tat umzusetzen".[33] Ein besonders prominenter Vordenker war Ernst Rüdin (1874–1952), seit 1917 Abteilungsleiter und später
Direktor der Deutschen Forschungsanstalt/Kaiser-Wilhelm-Institut für Psychiatrie
in München. Er hatte bereits seit 1903 die Sterilisation von Menschen mit bestimmten Diagnosen gefordert und 1929 gemeinsam mit seinem Berliner Kollegen Eugen Fischer am Entwurf eines preußischen Sterilisationsgesetzes mitgear-
beitet. 1934 verfaßte Rüdin den maßgeblichen Kommentar zum nationalsozialistischen Zwangssterilisationsgesetz.[34]

Aber nicht nur die berüchtigten Rassenforscher in der Kaiser-Wilhelm-Gesellschaft entwickelten gesellschaftliche Zukunftsvorstellungen. Die Metallforscher,
über die Helmut Maier soeben eine Untersuchung vorgelegt hat, standen ihnen
nicht nach, jedenfalls dann nicht, wenn sie mit Visionen von der „Wiedererlan-
gung der deutschen Wehrhoheit" ihre Institutsgründungspläne vorantreiben konnten.[35] Die Kaiser-Wilhelm-Institute für Strömungsforschung, Silikatforschung
und für Eisenforschung waren bereits Ende der 1920er Jahre an geheimen Forschungsprojekten für das Heereswaffenamt beteiligt.[36] Der damalige Präsident
der Kaiser-Wilhelm-Gesellschaft, Max Planck (1858–1947), versuchte Ende
1933, die Verlagerung des wiedergegründeten Kaiser-Wilhelm-Instituts für Me-

tallforschung nach Stuttgart ins Zentrum der deutschen Luftfahrtindustrie gegenüber dem Reichsinnenministerium mit dem Hinweis zu beschleunigen, daß eine weitere Verzögerung gerade aus wehrtechnischen Gründen nicht zu verantworten sei. Sein Generalsekretär Friedrich Glum (1891–1974) verwies im gleichen Zusammenhang gegenüber dem Württembergischen Kultusministerium auf die großen Schwierigkeiten bei der Beschaffung von Metallersatzstoffen, gerade die Erforschung der Leichtmetalle könne der „deutschen Rohstoffnot" entgegenwirken und damit einen bedeutsamen Beitrag zur Landesverteidigung leisten.[37] Dies war keine Rhetorik. Werner Köster (1896–1989), der 1934 die Institutsleitung übernahm, stellte die Entwicklung von Ersatzstoffen aus Legierungen der drei sogenannten „deutschen Metalle" – Zink, Magnesium, Aluminium – ins Zentrum seiner Forschungen.[38]

Alle hier beschriebenen Beispiele, seien sie aus der natur- und technikwissenschaftlichen Forschung, oder aus der biowissenschaftlichen Forschung, zeigen, daß vor 1933 und teilweise seit der Gründungsphase der Kaiser-Wilhelm-Gesellschaft Wissenschaftler sich mit ihren Forschungsfeldern in eine direkte Beziehung zu ihrem gesellschaftspolitischen Umfeld setzten. In manchen Fällen entwickelten sie ihre Forschungsfragen unmittelbar aus dem heraus, was sie als soziale, wirtschaftliche oder politische Problemlagen eines im Ersten Weltkrieg „geschlagenen" Deutschlands wahrnahmen. Sie formulierten ihre Diagnosen im spezifischen nationalkonservativen, autoritären und staatsinterventionistischen Duktus eines intellektuellen Milieus, das der Weimarer Demokratie von Beginn an fern gestanden hatte oder ihrer bald überdrüssig geworden war. Sie verstanden sich zumeist als Patrioten und glaubten, wesentliche Beiträge zur Wiederaufrichtung ihres darnieder liegenden Vaterlandes leisten zu können. Ein solches Selbst- und Wissenschaftsverständnis bot weit mehr Anknüpfungs- als Reibungspunkte für die bevorstehende „nationale Erhebung" unter nationalsozialistischer Regie. Für die hier beschriebenen Wissenschaftler brach 1933 eine Zeit heran, in der ihre wissenschaftlichen Träume wahr zu werden schienen – unabhängig davon, ob sie aktive Nationalsozialisten waren oder nur mit Teilen des nationalsozialistischen Denkhorizonts übereinstimmten. Mit Ausnahme von Baur, der schon 1933 starb, entzog sich keiner der hier genannten Wissenschaftler der Mitarbeit an der Umsetzung der Visionen von deutscher „Nahrungsfreiheit", „Wehrhoheit" und einem „rassereinen Volkskörper".

Expertisen

Insbesondere im Bereich der Agrarwissenschaften, aber auch im Bereich der rüstungsrelevanten Wissenschaftsdisziplinen wuchs das Volumen der Forschungsförderungen aus staatlichen und auch aus privatwirtschaftlichen Mitteln bei den einschlägigen Kaiser-Wilhelm-Instituten seit Mitte der 1930er Jahre rasch an, sei es in Form von direkter Auftragsforschung, sei es in der üblichen Form von Forschungsanträgen, die sich nicht selten an den politischen Zielvorstellungen des NS-Regimes orientierten.[39] So formulierte der Nachfolger Erwin Baurs in der Leitung des Kaiser-Wilhelm-Institut für Züchtungsforschung, Wilhelm Rudorf (1891–1969), bereits 1937 als eine der hervorragenden „politischen Aufgaben der deutschen Pflanzenzüchtung", „die Nutzpflanzen zu schaffen oder zu verbessern, welche eine dichtere Besiedlung des ganzen Nordost- und Ostraums und anderer Grenzgebiete [...] möglich machen".[40]

Mitte 1936 wurde Ernst Telschow (1889–1988), der Generaldirektor der Kaiser-Wilhelm-Gesellschaft, zum Leiter der Abteilung „Forschungs- und Erprobungsstellen" in den beim Ministerpräsidenten Göring eingerichteten „Rohstoff- und Devisenstab" berufen. Als er in dieser nebenamtlichen Funktion den Leiter des Kaiser-Wilhelm-Instituts für Metallforschung nach möglichen Beiträgen seines Instituts für die vordringliche nationale Aufgabe der Rohstoff- und Devisenbewirtschaftung befragte, konnte Köster einen ganzen Katalog an einschlägigen, längst laufenden Forschungs- und Entwicklungsprojekten aufblättern – von der zerstörungsfreien Prüfung von Maschinengewehrläufen über die Herstellung von „sparstoffarmen" sog. „deutschen" Legierungen, die möglichst wenig „devisenbelastete" Importrohstoffe wie Kupfer enthielten, für die Luftfahrt bis hin zur Raffinierung von Altmetallen wie insbesondere Aluminium. Köster war frühzeitig für den „Mobfall", das heißt für den Fall der militärischen Mobilmachung, gerüstet.[41]

Im Bereich der Agrar- und erst recht der Technikwissenschaften mochte sich der Übergang von der Rolle des Wissenschaftlers, der sich gemäß dem „Harnack-Prinzip" quasi freischwebend seinen selbst gewählten Forschungsthemen widmete, zu der des Experten und Zulieferers von wissenschaftlichem Wissen für die politische Nachfrageseite schon immer gleitend dargestellt haben. Für sie markierte das Jahr 1933 vielleicht nur den Beginn einer beschleunigten Gewichtsverlagerung von der einen zur anderen Rolle.

Für die Rassenhygieniker war das Jahr 1933 der Rubikon, den viele Forscher in der Kaiser-Wilhelm-Gesellschaft überschritten, ohne innezuhalten. Ihr Wissen, das zu ihrem Leidwesen zuvor trotz seiner Popularität in den Feuilletons noch

kaum aus dem wissenschaftlichen Elfenbeinturm heraus- und in die sozialpoliti-
sche Praxis eingedrungen war, avancierte unter ihrer aktiven Mitwirkung zur gesellschaftspolitischen Leitwissenschaft. Als solches trug es zur Legitimation der
rassenpolitischen Verbrechen des NS-Regimes bei. Der Erbpsychiater Ernst Rüdin und der Rassenhygieniker Fritz Lenz nahmen ihre Berufung in den im Mai
1933 gegründeten „Sachverständigenbeirat für Bevölkerungs- und Rassenpolitik"
des Reichsinnenministeriums an.[42] Rüdin referierte dort im März 1935 über neue
Sterilisationsmethoden durch Röntgenbestrahlung und empfahl Erweiterungen
der Indikationsstellungen, um geistig und psychisch Kranke erfassen zu können.[43]
Darüber hinaus beriet der Sachverständigenbeirat die rassenpolitischen Instanzen
bei der Umsetzung des Zwangssterilisationsgesetzes und war an der gesetzlichen
und administrativen Vorbereitungen zur Kastration von Kriminellen, zur Zwangs-
abtreibung an sog. „minderwertigen" Frauen und zur Zwangssterilisation der sog.
„Rheinlandbastarde" beteiligt. Schließlich entwickelte der Beirat auch die Grund-
züge eines neuen Staatsbürgerschafts- und Eherechts, die dann in den „Nürnberger Gesetzen" realisiert werden sollten.[44]

Der Rassenanthropologe Eugen Fischer und der Erbpathologe Otmar von Verschuer arbeiteten als Sachverständige für die „Forschungsabteilung Judenfragen"
in Walter Franks „Reichsinstituts für Geschichte des Neuen Deutschlands". Sie
hielten es für wichtig, „daß unsere Rassenpolitik – auch in der Judenfrage – einen
objektiven wissenschaftlichen Hintergrund bekommt, der auch in weiteren Kreisen anerkannt wird".[45] Verschuer und seine Mitarbeiterin Karin Magnussen
(1908–1997) verfertigten wissenschaftliche und populäre Leitfäden zur Rassenhygiene und Rassenpolitik.[46] Vier namentlich bekannte Nachwuchswissenschaft-
ler – zwei Frauen, zwei Männer – pendelten zwischen der wissenschaftlichen
Theorie, die sie am Dahlemer Kaiser-Wilhelm-Institut für Anthropologie lernten,
und der wissenschaftlich geleiteten Praxis an den rassenhygienischen und kriminalbiologischen Forschungsstellen des Reichsgesundheitsamts bzw. Reichskrimi-
nalpolizeiamts hin und her.[47] Fischer und Verschuer sowie mindestens ein halbes
Dutzend ihrer wissenschaftlichen Assistenten und Schüler verfertigten hunderte
von „erb- und rassekundlichen Gutachten" für Erbgesundheitsgerichte und das
Reichssippenamt.[48] Rüdin stand darüber hinaus im Hintergrund der „Euthanasie"-
Aktionen als wissenschaftlicher Experte und Gesprächspartner für die ihm zum
Teil freundschaftlich verbundenen Ärzte der Berliner „T4"-Zentrale bereit.[49]

Alle wissenschaftlichen Experten, die hier genannt wurden, hatten ihre Forschungsfelder frei gewählt, und sie waren sich der Konsequenzen, die aus ihren
Expertisen folgen konnten, bewußt. Sie verbanden die Übernahme ihrer Exper-

tenrolle in der Regel mit einem Bekenntnis zu den gesellschafts-, raumordnungs-
und wirtschaftspolitischen Leitvorstellungen des „Neuen Deutschlands", auch
wenn sie die eine oder andere ideologische Spielart des „nordischen" oder „ari-
schen" Rassismus belächelten, sich über bürokratische Anmaßungen mokierten,
oder mangelnde Effektivität anprangerten, um ein noch höheres Maß an „wissenschaftlicher Rationalität" durchzusetzen.

Kooperationen

Entgegen der noch bis in die ersten Kriegsjahre öffentlich verbreiteten Geringschätzung intellektueller Arbeit profitierten gerade auch die Forscher und Forscherinnen in der Kaiser-Wilhelm-Gesellschaft von der steigenden Bedeutung
wissenschaftlichen Expertenwissens für die politischen Apparate des NS-Regimes. Dies ist nicht zuletzt an den stetig steigenden Mittelzuwendungen aus den
verschiedenen Reichsministerien abzulesen.[50] Besonders aber während des Krieges funktionierte die Zusammenarbeit zwischen den Teilsystemen Wissenschaft
und Politik zum wechselseitigen Nutzen.

Das Forschungsprofil des Kaiser-Wilhelm-Instituts für Metallforschung war,
wie Helmut Maier gezeigt hat, bereits bei seiner Wiedereröffnung 1935 in Stuttgart weitgehend auf die Bedürfnisse der Rüstungstechnologie hin orientiert. Anfang 1940 war die Hälfte seiner Arbeitskapazität allein mit Forschungs- und Ent-
wicklungsaufträgen aus dem Luftfahrtministerium gebunden. 1944 bezeichnete
Direktor Köster sein Institut als „Luftwaffenrüstungsbetrieb", dessen wissenschaftliches Personal weitgehend „uk", also für den Militärdienst unabkömmlich,
gestellt war.[51] Das Institut diente der nationalsozialistischen Kriegsführung nicht
mit der Entwicklung neuer spektakulärer Waffensysteme. Es entwickelte eher un-
scheinbare Produkte, die geeignet schienen, gravierende Schwachstellen der Rü-
stungsproduktion zu beheben. Die kupferfreie Legierung „Constructal" basierte
auf Forschungen über das „Dreistoffsystem" der „deutschen Metalle". Sie sollte
das im Flugzeugbau am meisten verwendete, aber stark kupferhaltige „Duralu-
min" ersetzen. Ein nahezu kupferfreies Messing konnte für Zünderteile, Füh-
rungsringe u.ä. verwandt werden. Ein ähnliche Legierung wurde noch in den letzten Kriegsmonaten als Werkstoff für Gleitlager entwickelt, die ihrerseits die Ku-
gellager ersetzen sollten, bei denen nach der Bombardierung der Schweinfurter
Kugellagerindustrie im Oktober 1943 ein dramatischer Mangel herrschte. Nicht

umsonst wurde den Arbeiten des Kaiser-Wilhelm-Instituts für Metallforschung das Prädikat „kriegsentscheidende Forschung" zuerkannt.[52]

Einen etwas anderen Modus der Kooperation mit dem kriegführenden NS-Regime wählte der Direktor des Kaiser-Wilhelm-Instituts für Strömungsforschung in Göttingen. Ludwig Prandtl (1875–1953) trennte sich 1937 mit einem relativ kleinen Mitarbeiterstab von der Aerodynamischen Versuchsanstalt, die weiterhin enorm expandierte und in großem Maßstab die anfallende militärische und industrielle Auftragsforschung durchführte.[53] Dank dieser Arbeitsteilung konnte sich Prandtls Institut – ebenfalls zumeist im Auftrag von Ministerien und Wehrmachtteilen – solchen Aufgaben widmen, die seinen theoretischen Interessen in der Hydro- und Aerodynamik von Grenzschichten entsprachen. Als Mitglied der „Forschungsführung" des Luftfahrtministeriums konnte Prandtl seit 1942 zudem auf die Verteilung des großen Kuchens der Auftragsforschung Einfluß nehmen und sich die Rosinen, die ihn als Wissenschaftler interessierten, herauspicken. Nicht zufällig waren es solche, die für die Entwicklung von Fernraketen und Torpedos entscheidend waren.[54] Dem Turbulenz- und Grenzschichtenforscher Prandtl gelang es, wie Moritz Epple zeigen konnte, die praktischen Erfordernisse der Kriegsforschung und die theoretisch verlockenden Problemstellungen der Grundlagenforschung gewissermaßen „reibungslos" ineinanderzufügen.[55]

Andere Wissenschaftler versuchten, an den anfänglichen Erfolgen des nationalsozialistischen Eroberungskrieges zu partizipieren. Besonders im Bereich der Züchtungsforschung in der Kaiser-Wilhelm-Gesellschaft waren Wissenschaftler zu finden, die, wie es Susanne Heim formuliert, den „Krieg als Chance" zu nutzen wußten.[56] Der Pflanzengenetiker Hans Stubbe (1902–1989) war anfangs wegen seiner eher linksgerichteten politischen Sympathien in berufliche Schwierigkeiten am Kaiser-Wilhelm-Institut für Züchtungsforschung geraten. Er wechselte dann an das von Fritz von Wettstein (1895–1945) geleitete Kaiser-Wilhelm-Institut für Biologie und erhielt 1943 ein eigenes Kaiser-Wilhelm-Institut für Kulturpflanzenforschung. Stubbe wurde später der berühmteste Genetiker der DDR. Im Sommer 1941 brach er unmittelbar nach Beendigung der Kampfhandlungen unter Militärschutz zu einer Sammelexpedition ins zentrale Gebirgsmassiv des Balkans auf. Ein Jahr später sammelte er – wieder mit Militärbegleitung – Wildpflanzen auf Kreta und dem Peleponnes.[57] Stubbe war mit seinen zuvor betriebenen Forschungen zu willkürlichen strahleninduzierten Mutationen am Löwenmäulchen nicht mehr weiter gekommen. Er konnte zwar einige theoretische Fragen lösen; jedoch gelang es mit dieser Methode nicht, Pflanzen mit züchterisch erwünschten Eigenschaften zu finden. Für Stubbe bot die militärische Expansion die Chance, einen anderen wissenschaftlichen Ansatz zu erproben, nämlich die Züchtung von widerstandsfähigen Nutzpflanzen durch Rückkreuzung mit Wildpflanzen und zwar vorzugsweise mit solchen aus den sogenannten Genzentren der Erde. Der Autor dieser Theorie, der sowjetische Pflanzengenetiker Nikolai Vaviloff (1887–1943), hatte diese Zentren vor allem im südosteuropäischen, vorder- und mittelasiatischen Raum lokalisiert.[58] Nach dem Überfall auf die Sowjetunion drängte Wettstein, der die Neueinrichtung eines Instituts für Kulturpflanzenforschung für seinen bisherigen Abteilungsleiter Stubbe nach Kräften förderte, darauf, den Weg zum Ziel abzukürzen: Man solle versuchen, sich die von Vaviloff in mehrjährigen, weltweiten Expeditionen bereits gesammelten und in seinen Instituten lagernden Saaten direkt anzueignen und Vaviloffs Institut in Leningrad zu übernehmen.[59] Dies erschien den deutschen Züchtungsforschern um so mehr gerechtfertigt, als Vaviloff 1941 als wissenschaftlicher Gegner der stalinistischen Staatsdoktrin des Lyssenkoismus verhaftet worden war und 1943 in sowjetischer Haft verhungerte.[60] Um der Vaviloffschen Sammlungen habhaft zu werden, waren Stubbe und Wettstein auch bereit, mit der SS und dem „Ahnenerbe", das gleichfalls an den russischen Sammlungen interessiert war, zu kooperieren. Allerdings war diesem Projekt wegen der Konkurrenz der Kooperationspartner und der sich verschlechternden Kriegslage im Osten nicht mehr der volle Erfolg beschieden. Bis heute ist unklar, ob und ggf. welche Mengen an Saatgut tatsächlich noch in den beteiligten Kaiser-Wilhelm-Instituten bzw. in Stubbes neuem Institut für Kulturpflanzenforschung in Tuttenhof bei Wien eintrafen.[61]

Institutionell besser eingespielt und wissenschaftlich erfolgreicher war die Kooperation der Hirnforscher Julius Hallervorden (1882–1965) und Hugo Spatz (1888–1863) in Berlin sowie Willibald Scholz (1889–1971) und Julius Deussen (1906–1974) in München bzw. Heidelberg mit dem „Euthanasie"-Apparat des NS-Regimes. Über tausend Hirne von ermordeten Anstaltspatienten gelangten zur wissenschaftlichen Auswertung in das Kaiser-Wilhelm-Institut für Hirnforschung in Berlin-Buch und an die Deutsche Forschungsanstalt für Psychiatrie in München.[62] Der amerikanische Vernehmungsoffizier und frühere Fachkollege Leo Alexander notierte 1946 in seinem Tagebuch eine Aussage Hallervordens. Wie selbstverständlich und problemlos, ja beiläufig hatte sich demnach diese mörderische Zusammenarbeit gestaltet, nachdem Hallervorden von den beabsichtigten Tötungsaktionen erfahren hatte:

> „Ich bin dann zu denen hingegangen und habe ihnen gesagt, nu Menschenkinder, wenn Ihr
> nu die alle umbringt, dann nehmt doch wenigstens mal die Gehirne heraus, so daß das Ma-

terial verwertet wird. Die fragten dann, nu wie viele können Sie untersuchen, da sagte ich ihnen, eine unbegrenzte Menge, – je mehr, desto lieber...“[63]

Das regionale professionelle und persönliche Netzwerk der Anstaltspsychiater, Neurologen, T4-Funktionäre und Hirnforscher, das Hans-Walter Schmuhl minutiös rekonstruiert hat, war eng genug, damit Hirne von Ermordeten mit wissenschaftlich interessanten Diagnosen auf dem richtigen Seziertisch, nämlich dem des entsprechend spezialisierten Hirnforschers, landeten.[64]

Zuletzt sind diejenigen Forscher in der Kaiser-Wilhelm-Gesellschaft zu nennen, die von der rassistischen und antisemitischen Vernichtungspolitik der Nationalsozialisten wissenschaftlich profitieren konnten. Sie häuften sich am Kaiser-Wilhelm-Institut für Anthropologie in Berlin-Dahlem. Unter der Leitung des Erbpathologen Otmar v. Verschuer unterhielt es seit 1943 eine direkte Verbindung zu den medizinischen Labors in Auschwitz, wo Josef Mengele (1911–1979) seine grausamen, aber mitnichten pseudowissenschaftlichen Experimente durchführte. Der doppelt in Anthropologie und Medizin promovierte Mengele war einer der ehrgeizigsten Schüler Verschuers. Sein Lehrer und Doktorvater hielt große Stücke auf seinen Assistenten aus Frankfurter Zeiten. Nach seiner Rückkehr ans Kaiser-Wilhelm-Institut für Anthropologie, das im übrigen auch SS-Ärzte als „Eignungsprüfer“ für die „rassischen“ Selektionen bei der „Einsiedlung“ und „Aussiedlung“ von Menschen in den besetzen Ostgebieten bestellte,[65] wollte er ihn so bald wie möglich wieder als wissenschaftlichen Mitarbeiter gewinnen. Vorerst aber leistete Mengele, der sich gelegentlich und insbesondere in den vier Monaten vor seinem Einsatz in Auschwitz als Gastforscher am Dahlemer Institut aufhielt, an seinem neuen Arbeitsplatz die besten Dienste. Er versorgte seinen geistigen Ziehvater mit Blutproben von Häftlingen verschiedener ethnischer Herkunft, die dessen Forschungsprojekt über „spezifische Eiweißkörper“ voranbringen sollten. Seiner Kollegin Karin Magnussen, die über die Vererbung der Irispigmentation forschte, schickte er Augenpaare einer sogenannten „Zigeunersippe“, in der das seltene Phänomen der Irisheterochromie gehäuft auftrat. Die Mitglieder dieser Familie wurden, nachdem sie noch während Mengeles Aufenthalt in Dahlem lebend von Magnussen untersucht worden waren, im Zigeunerlager in Auschwitz ermordet. Möglicherweise versorgte Mengele noch weitere Dahlemer Kollegen, die über die Vererbung verschiedener körperlicher Anomalien forschten, mit entsprechenden menschlichen Präparaten aus Auschwitz.[66] Sofern diese Wissenschaftler sich überhaupt vor Spruchkammern verantworten mußten, konnten sie dort alle überzeugend vorbringen, daß diese Form der Kooperation sich in nichts von den üblichen Praktiken in der biowissenschaftlichen Forschung unterschieden hätte. Sie hätten schließlich nichts von den besonderen Verhältnissen in Auschwitz gewußt. Insofern hätte es für sie keinen Unterschied machen können, ob sie ihre Präparate nun aus der Charité, dem nächst gelegenen Zuchthaus oder eben aus dem „Lazarett" des für sie „ganz normalen" Konzentrationslagers Auschwitz erhielten.[67]

„Ambivalente" Wissenschaftler?

Tatsächlich kooperierten zahlreiche Wissenschaftler und manche der wenigen Wissenschaftlerinnen der Kaiser-Wilhelm-Gesellschaft in unterschiedlichster Weise mit dem NS-Regime. Weit vor 1933 entwarfen sie etwa Visionen eines rassenhygienisch durchformten „Volkskörpers" und schlugen entsprechende gesundheitspolitische Maßnahmen vor. Später verfaßten sie Expertisen: „Rassegutachten" für die diversen Apparate der NS-Rassenpolitik, agrarwissenschaftliche Gutachten für die Ausbeutung der landwirtschaftlichen und wissenschaftlichen Ressourcen der eroberten „Ostgebiete", arbeitswissenschaftliche Testserien zur Optimierung des Verhältnisses von Leistung und Ernährung bei Zwangsarbeitern und Zwangsarbeiterinnen, chemisch-physikalische Untersuchungen zum Anwendungsspektrum von Metallersatzstoffen für die Luftwaffe. In vielen Sparten der Natur-, Bio- und Technikwissenschaften gab es Kooperationen, die den beteiligten Wissenschaftlern der Kaiser-Wilhelm-Gesellschaft und den auftraggebenden, finanzierenden oder Ressourcen bereitstellenden NS-Instanzen gleichermaßen nützlich erschienen – sei es für den wissenschaftlichen Fortschritt, sei es für die rassen- oder kriegspolitischen Ziele des Regimes. Diese Kooperationen knüpften oft an eingespielte Verfahrensweisen im Verkehr zwischen Wissenschaft, Staat, Industrie und öffentlichen Anstalten wie etwa Kliniken oder Gefängnissen an. Solche institutionellen und prozeduralen Kontinuitäten erleichterten es den wissenschaftlichen Akteuren, die zunehmende moralische Entgrenzung aus ihrem Gesichtsfeld auszublenden. Kooperationen konnten auf diese Weise in der Mehrzahl der Fälle mit jener von Hannah Arendt beobachteten scheinbar „banalen" Selbstverständlichkeit funktionieren, ohne daß die Wissenschaftler und Wissenschaftlerinnen in jedem Fall zu den verbrecherischen Zielen des staatlichen Kooperationspartners hätten Stellung beziehen oder sie auch nur zur Kenntnis hätten nehmen müssen.

Schon allein deshalb kann die Tatsache, daß ein Wissenschaftler in der Durchführung seiner Forschungsprojekte in der einen oder anderen Weise mit dem NS-Regime kooperierte, nichts über seine persönliche wissenschaftliche Qualifikation oder die Qualität seines Projektes aussagen. Es war keinesfalls so, daß nur „bad scientists" von den grausigen Zulieferungen der nationalsozialistischen Vernichtungsapparate profitieren wollten, „good scientists" sich hingegen von den Verbrechen des NS-Regimes ferngehalten hätten. Es mag an dieser Stelle dahin gestellt bleiben, ob das von Verschuer in Kooperation mit Mengele in Auschwitz durchgeführte „Eiweißkörper"-Projekt dem wissenschaftlichen Kenntnisstand seiner Zeit hinterher hinkte oder nicht. Die Forschungen eines Hallervorden oder Spatz, die sich in großem Umfang der Hirne von „Euthanasie"-Opfern bedienten, waren zweifellos auf der Höhe ihrer Zeit; ihre auf unerträgliche Weise gewonnenen Ergebnisse lassen sich aus dem Lehr- und Wissenskanon der heutigen Hirnforschung nicht mehr heraus rechnen. Auch gute oder, wie es heute heißt, „exzellente" Wissenschaftler haben, auch wenn sie die moralische Entgrenzung ihrer Forschungsmöglichkeiten vielleicht nicht selbst vorangetrieben haben, die ihnen gebotenen Chancen in aller Regel genutzt. Dies gilt erst recht, wenn das Angebot nicht in Präparaten von Opfern der Mordpolitik bestand, sondern in abstrakter Form unterbreitet wurde – etwa als Finanzierung von natur- oder technikwissenschaftlichen Entwicklungen für die Optimierung von Waffensystemen. Wissenschaftliche Exzellenz und moralische Indifferenz schließen sich nicht aus.

Was bedeutet das nun für die Bewertung der Handlungsweisen von Angehörigen der wissenschaftlichen Elite im NS-System? Um schlichte moralische Verdammung der wissenschaftlichen Unterstützung für ein verbrecherisches Regime kann es nicht gehen. Aber auch der Begriff der Ambivalenz, der schnell zur Hand ist, wenn es darum geht, Uneindeutiges zu benennen, dürfte die hier skizzierten Handlungsweisen von Forschern und Forscherinnen in der Kaiser-Wilhelm-Gesellschaft nur in den seltensten Fällen treffen. Ambivalenz im ethisch-moralischen Sinn würde ein Entscheidungsdilemma des wissenschaftlichen Akteurs voraussetzen, ein reflektiertes Schwanken des handelnden Individuums zwischen zwei gleichermaßen Schuld generierenden Alternativen, ein bewußtes Zögern, bevor es sich für eine Seite entscheidet. Dies könnte bei Heisenberg vielleicht der Fall gewesen sein. Auch wenn sich seine Haltung zur Entwicklung einer waffentauglichen atomaren Kettenreaktion während des Krieges aus den Quellen nicht mehr eindeutig rekonstruieren lassen wird, so stand er immerhin in der Nachkriegszeit auf der Seite derjenigen, die sich kritisch mit den zerstörerischen Potentialen von Wissenschaft auseinandersetzten.

Bei den anderen der hier vorgeführten Wissenschaftler aus der Kaiser-Wilhelm-Gesellschaft ist von einem nachdenklichen Zögern in ihrem wissenschaftlichen Handeln während des Dritten Reiches oder einer selbstkritischen Reflexion in der Nachkriegszeit weniger zu erfahren. Insbesondere dann, wenn ihr wissenschaftliches Handeln oder ihre experimentellen Versuchsanordnungen mit „Euthanasie" und Völkermord in Verbindung standen, zogen sie sich zurück auf die Partialität ihrer nach den zeitgenössischen Kriterien als wissenschaftlich geltenden Expertise, auf ihr Nichtwissen von der Existenz der Tötungsanstalten und Vernichtungslager, was häufig aus ihrem Nicht-Wissen-Wollen resultierte, in jedem Fall aber auf ihre politische Nichtverantwortung für das Schicksal der Menschen, über die sie gutachteten oder deren Körperteile sie verwendeten, denn das Töten übernahmen andere. Wenn ihre Forschungsprojekte „nur" mit der militärischen Kriegsführung oder der agrarischen bzw. agrarwissenschaftlichen Ausbeutung der eroberten Gebiete in Verbindung standen, dann erschienen selbst Anstrengungen zur Partialisierung des eigenen Handelns unnötig, ein solches wissenschaftliches Handeln konnte während des Krieges und auch danach umstandslos mit patriotischem Einsatz gleichgesetzt werden.

Alles spricht dafür, daß die hier präsentierten Wissenschaftler sich die Frage, ob und in welchem Maße sie ihre Kompetenzen einem verbrecherischen Regime verfügbar machen sollten, nicht wirklich gestellt haben. Sich diese Frage zu stellen, sich als Wissenschaftler und zugleich als homo politicus zu begreifen, aber wäre notwendig gewesen, um der Einbindung des eigenen wissenschaftlichen Handelns in den nationalsozialistischen Verbrechenskontext entgegenzuwirken. Denn aus der spezifischen Dynamik natur- und technikwissenschaftlicher Forschungs- und Erkenntnisprozesse und ihrer weitgehenden Adaptionsfähigkeit an militärische bzw. militärtechnologische Interessen erwachsen, wie Moritz Epple am Beispiel der Strömungsforschung eines Ludwig Prandtl gezeigt hat, viel eher wissenschaftlich produktive Konvergenzen als strukturelle Elemente, die einer Beteiligung von wissenschaftlichen Akteuren an der militärischen Aufrüstung eines verbrecherischen Regimes entgegenwirken.[68] Tatsächlich haben die meisten Wissenschaftler in der Kaiser-Wilhelm-Gesellschaft ihre Arbeit fortgesetzt, Forschungsgelder und andere Ressourcen, die ihnen geboten wurden, gern angenommen. Sie haben den vermehrten Einfluß, den insbesondere die Rassenforscher unter den neuen politischen Verhältnissen erhielten, als Bestätigung ihrer wissenschaftlichen Brillanz genossen. Diese Mischung aus Kontinuität im wissenschaftlichen Alltag, Aufbruchstimmung nach dem politischen Umbruch und schrittweiser Reorganisation der Forschung entsprechend den Kriegszielen, dürfte nach unseren bisherigen Forschungsergebnissen die überwiegende Mehrheit der Kooperationsverhältnisse zwischen den wissenschaftlichen Eliten der Kaiser-Wilhelm-Gesellschaft und dem NS-Regime kennzeichnen.

An dieser Stelle unseres wissenschaftshistorischen Kenntnisstandes könnte es sich als produktiv erweisen, den von dem Sozialwissenschaftler Harald Welzer vorgeschlagenen Perspektivwechsel auszuprobieren. Er interessiert sich weniger für die Frage, warum „einer Nazi war", als dafür, „warum einer es nicht war".[69] Um diesen Wechsel der Blickrichtung auf die wissenschaftlichen Akteure in der Kaiser-Wilhelm-Gesellschaft sinnvoll nachzuvollziehen, wäre zunächst zu klären, worauf genau wir unseren Blick zu richten hätten. Zweifellos gab es in der Kaiser-Wilhelm-Gesellschaft Wissenschaftler und Wissenschaftlerinnen, die bis zuletzt nicht in die Partei eintraten und ihre Mitgliedschaft in anderen NS-Organisationen auf das Minimum begrenzten, das nötig war, um ihre professionelle Karriere nicht zu behindern. Es gab auch einige, die wie Otto Hahn (1879–1968), Max Planck oder Max von Laue (1879–1960) ihren jüdischen Kollegen und Kolleginnen oder anderen Verfolgten halfen, sich zu verstecken, aus Deutschland zu fliehen und im Ausland einen beruflichen Neuanfang zu finden. Persönliche Loyalität gegenüber Kollegen, Freunden und Nachbarn konnte aber durchaus neben der Loyalität für „das Vaterland" und erst recht gegenüber „der Wissenschaft" als ihrem primären Handlungs- und Bezugssystem bestehen. Nach unserem bisherigen Kenntnisstand scheinen nur wenige die Überlegung angestellt zu haben, ob sie in ihrem wissenschaftlichen Handeln möglicherweise Teil des nationalsozialistischen Verbrechenskontexts würden und was sie zu tun oder zu lassen hätten, um diese Einbindung zu verhindern. Um Harald Welzers Frage sinnvoll auf wissenschaftliche Akteure anwenden zu können, wäre eine Voraussetzung zu erfüllen: Wir müßten inmitten der Menge „ganz normaler" Wissenschaftler den einen oder die andere finden, die sich den verbrecherischen Verlockungen des NS-Regimes auch um den Preis einer Karriere- oder Erkenntniseinbuße entzogen hätten.

Anmerkungen

1   Einen Überblick über die wissenschaftshistorischen Debatten seit dem Zweiten Weltkrieg gibt Doris Kaufmann: Wissenschaft im Nationalsozialismus, in: Max-Planck-Gesellschaft (Hg.): Ethos der Forschung. Max Planck Forum 2, Ringberg-Symposium Oktober 1999, S. 11–23.

2   Zur Kritik dieser Sichtweise vgl. z.B.: Detlev Peuckert: Die Genesis der „Endlösung" aus dem Geist der Wissenschaft, in: ders.: Max Webers Diagnose der Moderne, Göttingen 1989, S. 102–121; Götz Aly/Susanne Heim: Vordenker der Vernichtung. Auschwitz und die deutschen Pläne für eine neue europäische Ordnung, Frankfurt a.M. 1991; Mario Biagioli: Science, Mo-

dernity, and the „Final Solution", in: Saul Friedländer (Hg.): Probing the Limits of Representation. Nazism and the „Final Solution", Cambridge 1992, S. 185–205.

3 Kristie Macrakis: Surviving the Swastika. Scientific research in Nazi Germany, New York 1993; dies.: „Surviving the Swastika" Revisited. The Kaiser-Wilhelm-Gesellschaft and Science Policy in Nazi Germany, in: Doris Kaufmann (Hg.): Geschichte der Kaiser-Wilhelm-Gesellschaft im Nationalsozialismus. Bestandsaufnahmen und Perspektiven der Forschung (2 Bde.), Göttingen 2000, Bd. 2, S. 586–599, hier S. 599.

4 Macrakis: Geschichte, S. 587f.

5 Benno Müller-Hill: Tödliche Wissenschaft. Die Aussonderung von Juden, Zigeunern und Geisteskranken 1933–1945, Reinbek 1984.

6 Benno Müller-Hill: Das Blut von Auschwitz und das Schweigen der Gelehrten, in: Kaufmann (Hg.), Geschichte, Bd. 1, S. 189–227, hier S. 211. Zur anhaltenden Debatte um die noch ungeklärte Rolle Butenandts im Zusammenhang der Beziehungen zwischen Kaiser-Wilhelm-Instituten und den medizinischen Verbrechen in Auschwitz vgl. Robert N. Proctor: Adolf Butenandt (1903–1995). Nobelpreisträger, Nationalsozialist und MPG-Präsident. Ein erster Blick in den Nachlass, Ergebnisse 2, Vorabdrucke aus dem Forschungsprogramm „Geschichte der Kaiser-Wilhelm-Gesellschaft im Nationalsozialismus", Berlin 2000; Carola Sachse/Benoit Massin: Biowissenschaftliche Forschung an Kaiser-Wilhelm-Instituten und die Verbrechen des NS-Regimes. Informationen über den gegenwärtigen Wissensstand, Ergebnisse 3, Vorabdrucke aus dem Forschungsprogramm „Geschichte der Kaiser-Wilhelm-Gesellschaft im Nationalsozialismus", Berlin 2000, S. 36–39; Carola Sachse (HG.): Die Verbindung nach Auschwitz. Biowissenschaften und Menschenversuche an Kaiser-Wilhelm-Instituten, Göttingen 2003; Wolfgang Schieder/Achim Trunk (HG.): Adolf Beutenandt und die Kaiser-Wilhelm-Gesellschaft. Wissenschaft, Industrie und Politik im „Dritten Reich", Göttingen 2004. Ernst Klees jüngste Veröffentlichung auf Basis seines exklusiven Zugangs zum Nachlaß von Karin Magnussen (Deutsche Medizin im Dritten Reich. Karrieren vor und nach 1945, Frankfurt a.M. 2001, S. 350–371) bleibt spekulativ.

7 Müller-Hill: Blut, S. 211.

8 Benno Müller-Hill: Genetics of susceptibility to tuberculosis. Mengele's experiments in Auschwitz, in: Nature Reviews – Genetics, Bd. 2, 2001, S. 631–634, hier S. 633.

9. Müller-Hill: Genetics, S. 632.

10 Dargestellt bei Michael Kaasch: Sensation, Irrtum, Betrug? Emil Abderhalden und die Geschichte der Abwehrfermente, in: Vorträge und Abhandlungen zur Wissenschaftsgeschichte 1999/2000, hg. von Wieland Berg u. a., Halle 2000, S. 145–200; ausführlich dazu jetzt Achim Trunk: Zweihundert Blutproben aus Auschwitz. Ein Forschungsvorhaben zwischen Anthropologie und Biochemie (1943–1945), Ergebnisse 12, Vorabdruck aus dem Forschungsprogramm „Geschichte der Kaiser-Wilhelm-Gesellschaft im Nationalsozialismus", Berlin 2003.

11 Ute Deichmann/Benno Müller-Hill: The fraud of Abderhalden' enzymes, in: Nature 393 (1998), S. 109–111.

12 Müller-Hill: Blut, S. 212.

13 Der von 1996 bis 2002 amtierende Präsident der Max-Planck-Gesellschaft, Hubert Markl, hat 1997 eine unabhängige Kommission berufen; ihre Vorsitzenden sind Reinhard Rürup (Technische Universität Berlin) und Wolfgang Schieder (Universität zu Köln). Das Forschungsprogramm hat seine Arbeit im März 1999 mit einer internationalen Konferenz aufgenommen und soll im Jahr 2004 abgeschlossen werden.

14 Hannah Arendt: Eichmann in Jerusalem. Ein Bericht von der Banalität des Bösen, München 1986, S. 48–63; Hans Mommsen: Hannah Arendt und der Prozeß gegen Adolf Eichmann, in: Arendt, Eichmann, S. I–XXXVII, hier S. XV.

15 Eine prägnante Abgrenzung dessen, was Historiker im Unterschied zu Richtern vermögen und was nicht, bietet Michael Stolleis: Der Historiker als Richter – der Richter als Historiker, in: Norbert Frei/Dirk van Laak/Michael Stolleis (Hg.): Geschichte vor Gericht. Historiker, Richter und die Suche nach Gerechtigkeit, München 2000, S. 173–182.

16 Die deutsche Übersetzung des Stückes „Kopenhagen" von Michael Frayn ist zusammen mit einem Nachwort des Autors und zwölf von Matthias Dörries zusammengestellten „wissenschaftshistorischen Lesarten" kürzlich erschienen: Michael Frayn: Kopenhagen. Stück in zwei Akten. Mit einem Nachwort des Autors – Anhang, Göttingen 2001.

17 Auf die methodische Problematik dieses Unterfangens und auf die Neigung mancher ihrer Kollegen zu allzu vollmundigem Urteil verweist Cathryn Carson: Reflexionen zu „Kopenhagen", in: Frayn: Kopenhagen, S. 149–162.

18 Vgl. Mark Walker: Die Geschichte hinter dem Theaterstück, in: Frayn, Kopenhagen, S. 232–246.

19 Michael Frayn: Nachwort, in: ders., Kopenhagen, S. 91–133, hier S. 131.

20 Erst im Februar 2002 veröffentlichte das Niels Bohr Archiv, Kopenhagen (www.nbi.dk/nba), bisher zurückgehaltene Briefentwürfe Bohrs an Heisenberg aus den späten 1950er und 1960er Jahren, aus denen keine endgültige Klärung, wohl aber das Ringen Bohrs um seine eigenen Erinnerungen hervorgeht. Vgl. dazu Otto Gerhard Oexle: Hahn, Heisenberg und die anderen. Anmerkungen zu „Kopenhagen", „Farm Hall" und „Göttingen", Ergebnisse 9, Vorabdrucke aus dem Forschungsprogramm „Geschichte der Kaiser-Wilhelm-Gesellschaft im Nationalsozialismus", Berlin 2004.

21 Zur Gründungsidee und Struktur vgl. Bernhard vom Brocke/Hubert Laitko (Hg.): Die Kaiser-Wilhelm-/Max-Planck-Gesellschaft und ihre Institute. Studien zu ihrer Geschichte: Das Harnack-Prinzip, Berlin/New York 1996, darin insbes. Rudolf Vierhaus: Bemerkungen zum sogenannten Harnack-Prinzip. Mythos und Realität, S. 129–138.

22 Zur Person Adolf von Harnacks (1851–1930) vgl. Rudolf Vierhaus: Adolf von Harnack, in: ders./Bernhard vom Brocke (Hg.): Forschung im Spannungsfeld von Politik und Gesellschaft. Geschichte und Struktur der Kaiser-Wilhelm-/Max-Planck-Gesellschaft, Stuttgart 1990, S. 473–485.

23 Folgende Veröffentlichungen liegen bislang vor: In der Buchreihe „Geschichte der Kaiser-Wilhelm-Gesellschaft im Nationalsozialismus", hg. von Reinhard Rürup/Wolfgang Schieder i. A. der Präsidentenkommission der Max-Planck-Gesellschaft, Bd. 1: Kaufmann (Hg.): Geschichte; Bd. 2: Susanne Heim (Hg.): Autarkie und Ostexpansion. Pflanzenzucht und Agrarfor-

schung im Nationalsozialismus, Göttingen 2002; Bd. 3: Helmut Maier (Hg.): Rüstungsforschung im Nationalsozialismus. Organisation, Mobilisierung und Entgrenzung der Technikwissenschaften, Göttingen 2002; Bd. 4: Hans Walter Schmuhl (Hg.), Rassenforschung am Kaiser-Wilhelm-Institut vor und nach 1933, Göttingen 2003; Bd. 5: Susanne Heim (Hg.): Kalorien, Kautschuk, Karrieren. Pflanzenzüchtung und landwirtschaftliche Forschung in Kaiser-Wilhelm-Instituten 1933–1945, Göttingen 2003; Bd. 6: Sachse (Hg.): Verbindung nach Auschwitz; Bd. 7: Schieder/Trunk (Hg.): Butenandt; in der Reihe „Ergebnisse, Vorabdrucke aus dem Forschungsprogramm ‚Geschichte der Kaiser-Wilhelm-Gesellschaft im Nationalsozialismus‘", hg. von Carola Sachse i. A. der Präsidentenkommission der Max-Planck-Gesellschaft sind bisher 14 Hefte erschienen; sie sind abrufbar unter www.mpiwg-berlin.mpg.de/KWG/publications.htm

24 Vgl. als Überblick Lutz Raphael: Die Verwissenschaftlichung des Sozialen als methodologische und konzeptionelle Herausforderung für eine Sozialgeschichte des 20. Jahrhunderts, in: Geschichte und Gesellschaft 22 (1996), S. 165–193. Soeben erschien der Sammelband: Mark Roseman/Carl Levy (Hg.): 1918 – 1945 – 1989: The Making and Unmaking of Stable Societies in Western Europe, London 2001.Vor allem von der historischen Frauen- und Geschlechterforschung wurden Beiträge dazu vorgelegt, etwa der Sammelband von Dagmar Reese/Eve Rosenhaft/Carola Sachse/Tilla Siegel (Hg.): Rationale Beziehungen? Geschlechterverhältnisse im Rationalisierungsprozeß, Frankfurt a.M. 1993. Als Einzelstudien seien als Beispiele genannt: Gisela Bock: Zwangssterilisation im Nationalsozialismus. Studien zur Rassenpolitik und Frauenpolitik, Opladen 1986; Carola Sachse: Siemens, der Nationalsozialismus und die moderne Familie. Eine Untersuchung zur sozialen Rationalisierung in Deutschland im 20. Jahrhundert, Hamburg 1990; Gabriele Czarnowski: Das kontrollierte Paar. Ehe- und Sexualpolitik im Nationalsozialismus, Weinheim 1991; Atina Grossmann: Reforming Sex. The German Movement for Birth Control and Abortion Reform, New York 1995. Zusammenfassend: Carola Sachse: Rationalizing Family Life – Stabilizing German Society. „Golden Twenties" and „Economic Miracle" in Comparison, in: Roseman/Levy (Hg.), The Making, S. 173–195.

25 Bernhard vom Brocke: Die Kaiser-Wilhelm-Gesellschaft in der Weimarer Republik. Ausbau zu einer gesamtdeutschen Forschungsorganisation (1918–1933), in: Vierhaus/vom Brocke (Hg.), Forschung, S. 197–355, hier S. 297.

26 Jonathan Harwood: Eine vergleichende Analyse zweier genetischer Forschungsinstitute: die Kaiser-Wilhelm-Institute für Biologie und für Züchtungsforschung, in: vom Brocke/Laitko (Hg.), Harnack-Prinzip, S. 331–348, hier S. 333.

27 Archiv der Max-Planck-Gesellschaft (MPG-Archiv), I. Abt. Rep. 1A, Nr. 2615/1: Rede Baur auf der Sitzung der Kaiser-Wilhelm-Gesellschaft am 31.3.1927 (Zitat); Erwin Baur: Die Grenzen der landwirtschaftlichen Selbstversorgung Deutschlands, in: Deutschlands Erneuerung. Monatsschrift für das deutsche Volk, 16 (1932), H. 2, S. 65–76.

28 Heim, Research, S. 6–8.; dies.: Forschung für die Autarkie. Agrarwissenschaft an Kaiser-Wilhelm-Instituten im Nationalsozialismus, in: dies. (Hg.), Autarkie, S. 145–177, hier bes. S. 147–151. Vgl. jetzt auch Heim (Hg.): Kalorien.

29 Erwin Baur/Eugen Fischer/Fritz Lenz: Menschliche Erblichkeitslehre (in späteren Auflagen: Erblehre) und Rassenhygiene, Bd. 1: dies.: Menschliche Erblichkeitslehre (in späteren

Auflagen: Erblehre), München 1920; Bd. 2: Fritz Lenz: Menschliche Auslese und Rassenhygiene (Eugenik), München 1921 (bis 1940 erschienen 5 Aufl.). Zur internationalen zeitgenössischen Rezeption vgl. Heiner Fangerau: Das Standardwerk zur menschlichen Erblichkeitslehre und Rassenhygiene von Erwin Baur, Eugen Fischer und Fritz Lenz im Spiegel der zeitgenössischen Rezensionsliteratur 1921–1941, Frankfurt a.M. u.a. 2001.

30 Deutlich wird dies bereits im Titel einer frühen Veröffentlichung: Eugen Fischer: Sozialanthropologie und ihre Bedeutung für den Staat, Freiburg 1910. Ausführlicher bei Sachse/Massin: Biowissenschaftliche Forschung, S. 14f.

31 So z. B.: Alfred Ploetz: Die Tüchtigkeit unserer Rasse und der Schutz der Schwachen, Berlin 1895 und Karl Binding/Alfred Hoche: Die Freigabe der Vernichtung lebensunwerten Lebens, Leipzig 1920. Vgl. Claudia Burkhardt: Euthanasie – „Vernichtung lebensunwerten Lebens" im Spiegel der Diskussionen zwischen Juristen und Medizinern von 1900 bis 1940, Diss. Mainz 1982; Michael Burleigh: Death and Deliverance. „Euthanasia" in Germany 1900–1945, Cambridge 1994.

32 Fritz Lenz: Die Stellung des Nationalsozialismus zur Rassenhygiene, in: Archiv für Rassen- und Gesellschaftsbiologie 25, 1931, S. 300–308, hier zit. nach Bock: Zwangssterilisation, S. 26.

33 Fritz Lenz: Aufgaben und Ziele der Deutschen Gesellschaft für Rassenhygiene, in: Archiv für Rassen- und Gesellschaftsbiologie 28 (1934), S. 228, hier zit. nach Bock: Zwangssterilisation, S. 27.

34 „Gesetz zur Verhütung des erbkranken Nachwuchses" vom 14.7.1933, Reichsgesetzblatt I, 1933, S. 529; Arthur Gütt/Ernst Rüdin/Falk Ruttke: Gesetz zur Verhütung des erbkranken Nachwuchses vom 14. Juli 1933 mit Auszug aus dem Gesetz gegen gefährliche Gewohnheitsverbrecher und über Maßnahmen der Sicherung und Besserung vom 24.11.1933, München 1934. Zur Rolle Rüdins bei der Ausarbeitung des Zwangssterilisationsgesetzes liegen unterschiedliche Bewertungen vor: Bock, Zwangssterilisation, S. 78–94; Matthias Weber: Ernst Rüdin. Eine kritische Biographie, Berlin 1993, S. 174–192, S. 268–283; Sachse/Massin, Biowissenschaftliche Forschung, S. 16, S. 29–31; Volker Roelcke: Psychiatrische Wissenschaft im Kontext nationalsozialistischer Politik und „Euthanasie". Zur Rolle von Ernst Rüdin und der Deutschen Forschungsanstalt für Psychiatrie/Kaiser-Wilhelm-Institut, in: Kaufmann (Hg.): Geschichte, Bd. 1, S. 112–150.

35 Helmut Maier: „Wehrhaftmachung" und „Kriegswichtigkeit". Zur rüstungstechnologischen Relevanz des Kaiser-Wilhelm-Instituts für Metallforschung in Stuttgart vor und nach 1945, Ergebnisse 5, Vorabdrucke aus dem Forschungsprogramm „Geschichte der Kaiser-Wilhelm-Gesellschaft im Nationalsozialismus", Berlin 2002, S. 12.

36 NA Microcopy No. T-77, Roll No. 119: Aufstellung des Wehramts betr. Zusammenarbeit mit Kaiser-Wilhelm-Gesellschaft vom 14.11.1929; Schreiben Heereswaffenamt an Wehramt vom 15.11.1929. Vgl. Helmuth Albrecht/Armin Hermann: Die Kaiser-Wilhelm-Gesellschaft im Dritten Reich (1933–1945), in: Vierhaus/vom Brocke (Hg.), S. 356–406, hier S. 376.

37 MPG-Archiv, I. Abt., Rep. IA, 1890: Schreiben Plancks an den Reichsminister des Inneren vom 13.12.1933; Schreiben des Generaldirektors an OReg.R. Keller vom 16.5.1934; Auszug

aus dem Protokoll über die Senatssitzung vom 2.6.1934. Hier zit. nach Maier, Wehrhaftmachung, S. 11f.

38 Ausführlich dazu: Maier: Wehrhaftmachung, S. 17–22.

39 Albrecht/Hermann: Kaiser-Wilhelm-Gesellschaft, S. 377; Harwood: Kaiser-Wilhelm-Institut, S. 341; Heim: Forschung, S. 147.

40 Wilhelm Rudorf: Die politischen Aufgaben der deutschen Pflanzenzüchtung, Goslar 1937 (=Ackerbau und Landpolitik. Beiträge zur politischen Grundlegung der Landbauwissenschaften, H. 6), S. 4f., hier zit. nach Thomas Wieland: „Die politischen Aufgaben der deutschen Pflanzenzüchtung". NS-Ideologie und die Forschungsarbeiten der akademischen Pflanzenzüchter, in: Heim (Hg.): Autarkie, S. 35–56, hier S. 35.

41 MPG-Archiv, I. Abt. Rep. 1A, Nr. 2891: Schreiben Telschow an Köster vom 14.7.1936 und Aktenvermerk vom 4.9.1936. Vgl. Maier, Wehrhaftmachung, S. 13.

42 Die Dokumente sind abgedruckt bei Heidrun Kaupen-Haas (Hg.): Der Griff nach der Bevölkerung. Aktualität und Kontinuität nazistischer Bevölkerungspolitik, Nördlingen 1986, S. 96–99.

43 Vgl. Volker Roelcke: Psychiatrische Wissenschaft, S. 112, S. 150, hier S. 127.

44 Heidrun Kaupen-Haas: Die Bevölkerungsplaner im Sachverständigenbeirat für Bevölkerungs- und Rassenpolitik, in: dies. (Hg.), Griff, S. 103–120, hier S. 112–114.

45 Universitätsarchiv Münster, Nachlaß Verschuer: Schreiben Verschuers an Fischer vom 5.11.1937, hier zit. nach Niels C. Lösch: Rasse als Konstrukt. Leben und Werk Eugen Fischers, Frankfurt a.M. 1997, S. 288.

46 Otmar Frhr. von Verschuer: Leitfaden der Rassenhygiene, Leipzig 1941; Karin Magnussen: Rassen- und bevölkerungspolitisches Rüstzeug. Statistik, Gesetzgebung und Kriegsaufgaben, 3. Aufl., München 1943.

47 Auflistung bei Sachse/Massin: Forschung, S. 19; vgl. Lösch, Rasse, S. 383–386, 576.

48 Ausführlicher und mit weiteren Literaturangaben: Sachse/Massin: Forschungen, S. 20–22.

49 Vgl. Sachse/Massin: Forschung, S. 29–31; Roelcke: Wissenschaft; Weber: Rüdin, S. 268–275, 279–281.

50 Vgl. Michael Grüttner: Wissenschaftspolitik im Nationalsozialismus, in: Kaufmann (Hg.), Geschichte, Bd. 2, S. 557–585, hier S. 574–579.

51 MPG-Archiv, I. Abt., Rep. 30, 403: Schreiben Kösters an Oberlandesgerichtspräsidenten vom 21.1.1944; hier zit. nach Maier, Wehrhaftmachung, S. 16.

52 Ausführlich zu den verschiedenen „kriegswichtigen" bzw. „kriegsentscheidenden" Forschungsprojekten am Kaiser-Wilhelm-Institut für Metallforschung: Maier: Wehrhaftmachung, S. 15–22.

53 Diese Vorgänge werden beschrieben von Cordula Tollmien: Das Kaiser-Wilhelm-Institut für Strömungsforschung verbunden mit der Aerodynamischen Versuchsanstalt, in: Heinrich Becker u.a. (Hg.): Die Universität Göttingen unter dem Nationalsozialismus, 2. Aufl., München 1998, S. 684–708. Vgl. auch Helmuth Trischler: Luft- und Raumfahrtforschung in Deutschland, 1900–1970. Politische Geschichte einer Wissenschaft, Frankfurt a.M. 1992.

54 Vgl. Moritz Epple: Rechnen, Messen, Führen. Kriegsforschung am Kaiser-Wilhelm-Institut für Strömungsforschung (1937–1945), Ergebnisse 6, Vorabdrucke aus dem Forschungsprogramm „Geschichte der Kaiser-Wilhelm-Gesellschaft im Nationalsozialismus", Berlin 2002, S. 30–36.

55 Epple beschreibt den Prozeß der Integration des Kaiser-Wilhelm-Instituts für Strömungsforschung in die Kriegsforschung des NS-Regimes im treffenden Bild einer „Geschichte der Reibungslosigkeit" (Epple: Rechnen, S. 8, 42).

56 Heim: Forschung, S. 156.

57 Vgl. dazu ebd., S. 157–160.

58 Die Weiterentwicklung des pflanzengenetischen Forschungsprogramms Stubbes als Verknüpfung von „Mutation und Expansion" analysiert Bernd Gausemeier: Mit Netzwerk und doppelten Boden. Die botanische Forschung am Kaiser-Wilhelm-Institut für Biologie und die nationalsozialistische Wissenschaftspolitik, in: Heim (Hg.): Autarkie, S. 180–205, hier S. 195–201.

59 Archiv der Max-Planck-Gesellschaft, Abt. I, Rep. IA, 2963/4: Schreiben Wettsteins an Vögler vom 13.10.1941. Vgl. Gausemeier: Forschung, S. 200f. und Heim: Forschung, S. 160.

60 Ausführlich dazu Susanne Heim: „Die reine Luft der wissenschaftlichen Forschung" – Zum Selbstverständnis der Wissenschaftler der Kaiser-Wilhelm-Gesellschaft, Ergebnisse 7, Vorabdrucke aus dem Forschungsprogramm „Geschichte der Kaiser-Wilhelm-Gesellschaft im Nationalsozialismus", Berlin 2003, S. 10f.

61 Vgl. ebd., S. 16f.

62 Vgl. dazu Sachse/Massin: Forschung, S. 31–35.

63 Zit. nach Jürgen Peiffer: Hirnforschung im Zwielicht: Beispiele verführbarer Wissenschaft aus der Zeit des Nationalsozialismus. Julius Hallervorden – H. J. Scherer – Berthold Ostertag, Husum 1997, S. 44.

64 Hans-Walter Schmuhl: Hirnforschung und Krankenmord. Das Kaiser-Wilhelm-Institut für Hirnforschung 1937–1945, Ergebnisse 1, Vorabdrucke aus dem Forschungsprogramm „Geschichte der Kaiser-Wilhelm-Gesellschaft im Nationalsozialismus", Berlin 2000; vgl. auch Jürgen Peiffer: Neuropathologische Forschung an „Euthanasie"-Opfern in zwei Kaiser-Wilhelm-Instituten, in: Kaufmann (Hg.): Geschichte, S. 152–173 und Roelcke: Wissenschaft.

65 Vgl. Lösch: Rasse: S. 319–321.

66 Die Verbindung zwischen dem Kaiser-Wilhelm-Institut für Anthropologie, menschliche Erblehre und Eugenik und dem Konzentrations- und Vernichtungslager Auschwitz ist seit nunmehr fast zwanzig Jahren Gegenstand der wissenschaftshistorischen Forschung und der öffentlichen Debatte über die Geschichte der Kaiser-Wilhelm-Gesellschaft im Nationalsozialismus; zum aktuellen Forschungsstand vgl. Sachse/Massin: Forschung, S. 23–28. Vgl. dazu jetzt Sachse (Hg.): Verbindung nach Auschwitz.

67 Vgl. dazu die bei Carola Sachse: „Persilscheinkultur". Zum Umgang mit der NS-Vergangenheit in der Kaiser-Wilhelm/Max-Planck-Gesellschaft, in: Bernd Weisbrod (Hg.): Akademische Vergangenheitspolitik. Beiträge zur Wissenschaftskultur der Nachkriegszeit, Göttingen

2000, S. 217–246 ausführlich zitierte, von Adolf Butenandt, Max Hartmann (1876–1962), Wolfgang Heubner (1877–1957) und Boris Rajewski (1893–1974) 1949 verfaßte „Denkschrift Verschuer". Zum Gesamtkontext vgl. Hans-Peter Kröner: Von der Rassenhygiene zur Humangenetik. Das Kaiser-Wilhelm-Institut für Anthropologie, menschliche Erblehre und Eugenik nach dem Kriege, Stuttgart 1998.

68 Epple: Rechnen, S. 36–43.

69 Hier zitiert nach dem Tagungsbericht „Schluss mit der Affinität" von Franziska Augstein in der Süddeutschen Zeitung vom 17./18.11.2001.

„Mit Weigerungen würde also nichts erreicht"

Robert Ritter und die Rassenhygienische Forschungsstelle im Reichsgesundheitsamt[1]

Michael Zimmermann

Im Jahre 1939 gab der Präsident des Reichsgesundheitamtes Prof. Hans Reiter unter dem Titel „Das Reichsgesundheitsamt 1933–1939. Sechs Jahre nationalsozialistischer Führung" einen Überblicksband über die von ihm geleitete Einrichtung heraus. Ein Kapitel des Buches befaßte sich mit der Abteilung „L" – „Erbmedizin". Ihr gehörte als Untergruppe L 3 die „Rassenhygienische und bevölkerungspolitische Forschungsstelle" an. Dort wandte man sich primär der „Zigeunerfrage" zu und definierte sie als Teilproblem bei der Erforschung von Nichtseßhaften und „Asozialen".[2] Leiter dieser Forschungsstelle war mit Dr. phil. Dr. med. habil. Robert Ritter der wohl einflußreichste Zigeunerforscher der NS-Zeit.

Rassenhygiene

1901 als Sohn eines Marineoffiziers geboren, war Ritter in Berlin in einem streng konservativen Elternhaus aufgewachsen. Nach kurzer und auf ihn wohl eher abstoßend wirkender Freikorpsaktivität und einem späten Abitur studierte er Pädagogik, Psychologie, Philosophie und Psychiatrie in Bonn, Tübingen, Marburg, Oslo, München, Berlin und Heidelberg. In seiner philosophischen Dissertation „Versuch einer Sexualpädagogik auf psychologischer Grundlage" widmete er sich 1927, von den zivilisationskritischen Impulsen der Jugendbewegung beeinflußt, der vermeintlichen „sexuellen Krise" der in seinen Augen „materialistisch-rationalistisch(en) Gegenwart". In ihr wähnte er den „Volkskörper" durch „Geschlechtskrankheiten" sowie durch „nervöse und psychosexuelle Störungen geschwächt".[3]

Politisch stand Ritter, von Haus aus gläubig evangelisch und zugleich ein Repräsentant der „Generation der Sachlichkeit", dem „Jungdeutschen Orden" nahe. Er sprach sich, wie er rückblickend festhielt, zu Anfang der 1930er Jahre dafür aus, den Reichstag, den er als Versammlung „ungezogene[r] Kinder" empfand,

„nach Hause zu schicken" und „die Staatsgewalt autoritativ in die Hände einiger
befähigter und kluger Staatsmänner zu legen".[4] Gesellschaftliche Konflikte be-
wertete Ritter 1931 als Ausdruck von „Argwohn, Unwahrhaftigkeit, Haß und
Neid". Das verpflichte die Jugend, „kaltes Blut zu bewahren". Der „nüchtern den-
kende Teil der jungen Generation" könne sich, so Ritter, dieses sachlichen Denkens wegen auch nicht mit der NSDAP befreunden, die durch ihre „Mythologie",
durch fragwürdige Ansichten „über die Rassenlehre und über Wirtschafts- und
Außenpolitik" und durch „unerfüllbare Versprechungen" „ungeheure Gefahren"
heraufbeschwöre. Nicht „Drohungen, Terror, Anmaßung, Totschläger, Stinkbom-
ben", wie sie die NSDAP einsetze, sondern vielmehr „soziale Verpflichtung" und
die „schöpferische Kraft der Liebe" sollten die in „Klassen, Stämme, Kasten und
Bekenntnisse" geschiedene Nation zur „Volksgemeinschaft" einen.[5] Trotz einer
beachtlichen Schnittmenge an gemeinsamen Überzeugungen trat Ritter der
NSDAP auch nach 1933 nicht bei, da er die Partei, von Ausnahmen abgesehen,
für inkompetent hielt und nach eigenen Angaben aus dem Jahre 1945 auch der
Bekennenden Kirche nahestand.[6]

Nachdem Ritter 1930 zum Doktor der Medizin promoviert worden war und
seine Approbationszeit absolviert hatte, studierte er in Paris die Praxis der französischen Jugendpsychiatrie und arbeitete 1931/32 an der Psychiatrischen Klinik
der Universität Zürich. Hier wurde er zum Anhänger der Eugenik. Er bedauerte,
daß in Deutschland keine Möglichkeit existiere, „nach dem Vorbild der Vereinigten Staaten beziehungsweise dem vieler schweizer (sic!) Kantone durch Fort-
pflanzungs-Verhinderung sozialärztlich-eugenisch zu wirken".[7]

Um die Jahreswende 1931/32 suchte er Robert Gaupp, den Leiter der Univer-
sitäts-Nervenklinik in Tübingen, von der Notwendigkeit einer Professur für Heil-
pädagogik und ärztliche Jugendkunde zu überzeugen. Gaupp hielt dies für unrealistisch, offerierte Ritter jedoch einen frei werdenden Assistenzarztposten. Ritter
übernahm diese Position am 1. August 1932, stieg schnell zum Oberarzt auf und
arbeitete vorwiegend im Jugendheim der Tübinger Klinik. Dort fielen ihm Kinder
auf, an denen er „etwas merkwürdig Strolchenhaftes und Spitzbübisches" zu ent-
decken glaubte, das er als einen hinter einer „Maske von Schlauheit" „getarnten
Schwachsinn" charakterisierte.[8] Er bestritt die Möglichkeit, durch Erziehung
merklichen Einfluß auf die von ihm beobachteten Kinder zu nehmen, und führte
deren vermeintliche „Zucht- und Sittenlosigkeit" auf die „Schicksalsmacht der
Vererbung" zurück.[9] Mit dieser biologistischen Interpretation gesellschaftlicher
Phänomene, die auch Ritters vormalige, auf die „Kraft der Liebe" und auf „Ver-
sittlichung"[10] setzende politische Überzeugung infrage stellen mußte, wurde er

nach den Worten seines Vorgesetzten Robert Gaupp „auf das große und wichtige Gebiet der Erblichkeit seelischer Erkrankungen und der rassenhygienischen Probleme" geführt.[11]

Ritter selbst lehnte sich dabei an eine Schrift an, die Gaupp 1925 über die „Unfruchtbarmachung geistig und sittlich Kranker und Minderwertiger" publiziert hatte. Gaupp hatte dort die Leistungen des Deutschen Reiches für die vorgeblich „geistig und sittlich Minderwertigen" als wirtschaftlich und sozial unverantwortbar, als zugleich „enorm" und „trostlos" angegriffen. In seinen Augen rechtfertigten allein die finanziellen Schwierigkeiten des staatlichen Gesundheitswesens eine rassenhygienisch induzierte Sterilisation vermeintlich „Minderwertiger".[12] Positionen wie diese kennzeichneten seit der Mitte der 1920er Jahre nicht nur die eugenisch-rassenhygienische Diskussion, sondern auch die sozialpädagogische Debatte über die „Grenzen der Erziehbarkeit" von Fürsorgezöglingen.[13] Angesichts schrumpfender öffentlicher Haushalte gewannen derartige Denkschemata in der Weltwirtschaftskrise noch einmal an Schubkraft.

„Ein Menschenschlag"

Da ihm die „Erbanlagen" als der für den Lebensweg eines Menschen entscheidende Faktor galten, sah sich Ritter nach 1933 sehr bald als „Erbarzt" und „Bevölkerungsbiologe", der „in jedem einzelnen Falle nach den Gesichtspunkten der Abstammung, der Erziehbarkeit, der Anpassungsfähigkeit, der Einsatzmöglichkeit und der Lebensbewährung zu scheiden" habe.[14] Insoweit war es konsequent, daß er im März 1934 neben seiner Stellung als Oberarzt die Leitung der neugegründeten rassenhygienischen Eheberatungsstelle in Tübingen übernahm. Dort legte er eine „Erbgesundheitskartei" über die vermeintlichen „Erbkranken der letzten 40 Jahre" an. Er begann die „alteingesessenen Weingärtner-Bevölkerung" Tübingens „erbkundlich zu durchforschen" und über sie genealogisches Material aus Gemeinderats- und Kirchenkonvents-Protokollen, aus Totenbüchern, Schul-, Polizei- und sonstigen Amtsakten zusammenzutragen.[15]

Ritter verdichtete seine rassenhygienischen Spekulationen zu der Annahme, ein seit dem 18. Jahrhundert in Schwaben verbreiteter „Züchtungskreis" von „Jaunern" und „Zigeunermischlingen" sei die Ursache für die von ihm behauptete Zurückgebliebenheit großer Gruppen der württembergischen Bevölkerung.[16] Mit Berufung auf diese Thesen ersuchte Ritter im Februar 1935 die Deutsche Forschungsgemeinschaft (DFG) um eine Geldbeihilfe. Nach befürwortenden Gutachten Gaupps und des Münchener Psychiaters Ernst Rüdin, der im Juni 1933 von Reichsinnenminister Frick zum „Reichskommissar" der „Deutschen Gesellschaft für Rassenhygiene" ernannt worden war[17], wurde der Antrag am 1. Juli 1935 mit 1.500 RM positiv beschieden. Ritter faßte seine Forschungsresultate unter dem Titel „Ein Menschenschlag – Psychiatrische, erbgeschichtliche und sozialbiologische Untersuchungen über die Nachkommen alter Gaunergeschlechter in Schwaben" zusammen.[18] Die medizinische Fakultät der Universität Tübingen nahm diese Schrift 1936 als Habilitation an, ließ jedoch die Regionalangabe „Schwaben" aus dem Titel streichen.

Da Ritter 1935 auf dem Internationalen Kongreß für Bevölkerungswissenschaft in Berlin über einen vermeintlichen „Züchtungskreis von Zigeunermischlingen und 'asozialen Psychopathen'" referiert hatte, wurden seine Untersuchungen dem Reichsgesundheitsamt bekannt.[19] Anfang Januar 1936 in Tübingen noch zum stellvertretenden Amtsarzt und damit zum Mitglied eines jener Erbgesundheitsgerichte ernannt, wie sie 1934 auf der Basis des „Gesetzes zur Verhütung erbkranken Nachwuchses" etabliert worden waren, erhielt Ritter im Frühjahr 1936 die Möglichkeit, seine Forschungen innerhalb des Reichsgesundheitsamtes fortzuführen, wo er sich fortan auf „Zigeuner und Zigeunermischlinge" konzentrierte. Ritter war dabei nicht der einzige Wissenschaftler, der die Zigeuner[20] zum Gegenstand rassistischer Forschung machte. Analoge, wenngleich weniger ausgedehnte Untersuchungen wurden am Institut für Erb- und Rassenpflege der Universität Gießen und am Hygienischen Institut der Westfälischen Wilhelms-Universität Münster durchgeführt sowie am Kaiser Wilhelm-Institut für Anthropologie, menschliche Erblehre und Eugenik in Berlin, am Institut für Erbbiologie und Rassenhygiene in Frankfurt, an der Medizinischen Universitäts-Poliklinik in München, am Anthropologischen Institut der Universität Wien und am Königsberger Rassenkundlichen Institut in Aussicht genommen.

Eine wissenschaftliche Forschungsstelle

Ritter entindividualisierte die Zigeuner und stigmatisierte sie als „geschichtslos", „kulturarm" und durch „urtümlich ererbte Instinkte" gesteuert. „Zigeuner" seien „unfähig, Gedankenarbeit zu leisten"; ihnen eigne „Unstetigkeit", „Affenliebe" und ein „Mangel an Arbeitssinn".[21] Ritter führte das auf genetische Faktoren zurück, die einen Wandel des „primitiven Menschen" nicht zulassen würden. Dieser Diskurs und die herkömmliche Zigeunerforschung standen in einem Verhältnis, das zugleich Kontinuität und Bruch ausdrückte. Das zeigt ein Vergleich zwischen Ritter und dem Völkerkundler Martin Block, der zeitgleich über rumänische und deutsche Zigeuner publizierte. Block und Ritter war die Ansicht gemeinsam, daß es sich bei den Zigeunern um „Primitive" handele. Während Block ihnen aber eine paternalistische Sympathie entgegenbrachte und sie als „kindliche Menschen" bezeichnete, mochte Ritter den Vergleich zwischen Zigeuner und Kind schon deshalb nicht akzeptieren, weil man im Kind ja auch den künftigen Erwachsenen sehen konnte. Er selbst rückte die Zigeuner in die Nähe von „nicht mehr entwicklungsfähigen Zwergen".[22]

Innerhalb der Gesamtgruppe der Zigeuner richtete Ritter seinen Hauptangriff nicht gegen die wenigen von ihm für „stammecht" erklärten Sinti, sondern – hier äußerte er sich konform mit den übrigen einschlägig forschenden Rassenhygienikern – gegen die Sinti-„Mischlinge", zu denen er über 90 Prozent der „als Zigeuner geltenden Personen" rechnete und die er als „form- und charakterloses Lumpenproletariat" angriff.[23] Damit knüpfte Ritter an ältere Autoren wie Hermann Aichele an, der ausgeführt hatte, „nur die allerniedrigsten Schichten" seien zu einer „Symbiose mit Zigeunern" bereit.[24] Letztlich blieb es jedoch unklar, wie nach Ritter die Grenze zwischen einem „Zigeunermischling" und einem „Nichtzigeuner" zu ziehen sei, da er in der Bewertung der „Blutsanteile" schwankte. Bald maß er „vollsinnigem" „Erbgut" das „gleiche Gewicht" wie dem des vorgeblich „Schwachsinnigen" bei; bald äußerte er, ein „gesunder Stamm" werde unweigerlich „verdorben", wenn er mit nur etwas „Krankhaftem" in Verbindung gerate.[25]

Als Kriterien zur Unterscheidung von „stammechten" Sinti und „Mischlingen" galten Ritter neben der Genealogie die Kenntnis des Romanes, der Sprache der Zigeuner, und die Beachtung der überkommenen kulturellen Regeln der Sinti. Ritter bezeichnete aber auch die „stammechten" Sinti nicht als „reinrassig", sondern als eine Population, die auf dem Wege zwischen ihrem Ursprungsland Indien und Europa „fremdes Blut" aufgenommen habe. Ihre indischen Vorfahren, so seine an den Aufklärer Heinrich Grellmann anknüpfende Spekulation, hätten zudem der Paria-Kaste angehört.[26] Auf diese Weise grenzte Ritter die Zigeuner gleichsam rassenhygienisch aus der Spezies der Arier aus, als deren Ausgangspunkt der NS-Mythos ja Indien ansah. Neben den Sinti-„Mischlingen" stigmatisierte er auch die kleine Gruppe der vom Balkan eingewanderten Roma als „Schlag" von „gefährlicher Mischung" und mit „gerissene(m) händlerische(n) Gebaren".[27] Die Rassenhygienische Forschungsstelle nahm ihre anthropometrischen und genealogischen Untersuchungen an Zigeunern 1937 auf. Die Ausforschung auf Zigeunerplätzen und in Wohnquartieren, bald aber auch in Gefängnissen und

Konzentrationslagern wurde mit archivalischem Material und mit Polizeiakten im „Zigeunersippenarchiv" der Forschungsstelle zu „Erbtafeln" kombiniert, Rollen von bisweilen sechs Metern Länge, die zum Teil mehr als 800 Personennamen umfaßten.

Wie der Rassenhygiene insgesamt war auch den Ritterschen Forschungen ein beträchtliches Politisierungspotential eigen, zielten sie doch explizit auf einen grundlegenden Wandel der Zigeunergesetzgebung. Bis dahin waren fahrende Zigeuner und nichtzigeunerische Landfahrer gleichermaßen von polizeilicher Beobachtung und Bedrückung betroffen gewesen; nun sollte nicht mehr gemäß diesen soziographischen, sondern nach „rassischen" Kriterien geschieden werden. „Stammechte Zigeuner" seien, so Ritter, von einer Vermischung mit nichtzigeunerischen Deutschen abzuhalten. Sie sollten in eng umgrenzten „Wanderbezirken" eine „gewissen Bewegungsfreiheit" bewahren können, dabei aber unter polizeilicher Aufsicht zu Straßenarbeiten herangezogen werden. Nichtzigeunern sollte „jeder geschlechtliche Verkehr" mit ihnen untersagt sein. Mit Blick auf die „Zigeunermischlinge", die durch ihre Kontakte zur Mehrheitsbevölkerung vorgeblich den „deutschen Volkskörper" „zersetzten" und auch die „stammechte" Zigeunerpopulation in ihrem Bestand gefährdeten, wurde Ritter in den einschlägigen wissenschaftlichen Zeitschriften nicht müde zu betonen, sie sollten „von der Fortpflanzung ausgeschlossen" werden. Im einzelnen forderte er für sie „Geschlechtertrennung" und als weitere „einschneidende Maßnahme" „Unfruchtbarmachung" sowie eine „vorbeugende Unterbringung in Arbeitslagern oder überwachten geschlossenen Siedlungen".[28] Anders als das Verbot des Geschlechtsverkehrs zwischen Zigeunern und Nichtzigeunern, die Geschlechtertrennung und die Sterilisation zählten das „Arbeitslager" und die „überwachte geschlossene Siedlung" nicht zum gängigen Maßnahmekatalog der Rassenhygiene und Eugenik. Diese Forderungen dürften vielmehr mit Ritters zunehmender Verbindung mit dem Reichskriminalpolizeiamt (RKPA) und mit dem Gewicht zusammenhängen, welches man dort der Konzentrationslagerhaft von Zigeunern zumaß.

„Rechtzeitige Prophylaxe"

Das Reichskriminalpolizeiamt und die Rassenhygienische Forschungsstelle standen spätestens seit dem Sommer 1937 in Kontakt. Robert Ritter und der stellvertretende Leiter des RKPA, Paul Werner, kannten sich überdies schon seit Anfang 1936, als Ritter in dem von Werner geleiteten badischen Landeskriminalpolizeiamt Informationen für seine Habilitationsschrift einholte. Nach der KZ-Internierung vermeintlich „arbeitsscheuer" Zigeuner durch Gestapo und Kripo im Jahre 1938 wurde der Austausch enger.[29] Ritter kritisierte die Verhaftungen mit Hinweis auf seine Nachforschungen als wahllos und dilettantisch; die Polizei hatte seines Erachtens nicht die vorgeblich „zur Genüge vorhandenen kriminellen Zigeuner herausgesucht", sondern „die gerade Faßbaren eingefangen" und in die KZs eingewiesen.[30] Das Reichskriminalpolizeiamt seinerseits sah in einer Kooperation mit Ritter die Chance, die Etikettierung der Zigeunern und damit das Personenfeststellungsverfahren gegen sie zu perfektionieren, und zudem die lange gewünschte Möglichkeit, auf der Basis des rassistischen Paradigmas und des empirischen Materials der Rassenhygieniker zu Prognose- und Präventionsverfahren zu gelangen, welche die nationalsozialistische Utopie einer „Volksgemeinschaft ohne Verbrecher" wissenschaftlich fundieren könnten.[31] Das Verbrechen führte man dabei auf „gemeinschaftsschädliches" Verhalten bestimmter Teilgruppen der Gesellschaft, dieses Verhalten wiederum auf genetische Ursachen zurück.

Die Zusammenarbeit zwischen Kripoführung und Rassenhygienischer Forschungsstelle mündete zunächst in den von Himmler unterzeichneten Erlaß „Bekämpfung der Zigeunerplage" vom 8. Dezember 1938, der eine „Lösung der Zigeunerfrage aus dem Wesen dieser Rasse heraus" postulierte. In diesem Erlaß wurde die herkömmliche soziographische Reihung „Zigeuner und nach Zigeunerart umherziehende Personen" durch die biologistischen Kategorien „rassereine Zigeuner", „Zigeunermischlinge" und „nichtzigeunerische Fahrende" ersetzt. „Sachverständigengutachten" sollten klären, welcher der drei Gruppen die einzelnen Personen zuzuzählen seien. Diese Expertisen übertrug man Ritters Forschungsstelle. Deren Untersuchungen seien „mit Mitteln polizeilichen Zwanges sicherzustellen", den Mitarbeitern des Instituts sei „jede erwünschte Auskunft" zu erteilen sowie „polizeilicher Schutz" zu gewähren.[32] Dem entsprach es, daß Ritters Vorschläge zur „Lösung der Zigeunerfrage" fortan in der Kriminalpolizei mit Hilfe kurzer Vorträge bekanntgemacht wurden. Deren Quintessenz lautete: „Der Kampf gilt insbesondere den Mischlingen und den nach Zigeunerart umherziehenden Personen. Man wird wohl daher künftig Konzentrationslager errichten und zur Sterilisation greifen müssen, um ein allmähliches Aussterben dieser asozialen Elemente auf diese Weise zu erreichen."[33]

Führte Ritters Forschungsstelle bis zum Frühjahr 1941 noch anthropologische Vermessungen an „Zigeunern und Zigeunermischlingen" durch, so war das Institut seither Zentrum „einer einzigen großen Kartei".[34] Die Reichswehr suchte zu diesem Zeitpunkt die Zigeuner aus den Reihen auszuschließen, besaß jedoch kein brauchbares Verfahren zu ihrer Aufspürung. Vermittelt über das Reichskriminalpolizeiamt, übernahm das Rittersche Institut diese Aufgabe und entwickelte hierfür ein „formalisiertes Massenverfahren"[35], das auf der Basis von Genealogien die Identifikation, Verkartung und Begutachtung der einzelnen Personen ermöglichte. Infolgedessen beschränkte sich die Rassenhygienische Forschungsstelle nun weitgehend auf Auftrags- und Routinearbeiten für Kripo und Militär, die mit einem nahezu vollständigen Autonomieverlust einhergingen. Pro „gutachtlicher Äußerung" erhielt das Rittersche Institut von der Kriminalpolizei 5 RM.[36]

Ansonsten wurden die Kosten der Forschungsstelle durch eine Mischfinanzierung bestritten. Das Reichsgesundheitsamt trug die fest etatisierten Stellen; das Reichsinnenministerium, der Reichsausschuß für Volksgesundheitsdienst, die Führung der Kripo, der Bayerische Landesverband für Volksgesundheitsdienst sowie die DFG ermöglichten zusätzliche Personal- und Sachausgaben. Die DFG stellte 1935 1.500 RM, 1937 8.500 RM, 1938 15.000 RM, 1939 und 1940 jeweils 10.000 RM, 1941 18.000 RM, 1942 18.400 RM, 1943 15.000 RM und noch 1944 14.100 RM für „Asozialenforschung", „Bastardbiologie" und „Kriminalbiologie" – so die über die Jahre nominell dem Schwerpunkt wechselnden Anträge der Ritterschen Forschungsstelle – sowie leihweise mehrere Kameras, „anthropologische Bestecke", Augen- und Haarfarbentafeln zur Verfügung.[37]

Als Ritter 1941 denjenigen Einrichtungen dankte, die ihm besondere Unterstützung zukommen ließen, erwähnte er auch das Reichssicherheitshauptamt und das Reichskriminalpolizeiamt.[38] Obwohl er nach außen großen Wert darauf legte, als Wissenschaftler in keinerlei Abhängigkeitsverhältnis zur Kripo zu stehen, war Ritters Verbindung zu deren Führung doch besonders eng. Dort verwandte man sich nicht nur für die Finanzierung seines Instituts und für seine universitäre Karriere, man stimmte überdies konzeptionell überein, daß die „Erbbiologie" den Schlüssel zur Verbrechens- und „Asozialen"-Bekämpfung liefere und daß der Zweck der rassenhygienischen Forschung in dieser gesellschaftspolitischen Anwendung liege. Mit Ritters Worten: „Derjenige Gedanke, den die Führung der Kriminalpolizei mit uns gemeinsam hatte, war der einer rechtzeitigen Prophylaxe."[39]

Politikberatung

Man war sich jedoch nicht in allen Punkten einig. So verlangte Ritter bis weit in den Krieg die Verabschiedung eines „Reichszigeunergesetzes", da er den Aktionismus der nationalsozialistischen Zigeunerpolitik als äußerst störend, als „Konfusion" und immer wieder als „Blitz aus heiterem Himmel", empfand.[40] Er selbst wünschte ein festgelegtes, institutionell seine Rassenhygienische Forschungsstelle stärkendes Procedere für das, was er als sachliche „Lösung der Zigeunerfrage" ansah. Reichssicherheitshauptamt und Kripo hingegen wollten sich durch gesetzesförmige Regelungen nicht die Hände binden lassen.

Ritters Verständnis einer „sachlichen" Zigeunerpolitik ist indes nicht mit einer Aufforderung zur Mäßigung gleichzusetzen, sondern vielmehr als Versuch zu werten, mit dem Instrumentarium der Rassenhygiene das definitive Ende der „Zigeunermischlinge" herbeizuführen. Als etwa das Reichskriminalpolizeiamt 1940, gleichsam als Appendix zum antijüdischen und antipolnischen Konzept der Völkerverschiebung, auch 2.800 Zigeuner in das Generalgouvernement deportieren ließ,[41] verfocht Ritter die Ansicht, es sei von zentraler Bedeutung, die „Fortpflanzung" der "Zigeunermischlingspopulation" mittels Zwangssterilisation „endgültig" zu unterbinden, und deshalb grundfalsch, „noch fortpflanzungsfähige Zigeuner über die Reichsgrenze nach Osten abzuschieben."[42] Die Position, eine Deportation könne einer Auslöschung der Zigeunerbevölkerung nur hinderlich sein, wurde auch von Reichsärzteführer Leonardo Conti vertreten. Eine wirkliche „Radikallösung" könne, so Conti, „nur durch Unfruchtbarmachung der Zigeuner bzw. Zigeunermischlinge erfolgen". Dagegen werde eine „Abschiebung" die Verwaltung des Generalgouvernements vor „die größten Schwierigkeiten" stellen, da „die Zigeuner schon von Geburt auf im Kampf und in der Überlistung von Behörden geschult" seien. Letztlich werde es zu einem „Kreislauf" von Abschiebung, Abwanderung und späterer Rückwanderung ins Deutsche Reich kommen. Zwischenzeitlich würden „sich aber alle diese Zigeuner fortpflanzen", und „das Zigeunerproblem" werde „statt kleiner immer größer" werden.[43] Diese Interventionen verhinderten die Deportation der Zigeuner nicht. Den Bedenken der Rassenhygieniker um Conti und Ritter wurden jedoch insoweit Rechnung getragen, als den Deportationsopfern ein Revers zur Unterschrift vorgelegt wurde, der ihnen „im Falle verbotener Rückkehr nach Deutschland" zusätzlich zur Konzentrationslagerhaft die Sterilisation androhte.[44]

In abgewandelter Form wurde dieses Muster erneut virulent, als im Februar 1942 etwa 2.000 von den Rassenhygienikern durchweg als „Zigeunermischlinge" taxierte ostpreußische Sinti in Viehwaggons nach Bialystok gebracht wurden, das am 1. August 1941 zu einem Teil des Deutschen Reiches erklärt und Ostpreußen angegliedert worden war. Im Stadtgefängnis von Bialystok fielen vor allem Kinder und alte Menschen schnell der Kälte, dem Typhus und der Hungerseuche

Noma zum Opfer, die ein Verfaulen bei lebendigem Leibe bedeutete. Im Laufe des Jahres 1942 besichtigte eine Kommission der Rassenhygienischen Forschungsstelle das Gefängnis und erstattete Robert Ritter Bericht. Die Haftbedingungen änderten sich dadurch nicht. Manche als „sozial angepaßt" eingeschätzte Sinti-Familien wurden in der Folgezeit jedoch unter der Bedingung der Zwangssterilisation und bei schwangeren Frauen zusätzlich der Abtreibung aus Bialystok nach Ostpreußen entlassen.

Auf diese Weise hatte Ritters Intervention einige Betroffene der Lebensgefahr entzogen und sie dafür der Zwangssterilisation ausgesetzt. Das entsprach der von ihm bevorzugten langsamen Auslöschung der „Zigeunermischlinge". Zugleich trug Ritter damit zur Implantierung einer Logik bei, welche die „Zigeunermischlinge" in zwei Gruppen aufteilte – in „sozial Angepaßte", die als Sterilisierte überleben mochten, und jene anderen, deren möglichen Tod infolge von Deportation und furchtbaren Haftbedingungen er in Kauf nahm. Tatsächlich wurden die weiterhin in Bialystok Festgehaltenen im Herbst 1942 über die damalige Ostgrenze des Reiches in die Ukraine transportiert. Zunächst in einem vormaligen Lager für sowjetische Kriegsgefangene festgehalten, wurden sie im Januar 1943 in das Brester Ghetto überstellt, dessen jüdische Bewohner kurz zuvor ermordet worden waren. Im Frühjahr 1944 wurden jene ostpreußischen Sinti, die bis dahin in Brest überlebt hatten, nach Auschwitz-Birkenau deportiert, wo kaum jemand von ihnen dem Tod entrinnen konnte.[45]

Diese letzte Deportation fügte sich in eine neue Etappe der nationalsozialistischen Zigeunerpolitik, die im Herbst 1942 eingeleitet wurde. An dieser Weichenstellung beteiligten sich vor allem Himmler, das Reichskriminalpolizeiamt, die Rassenhygienische Forschungsstelle, die Parteikanzlei, das Rasse- und Siedlungshauptamt der SS sowie das SS-Amt „Ahnenerbe". Von Himmler begünstigt, der sich in einer Art rassistischer Wendung der herkömmliche Zigeunerromantik für die indische und damit in seinen Augen „arische" Herkunft dieser Ethnie erwärmte, begann sich das „Ahnenerbe" zu diesem Zeitpunkt erstmals in die Zigeunerpolitik einzumischen.[46] Himmler und das „Ahnenerbe" wollten „reinrassigen" Zigeunern „für die Zukunft eine gewisse Bewegungsfreiheit" gestatten, damit sie „in einem bestimmten Gebiet wandern" und dort „nach ihren Sitten und Gebräuchen leben" könnten. Die Aufgabe, die infrage kommenden „Reinrassigen" und „im zigeunerischen Sinne guten Mischlinge" auszuwählen, gedachte Himmler dabei weder der Kripo noch den Rassenhygienikern zu; sie sollte vielmehr „Zigeunerhäuptlingen" übertragen werden.[47] Die Ursache für die Wahl dieses Verfahrens wird in dem Wunsch gelegen haben, bei der Selektion eine imaginäre Stimme des

Blutes sprechen lassen. In Unkenntnis der familienzentrierten Lebensweise der Sinti und Roma gingen der SS-Führer und das „Ahnenerbe" zudem irrigerweise von zentral durch Häuptlinge geführten Zigeunerstämmen aus.

Ritter und das Reichskriminalpolizeiamt nahmen das Himmlerschen Ansinnen aus unterschiedlich gelagerten Gründen sehr distanziert auf. In der Kripo stieß das Verlangen auf Ablehnung, ausgewählten Zigeunern die seit Kriegsbeginn in Deutschland versagte Bewegungsfreiheit zurückzugeben. Gleichwohl folgte die Kripoführung, deren oberster Dienstherr Himmler war, der Order des SS-Führers. Man unterstrich allerdings im ersten Satz des einschlägigen Erlasses „Betrifft: Zigeunerhäuptlinge" vom 13. Oktober 1942 explizit, daß die Initiative, einigen Zigeunern „eine gewisse Bewegungsfreiheit zu gestatten", auf den Reichsführer SS persönlich zurückging.[48]

Ritter seinerseits fürchtete die Konkurrenz des „Ahnenerbe", hielt die Einsetzung von „Zigeunerhäuptlingen" für unsinnig und stimmte auch nicht mit der Klassifizierung der Zigeuner als „Arier" überein. „Alle Einwände", resümierte Ritter 1945 jedoch, „die wir dem Chef des Reichskriminalpolizeiamtes vorbrachten, waren nutzlos. Befehl war Befehl." Er selbst habe dann auf die ausdrückliche Bitte Arthur Nebes, des Leiters des Reichskriminalpolizeiamtes, „wie so oft nur wie irre lächelnd und kopfschüttelnd" „eine kleine Liste uns bekannter leidlich begabter, älterer Zigeuner" zusammengestellt, die man daraufhin als „Zigeunerhäuptlinge" nominiert habe.[49]

Ritter wollte sich mit Arthur Nebe und dem Reichskriminalpolizeiamt, das ihn protegierte, auf keinen Fall überwerfen und beteiligte sich deshalb einmal mehr an einem politischen Projekt, das nicht seine Billigung fand. Für sich rechtfertigte er dieses Vorgehen mit der Behauptung, seine Interventionen würden falsche politische Entscheidungen wenn nicht rückgängig machen, so doch von den gröbsten Fehlern befreien. 1945 beschrieb er diese Grundeinstellung mit Blick auf eine andere, um den Wert der Graphologie für die Kriminalistik kreisende Auseinandersetzung im Reichskriminalpolizeiamt so: „Doch mußte ich sehr bald erkennen, daß die Dinge, nachdem man sie fröhlich und tatkräftig aufgegriffen hatte, wieder einmal so weit gediehen waren, daß ein Rückgängigmachen sich angeblich nicht mehr ermöglichen ließ." So sei ihm „wie auch in anderen ähnlich gelagerten Fällen" nur übrig geblieben, sich „fachlich beratend einzuschalten."[50]

In dieser Auffassung fühlte Ritter sich durch seinen Mentor Arthur Nebe bestärkt, der ihm im vertraulichen Gespräch gesagt habe, „es gehöre unendlich viel Geschick und Lavieren dazu, bei all den Aufträgen, die er (d.i. Nebe) bekomme, das Richtige herauszufinden und das Schlimmste zu verhüten. Vieles könne er gar nicht verhindern. Würde er nur ein einziges Mal den Gehorsam verweigern, dann stände sofort ein anderer zur Verfügung, der den Befehl doch ausführen würde. Mit Weigerungen würde also nichts erreicht. Man könne nur versuchen bei der Ausführung des Befehls zu bremsen oder abzubiegen."[51] Dieses Legitimationsargument, dem Ritter gerne folgte, hatte folgende Struktur: 1. Man kann längst nicht alles Falsche verhindern. 2. Wenn man aber dennoch etwas verhindern und das Schlimmste verhüten will, muß man auf dem Posten bleiben. 3. Um auf dem Posten bleiben zu können, muß man notgedrungen auch das Falsche mitmachen, denn ein Konkurrent oder Nachfolger, unter dem alles noch schlimmer werden könnte, steht immer bereit.

Mit der Entscheidung darüber, wie die kleine Gruppe der „reinrassigen" Sinti und der ihnen zugeschlagenen „im zigeunerischen Sinne guten Mischlinge" zu behandeln sei, war zugleich die Frage aufgeworfen, was denn mit den übrigen als „Zigeunermischlinge" und Rom-Zigeuner Klassifizierten geschehen solle. Hier reagierte die Spitze der Kriminalpolizei auf den Handlungsdruck, der von Himmler und dem „Ahnenerbe" ausging, mit radikalen eigenen Vorschlägen. Nach ausgiebigen Beratungen, an denen Ritter beteiligt war, legte die Kripo-Führung dem Reichsführer SS das Instrument der Deportation und Lagerhaft nahe. Demgemäß befahl Himmler am 16. Dezember 1942, „Zigeunermischlinge, Rom-Zigeuner und nicht deutschblütige Angehörige zigeunerischer Sippen balkanischer Herkunft" – jene Gruppen wurden als „zigeunerische Personen" zusammengefaßt – „nach bestimmten Richtlinien auszuwählen und in einer Aktion von wenigen Wochen in ein Konzentrationslager einzuweisen".[52]

Die Kripo-Führung verfaßte, erneut mit Hilfe Ritters, der seinen Schriften ja seit langem für die Einweisung von „Zigeunermischlingen" in „Arbeitslager" plädiert hatte, im Januar 1943 die Ausführungsbestimmungen zu Himmlers Befehl.[53] Sie unterteilten die „Zigeunermischlinge" vor dem Hintergrund der analogen Hierarchisierung der nach Bialystok verschleppten ostpreußischen Sinti in eine Mehrheit, die zu deportieren, und eine Minderheit, die als „sozial angepaßt" von der Deportation auszunehmen, dafür aber zu sterilisieren sei. Die aus dem Arsenal der Eugenik und Rassenhygiene stammende Sterilisation blieb damit ein Instrument der Zigeunerpolitik – ein Instrument allerdings, das gegenüber der KZ-Haft erheblich an Gewicht verlor.

Als Lager, in das man die Deportationsopfer einzuweisen gedachte, faßte man ein gesondertes Areal in Auschwitz ins Auge: „Die Einweisung erfolgt ohne Rücksicht auf den Mischlingsgrad familienweise in das Konzentrationslager (Zigeunerlager) Auschwitz."[54] Diese nicht von langer Hand vorbereitete, sondern unter akutem Zeitdruck getroffene Ortswahl wird darauf zurückzuführen sein, daß das Lager Auschwitz II in Birkenau das einzige war, dessen räumlicher Umfang um die Jahreswende 1942/43 erheblich erweitert wurde.

Zwischen März 1943 und Frühsommer 1944 wurden dann etwa 22.600 Zigeuner aus Deutschland, Österreich, den tschechischen Ländern, Nordfrankreich, Belgien, den Niederlanden, Polen, Litauen und Weißrussland nach Auschwitz-Birkenau deportiert und dort in einem gesonderten „Zigeunerfamilienlager" festgehalten. Ritter seinerseits informierte am 23. März 1943 in einem Beihilfeantrag auch die DFG, daß „bisher über 9.000 Zigeunermischlinge von der Polizei in einem besonderen Zigeunerlager im Sudetenland" – diese irreführende regionale Angabe war wohl Folge der Geheimhaltungvorschriften des SS-Apparates – „konzentriert" worden seien.[55]

Das Zigeunerlager in Auschwitz-Birkenau existierte 17 Monate. Mehr als 19.300 der dort Zusammengepferchten kamen in dieser Zeit um ihr Leben. Manche wurde nach einem Fluchtversuch erschossen, über 5.600 wurden im Gas erstickt, mehr als 13.600 erlagen den „Lebens"umständen in Birkenau. Um Platz für jene nach Birkenau verschleppten Juden zu schaffen, welche die SS nicht sofort ermordete, wurde das Birkenauer Zigeunerlager schließlich „liquidiert". Von jener Minderheit der nach Auschwitz-Birkenau Verschleppten, die das dortige Zigeunerlager überstanden hatten, überlebten keineswegs alle das Ende NS-Deutschlands. Nicht wenige Männer und zahlreiche Frauen wurden noch Anfang 1945 im KZ Ravensbrück furchtbaren Sterilisationsexperimenten ausgesetzt. Weitere Auschwitz-Überlebende starben bei der Zwangsarbeit in anderen KZs und KZ-Außenlagern, auf den Todesmärschen der letzten Kriegswochen, im KZ Bergen-Belsen oder in der SS-Sonderformation Dirlewanger. Dort mußten deutsche Sinti, die den KZ-Kosmos überlebt hatten, vor Kriegsende noch gegen die Rote Armee antreten.

Außerdem nahm man in Deutschland die Zwangssterilisation jener „Zigeunermischlinge" in Angriff, die nicht deportiert worden waren.[56] Ihr fielen seit dem Herbst 1943 2.000 bis 2.500 Menschen zum Opfer. Für die Betroffenen war dies eine Katastrophe kaum beschreibbaren Ausmaßes. Das Leben wurde nicht nur wegen der Folgeerkrankungen und der traumatischen Erinnerung an die Umstände des ärztlichen Eingriffs zur Qual. In der Kultur der Sinti und Roma galt eine hohe Kinderzahl als Inbegriff von Glück und Ansehen. Die zwangsweise Sterilisierten empfanden sich infolgedessen als „halbe Frau", als „Baum, der keine Früchte trägt" oder als „lebendiger Leichnam".[57]

Für die Zuordnung deutscher „Zigeunermischlinge" zu den Deportations- und Sterilisationsopfern rekurrierten die polizeilichen Bestimmungen auch 1943/44 auf die „gutachtlichen Äußerungen" aus der Rassenhygienischen Forschungsstelle. Dort verfaßten Ritter und andere diese Expertisen weiterhin, obwohl sie, wie eine Institutsmitarbeiterin nach 1945 aussagte, vom massenhaften Sterben der Zigeuner in Birkenau wußten.[58] Ritter allein unterzeichnete zwischen Februar und Oktober 1944 1.320 dieser „gutachtlichen Äußerungen". Die letzte bislang aufgefundene Rittersche Expertise stammt vom 15. November 1944.

Institutioneller Expansionismus

Die Tätigkeit der Ritterschen Forschungsstelle beschränkte sich nicht auf die „Zigeunerforschung". Bereits 1939 formulierte Ritter das weit umfassendere Ziel, „alle" vermeintlich „kriminellen Erbstämme innerhalb des deutschen Volkskörpers aufzudecken, zu erfassen und prophylaktisch anzugehen".[59] Zu den Objekten des Instituts zählten schließlich auch Deutschbalten und Juden, die Gemeinde Schloßberg in Schwaben, die unter dem Titel „Die Ursachen unüberwindlicher Armut" erforscht werden sollte, die Ernsten Bibelforscher, über deren „Erbwert" man sich in einem Konzentrationslager kundig machte, sowie die „Asozialen" Stuttgarts, deren „Sippenherkunft" „bis in die Urgroßelterngeneration" eruiert werden sollte, schließlich „Verbrechergruppen" wie „Mörder, Totschläger, Räuber, Zuhälter, Strichjungen".[60] Ritter selbst wandte sich unter dem Aspekt der „Erb-" und „sozialen Prognostik" „jugendlichen Rechtsbrechern" zu. Jugendliche, die er als „charakterlich abartige Dauerversager" oder „Gelegenheitsversager" stigmatisierte, ließ er in den euphemistisch als „polizeiliche Jugendschutzlager" bezeichneten, vom Reichskriminalpolizeiamt eingerichteten Jugend-KZs Moringen für Jungen und Uckermark für Mädchen beobachten, drillen und schikanieren.[61]

Diese Ausweitung des Forschungsinteresses ging mit einem Expansionsstreben innerhalb des Reichsgesundheitsamtes und mehreren Beförderungen Ritters einher. Seit Ende 1941 leitete er neben seiner ursprünglichen Institution im Reichsgesundheitsamt auch das neu gegründete „Kriminalbiologische Institut der Sicherheitspolizei", das dem Reichskriminalpolizeiamt inkorporiert war und ein Archiv „aller asozialen und kriminellen Sippschaften innerhalb des Reichsgebietes" anstrebte.[62] Wenn er bereit gewesen sei, die Leitung auch dieses Kriminalbiologischen Institutes zu übernehmen, bemühte Ritter 1945 von neuem das Legitimationsargument vom Schlimmsten, das er habe verhüten wollen, „so tat ich es in dem Gedanken, nicht etwa durch meine Weigerung das mir am Herzen liegende Arbeitsgebiet in die Hände von irgendwelchen fragwürdigen Leuten zu geben, von denen man befürchten mußte, daß sie zu allem fähig waren."[63] Diejenigen Mitarbeiterinnen, die an Zigeunerkarteien arbeiteten, ließ Ritter 1944 aus dem Reichsgesundheitsamt, wo ihre Stellen im „totalen Krieg" gefährdet waren, in das polizeiliche Institut übernehmen. Um auch seine ursprüngliche Forschungsstelle im Reichsgesundheitsamt unter Kriegsbedingungen aufrechtzuerhalten, hatte Ritter 1941 den Terminus „Forschung" aus ihrem Namen gestrichen, da „viele Dienststellen der NSDAP jede wissenschaftliche Arbeit während des Krieges, die nicht reine wehrwissenschaftliche Zweckforschung war, für überflüssig" hielten. Er führte sie seither ebenfalls unter dem Titel „Kriminalbiologisches Institut".[64] Infolge der alliierten Bombenangriffe auf Berlin war Ritter im Herbst 1943 genötigt, seine Institute in sieben Ausweichstellen außerhalb der Reichshauptstadt unterzubringen und sie um die Jahreswende 1944/45 faktisch aufzulösen.

Den von ihm sehnlichst gewünschten Lehrstuhl für Kriminalbiologie erlangte Ritter bis Kriegsende nicht. Für dieses Scheitern spielten nicht nur seine enge Bindung an das Reichskriminalpolizeiamt, seine lediglich drittklassigen, unter den universitären Rassenhygienikern wenig beachteten Aufsätze und seine geringen Kontakte in den universitären Raum eine Rolle,[65] sondern auch die zunehmende Trennung zwischen „Rassenbiologie" und „Erbpathologie" im akademischen Bereich selbst: „Hier eine eher soziologisch und politisch-praktisch orientierte [Richtung], die ideologisch von Staat und Partei beeinflußt war und deren Vertreter oft gleichzeitig ‚Wissenschaftler' und ‚politische Funktionäre' waren [...]; dort eine eher ‚klinisch' orientierte Forschungsrichtung, die sich als ‚Erbpathologie' der Medizin zuordnete und, obwohl keineswegs ‚ideologiefrei', als Naturwissenschaft von der ‚geisteswissenschaftlich-spekulativen' Rassenbiologie absetzte."[66] Ritter zählte zweifellos zum „rassenbiologischen" Zweig, der an den Universitäten gegenüber der medizinischen „Erbpathologie" und „Humangenetik" schon vor 1945 ins Hintertreffen geriet.

1947 bewarb Ritter sich erfolgreich auf den Posten eines Leiters der Fürsorgestelle für Gemüts- und Nervenkranke im Frankfurter Gesundheitsamt. In den „Erläuterungen zu unseren Asozialen- und Zigeunerforschungen", die er seiner Bewerbung unaufgefordert beifügte, stellte er sein Handeln vor 1945 als den Versuch dar, den „Rassefanatikern" die Zigeunerpolitik aus der Hand zu nehmen und über das Reichskriminalpolizeiamt „zu einer erträglichen und vernünftigen Lösung" zu gelangen. Da die Möglichkeit, „offen als Anwalt Verfolgter aufzutreten" nicht be-

standen habe, habe er sich in der „unheimlichen Welt Hitlers" „unausweichlich"
„bis zu einem gewissen Grade" der Sprache bedienen müssen, die „von den
Mächtigen", mit denen er „geistig rang", verstanden worden sei.[67]
     Bei der Entnazifizierung wurde Ritter, da zu keiner Zeit NSDAP-Mitglied, als
„nicht belastet" eingestuft. Die Ermittlungen, die man wegen seiner Beteiligung
am Zigeunermord einleitete, wurden 1950 ohne Anklageerhebung beendet. Im
Einstellungsbescheid vertrat die Staatsanwaltschaft die Auffassung, „Zigeuner-
aussagen" müßten „grundsätzlich für die richterliche Überzeugungsbildung ausscheiden" – eine Äußerung, die als Symptom für das Fortdauern zigeunerfeindli-
cher Stereotype zu deuten ist.[68] Ritter starb 1951.

Sachlichkeit und Berufsmenschentum

Die Strategien, mit denen Robert Ritter den Mord an den Zigeunern und seine
herausgehobene Beteiligung an der nationalsozialistischen Zigeunerpolitik zu
verdunkeln suchte, entsprachen in vielem dem, was wir aus analogen Fällen von
anderen Funktionsträgern des NS-Systems kennen. So unterstrich auch Ritter den
arbeitsteiligen Charakter der nationalsozialistischen Verfolgungsmaßnahmen.
Eine solche Aufspaltung der Zuständigkeiten, welche die Verantwortung der einzelnen aufzulösen schien, begünstigte in der Tat die Betäubung des Gewissens
und die Leugnung der eigenen Mitverantwortung. Ritter behauptete außerdem,
die Vernichtung der Zigeuner sei ihm vor Kriegsende nicht bekannt geworden.[69]
Darüber hinaus führte er immer wieder aus, daß Protest unter nationalsozialistischer Herrschaft nicht nur gefährlich, sondern auch völlig sinnlos gewesen wäre.
„Ein jedesmal, wenn man sich überlegte, ob man nicht mannhaft gegen eine Par-
teimaßnahme auftreten solle", schrieb er, „mußte man zu dem Schluß kommen,
daß eine solche Tat nur der eines Menschen vergleichbar wäre, der sich einbilde,
als Einzelner eine Lawine aufhalten zu können."[70]
     Einige vielleicht verallgemeinerbare Züge in Ritters Verhalten seien im fol-
genden jedoch genauer erörtert. Letzten Endes geht es dabei um die Frage, warum
das Gebot „Du sollst nicht töten" und der Autonomieanspruch der modernen Wissenschaft keine zureichenden Gegengewichte gegen Ritters Involvierung in den
nationalsozialistischen Zigeunermord bildeten.
     Erstens: Ritter, der 1933 Distanz zur NSDAP hielt und später einen eventuel-
len Parteieintritt an eine – faktisch dann nicht erfolgte – Berufung auf einen Lehrstuhl knüpfte,[71] hatte sich der Eugenik und Rassenhygiene schon vor der NS-

Herrschaft angenähert und sie als ein Konzept kennengelernt, das nicht nur in Deutschland, sondern international diskutiert wurde. Er registrierte dann, daß sich die Chancen für eine rassenhygienische Forschung nach 1933 entscheidend verbesserten, und war entschlossen, die Möglichkeiten zu nutzen, welche ihm die DFG, das Reichsgesundheitsamt und das Reichskriminalpolizeiamt jetzt boten. Hier vermochte er „die Bestrebungen des ‚Dritten Reiches' bald ehrlich zu begrüßen, als sich nämlich zeigte, daß sich die Staatsführung die Forderungen der Eugeniker zu eigen machte und ihnen schon im Jahre 1934 gesetzliche Kraft verlieh."[72] In diesem Punkte war Ritter zum Bündnis mit dem Nationalsozialismus auch deshalb bereit, weil die Sicht des Volkes als „Körper" und die Biologisierung des Gesellschaftlichen gerade „Erbärzten" und „Bevölkerungsbiologen" politischen Einfluß, neues Prestige und bereits in den ersten Jahren der Diktatur eine Definitionsmacht verschafften, die sie über Sterilisationen, Staatsbürgerrechte und Eheschließungen entscheiden ließ.[73]

Der Rassenhygiene und Kriminalbiologie, wie sie Ritter verfocht, lag *zweitens* die Auffassung zugrunde, daß menschliches Leben ungleichen Wert besitze und daß diese ungleiche Wertigkeit weder durch Erziehung noch durch Repression aufzuheben sei. Vor diesem Hintergrund suchte Ritter Zwangssterilisation und Lagerhaft nicht lediglich negativ, gegen die „Zigeunermischlinge", sondern im Sinne einer rassistischen Gesellschaftsutopie auch positiv aufzuladen: Die „Ausmerze" der „Zigeunermischlinge" diente seines Erachtens sowohl der „Volksgemeinschaft" als auch den „stammechten Zigeunern", deren „Rassencharakter" es gegen eine Vermischung mit nichtzigeunerischen „Gemeinschaftsfremden" zu schützen gelte. Daß die Lebensmöglichkeiten der als „Zigeunermischlinge" Stigmatisierten auf diese Weise zerstört würden, galt in einem solchen Kalkül wenig, da es sich bei ihnen ja, genetisch bedingt, um entscheidungsunfähige „Primitive" handele. Herkömmliche Normen, die einer derartigen Geringschätzung menschlichen Lebens hätten entgegengehalten werden können, wurden nicht nur von Ritter mit dem Hinweis auf den Stand der Forschung und auf die Kompetenz wissenschaftlicher Experten beiseite gefegt. Hier erhob sich die „szientistische Illusion der Wesensgleichheit von Moralität und Wahrheit" über die traditionelle religiös oder naturrechtlich begründete Ethik.[74]

Drittens: Ritters Konzeption einer biologischen „Lösung der Zigeunerfrage" wurde auch durch seine Nähe zur Bekennenden Kirche nicht infrage gestellt. Wie wir seinem umfangreichen Brief an seine Kinder aus dem Jahre 1945 entnehmen können, definierte er seine Person primär über den Beruf und durchaus nicht über die Familie oder gar über die Religion. Ritters extremes Berufsmenschentum wurde zudem von Zeitgenossen registriert. „Alle arbeiten über die Dienststunden hinaus und auch sonntags", lobte 1939 der Leiter der Abteilung L des Reichsgesundheitsamtes, Dr. Eduard Schütt, die Arbeitsmoral der Rassenhygienischen Forschungsstelle.[75] Ritter selbst wurde vom Präsidenten des Reichsgesundheitsamtes, Prof. Hans Reiter, zu einem „der nicht sehr zahlreichen jungen Gelehrten" erklärt, die „mit fast fanatischem Eifer ihrem Forschertrieb" folgten.[76]

Außerdem stand der dem rassenhygienischen Diskurs entgegengesetzte Gedanke, alles, was Menschenantlitz trage, sei vor Gott gleich, keineswegs im Zentrum der evangelischen Bekenntnisbewegung, deren obrigkeitsstaatlicher und deutschnationaler Hintergrund unverkennbar blieb. Grundlegende Bedenken gegen eine eugenische Sterilisation hatten in der evangelischen Kirche selbst vor 1933 nicht dominiert. In der katholischen Kirche hingegen erklärte die päpstliche Enzyklika Casti connubii vom Dezember 1930 dies für unvereinbar mit der christlichen Ethik und bildete damit ein Gegengewicht gegen die schwankende Position des Zentrums. Im Gegensatz dazu hieß es etwa auf einer Fachtagung des evangelischen „Central-Ausschusses für Innere Mission", der 1931 über Fragen der Eugenik verhandelte, es existiere „nicht nur ein Recht, sondern sogar eine Pflicht zur Sterilisierung aus Nächstenliebe und der Verantwortung, die uns nicht nur für die gewordenen, sondern auch für die kommenden Geschlechter auferlegt" sei. Man kam überein, daß „in gewissen Fällen die Forderung zur künstlichen Unfruchtbarmachung religiös-sittlich als gerechtfertigt anzusehen" sei. Falls eine Sterilisierung eugenisch indiziert, von den Betroffenen ohne Einspruch hingenommen und von Ärzten fachkundig durchgeführt werde, solle sie straffrei bleiben und nicht als Körperverletzung gelten.[77]

Vor diesem Gesamthintergrund erweist sich für Ritters Verhältnis zur Bekennenden Kirche die folgende Episode als ebenso erschreckend wie symptomatisch: Um den im Konzentrationslager Dachau inhaftierten Bekenntnispfarrern das Leben zu erleichtern und um in seiner genealogischen Arbeit voranzukommen, die in der letzten Kriegsphase unter einem Mangel an Mitarbeitern litt, habe er sich bei Arthur Nebe melden lassen und ihm „ganz sachlich vor[getragen], daß ich für meine kriminalbiologischen Untersuchungen viel zu wenig Hilfskräfte besäße. Um die wissenschaftlichen Erkenntnisgrundlagen zu fördern, sei es dringend notwendig, eine sehr umfangreiche Kartei aller württembergischen Kriminellen aus dem Zeitraum von 1820 bis 1870 anzufertigen. [...] Um diese Kartei zu schaffen, würde ich bis auf weiteres mindestens fünfzehn bis zwanzig Arbeitskräfte benötigen. Diese ständen mir aber nicht zur Verfügung. Soviel ich wisse, seien von der Geheimen Staatspolizei jetzt jedoch zahlreiche Pfarrer im Konzentrationslager

Dachau untergebracht. Diesen könne man doch auftragen, eine solche Kartei anzufertigen. [...] Die Arbeit der Pfarrer riß nicht mehr ab; sie hatten bis zum Ende des Krieges genug zu tun."[78]

Viertens: Ritter unterstrich durchweg den seines Erachtens nüchternen und wissenschaftlich begründeten Charakter der eigenen zigeunerpolitischen Vorschläge, für die er im Einzelfall den Konflikt mit seinem Gönner, dem Reichskriminalpolizeiamt, nicht scheute. Zum Bruch ließ er es allerdings selbst 1942/43 nicht kommen, war er doch finanziell wie mit Blick auf seinen politischen Einfluß und auf seine Karrierechancen von der Kripoführung abhängig. Selbst verwoben in den Apparat der Kriminalpolizei, sah er in dieser Institution überdies den eher sachlichen Widerpart zur NSDAP und ihren Formationen, die ihm *grosso modo* als Dilettanten und unter Betonung der „feinen Unterschiede" als Parvenüs galten. Das korrespondierte mit einem Bild des Nationalsozialismus, in dem Ritter dieses politische System auf Partei, SS und Gestapo reduzierte, wohingegen Wissenschaft, Verwaltung und die – seit 1939 immerhin in das Reichssicherheitshauptamt integrierte – Kripo nach seinem Verständnis jenseits des Nationalsozialismus agierten und zumindest partiell sachlichen Ansprüchen genügten. „Daß die Kriminalpolizei ihrem Wesen nach eine ganz andere Institution war als die Geheime Staatspolizei und daß sie im Grunde auch anders eingestellt war, das vermochte der Laie wohl nicht zu übersehen", schrieb Ritter 1945. Und: „Meiner Meinung nach hätte doch jeder Vernünftige dafür Verständnis haben müssen, daß ich als Kriminalpsychologe auf die Hilfe der Polizei und der Justiz einfach angewiesen war."[79]

Die fragwürdige Reduktion der nationalsozialistischen Herrschaft auf die NSDAP, ihre Nebenorganisationen und die Geheimpolizei erlaubte es Ritter, seine letztlich genozidalen, da auf die weitgehende Auslöschung einer Ethnie zielenden Invektiven vor sich selbst als nicht nationalsozialistisch, wenn nicht gar – nach 1945 – als sachlich begründete geheime Opposition gegen den Nationalsozialismus zu modellieren.

Ritter hatte sich, *fünftens*, seit 1938 in die Zigeunerverfolgung nicht lediglich hineinziehen lassen. Er hatte sich vielmehr als Politikberater willentlich und wissend in sie hineinbegeben und auf jeder Stufe ihrer Radikalisierung seinen Beitrag geleistet. Dies ging unvermeidlich mit einer zunehmenden moralischen Abstumpfung einher. Als dann 1942 Himmler und das SS-Amt Ahnenerbe auf das Terrain der Zigeunerpolitik vorstießen, verstand Ritter das zuvorderst als einen Angriff auf seinen Kompetenz- und Einflußbereich, den es durch verstärkte eigene Anstrengungen abzuwehren galt. Im Ergebnis beriet er die Kripo-Führung bei der

Formulierung einer Politik, die nicht nur zu Zwangssterilisationen, sondern schließlich zur Deportation von nahezu 23.000 Zigeunern nach Auschwitz-Birkenau führte. Dies geschah in einem hektischen, sich schnell radikalisierenden und von ihm selbst kaum steuerbaren Entscheidungsprozeß. Unter der Maxime, „das Schlimmste zu verhüten", trug Ritter so zur Ingangsetzung des Schlimmsten bei.

Chronologie der nationalsozialistischen Zigeunerverfolgung

14.7.1933	„Gesetz zur Verhütung erbkranken Nachwuchses". Unter den nach diesem Gesetz Zwangssterilisierten waren bald auch Zigeuner.
1935/36	Auf der Basis des „Gesetzes zum Schutze der Erbgesundheit des deutschen Volkes" (Ehegesundheitsgesetz) und des „Gesetzes zum Schutze des deutschen Blutes und der deutschen Ehre" (Blutschutzgesetz) wurde Zigeunern eine Eheschließung mit „Deutschblütigen" verboten.
seit 1935	In einigen Gemeinden Einrichtung kommunaler, oft mit Stacheldraht umgebener Sammellager für Zigeuner mit rigiden Lagerordnungen
1936	Gründung der Rassenhygienischen Forschungsstelle im Reichsgesundheitsamt
1937/38	Aufbau einer „Reichszentrale zur Bekämpfung des Zigeunerunwesens" im Reichskriminalpolizeiamt (RKPA)
1938/39	Inhaftierung von mehr als 2.000 deutschen und österreichischen Zigeunern in den KZs Buchenwald, Dachau, Mauthausen, Ravensbrück und Sachsenhausen
8.12.1938	Vom RPKA formulierter und von Himmler unterzeichneter Runderlaß „Bekämpfung der Zigeunerplage" mit der Forderung nach einer „Lösung der Zigeunerfrage aus dem Wesen dieser Rasse heraus"
17.10.1939	Schnellbrief des Reichssicherheitshauptamtes: Verbot für Zigeuner im Deutschen Reich, ihren Wohn- oder Aufenthaltsort zu verlassen
27.4.1940	Von Himmler unterzeichneter Schnellbrief, der für Mai die Deportation von 2.500 „Zigeunern und „Zigeunermischlingen" aus dem Deutschen Reich ins Generalgouvernement, das deutsch besetzte Polen, vorsah
Sommer 1941	Beginn der Einsatzgruppen-Morde in der deutsch okkupierten UdSSR, die sich bald auch gegen Zigeuner richteten sowie von Wehrmacht und ziviler Okkupationsverwaltung aktiv unterstützt bzw. mitbetrieben wurden
Herbst 1941	„Vergeltungsexekutionen" der Wehrmacht in Serbien gegen männliche Juden und Roma
Herbst 1941 –1944	Ermordung von polnischen Zigeunern in Lagern und durch mobile deutsche Polizeieinheiten
Nov. 1941/	Deportation von 5.000 Roma aus dem österreichischen Burgenland in das

Jan. 1942	Ghetto von Lódz. Ermordung der Opfer in Kulmhof im Gas
Februar 1942 –Frühjahr 1944	Deportation von etwa 2.000 ostpreußischen Sinti nach Bialystok, von dort im Herbst 1942 nach Brest und von dort im März und Mai 1944 nach Auschwitz-Birkenau. „Sozial angepaßte" „Zigeunermischlinge" wurden unter der Bedingung der Zwangssterilisation aus Bialystok entlassen.
Herbst 1942	Intensive Erörterung der weiteren nationalsozialistischen Zigeunerpolitik
16.12.1942	Befehl Himmlers, „zigeunerische Personen" in ein KZ zu deportieren
29.1.1943	Ausführungsbestimmungen des Reichskriminalpolizeiamtes als Amt V des Reichssicherheitshauptamtes zu diesem Befehl
Februar 1943 –Sommer 1944	Zigeunerdeportationen nach Auschwitz-Birkenau aus Deutschland, Österreich, den tschechischen Ländern, Polen, den Niederlanden, Belgien, Nordfrankreich, der UdSSR und dem Baltikum
2./3.8.1944	„Liquidierung" des Zigeunerlagers in Auschwitz-Birkenau
1943–1945	Zunehmende Zwangssterilisationen von Zigeunern im Deutschen Reich

Anmerkungen

1   Robert Ritters Rassenhygienische Forschungsstelle ist der am intensivsten erforschte Bereich der nationalsozialistischen Zigeunerverfolgung. Abgesehen von Zitaten und Hinweisen auf wichtige Diskussionsfelder wird im folgenden deshalb auf Einzelbelege verzichtet. – Zu Ritter und der Rassenhygienischen Forschungsstelle siehe vor allem: Reimar Gilsenbach: Wie Lolitschai zur Doktorwürde kam, in: Feinderklärung und Prävention. Kriminalbiologie, Zigeunerforschung und Asozialenpolitik. Beiträge zur nationalsozialistischen Gesundheits- und Sozialpolitik, 1988, 6, S. 101–134; Joachim S. Hohmann: Robert Ritter und die Erben der Kriminalbiologie. „Zigeunerforschung" im Nationalsozialismus und in Westdeutschland im Zeichen des Rassismus, Frankfurt a.M. 1991; Guenter Lewy: „Rückkehr nicht erwünscht". Die Verfolgung der Zigeuner im Dritten Reich, München/Berlin 2001, insbes. S. 81–90; Martin Luchterhandt: Der Weg nach Birkenau. Entstehung und Verlauf der nationalsozialistischen Verfolgung der „Zigeuner", Lübeck 2000, insbes. S. 123–137, 172–183, 206–234, 259–265; Hansjörg Riechert: Im Schatten von Auschwitz. Die nationalsozialistische Sterilisationspolitik gegenüber Sinti und Roma, Münster/New York 1995; Wim Willems: In Search of the True Gypsy. From Enlightenment to Final Solution, London/Portland/Oregon 1997, S. 196–292; Michael Zimmermann: Rassenutopie und Genozid. Die „nationalsozialistische Lösung der Zigeunerfrage", Hamburg 1996, insbes. S. 125–162, 174, 228f., 297–304, 370–375. Als Überblick über die neuere Literatur zur Zigeunerpolitik siehe ders.: Zigeunerbilder und Zigeunerpolitik in Deutschland. Eine Übersicht über neuere historische Studien, in: WerkstattGeschichte 9 (2000), 25, S. 35–58. Zum aktuellen Forschungsstand Yaron Matras/Hans Winterberg/Michael Zimmermann (Hg.): Sinti, Roma, Gypsies. Sprache – Geschichte – Gegenwart, Berlin 2003.

2   Hans Reiter: Das Reichsgesundheitsamt. Sechs Jahre nationalsozialistische Führung, Berlin 1939, S. 352–358.

3   Robert Ritter: Versuch einer Sexualpädagogik auf psychologischer Grundlage, München 1928, S. 6f.

4   Diese Zitate stammen aus einem knapp 160seitigen, eng maschinenschriftlich beschriebenen Brief, den Ritter zwischen April und Sommer 1945 – in einer Phase, in der alte Deutungsmuster nicht mehr galten und neue noch kaum existierten – an seine Kinder richtete (im folgenden zitiert als: Brief Ritters 1945), hier Bl. 22. Zum Kontext des bürgerlichen Antiparlamentarismus in der Weimarer Republik Christian Jansen: Antiliberalismus und Antiparlamentarismus in der bürgerlich-demokratischen Elite der Weimarer Republik. Willy Hellpachs Publizistik der Jahre 1925–1933, in: Zeitschrift für Geschichtswissenschaft, 49 (2001), S. 773–795.

5   Robert Ritter: Nationalsozialismus und Jugend, in: Kölnische Zeitung, 11.1.1931; ders.: Mehr gegenseitige Achtung, Ebd., 25.1.1931. Die Artikel befinden sich auch in Ritters Personalakte bei der Stadt Frankfurt 1947ff. (StA Frankfurt, Personalakten 18.576). Zum Selbstverständnis der „Sachlichkeit" in der intellektuellen Rechten der Weimarer Republik Ulrich Herbert, „Generation der Sachlichkeit". Die völkische Studentenbewegung der frühen zwanziger Jahre in Deutschland, in: Frank Bajohr/Werner Johe/Uwe Lohalm (Hg.): Zivilisation und Barbarei. Die widersprüchlichen Potentiale der Moderne, Hamburg 1991, S. 115–144.

6   Allerdings trat Ritter als Vierzigjähriger der HJ bei, deren Reichsführung er seit 1941 jugendpsychiatrisch beriet (Brief Ritters 1945, Bl. 75f.).

7   Brief Ritters 1945, Bl. 21f.

8   Robert Ritter: Ein Menschenschlag. Erbärztliche und erbgeschichtliche Untersuchungen über die - durch zehn Geschlechterfolgen erforschten - Nachkommen von „Vagabunden, Jaunern und Räubern", Leipzig 1937, S. 13, S. 19.

9   Ritter: Menschenschlag, S. 100.

10   Ritter: Nationalsozialismus und Jugend, Kölnische Zeitung, 8.1.1931.

11   Universitätsarchiv Tübingen 308/3201, Robert Gaupp, 29.6.1934.

12   Robert Gaupp: Die Unfruchtbarmachung geistig und sittlich Kranker und Minderwertiger, Berlin 1925, S. 21. Zu Gaupp Claudia Leins/Klaus Foerster: Robert Gaupp aus heutiger Sicht, Fundamenta Psychiatrica 8 (1994), S. 84–89.

13   Peter Weingart/Jürgen Kroll/Kurt Bayertz: Rasse, Blut und Gene. Geschichte der Eugenik und Rassehygiene in Deutschland, Frankfurt a. M. 1992, S. 293f.

14   Robert Ritter: Zigeuner und Landfahrer, in: Der nichtseßhafte Mensch. Ein Beitrag zur Raum- und Menschenordnung im Großdeutschen Reich. In Zusammenarbeit mit dem Bayerischen Staatsministerium des Innern, hg. vom Bayerischen Landesverband für Wanderdienst, München 1938, S. 71–88, hier S. 85.

15   Bundesarchiv Koblenz (BAK), R 73/14.005, Ritter an den Präsidenten der Notgemeinschaft der deutschen Wissenschaft, 12.2.1935; Hildegard Ritter an die DFG, 2.2.1935; Ritter an die DFG, 25.4.1935.

16   Ritter: Menschenschlag, S. 65–79, sowie die „Erbtafeln" am Ende des Buches.

17   Weingart u.a.: Rasse, Blut und Gene, S. 399–401.

18 Ritter: Menschenschlag.

19 Robert Ritter: Erbbiologische Untersuchungen innerhalb eines Züchtungskreises von Zigeunermischlingen und „asozialen Psychopathen", in: Bericht des Internationalen Kongresses für Bevölkerungswissenschaft in Berlin 1935, München 1936, S. 713–718.

20 Ich verwende den Terminus „Zigeuner" in diesem Text im Sinne von „als ‚Zigeuner' klassifizierte bzw. stigmatisierte Personen".

21 Robert Ritter: Primitivität und Kriminalität, in: Monatsschrift für Kriminalbiologie und Strafrechtsreform, 31 (1940), S. 198–210.

22 Martin Block: Zigeuner – Ihr Leben und ihre Seele, dargestellt aufgrund eigener Reisen und Forschungen, Leipzig 1936, v. a. S. 1ff., 211ff.; Ritter: Primitivität, S. 206.

23 Robert Ritter: Die Zigeunerfrage und das Zigeunerbastardproblem, in: Fortschritte der Erbpathologie, Rassenhygiene und ihrer Grenzgebiete, Leipzig, 3 (1939), S. 2–20, hier S. 10, 15.

24 Hermann Aichele: Die Zigeunerfrage unter besonderer Berücksichtigung Württembergs, Stuttgart 1911, S. 100.

25 Ritter: Menschenschlag, S. 25f.; Zigeuner und Landfahrer, S. 86; Zigeunerfrage, S. 13f. Zu dieser Unterscheidung uwischen „kontagionistischer" und „erbbiologischer" Rassenpolitik siehe mit Blick auf die Juden Cornelia Essner: Die „Nürnberger Gesetze" oder die Verwaltung des Rassenwahns 1933–1945, Paderborn 2002.

26 Grellmann hatte die Zigeuner als Angehörige „der niedrigsten Classe der Indier, nähmlich Pareier" bezeichnet (Heinrich M. G. Grellmann: Die Zigeuner: Ein historischer Versuch über die Lebensart und Verfassung, Sitten und Schicksahle dieses Volkes in Europa nebst ihrem Ursprunge, Dessau/Leipzig 1783, S. 261).

27 Ritter: Zigeunerfrage, S. 11.

28 BAK, R 73/14.005, Ritter an die DFG, 25.6.1940; Ritter, Zigeunerfrage; Ritter, Primitivität; Eva Justin: Typoskript zur „Zigeunerforschung", abgedruckt in: Hohmann: Robert Ritter, S. 469–500, S. 484 mit dem Terminus „langsame(s) Verschwinden der Mischlingspopulation".

29 Wolfgang Ayaß: „Asoziale" im Nationalsozialismus, Stuttgart 1995, S. 139–165; Patrick Wagner: Volksgemeinschaft ohne Verbrecher. Konzeptionen und Praxis der Kriminalpolizei in der Zeit der Weimarer Republik und des Nationalsozialismus, Hamburg 1996, S. 254–298; ders. Hitlers Kriminalisten. Die deutsche Kriminalpolizei und der Nationalsozialismus, München 2002, S. 87–100; als Regionalstudie mit Bezug auf die verhafteten Zigeuner Hans Hesse/Jens Schreiber: Vom Schlachthof nach Auschwitz. Die NS-Verfolgung der Sinti und Roma aus Bremen, Bremerhaven und Nordwestdeutschland, Marburg 1999, S. 82–87.

30 So die Aufzeichnungen Eva Justins (Justin, Typoskript zur „Zigeunerforschung", S. 480).

31 Wagner: Hitlers Kriminalisten, S. 93–98.

32 RdErl. des RFSSuChdDPol.i.RMdI., 8.12.1938, dort: III. Rassebiologische Untersuchung.

33 Generallandesarchiv Karlsruhe, 364/Zug 1975/3 II, Fasc. 23, Kriminalpolizeistelle Karlsruhe, 4.2.1939; Staatsarchiv Hamburg, Sozialbehörde I, AF 83.73: Vermerk – Besprechung beim Bürgermeister über die Behandlung der Zigeuner, 2.3.1939.

34 Luchterhandt: Der Weg nach Birkenau, S. 317 (Zitat) sowie ausführlich S. 207–226.

35 Ebd.

36 RdErl. des RFSSuChdDPol. i. RMdI., 8.12.1938, A.I.3.(2); BAK, RKPA 1451/28.39, Berlin
1.3.1939, Ausführungsanweisung des RKPA zum RdErl. d. RFSSuChdDtPol. i. RMdI. vom
8.12.1938, III; Aussagen Eva Justin und Adolf Würth, 1960, in: Hohmann, Robert Ritter, S.
457, S. 505.

37 BAK, R 73/14.005 mit detaillierten Aufstellungen und Abrechnungen.

38 Robert Ritter: Die Bestandsaufnahme der Zigeuner und Zigeunermischlinge in Deutschland, in: Der Öffentliche Gesundheitsdienst, 6 (1941), H. 21, S. 477–489, hier S. 480. Paul
Werner, der stellvertretende Leiter des Reichskriminalpolizeiamtes, setzte sich 1939/40 unter
dem Signum „Der Chef der Sicherheitspolizei und des SD, gez. Werner" und unter Einschal-
tung des Reichsministeriums für Wissenschaft, Erziehung und Volksbildung bei der DFG für
Ritter ein, als diese zögerte, Ritter weiterhin zu fördern (BAK, R 73.14.005, Der Chef der Sicherheitspolizei und des SD, gez. Werner, 1.12.1939, An die Deutsche Forschungsgemeinschaft
durch die Hand des Herrn Reichsministers für Wissenschaft, Erziehung und Volksbildung, gez.
Mentzel, 4.1.1940).

39 Brief Ritters 1945, Bl. 58.

40 Ebd., Bl. 38, Bl. 51f.

41 Die 2.800 1940 in das deutsch besetzte Polen verschleppten Sinti und Roma wurden dort
teils in Lagern und Ghettos festgehalten, teils sich selbst überlassen. Die Todesrate wird auf
50% oder mehr geschätzt.

42 BAK, R 73/14.005, Arbeitsbericht Ritters an die DFG, 6.1.1940.

43 Bundesarchiv Berlin, R 18/5644, Bl. 229f.: RMdI, IV 244/409, 24.1.40, „In Vertretung Dr.
L. Conti".

44 Hauptstaatsarchiv Wiesbaden 407/863, KPSt Darmstadt, Tgb.Nr. KPSt. Nr. 50-51/40 g,
27.5.1940, Betr.: Umsiedlung von Zigeunern, Bl. 3f. – Nachweisen lassen sich solche Zwangssterilisationen nicht.

45 Zimmermann: Rassenutopie, S. 228f., 337.

46 Zu Himmlers Zigeunerbild und dessen Auswirkungen auf die Zigeunerpolitik siehe Guenter Lewy: Himmler and the ‚Racially Pure Gypsies‘, in: Journal of Contemporary History, 34
(1999), S. 201–214; Luchterhandt: Der Weg nach Birkenau, S. 235–242; Gilad Margalit: Rassismus zwischen Romantik und Völkermord. Die „Zigeunerfrage" im Nationalsozialismus, in:
Geschichte in Wissenschaft und Unterricht, 1998, S. 400–420; ders., The uniqueness of the
Nazi persecution of the Gypsies, in: Romani Studies, 5, Vol. 10 (2000), S. 185–200; Zimmermann: Rassenutopie, S. 297–301. Zur Virulenz eines rassistischen Zigeunerromantizismus siehe auch Gilad Margalit: „Großer Gott, ich danke Dir, daß Du kleine schwarze Kinder gemacht
hast". Der ‚Zigeunerpastor‘ Georg Althaus, in: Werkstatt Geschichte 9 (2000), S. 59–73.

47 RSHA VA2 Nr. 2260/42, 13.10.1942.

48 Ebd. – Im weiteren Diskussionsprozeß kam man überein, daß die „reinrassigen" Zigeuner
ihre Bewegungsfreiheit nicht in Deutschland, sondern im Generalgouvernement erhalten sollten. 1943 ließ das Reichskriminalpolizeiamt dieses Himmlersche Projekt einfach fallen.

49 Brief Ritters 1945, Bl. 51.

50 Ebd., Bl. 134f.

51 Ebd., Bl. 97.

52 Der Befehl wird zitiert in: RSHA, 29.1.1943, V A 2, Nr. 59/43 g. – Zur Vorgeschichte dieses Befehls siehe auch die von Eva Justin stichwortartig aufgezeichneten „Vorschläge vom RKPA an RF" [= Reichsführer] aus dem November 1942, die Martin Luchterhandt vollständig dokumentiert hat (Luchterhandt: Der Weg nach Birkenau, S. 238f.). Zur Radikalisierung der Kriminalpolizeilichen Präventionspolitik, die den Tod der Opfer in den Konzentrationslagern billigend in Kauf nahm oder seit 1942 förderte: Wagner: Hitlers Kriminalisten, S. 129–143.

53 Ritters Assistentin Eva Justin leugnete in ihren späteren Aufzeichnungen (Typoskript zur „Zigeunerforschung", S. 497f.) eine Beteiligung der Rassenhygienischen Forschungsstelle an der Entscheidung zur Deportation der Zigeuner: „Sehr bald nach der Zigeunerhäuptlings-Affäre, bei der den Zigeunern zugesagt worden war, daß sie Erleichterungen zu erwarten hatten, wurden noch einmal größere Transporte in Konzentrationslager abgeschoben (sic!). Wir erfuhren hinterher auf Umwegen davon." Das steht nicht nur in Widerspruch zu den historischen Tatsachen, sondern auch zu Justins eigenen Ausführungen über die Rom-Zigeuner: „Da wir davor gewarnt hatten, auch dem Händler-Stamm der Rom-Zigeuner durch Freizügigkeit wieder Tor und Riegel weit für ihre äußerst raffinierten Gaunereien zu öffnen, wurde von diesem Stamm kein Vertreter zu der Hauptsitzung (= die im Herbst 1942 im RKPA mit „Zigeunerältesten" zur Implantierung des Erlasses „Betrifft: Zigeunerhäuptlinge" stattfand) zugelassen. Einige der intelligentesten Rom hatten aber Gelegenheit, in einer Sonderbesprechung mit General Nebe Wünsche vorzubringen. Wir schlugen auch hier wieder vor, die Rom bei dieser Gelegenheit in ihr Heimatland nach Ungarn zurückzuschicken. Da dieser Vorschlag auf große bürokratische Schwierigkeiten stieß und wir in diesem Fall einen Abtransport dieser Zigeuner in ein Konzentrationslager voraussehen mußten (sic!), redeten wir den Rom von uns aus dringend zu, auf eigene Faust die Rücksiedlung zu unternehmen und zwar so bald wie möglich." (Ebd., S. 497) Wenn Ritter und Justin erst im nachhinein von den „Transporte(n) in Konzentrationslager" – Justin vermeidet das Wort „Auschwitz" – erfahren hätten, wie hätten sie die Rom dann schon im Herbst 1942 vor einem solchen „Abtransport" warnen können?

54 RSHA, 29.1.1943, VA2, Nr. 59/43 g.

55 BAK, R 73/14.005, Ritter an DFG, 23.3.1943.

56 Bei diesen Sterilisationen waren die Betroffenen von der Kriminalpolizei „anzuhalten, den Eingriff möglichst bald an sich vornehmen zu lassen" (Staatsarchiv Münster, Reg. Arnsberg, IM 421, RKPA Tgb. Nr. 20/43 – A2b5 – 1943, 8.10.1943). Es wurde folglich, möglicherweise zurückgehend auf Ritter, der Anschein einer Zustimmung der Opfer zu ihrer Sterilisation erweckt. Faktisch handelte es sich jedoch um Zwangsmaßnahmen: Die Betroffenen wurden von der Kripo nicht zuletzt mit der Alternative „Auschwitz-Birkenau oder Sterilisation" solange unter Druck gesetzt, bis sie in die Sterilisation einwilligten (Zimmermann: Rassenutopie, S. 359–362).

57 Melanie Spitta/Katrin Seybold: Das falsche Wort. Wiedergutmachung an Sinte (Zigeunern) in Deutschland? Textbuch zum Film, München 1987, Bl. 32; P. Petersen/Ulrich Liedtke: Zur

Entschädigung zwangssterilisierter Zigeuner, in: Der Nervenarzt, 12 (1971), S. 197–205, hier S. 200 (Zitat: Herr X). Zur Zwangssterilisation von Zigeunern unter NS-Herrschaft insgesamt Riechert: Im Schatten von Auschwitz.

58 Aussage Anna Tobler, zitiert von Hohmann, Robert Ritter, S. 534–538, hier S. 536f. – Für das Wissen Ritters um das massenhafte Sterben der im Birkenauer Zigeunerlager Inhaftierten spricht des weiteren die Tatsache, daß die Kriminalpolizeistellen und das RKPA über jeden Todesfall in diesem Lager informiert wurden.

59 BAK, ZSG 145/22, Ritter an den Direktor des Reichsgesundheitsamtes, 7.3.1943.

60 BAK, R 73/14.005, Ritter an den Präsidenten des Reichsforschungsrates, 30.1.1941; Ritter an die DFG, 23.3.1943; Ritter an den Reichsforschungsrat, 6.3.1944.

61 Robert Ritter: Das Kriminalbiologische Institut der Sicherheitspolizei, in: Kriminalistik 11 (1942), S. 117–119; ders.: Die Artung jugendlicher Rechtsbrecher, in: Jugendrecht, 1944, H. 4, S. 33–60.

62 BAK, R 70 – Elsaß, Kriminalbiologisches Institut der Sicherheitspolizei, RdErl. d. RMdI. v. 21.12.1941-Pol S V A 1 Nr. 505/41 III.

63 Brief Ritters 1945, Bl. 74. – Komplementär zu dieser Selbstwahrnehmung und Selbstdeutung Ritters steht ein Vorgehen der NS-Führungsgruppen, das Hans Mommsen so beschrieben hat: Die „Drohung, im Verweigerungsfalle eine andere Instanz mit der Erledigung des schmutzigen Handwerks zu betrauen, damit aber auch die bisherigen Zuständigkeiten umzuwälzen -, zwang die nicht nationalsozialistischen Eliten in eine immer vorbehaltlosere Kollaboration des Verbrechens hinein." (Hans Mommsen: Zur Verschränkung traditioneller und faschistischer Führungsgruppen in Deutschland beim Übergang von der Bewegungs- zur Systemphase, in: ders.: Der Nationalsozialismus und die deutsche Gesellschaft. Ausgewählte Aufsätze, Reinbek, 1991, S. 39–66, hier S. 60)

64 In Ritters Brief an seine Kinder aus dem Jahre 1945 ist für die Kriegsjahre an keiner Stelle von Kontakten zu universitären „Rassenbiologen" oder „Erbpathologen" die Rede. – Siehe unter diesem Aspekt auch das in jeder Hinsicht fragwürdige Promotionsverfahren von Ritters Assistentin Eva Justin (Gilsenbach: Lolitschai, S. 112–118).

65 Brief Ritters 1945, Bl. 154f.

66 Weingart u.a.: Rasse, Blut und Gene, S. 436f.

67 Stadtarchiv Frankfurt a. M., Personalakte 18.576; siehe auch Personalakte 92.546. – Zum Nachkriegsweg Ritters und der übrigen Mitarbeiter seiner Forschungsstelle Peter Sandner, Frankfurt. Auschwitz. Die nationalsozialistische Verfolgung der Sinti und Roma in Frankfurt am Main, Frankfurt a.M. 1998, S. 269–323; Gilad Margalit: Die Nachkriegsdeutschen und „ihre Zigeuner". Die Behandlung der Sinti und Roma im Schatten von Auschwitz, Berlin 2001, S. 167–182; Michael Zimmermann: Nach dem Genozid. Zigeunerpolitik in der Bundesrepublik Deutschland, in: Jahrbuch des Vereins „Gegen Vergessen – Für Demokratie", Bd. 2, München 1998, S. 152–169, hier S. 162–168.

68 Hauptstaatsarchiv Düsseldorf, Rep. 231 Nr. 1535, Bl. 21–37, Staatsanwaltschaft bei dem Landgericht Frankfurt, Einstellungsverfügung, 28.8.1950, hier Bl. 35.

69 Ebd., Bl. 33f. – In Ritters Brief von 1945 endet die Darstellung seiner Zigeunerforschung mit den Worten: „Wegen der Unmöglichkeit, den von höchster Stelle gegebenen Befehl (= zur Einsetzung von „Zigeunerhäuptlingen" im Herbst 1942) durchzuführen, verlief die ganze Angelegenheit, die in Berlin und bei den Kriminalpolizeistellen im Reichsgebiet viel Staub aufgewirbelt hatte schließlich im Sande" (Ebd., Bl. 51).

70 Brief Ritters 1945, Bl. 29.

71 Ebd., Bl. 76.

72 Ebd., Bl. 27. – Die Ausführungen spielen auf das „Gesetz zur Verhütung erbkranken Nachwuchses" an.

73 Weingart u.a.: Rasse, Blut und Gene, S. 522. – Dieses nach 1933 insgesamt konstatierbare Bündnis zwischen Rassenhygiene und Nationalsozialismus wird von Peter Weingart als „intellektuelle und utilitaristische Affinität" charakterisiert: „Intellektuell war sie insofern, als die Nationalsozialisten sich der wissenschaftlichen Inhalte und der politischen Forderungen der Rassenhygieniker bemächtigten, mochten sie sie auch verfälschen, selektiv rezipieren und radikalisieren. Umgekehrt bedienten sich, zumal nach der Machtergreifung, auch viele Rassenhygieniker der radikaleren politischen Sprache. Utilitaristisch war das Verhältnis insofern, als die nach Macht strebende politische Bewegung und die nach Institutionalisierung und Professionalisierung strebenden Wissenschaftler voneinander zu profitieren zu können glaubten." (Ebd., S. 370).

74 Ebd., S. 534. – Siehe zu dieser keineswegs auf den Nationalsozialismus beschränkten Problematik auch Jürgen Habermas: Glauben und Wissen. Friedenspreis des Deutschen Buchhandels 2001. Sonderdruck, Frankfurt a.M. 2001.

75 BAK, R 73/14.005, Direktor Dr. Schütt und befürwortend Prof. Dr. Reiter, Präs. des RGA, an die DFG, 23.2.1939.

76 BAK, R 73/14.005, Begleitschreiben Reiters, 16.6.1937, zu einem Antrag Ritters an die DFG.

77 Gegenwartsfragen der Eugenik, in: Archiv für Bevölkerungspolitik, Sexualethik und Familienkunde, 1931, S. 114–117, Zitat S. 116, nach Weingart u. a., Rasse, Blut und Gene, S. 299f. Zur widersprüchlichen Position des deutschen Katholizismus zur Eugenik in der Zwischenkriegszeit siehe Ingrid Richter: Katholizismus und Eugenik in der Weimarer Republik und im Dritten Reich. Zwischen Sittlichkeitsreform und Rassenhygiene, Paderborn 2001.

78 Brief Ritters 1945, Bl. 84f.

79 Ebd., Bl. 64.

Im Einsatz für die „wahre Volksgemeinschaft"

Der Historiker Gerhard Ritter im Nationalsozialismus

Christoph Cornelißen

Der Aufstieg der Nationalsozialisten an die Macht ist von den deutschen Universitätshistorikern im Gegensatz zu zeitgenössischen Beobachtungen aus den Reihen der Soziologen und Staatsrechtler erst spät als politisches Problem ihrer eigenen Gegenwart begriffen worden.[1] Dies zeigt auch das Beispiel Gerhard Ritters, der seit 1925 Geschichte an der Universität Freiburg gelehrt hat und der in den Jahrzehnten danach zu einem der einflußreichsten Vertreter der deutschen Geschichtswissenschaft aufsteigen sollte. Während er im Laufe der 1920er Jahre nur am Rande Notiz von den Nationalsozialisten nahm, setzte ab Mitte des Jahres 1931 eine Wende ein. In der Phase vom Übergang zur präsidialen Regierungsweise bis zur Ernennung Hitlers zum Reichskanzler entwickelte sich Ritter zu einem entschiedenen Warner vor der NS-Massenbewegung. Es müsse nun alles zur „Behauptung des Rechtes der freien Wissenschaft in einer unheimlich schnell banausisch werdenden Welt" unternommen werden, führte er beispielsweise im Oktober 1931 gegenüber seinem Leipziger Fachkollegen Walter Goetz aus. Angesichts der drohenden Gefahren der Überwältigung der bürgerlichen Mitte durch die politischen Extreme und der Eroberung gerade auch der akademischen Intelligenz durch den politischen Radikalismus gehe es jetzt um nichts weniger als um die Freiheit innerhalb des „uns immer näher rückenden Total- und Massenstaates".[2] Daß Ritter auch in den folgenden Monaten vor der Ernennung Hitlers zum Reichskanzler ein Gegner der NS-Bewegung war, daran können keine Zweifel aufkommen. Noch im Februar 1933 äußerte er gegenüber dem ehemaligen Vorsitzenden der Deutschen Volkspartei, Eduard Dingeldey, seine Enttäuschung über das Versagen der nationalliberalen Kräfte im Angesicht der nationalsozialistischen Machtübernahme.[3]

Die angeführten Stimmen verweisen jedoch nur auf die eine Seite der politischen Einstellung Ritters in der Endphase der Weimarer Republik und beim Übergang in das Dritte Reich. Denn die autoritäre Wende in der Reichspolitik, die im März 1930 durch die Notverordnungspolitik Heinrich Brünings eingeleitet worden war, entsprach in mancher Hinsicht Ritters eigenen politischen Vorstellungen. In diesem Sinne zeigte er sich in der Wende des Jahres 1932/33 von der Notwendigkeit eines grundlegenden politischen Wandels überzeugt. Die Deutschen bräuchten unbedingt, wie er in einem Text über „Ewiges Recht und Staatsinteresse" feststellte, den er im November 1932 im Manuskript abschloß, „eine Erneuerung unseres Staates als echter Volksstaat, aber in germanisch-christlichem Sinn, d.h. als ein Staatswesen, in dem geführt und gehorcht wird, doch ohne Vernichtung freien Eigenlebens, ohne uniformierende, geistlose Gewalt".[4] In diesen Bemerkungen deutete sich nur die allgemeine Zielrichtung seiner politischen Reformforderungen an, die auch in den kommenden Jahren recht vage blieb. Das war ab Januar 1933 zum einen der Zensur und der Repression durch die Nationalsozialisten geschuldet, zum anderen aber auch eine Folge seines nationalkonservativen Denkens und einer politischen Begrifflichkeit, die durchaus nicht immer die klaren Grenzziehungen zu NS-Ideologemen erkennen lassen, wie von vielen Zeitgenossen und späteren Interpreten behauptet worden ist.[5] Denn Ritters wiederholt vorgetragener Appell zum Festhalten an der liberalen Rechtsidee und zur Abwehr eines „künstlichen Rassenbegriffs", den er auf eine bemerkenswert freimütige Weise noch im Februar 1933 in einer Freiburger Vorlesungsreihe öffentlich äußerte, stellte er zu diesem Zeitpunkt den Ruf nach einem „Idealstaat deutscher Zukunft" an die Seite. Mit diesem sollte „der uralte Gegensatz von Staat und Individuum" im Begriff der nationalen Gemeinschaft aufgelöst werden. Das verband sich mit einer scharf akzentuierten Abgrenzung des „deutschen Liberalismus" gegen westeuropäische politische Ideen, zumal gegen die Lehre vom Gesellschaftsvertrag.[6] In diesem Denken lag die Wurzel von Ritters Bezug auf das Konzept der „Volksgemeinschaft" begründet, das sich ab 1933 wie ein roter Faden durch Ritters öffentliche und private Stellungnahmen im Nationalsozialismus ziehen sollte. Noch im Mai 1944 sprach er von der Gründung einer „wahren Volksgemeinschaft" als seinem eigentlichen politischen Ziel, wobei er darunter einerseits die Wiederherstellung einer „sittlich begründeten Gemeinschaft und Rechtsordnung" verstand, mit der er andererseits aber auch auf die Überwindung sozialer Spannungen und der „Entmassung der Masse" anstrebte.[7] Ohne Zweifel: Der schillernde Begriff der Volksgemeinschaft ist im Nationalsozialismus von Vertretern aus unterschiedlichen politischen Lagern mit sehr verschiedenem Bedeutungsgehalt aufgegriffen worden. Und mit Recht läßt sich ebenfalls sagen, daß die Volksgemeinschaftsparole nicht nur rückwärtsgewandt ausgerichtet war, sondern auch den Aufruf zur Überwindung von Relikten vorbürgerlicher und vorindustrieller gesellschaftlicher Hierarchien und Normen implizieren konnte. Ritters Verständnis der Volksgemeinschaft jedoch gründete, ungeachtet der von ihm damit verbundenen christlich-ethischen Grundpositionen, auf einem politischen Denken, das autoritäre „Schnittflächen" mit der NS-Ideologie aufwies.[8]

Ritters politische Vision einer „wahren Volksgemeinschaft", die ab 1938 seine Beteiligung im Freiburger Widerstand gegen den Nationalsozialismus anleitete, aber auch sein persönlicher Kriegseinsatz, der ihn ab 1943 als Redner vor Soldaten und Offizieren der Wehrmacht in einer durchaus problematischen Rolle zeigt, sollen im Folgenden den Anlaß für eine Reihe von Fragen abgeben. Wie viele Ambivalenzen konnte und durfte sich ein Historiker leisten, der schon bald nach der Machtergreifung als ein Gegner des NS-Regimes bekannt war, ohne sich vor und nach 1933, aber auch noch nach dem Kriegsende andauernden Missverständnissen angesichts seines politischen Engagements und seiner Publikationen im Nationalsozialismus auszusetzen? Wie weit reichte tatsächlich der Strom der politischen Übereinstimmung zwischen der konservativ-national geprägten Hochschullehrerschaft, von der Ritter vor 1933 einen bekannten, wenn auch noch keineswegs führenden Repräsentanten abgab, und den Idealen des NS-Staates?[9] Handelte es sich nur um „Affinitäten" zwischen zwei unterschiedlichen politischen Lagern, wie Karl-Ferdinand Werner bereits 1967 konstatiert hat, oder eröffnet sich nicht vielmehr bei dem Blick auf das Denken und Handeln Ritters im Nationalsozialismus eine Grauzone, die ungeachtet seiner öffentlich geäußerten Kritik am NS-Regime partielle Übereinstimmungen mit einzelnen Zielen und Ideologemen der Nationalsozialisten erkennen lassen? Diese Fragen sollen hiernach in vier Schritten näher beleuchtet werden. Zunächst wird Ritter als ein Exponent der nationalkonservativen Historiker aus der wilhelminischen Generation vorgestellt, um den Rahmen seines Denkens im Nationalsozialismus näher zu bestimmen. Daran anschließend wird seine Karriere im Nationalsozialismus an ausgewählten Wendepunkten beleuchtet. Drittens wird Ritters politischer und kirchlicher Widerstand in einigen Punkten skizziert und viertens sollen die Ambivalenzen seiner Stellungnahmen während der Kriegsjahre angesprochen werden. Ein abschließender Ausblick thematisiert seine theoretisch-methodische Neuorientierung in den NS-Jahren, die das bemerkenswerte Resultat seines nun dezidiert vorgetragenen Bekenntnisses zur Umsetzung einer politischen Strukturhistorie aufscheinen lassen.

Ritter als Exponent der nationalkonservativen Historiker
der wilhelminischen Generation

Gerhard Ritter ist, technisch gesprochen, in den Jahren vor und nach 1933 als das
Mitglied einer kleinen universitären Funktionselite einzustufen, die in ihrem Wir-
kungsbereich mehr oder minder eigenständig und nicht notwendig immer bewußt
daran mitwirkte, dem bestehenden politischen System Geltung und Dauerhaftig-
keit, in gewisser Hinsicht sogar einen Sinn zu verleihen.[10] Es war eine, was man
gleich hinzufügen muß, sehr kleine und überschaubare Funktionselite und sie
blieb es bis in die 1960er Jahre. In Zahlen ausgedrückt, bekleideten zwischen
1933 und 1945 rund 180 Professoren ein Ordinariat für Geschichte an einer der
Universitäten im Deutschen Reich und den von der Wehrmacht besetzten Gebieten. Von diesen ist vor 1945 rund ein Drittel in den Jahren des NS-Regimes neu
berufen worden. Von der Gesamtgruppe haben sich weniger als die Hälfte politisch stark exponiert, wobei die Zahl der politisch engagierten Wissenschaftler
unter den Neuzeithistorikern deutlich höher lag und die in den NS-Jahren Berufe-
nen tendenziell, aber nicht alle, eine politisch radikalere Linie vertraten als ihre
Vorgänger.[11]

Gemessen an ihrer Resonanz in der Öffentlichkeit, waren ab 1933 zunächst
die ältere und die mittlere Historikergeneration weiterhin bestimmend: Zu ihnen
zählten am Anfang des NS-Regimes, unter den Älteren und im Bereich der Neueren Geschichte, Friedrich Meinecke und Hermann Oncken, aber danach vor allem
Karl Brandi und Albert Brackmann. Aus der mittleren Generation sind beispielsweise Hans Rothfels, Siegfried Kaehler, Percy Schramm, Fritz Hartung, Karl
Alexander von Müller und sicher auch Gerhard Ritter zu nennen. Diese wilhelmi-
nische Generation, d.h. die Geburtsjahrgänge zwischen 1880 und 1895, bildete in
quantitativer Hinsicht im Nationalsozialismus die größte Gruppe.[12] Viele unter ihnen hatten, so auch Ritter, in den Jahren vor dem Ersten Weltkrieg prägende politische Erlebnisse erfahren, aber viele unter ihnen hatten ebenso im Ersten Weltkrieg eine Art ‚zweite Lehrzeit' in ihrer politischen Sozialisation durchlaufen.[13]

Die Historiker dieser Generation repräsentierten als Gesamtheit eine national
und konservativ ausgerichtete Strömung in der deutschsprachigen Historiographie, für welche die Mischung autoritärer und konstitutioneller Elemente des Bis-
marckreichs den obersten Bezugsrahmen ihrer politischen Werturteile schon lange vor der Machtergreifung der Nationalsozialisten abgab. Ritters monumentale
zweibändige Studie über den Freiherrn vom Stein aus dem Jahre 1931 kann stell-
vertretend für diese Richtung angeführt werden. Gerade im pädagogischen Wir-

ken des Reichsritters wußte sich Ritter mit dem Protagonisten seiner Studie einig. Die Darstellung seines Wirkens sollte als eine Art historiographischer Beweisführung für die Notwendigkeit der Wiederringung eines starken deutschen Volks- und Nationalstaates verstanden werden.[14]

Ungeachtet der jüngeren Behauptungen eines Paradigmenwechsels zugunsten der Volksgeschichte im Nationalsozialismus blieb die von Ritter in seinem Werk vertretene Form der Politikgeschichte auch in den Jahren nach der Machtergreifung die historiographische Strömung, die inner- und außerwissenschaftlich die größte Resonanz bewirkte. Das bezeugen neben den Publikationen der deutschen Universitätshistoriker nicht zuletzt die wiederholten Klagen der eindeutig nationalsozialistisch orientierten Hochschullehrer über Fehlleistungen der Berufungspolitik in den Jahren ab 1933. Im Hinblick darauf ist eine Denkschrift des SD-Historikers Hermann Löffler von 1939 aufschlußreich, wonach in den vergangenen sechs Jahren „leider noch sehr wenig" von der Geschichtswissenschaft zu einem neuen Bilde der Vergangenheit beigetragen worden sei, was „der unerhörten inneren und äußeren Wandlung des deutschen Schicksals Rechnung" getragen habe.[15] Diesem Resultat lag die Praxis der Berufungen und Umberufungen im Nationalsozialismus zugrunde, die keineswegs eine eindeutig nationalsozialistische Ausrichtung der Geschichtswissenschaft bis 1945 bewirkte. Bemerkenswert ist in diesem Zusammenhang außerdem, daß selbst Ritter noch 1937 einen Ruf an die Universität Leipzig erhielt, den er dann allerdings ablehnte, obwohl er bereits zu diesem Zeitpunkt öffentlich als Gegner des Regimes hervorgetreten war.[16]

Der Freiburger Historiker blieb somit zwischen 1933 und November 1944 ein universitärer Historiker innerhalb einer an den Universitäten dominanten Gruppe, die weiterhin relativ unbehelligt an ihrer hergebrachten Wissenschaftsauffassung festhielt. Hiermit sind vornehmlich die Traditionen des Historismus im Kleide ihrer neorankeanischen Ausformungen gemeint, die zwar seit der Jahrhundertwende den Versuch einer Wiederanbindung an die universale Breite Rankes unternommen hatten, die dann aber dennoch die Reichsgründung unter der Führung Otto von Bismarcks und die Erhaltung des nationalen Machtstaates zum obersten Bezugspunkt ihrer Geschichtsschreibung deklarierten. Daß der Fokus auf Bismarck, der bereits in den frühen Arbeiten Ritters zu erkennen ist, in seinem Werk seit den 1920er Jahren noch mehr herausgestellt wurde, stellt insofern alles andere als einen Zufall dar.

Darüber hinaus sind jedoch weitere generationsüberwölbende politische Orientierungen in den Reihen der wilhelminischen Generation, die ihr Denken und Handeln im Nationalsozialismus bestimmt haben, überhaupt nicht zu übersehen.

Der kardinale Erfahrungseinbruch, den zumal die Frontsoldaten unter den Historikern im Ersten Weltkrieg erfahren hatten, aber auch die Ergebnisse der Pariser Friedensverträge 1919 verursachten in ihren Reihen eine historiographische Irredentaströmung, die sowohl ihre politische Publizistik als auch ihr wissenschaftliches Werk tief durchtränkte. Ereignisse wie die Niederlage 1918 und die Revolution hatten sie als nationale Traumata empfunden, was danach, kurz gesprochen, historiographische Denkblockaden auslöste, die bis in die Jahre nach der NS-Machtergreifung anhielten.[17] Für die Bestimmung des Verhältnisses der Historiker der wilhelminischen Generation zum Nationalsozialismus war letztlich maßgeblich, daß in ihren Augen die NS-Außen- und Militärpolitik der ersten Jahre das Trauma der Kriegsniederlage 1918 und deren Folgen kompensieren konnte. Es ist auffallend, in welch einem Ausmaß insbesondere die Wiedereinführung der sogenannten deutschen „Wehrhoheit" 1935 die ehemaligen Fronthistoriker für den Nationalsozialismus einnahm.[18] 1935, nicht 1933, ist in dieser Hinsicht als ein Schlüsseljahr anzusehen, weil damals die nationalkonservative Historikerschaft sich auf breiter Front dem NS-Regime näherte und gewissermaßen „selbstverpflichtete". Bezeichnend hierfür ist eine Passage aus Gerhard Ritters Kriegserinnerungen, die er im Jahre 1935 niederschrieb. Es heißt dort: „Der Krieg hat für mich erst 1915 begonnen. Das schwerste, das schrecklichste Erlebnis dabei war: alles Leiden, alle Qual, alles Sterben – es war umsonst. Mit einem Mal stimmt dieser Eindruck nicht mehr. Unsere Opfer wurden geopfert, aber diese Opfer werden auch gesehen, diese Opfer über die Maßen haben in der Welt Achtung erzeugt. [...] Jetzt erträgt man diese Erinnerungsbilder wieder. Das immerhin hat das jetzige Regime zustande gebracht."[19] Dies war keine vereinzelte Stellungnahme, sondern ähnliche Äußerungen sind von Herman Aubin, Hans Herzfeld oder auch Siegfried Kaehler bezeugt.[20]

Im Zuge seiner Annäherung an die herrschende Politik schrieb Ritter ab 1933 aber durchaus nicht Volksgeschichte im NS-Sinne. Im Gegenteil: Er verwahrte sich bereits im Januar 1934 in einer Rede unter dem Titel „Reich, Staat und Nation" dagegen, daß das Nationale „materialistisch missdeutet wird als bloß naturhaftes Erbe von Boden und Blut." Die Ambivalenz seiner Ausführungen lag zu diesem Zeitpunkt nicht in der Infiltration des Paradigmas „Volksgeschichte" oder gar in biologisch-rassischen Geschichtsanschauungen begründet, sondern darin, daß er seine politischen Vorbehalte gegenüber dem NS-Regime zeitgleich mit einer Zustimmung zu Teilen der NS-Politik verknüpfte. Jetzt könne das Dritte Reich, so führte er in der bereits genannten Rede vom Januar 1934 aus, unter der „zielbewussten staatsmännischen Leitung unserer Führer" das vollenden, was es so glückhaft begonnen habe: die innere Verschmelzung von Reich, Staat und Nation".[21] Systemkritik und Systemlegitimation neutralisierten sich in dieser und späteren Reden Ritters in den NS-Jahren nicht zum letzten Mal.

Ritters Entwicklung im Nationalsozialismus

Die angeführten Stellungnahmen Ritters aus der Frühzeit des NS-Regimes waren in entscheidendem Maße durch seine „Position im System" zu diesem Zeitpunkt bedingt. Kennzeichnend hierfür ist ein Brief vom 13. Mai 1933 an seinen Schüler Erich Hassinger, in dem er mit geradezu entwaffnender Offenheit formulierte, daß „mit der bloßen ‚jugendlichen Energie' alterprobter Desperadopolitiker und Draufgänger von 1923" kein Staat zu machen sei. Wenn diese Erkenntnis wachse – Ritter vermutete eher bald – werde der Rückgriff auf Männer, die sich ihre „innere und äußere Unabhängigkeit" bewahrt hätten, wahrscheinlich. Diese würden am ehesten aus den Kreisen der „Sachkenner und Praktiker der Verwaltung, des alten Heeres und der echten, auf Universitäten heute nicht mehr sehr häufigen wirklichen Wissenschaft" rekrutiert werden. Es müßten Auffangstellungen aufgebaut werden, um dann ein neues Deutschland aufzubauen, in dem neben den Idealen der Zucht und Ordnung auch die Ideale der Freiheit und Persönlichkeit wieder etwas gelten sollten.[22]

Die in dieser Einschätzung zum Ausdruck kommenden Illusionen sind im Umfeld der Machtergreifung von vielen Historikern geteilt worden. Ritter und die seinen wurden aber entgegen ihren eigenen Erwartungen gerade nicht gefragt, jedenfalls nicht fortwährend, sondern sie sahen sich wiederholt in ihrer Publikations- und Redefreiheit eingeengt. Insbesondere Ritter, der sich 1934/35 entschlossen zeigte, einen Angriff auf „die Pseudo-Historie des Dritten Reiches" zu führen, mußte bald einsehen, daß seine Versuche zur Verteidigung seines akademischen Lehrers Hermann Oncken gegen die Angriffe Walter Franks, aber auch seine weiteren Manifestationen zur Wahrung der Autonomie des eigenen Wissenschaftsverständnisses auf den erklärten Widerstand sowohl einer NS-Wissenschaftsbürokratie trafen als auch mit der weitreichenden Selbstgleichschaltung seiner Zunftgenossen zu kämpfen hatte. Das Scheitern seiner „offensiven Defensive für unsere Wissenschaft" kann man als ein Lehrstück über die Grenzen akademischer Opposition im NS-Herrschaftssystem deuten. 1935 sah er sich und die gesamte Geschichtswissenschaft derart abgedrängt vom Geschehen der Zeit, daß ihr nur noch die Rolle des passiven Zuschauers bleibe. In dieser Rolle erging er sich in verbit-

terter Kritik am NS-Regime, wobei sein politisches Engagement in dieser Zeit
vornehmlich durch den sogenannten badischen Kirchenstreit absorbiert wurde.[23]

Das änderte sich aber ab 1936 beträchtlich. Ritters Beurteilungen der allgemeinen außen- und innenpolitischen Lage zeichneten seit dieser Zeit wiederholt
ein positives Bild der aktuellen Entwicklungen. Dies ging u.a. darauf zurück, daß
sich seine Stellung an der Universität damals wieder günstiger entwickelte. Vor
diesem Hintergrund sah er sich spätestens ab Anfang 1937 wieder in einer „sehr
starken Stellung", und er fühlte sich nun sogar als der ausgesprochene Vertrauens-
mann des Rektorats. Außerdem provozierten ihn die vermeintlichen außenpolitischen Erfolge Hitlers zu einer allmählichen Revision seiner Einschätzung der NS-
Regierung. So ließ sich Ritter, der sowohl vor als auch nach 1933 immer wieder
den Anspruch aufstellte, nur in nüchterner Distanz zum politischen Geschehen
seine Urteile fällen zu wollen, von den bekannten Zustimmungswellen zum NS-
Regime erfassen. Während er noch im Umfeld des Tages von Potsdam in kritischer Distanz verblieben war, änderte sich seine Haltung mit der Wiedereinführung der allgemeinen Wehrpflicht, der Anschlußbewegung 1938/39 und im Gefolge der militärischen Entwicklung der ersten beiden Kriegsjahre. Die verschiedenen kritischen Andeutungen über die Politik der Gegenwart, die Ritter durchaus
auch in diesen Jahren in seine Schriften und Reden einflocht, traten nun stärker in
den Hintergrund angesichts seiner Begeisterung über den Wiederaufstieg des
Deutschen Reiches.[24]

In Übereinstimmung mit weiteren nationalkonservativen Vertretern der deutschen Geschichtswissenschaft geriet Ritter in dieser Phase letztlich in eine Reihe
selbst konstruierter Wahrnehmungsfallen. Diese gründeten, erstens, in einer ausgesprochen nationalen Grundhaltung, die in der Außenpolitik Hitlers eine Wiedergutmachung der 1918/19 auch ganz persönlich erlittenen „Schmach" erkannte.
Eine zweite Wahrnehmungsfalle resultierte aus seinen gesellschaftspolitischen
Vorstellungen, die den von den Nationalsozialisten propagierten Plänen einer
„Volksgemeinschaft" vielfach näherstanden als den Konzepten eines ungehinder-
ten Wirtschaftsliberalismus. Drittens unterlagen Ritter, aber auch andere Vertreter
seiner historiographischen Richtung deshalb einer verzerrten Wahrnehmung der
tatsächlichen Entwicklungen, weil sie die Aushöhlung der Weimarer Verfassung
schon in den Jahren vor 1933 prinzipiell befürwortet hatten. Denn ungeachtet seiner dezidierten Warnungen vor den Folgen der Durchsetzung der NS-Massenbewegung seit Mitte 1931, hatte er mit seiner Rede vom „deutschen Liberalismus"
in scharfer Abgrenzung zu westeuropäischen Ideen schon früh seinen Wunsch
nach einem autoritären Umbau der Verfassung zum Ausdruck gebracht.[25] Die

Deutschen als Bürger eines größeren Staates, so schrieb Ritter noch 1936 in seiner weithin gelesenen Biographie Friedrichs des Großen, hätten gelernt, „Opfer" an politischer Freiheit zu bringen für den „stolzen Vorzug, Angehörige einer führenden Staatsnation" zu sein. Mit solchen Bemerkungen arbeitete er den Nationalsozialisten damals geradezu in die Hände. Nicht zufällig sprach er in dieser Biographie davon, daß sich erst nach Friedrich dem Großen, ja eigentlich erst nach Bismarck der Wille zum „Volkstaat" habe durchsetzen können.[26]

Das gleiche Werk weist allerdings ebenso Beispiele für Ritters beeindruckende „Technik des indirekten Schießens" auf, ganz so wie es Hans Rothfels nach dem Zweiten Weltkrieg bezeichnet hat. Indem er die Lage Preußens unter Friedrich dem Großen schilderte, forderte Ritter etwa die „unbedingte Rechtssicherheit für jeden, auch den geringsten". Ähnliches gilt für viele seiner Schriften und Reden in dieser Zeit. Da er aber gleichzeitig die regimekritischen Passagen in seinem Friedrich-Buch mit einer Eloge auf den „eiskalten Zynismus" des Preußenkönigs verband, ergaben sich rasch immer wieder auch Deutungsprobleme für die zeitgenössischen Leser, weil ungeachtet der systemkritischen Äußerungen das Gesamtwerk in Übereinstimmung mit nationalsozialistischen Ideologemen verstanden werden konnte. Die Rede von der „Besessenheit des Willens, ohne die kein großes Machtgebilde" entstehen könne, und Ritters zeitgenössische Rechtfertigung der Machtkämpfe Friedrichs des Großen und Bismarcks blieben derart vage, daß sie sowohl vor als auch nach 1945 gegenteilige Interpretationen provozierten.[27]

Darüber hinaus muß man in diesem Zusammenhang die Wirkung von Appellen auf jüngere Studierende in Rechnung stellen, wie sie Ritter beispielsweise in einer Rede über die Geschichte des Oberrheins 1937 formuliert hat. Er steigerte sich damals zu der Feststellung: „Je vollkommener die Verschmelzung von Staat und Nation gelingt, die den eigentlichen Inhalt unserer Tage und das höchste Ziel unserer heutigen Staatsführung bildet, um so größer ist unsere Hoffnung, auch in Zukunft Freiheit, Macht und Ansehen Deutschlands zu behaupten, ja immer mehr zu steigern trotz aller Gefahren, die uns von außen her umringen". Seine politische Begrifflichkeit, die von der Schaffung einer „wahren Volksgemeinschaft" und der Überwindung der sozialen Spannungen durch die „Entmassung der Massen" sprach und die außerdem noch an einen diffus verstanden Reichsmythos anknüpfte, tat ein weiteres, um die Grenzen der von ihm gleichfalls immer wieder betonten „sittlichen Volksgemeinschaft" einzuebnen.[28]

Ähnliches gilt für sein berühmt gewordenes Kriegsbuch „Machtstaat und Utopie", das eine ganze Reihe geschickt getarnter regimekritische Passagen enthält.[29] Das Buch wurde erstmals 1940 publiziert und erfuhr danach rasch vier Auflagen.

Ab 1943 konnte es nur wegen Papiermangels nicht erneut erscheinen. Im Hinblick auf diese Veröffentlichung, von der Ritter nach dem Krieg behauptete, daß er von der ersten Auflage an konsequent das Ziel verfolgt habe, „in getarnter Form den Machiavellismus der Nazidiktatur" bloßzustellen, was von einem gebildeten Publikum auch sofort erkannt worden sei, haben einige ausländische Kritiker schon früh, also vor dem Kriegsende, auch die problematischen Seiten hervorgehoben. So ist zunächst zwar nicht zu verkennen, daß Ritter durch alle Auflagen dieses Buches hinweg primär eine wissenschaftliche Frage verfolgte: er wollte „in vergleichend-historischer Betrachtung das Wesen des modernen europäischen Staates ergründen", wobei sich in seiner Sicht Machiavellismus und Moralismus als „Grundtypen des Verhaltens gegenüber dem moralischen Problem der Macht" darstellten, die an keine bestimmte Nation gebunden seien. Er verknüpfte dies in seinem Buch mit verschiedenen, geschickt getarnten Appellen zur Wiederherstellung einer politischen Gemeinschaft auf der Basis echter Sittlichkeit und Rechtlichkeit. Der Kampf dürfe niemals zum Selbstzweck ausarten. Aber was Ritters späteren Anspruch, eine Grundsatzkritik am Amoralismus der NS-Machtpolitik formuliert zu haben, problematisch erscheinen läßt, ist sein Versuch, konkrete politische Alternativen zur herrschenden Politik aufzuzeigen. Denn sein Betreben, die Staatsbürger zur verantwortlichen Mitarbeit in der „wahren politischen Volksgemeinschaft" zu bewegen, blieb letztlich an einem anachronistischen Politikmodell aus der Zeit des deutschen Frühliberalismus um den Freiherrn vom Stein orientiert. Insofern kann nicht verwundern, daß es Ritter in „Machtstaat und Utopie" nicht primär um das Problem der Sicherung der persönlichen Freiheit, sondern vielmehr um die Sicherung einer vernünftigen Ordnung vor Gewaltsamkeit und Willkür gegangen ist sowie um die Durchsetzung einer „Staatskunst, die im Bewußtsein letzter Verantwortung für den Bestand einer echten, sittlich begründeten Volksgemeinschaft und Rechtsordnung handelt."[30]

Das Kernproblem von Ritters politischer Theorie in dieser Zeit lag darin begründet, daß sie auch noch im Zweiten Weltkrieg an seiner generationstypischen Fixierung auf den Nationalstaat und die Frage der Gewährleistung einer handlungsfähigen staatlichen Autorität fixiert blieb. Es zeigte sich an diesem Punkt, daß Ritter in seinen Axiomen und Begriffen derart von den Lebenserfahrungen zweier Weltkriege angeleitet und geprägt wurde, so daß sich, kurz gefaßt, die politische Ethik des ehemaligen Frontkämpfers vor die des Widerständlers schob. Es war daher auch kein Zufall, daß sich der Züricher Historiker Leonhard von Muralt noch 1947 darüber wunderte, daß auch in der Neubearbeitung von Ritters „Machtstaat und Utopie" aus dem gleichen Jahr nirgends vom Widerstandsrecht die Rede sei.[31] Muralt bezog sich dabei vor allem auf Ritters Verständnis vom „unaufhebbaren naturhaften Charakter des echten politischen Kampfes", den dieser in zahlreichen Wendungen noch nach dem Zweiten Weltkrieg postulierte, genauso wie er auch noch nach 1945 an dem behaupteten Gegensatz kontinentaler und insularer politischer Methoden und Ideale festhielt.

Ritters nationaler und konservativ-christlicher Widerstand gegen den Nationalsozialismus

Im Gegensatz zur weitreichenden Selbstgleichschaltung der Mehrheit der Zunft zeichnete sich Ritters aktiver Widerstand gegen den Nationalsozialismus in einem außerordentlichen Maße aus. Sein Eintreten für bedrohte jüdische Kollegen, aber auch sein Engagement für die Sache der bekennenden Kirche in Baden und im Reich ab 1933/34 zeigen ihn nicht nur als hellsichtigen Kritiker, sondern auch als einen aktiven Gegner des NS-Regimes. Die Anfänge seines aktiven Widerstandes sind in seinem unbedingten Festhalten an den Prinzipien der wissenschaftlichen Wahrheit zu suchen, die ihn 1934/35 den – allerdings erfolglos gebliebenen – Versuch zur Bildung einer Abwehrfront unternehmen ließen, um seinem von Walter Frank bedrängten akademischen Lehrer Hermann Oncken zur Hilfe zu kommen.[32] Zu diesem Zeitpunkt verstand Ritter seine Opposition allerdings noch nicht als einen umfassenden politischen Widerstand gegen das NS-System, weil er damals noch auf die Möglichkeit einer konservativen Zähmung der NS-Politik hoffte. Darüber hinaus trat in der von ihm in dieser Phase mit getragenen Kirchen- und Konfessionspolitik vor allem in Baden ein Protest zutage, der sogar Elemente des Unpolitischen verriet. Denn in den Konflikten mit den Deutschen Christen und Ritters Protest gegen deren Vorgehen trat wiederholt eine Vermischung politischer und religiöser Vorstellungen zutage, die mehr den Charakter einer innerkirchlichen Reformbewegung an den Tag legte als eine politische Systemopposition anzustreben. Der Teilerfolg des von Ritter unterstützten kirchlichen Protests verleitete ihn darüber hinaus zu einer Überschätzung von dessen Wirkung.

Ähnlich problematisch wirkt im nachhinein seine Position auf dem Züricher Historikertag 1938, auf dem er der völkischen Lutherinterpretation des Kieler Historikers Otto Scheel entgegentrat. Da Ritters eigene Luther-Betrachtungen im Vorfeld der Tagung des internationalen Historikertages nicht frei von irrationalen Zuschreibungen geblieben waren, entfachte sich der Streit zwischen ihm und Scheel zunächst über die Frage, in welchem Maße die „heroischen Menschen" dazu berechtigt seien, über Legalität und Legimitation hinwegzuschreiten. Daß Scheel unter Berufung auf Luther ein Sonderrecht für den deutschen Führer reklamierte, provozierte bereits in Zürich Ritters Protest. Aber erst im Gefolge der Kritik Walter Franks und seiner Mitstreiter gewann der Konflikt über das angebliche „reichsschädigende Verhalten" des Freiburger Historikers eine ausgesprochen politische Brisanz, die Ritter zu einem wichtigen Mitstreiter des Freiburger Widerstandes werden ließ.

In der Tat hat er sich ab Herbst 1938 an den Verhandlungen des damals gegründeten Freiburger Kreises beteiligt, womit er sich im Sinne des NS-Regimes der Mitwirkung an „hochverräterischen" Handlungen schuldig machte.[33] Das erste Ergebnis der Beratungen bildete die Denkschrift „Kirche und Welt" von Ende 1938, und Anfang 1943 wurde eine weitere, größere Denkschrift unter dem Titel „Politische Gemeinschaftsordnung" abgeschlossen. In dieser verantwortete Ritter vor allem den zweiten „Hauptteil" mit einer Reihe von „Allgemeinen Grundsätzen", in denen er seine politisch-sozialen Zielprojektionen zum Ausdruck brachte. Diesbezüglich ist zunächst bemerkenswert, daß er, durchaus vergleichbar mit seinen Reflexionen in „Machtstaat und Utopie", den konkreten Konturen einer zukünftigen politischen Verfassung eine nur untergeordnete Bedeutung beimaß. Statt neuer politischer Organisationsformen seien vielmehr Maßnahmen gegen die wiederholt beklagte „Atomisierung und Vermassung" der deutschen Gesellschaft zu ersinnen: „Die Entmassung der Massen durch wirtschaftlich-soziale und politische Aufgliederung sowie durch jede Art von personenbildender Volkserziehung" sollte aus seiner Sicht die Hauptaufgabe alles politischen-sozialen Neuaufbaus darstellen, um das politisch-soziale Chaos seiner Zeit zu überwinden.[34]

Auf welchen Idealen die weiteren Vorstellungen im einzelnen beruhten, wird vor allem aus den sogenannten „praktischen Anliegen" der Denkschrift ersichtlich. Dort fand sich an erster Stelle das von Ritter auch andernorts verfochtene Ideal einer staatlichen Autorität über den Parteien, die ihre Hauptstütze im Beamtenapparat finden sollte: Die ordentliche Staatsverwaltung, heißt es in der Denkschrift, „darf in ihrem Gang nicht gestört werden". Aus theologischen und staatsphilosophischen Erwägungen heraus wollten sich Ritter und seine Mitstreiter außerdem auf keine bestimmte Staatsform festlegen. Die parlamentarische Regierungsform schien ihnen grundsätzlich zur Lenkung der Massen ungeeignet, und die Volkssouveränität als Basis der politischen Verfassung lehnten sie explizit ab. Langfristig zielte Ritter auf den Aufbau einer „neuen Notablenschicht der politisch Einsichtigen und sittlich Zuverlässigen" ab. Auch an dieser Stelle wurde erneut die Forderung nach Herstellung einer „echten, alle Stände und Klassen umfassenden echten Volksgemeinschaft" vorgetragen, in der das „germanisch-deutsche Prinzip der freien Genossenschaftsbildung wieder zu Ehren" kommen sollte. Nicht nur an diesem Punkt zeigte sich, in welchem Ausmaß die von Ritter befürwortete Vision eines sogenannten deutschen Liberalismus in den Jahren des NS-Regimes zersetzt worden war. Die Rede von der „wahren Volksgemeinschaft", die er im übrigen auch noch nach dem Krieg fortsetzte, führte in mancher Hinsicht zu systemkonformen statt systemkritischen Passagen in der Denkschrift.

Der „Kriegseinsatz" Gerhard Ritters

Der gleiche problematische Sachverhalt spiegelt sich in Ritters Rolle als politischer Redner vor Wehrmachtsoldaten. Denn im Anschluß an die Beratungen im Freiburger Kreis nahm er an propagandistischen Aktivitäten im Zweiten Weltkrieg teil, die bislang in ihrer Breite und Substanz, aber auch ihrer Ambivalenz nicht hinreichend zur Kenntnis genommen worden sind. Ab August 1940 war er zunächst in den Kriegseinsatz der Philosophen eingebunden, was allerdings erst vierzehn Jahre später in die Publikation des ersten Bandes von „Staatskunst und Kriegshandwerk" münden sollte. Daneben beteiligte er sich im Rahmen des Kriegseinsatzes an zwei Tagungen deutscher Historiker in Nürnberg im Februar 1941 sowie in Weimar im Juli 1942. Nach dem Kriegsende wertete er seine Teilnahme an diesen Tagungen als einen Versuch, „ernsthafte Wissenschaftler mit der jungen SS-Garde Franks zusammenzubringen", was allerdings nicht „ohne qualvolle Kompromisse einzelner Redner und starken inneren Hemmungen in der Diskussion" abgegangen sei.[35]

Im Hinblick auf die Breitenwirkung war jedoch die wissenschaftliche Betreuung deutscher Soldaten im Ausland und an der Heimatfront weit bedeutender als die genannten Treffen. Die Anfänge der Wehrmachtvorträge Ritters reichen bis in das Jahr 1941 zurück, als er im Rahmen sogenannter Freiburger „Lazarettvorträge", aber auch bei der Betreuung beurlaubter Kriegsteilnehmer an der Universität Freiburg seinen Anteil zur wissenschaftlichen Unterstützung der deutschen Truppe beisteuerte. Einen Höhepunkt bildete aber erst seine Reise nach Frankreich im Sommer 1943, die ihm erstmals nach einem längeren Verbot zu Aufenthaltsreisen die Möglichkeit zu einem Grenzübertritt einräumte. Direkt im Anschluß an seine Frankreichreise schloß sich ein Aufenthalt in der Türkei an, weil nun auch das zuständige Reichswissenschaftsministerium Interesse an einer kulturpolitischen Mission des Freiburgers geäußert hatte. Ritter wurde in dieser Zeit zu einem gefragten Redner bei verschiedenen Militärdienststellen, und selbst die Partei-Kanzlei der NSDAP forderte ihn als Vortragenden an. Dem Zweck der geistig-politischen Orientierung von Militärs und Zivilisten auf den genannten Reisen diente eine Serie von sogenannten Lehrbriefen, die Ritter im Laufe des Jahres 1944 in einer Aufsatzsammlung „Lebendige Vergangenheit" zusammenführen wollte.[36]

Die Beiträge bieten eine Fülle von Belegstellen für die Ambivalenz historisch-politischer Aussagen, deren moralisches Fundament trotz der für Ritter kennzeichnenden christlich-lutherischen Überzeugung politisch fragwürdig blieb. Denn seine Ausführungen waren zum einen durchzogen von einem anhaltenden Appell zur Mäßigung des expansionistischen Krieges und zur Wiedereinführung von zumindest rudimentären Rechtsstaatprinzipien. Zum anderen aber enthalten die Texte auch Kriegspropaganda pur, teilweise sogar wüste Schmähungen, die nach 1945 die Publikation der Sammlung rasch fragwürdig erscheinen lassen mußten. So produzierte Ritter in seinem Lehrbrief über „Die Psychologie des modernen Frankreich" aus dem Jahr 1943 seine schon in den Jahren zuvor wiederholt deklamierte negative Sichtweise der Französischen Revolution, die er als die Wiege für den Totalitätsanspruch der menschlichen Vernunft betrachtete. Problematischer als diese Passagen in seiner Rede war jedoch ein politischer System-vergleich zwischen Frankreich und Deutschland, in dem sich der Redner ersichtlich von den Vorzügen des „deutschen Führerstaats" angetan zeigte.[37] Der propagandistische Charakter seiner Äußerungen tritt noch mehr hervor in seinem Beitrag über „Das Rätsel Russland" (1943), der geradezu eine konzentrierte Sammlung klassischer Rußlandbilder oder auch Phobien enthält, die in der deutschen Geschichtswissenschaft schon seit langem verbreitet waren. In Russland war für Ritter eben alles ins „Riesenhaft-Barbarische" übersetzt worden. Diese Sicht prägt den Stil und den Inhalt seines Aufsatzes. Zahlreiche Wendungen wirken dort geradezu makaber, wo Ritter die Schreckensherrschaft Peters des Großen als ein Beispiel dafür heranzog, „was Dämonie der Macht, ins Östliche übersetzt, bedeutet. Man sieht sie hier einmal ganz nackt am Werk, ohne alle Verhüllung durch humanitäre Redensarten oder Kulturzwecke". Ritter trug dies vor deutschen Soldaten im Westen Frankreichs zu einer Zeit vor, als sich die deutsche Vernichtungsmaschinerie im östlichen Europa in vollem Gang befand![38] Was hier als eine verbrämte Legitimation eines Vernichtungsfeldzuges verstanden werden konnte, enthielt jedoch auch einen Subtext, der als eine Kritik am NS-Regime gedacht war. Ähnliches gilt für fast alle weiteren Beiträge Ritters im Zweiten Weltkrieg. Dadurch aber, daß sich der Freiburger Historiker bei seinen Vorträgen 1943 auf das System einer politischen Ethik berief, die dem Machtbedürfnis des Nationalstaats den gleichwertigen Rechtsanspruch zumaß wie dem „Bedürfnis der Welt nach friedlicher Dauerordnung", behielten seine Aussagen eine irritierende Offenheit, die bereits viele zeitgenössische Leser seiner Publikationen und die Hörer seiner Ausführungen zu den gegensätzlichsten Schlußfolgerungen veranlaßten.

Wandel des methodischen und theoretischen Selbstverständnisses

In diesem Zusammenhang ist jedoch ebenso bemerkenswert, daß Ritter sich in den Jahren des Nationalsozialismus zu einer Vertiefung der theoretisch-methodischen Begründung seiner Geschichtsschreibung veranlaßt sah. Auch hierfür war die Verkettung mit den Zeitumständen maßgeblich. Ende 1935 sah er es angesichts seines Abgedrängtseins vom Geschehen als seine Aufgabe an, in scheinbarer Zeitfremdheit an den großen, die Zeit überdauernden Fragen zu arbeiten, um „der europäischen Menschheit zu einem geklärten Selbstverstehen ihrer historischen Eigenart und ihrer historischen Situation den Weg zu eröffnen". Deutlich gab er zu verstehen, daß es nun darum gehen müsse, die aktuellen und vergangenen Probleme in vergleichender Geschichtsbetrachtung zu besehen und verständlich zu machen. Hierzu diente ihm zunächst sein damals abgeschlossener erster Band der Universitätsgeschichte Heidelbergs (1936). Endgültig aber erst in seiner Antwort auf seine nationalsozialistischen Kritiker, also auf „Walter Frank und Consorten", präzisierte er 1937 sein Programm einer politischen Strukturgeschichte. In einer Rede in Jena formulierte er danach, kurz gefaßt, ein ausdrückliches Bekenntnis zur „historischen Objektivität", was seit den Angriffen Franks auf das „unschöpferische Eunuchentum" liberalistisch und objektivistisch gesinnter Historiker eine offene Kriegserklärung an seine NS-Gegner darstellte. Ritter setzte damals aber der Geschichtswissenschaft noch weitere Ziele: er strebte eine „historische Strukturanalyse der Gegenwart" an. Zur Präzisierung seiner Geschichtsauffassung forderte er, daß der Sinn des historischen Studiums „nicht so sehr in der Betrachtung der rasch wechselnden, niemals in voller Gleichförmigkeit wiederkehrenden historischen Geschehnisse und Situationen" liege, sondern daß erst der Blick auf deren „Niederschlag in den politischen, sozialen und wirtschaftlichen Institutionen und in den großen politisch-geistigen Tendenzen, den Strömungen des politischen Lebens, praktisch politischen Nutzen" gewähre.[39] Ritter wollte also, pointiert gesprochen, eine Abkehr von der reinen Ereignisgeschichte, dem öden Spezialistentum, wie er öfters gesagt hat: „Indem die wissenschaftliche Historie die Eigenart dieser Gebilde zu erfassen sucht, wird sie sich notwendig über die einzelnen Institutionen, den einzelnen Staat, die einzelne Nation erheben und zur Universalhistorie erweitern." Das konkrete Erlebnis des Zweiten Weltkriegs hat in ihm diesen Anspruch weiter vertieft, und seinen Abhandlungen über den deutschen Militarismus, die allerdings erst ab 1954 bis 1968 in vier Bänden erschienen sind, lag genau diese Konzeption zugrunde.

Neben der Forderung nach einer politischen Strukturgeschichte umfaßte die Revision von Ritters Geschichtsbild schon vor dem Ausbruch des Zweiten Weltkriegs eine eingehende Diskussion der Werturteilsproblematik historischer Forschung. Bereits bei der Aufkündigung seiner Mitarbeit an der Historischen Zeitschrift Ende 1935 hatte Ritter erklärt, daß die deutsche Geschichtswissenschaft „aus der Sphäre der Unverbindlichkeit und Relativität in die Sphäre der echten geistigen Entscheidung überführt werden" müsse. Was hier nur vorsichtig andeutend formuliert war, präzisierte er im brieflichen Verkehr mit Friedrich Meinecke, nachdem ihn dessen Buch über „Die Entstehung des Historismus" (1936) zu weitergehenden Überlegungen angeregt hatte. Gegenüber der idealistischen Position Meineckes unterstrich Ritter, daß der Geschichtsschreiber geradezu die Verpflichtung habe, seinen Glauben an die „überzeitliche Gültigkeit sittlicher Normen" in seinem Urteil über geschichtliche Probleme „rücksichtslos zur Geltung zu bringen". Das müsse sich jedoch im klaren Bewußtsein des engen Spielraums bewegen, der „menschlicher Willensfreiheit" allgemein zur Verfügung stehe. Er betonte die Notwendigkeit des historischen Werturteils im Bewußtsein seiner historischen Relativität. Die Grundlage hierfür gab ihm sein christlicher Glaube. Daraus formulierte er die Handlungsorientierung, daß nun die Zeit endgültig vorbei sei, „da es uns erlaubt war, Geschichte vor allem um der malerischen Effekte und der ästhetischen Erbauung willen zu schreiben. Wer ernstlich aus ihr lernen will, darf die entscheidenden Urteile und Meinungsäußerungen nicht scheuen".[40]

Als ausschlaggebend hierbei mußte sich jedoch erneut erweisen: Welchen Maßstab sollte der Historiker seiner Urteilsbildung zugrundelegen? Im Hinblick darauf ließ sich Ritter wiederholt nur andeutend aus, was zwar einerseits dem Problem der „Tarnsprache" geschuldet war, sich aber andererseits doch nicht darin erschöpfte. Denn der echte Historiker, so hatte er schon in Jena ausgeführt, müsse unterscheiden zwischen dem, was er als Mensch und Angehöriger eines Staates und Volkes empfinde, und was er als Wissenschaftler begreife. Es ist zwar durchaus zu erkennen, daß Ritters christlich-lutherisches Glaubens-, Welt- und Menschenverständnis ihm auch in den NS-Jahren eine Quelle zur Begründung seiner historiographischen Werturteile blieb. Daneben aber, und das sollte man ebenso nicht übersehen, stützte er sich, zumal in den Kriegsjahren, auf die Ausführungen des Kölner Philosophen Heinz Heimsoeth, der Geschichte vornehmlich „dynamisch" begriff. Es handele sich um ein Feld, „wo Geist und Abgründigkeit der Menschen sich verwirklicht, auf immer anderen, immer neuen Wegen, durch Kämpfe in unaufhebbaren Gegensätzen".[41]

Ritter fand in diesen Ausführungen eine Art historiographische Ethik begründet, in dem sich die Erfahrungen des Frontsoldaten aus dem Ersten Weltkrieg auch auf der Ebene der Werturteile widerspiegelten. Er selbst plädierte 1943 für ein Verständnis der politischen Ethik, wonach dem Lebenswillen und dem Geltungsdrang des lebendigen Staates ebenso ein Recht eingeräumt werden müsse wie dem unabweisbaren und zuletzt alles andere übertönenden Bedürfnis der Welt nach friedlicher Dauerordnung. Alles andere sei „in dieser Welt der Selbstsucht und des dämonischen Hasses undenkbar.[42] Diesen Bemerkungen lag sein naturhaftes Verständnis des politischen Machtkampfes als einer Serie unaufhebbarer Kämpfe zugrunde, obwohl Ritter, um dies nochmals zu betonen, auch im Nationalsozialismus immer wieder an die sittliche Vernunft der politisch Handelnden appellierte. Seine Rede von einer „gewissen Autonomie" und rational nicht auflösbaren Widersprüchen im Verhältnis von Macht und Recht, die in der letzten Instanz nur durch das Gewissen verantwortlich handelnder Politiker reguliert blieben, zeigt jedoch andauernd die Spuren eines politischen und ethischen Denkens auf, dessen Hauptbezugspunkt bis zum Ende des Zweiten Weltkrigs die autoritär-konstitutionelle Ordnung des Bismarkreiches abgab. Der Gegner des Nationalsozialismus geriet dadurch bedingt während der NS-Jahre wiederholt in ein Zwielicht, aus dem er sich auch durch die Erklärungen in der Nachkriegszeit nicht so recht hat befreien können. Der Appell an die nationale Solidarität über den Klassen- und Parteigegensätzen, die seinem Ziel einer „wahren Volksgemeinschaft" primär zugrunde lag, legte letztlich mit einen Grund für eine Radikalisierung älterer Vorstellungen von einem germanischen Ständestaat, in dem die von den Nationalsozialisten behauptete natürliche Ungleichheit der Menschen zur Grundlage für die Bevorzugung des „völkisches Gedeihens" gemacht wurde. Ritter wollte diesen Weg, wohlgemerkt, nicht mitbeschreiten, und er stemmte sich ab 1938 mit allen ihm zur Verfügung stehenden Mitteln gegen die NS-Politik. Es gehört aber zu den andauernden Ambivalenzen dieses nationalkonservativen Historikers, daß sein öffentliches Engagement, zumal in den Kriegsjahren, hinreichend vage formuliert blieb, um Einfallstore für zahlreiche politische Missverständnisse zu bieten.

Erst als Ritter infolge der Kriegsentwicklung die vollständige innere Zersetzung des von Bismarck geschaffenen Reiches erkannte und seine fortschreitende

Zerstörung von außen beobachten mußte, begann er, wie er es im Oktober 1944 ausdrückte, um eine „baldige totale Wendung" aller Dinge zu bitten.[43] Die Monate zwischen November 1944 und April 1945, in denen er zeitweilig im Konzentrationslager Fürstenbruck in Mecklenburg, aber vor allem als Insasse in Berliner Gefängnissen aus seinem bisherigen Lebens- und Arbeitskreis zwangsweise herausgerissen wurde, überzeugten ihn endgültig von der Notwendigkeit einer grundlegenden Umkehr in der Politik, in der deutschen Gesellschaft, aber auch in seiner eigenen Wissenschaftsdisziplin. Nach seiner Rückkehr nach Freiburg blieb vieles hiervon jedoch eine Absichtserklärung. Das ergab sich als die Folge veränderter Rahmenbedingungen, aber es war auch die Konsequenz eines historiographischen Denkens vor und nach 1945, das weiterhin tief in den Erfahrungen und Haltungen der Historikergeneration der deutschen Frontsoldaten des Ersten Weltkriegs wurzelte. Es ist zuletzt bemerkenswert, in welch einem Ausmaß Ritter seine Nachkriegskarriere auf seinem Ruf als Widerstandskämpfer gegen den Nationalsozialismus aufbauen konnte. Das begünstigte seinen Weg an die Spitze des 1949 neu begründeten Verbandes der Historiker Deutschlands, und es wies ihm eine hervorgehobene Position in der Deutung der jüngsten deutschen Geschichte zu, die innerhalb Westdeutschlands, zumal in den Kreisen eines konservativ und nationalprotestantisch gesinnten Bürgertums, bis zum Ende der 1950er Jahre eine erhebliche Resonanz erfuhr.

Anmerkungen

1   Zur frühen Analysen der Nationalsozialisten siehe vor allem Theodor Geiger: Die soziale Schichtung des deutschen Volkes. Soziographische Versuche auf statistischer Grundlage, Stuttgart 1932, S. 109–122. Maßgeblich war vor 1933 die Beachtung des „italienischen Modells". Siehe dazu beispielsweise Carl Schmitt: Wesen und Wandlungen des faschistischen Staates, in: Schmollers Jahrbuch 53 (1929), S. 107–113; Erwin von Beckerath: Wesen und Werden des faschistischen Staates, Berlin 1927; Herman Heller: Europa und der Faschismus, Berlin 1929. Zu den Hintergründen vgl. Wolfgang Schieder: Das italienische Experiment. Der Faschismus als Vorbild in der Krise der Weimarer Republik, in: Historische Zeitschrift 262 (1996), S. 73–125, hier S. 81f. Die Stimmen deutscher Historiker in der Phase der Machtergreifung analysieren Bernd Faulenbach: Die „nationale Revolution" und die deutsche Geschichte. Zum zeitgenössischen Urteil der Historiker, in: Wolfgang Michalka (Hg.): Die nationalsozialistische Machtergreifung, München 1984, S. 357–371, sowie Karen Schönwälder: Historiker und Politik. Geschichtswissenschaft im Nationalsozialismus, Frankfurt a.M. 1992, S. 20–65.

2   Bundesarchiv Koblenz (hiernach BA), Nl. Walter Goetz, N 1215/227, Brief Gerhard Ritters an Walter Goetz vom 7.10.1931. Vgl. hierzu und zum Folgenden meine Ausführungen in Chri-

stoph Cornelißen: Gerhard Ritter. Geschichtswissenschaft und Politik im 20. Jahrhundert, Düsseldorf 2001, S. 180–192.

3 Brief Gerhard Ritters an Eduard Dingeldey vom 6.2.1933, in: Gerhard Ritter: Ein politischer Historiker in seinen Briefen, hg. von Klaus Schwabe und Rolf Reichardt, Boppard am Rhein 1984, S. 256–260.

4 Gerhard Ritter: Ewiges Recht und Staatsinteresse. Eine geschichtliche Orientierung zur gegenwärtigen Lage, in: Die Tatwelt 9 (1933), S. 11–19, hier S. 19.

5 Vor allem Klaus Schwabe hat Ritter seit 1933 eine konsequente Oppositionshaltung zum Nationalsozialismus bescheinigt. Siehe dazu zuletzt Klaus Schwabe: Der Weg in die Opposition. Der Historiker Gerhard Ritter und der Freiburger Kreis, in: Eckhard John u.a. (Hg.): Die Freiburger Universität in der Zeit des Nationalsozialismus, Freiburg 1991, S. 191–205, sowie ders.: Gerhard Ritter. Wandel und Kontinuität seiner Geschichtsschreibung im Zeichen der deutschen Katastrophe (1933–1950), in: Hermann Schäfer (Hg.): Geschichte in Verantwortung. Festschrift für Hugo Ott zum 65. Geburtstag, Frankfurt a.M. 1996, S. 239–267. Siehe jetzt auch ders.: Geschichtswissenschaft als Oppositionswissenschaft im nationalsozialistischen Deutschland. Gerhard Ritter und das „Reichsinstitut für Geschichte des Neuen Deutschland", in: Jürgen Elvert/Susanne Krauß (Hg.): Historische Debatten und Kontroversen im 19. und 20. Jahrhundert, Stuttgart 2003, S. 82–95.

6 BA, Nl. Ritter, N 1166/17a, Handschriftliche Schlussvorlesung über „Der deutsche Liberalismus im 19. Jahrhundert", 22.2.1931, hier Bl. 65. Vgl. hierzu Cornelißen, Gerhard Ritter, S. 88–191. Zum allgemeinen Hintergrund der Vorstellungen von einem deutschen Liberalismus Bernd Faulenbach: Ideologie des deutschen Weges. Die deutsche Geschichte in der Historiographie zwischen Kaiserreich und Nationalsozialismus, München 1980, S. 159–162.

7 Brief Gerhard Ritters an Otto Heinrich von der Gablentz vom 25.5.1944, in: Ritter, Briefe, S. 383. Vgl. zur Genese des Volksgemeinschaftsbegriffs Gunther Mai: „Verteidigungskrieg" und Volksgemeinschaft. Staatliche Selbstbehauptung, nationale Solidarität und soziale Befreiung in Deutschland in der Zeit des Ersten Weltkriegs (1900–1925), in: Wolfgang Michalka (Hg.): Der Erste Weltkrieg. Wirkung, Wahrnehmung, Analyse, München 1994, S. 583–602, sowie die Publikation von Steffen Bruendel: Volksgemeinschaft oder Volksstaat. Die Ideen von 1914 und die Neuordnung Deutschlands im Ersten Weltkrieg, Berlin 2003, die allerdings für das vorliegende Manuskript nicht mehr ausgewertet werden konnte.

8 Dies steht im Gegensatz zu Schwabe, Geschichtswissenschaft als Oppositionswissenschaft, S. 95, der nur von „Übereinstimmungen mit dem sprachlichen Zeitstil" spricht.

9 Karl-Ferdinand Werner: Karl Ferdinand Werner: Das NS-Geschichtsbild und die deutsche Geschichtswissenschaft, Stuttgart 1967, S. 96. Zur neueren Diskussion vgl. statt eingehender Literaturhinweise den Sammelband von Winfried Schulze/Otto Gerhard Oexle (Hg.): Deutsche Historiker im Nationalsozialismus, Frankfurt a.M. 1999.

10 Vgl. Hans-Gerd Schumann: Führungsschicht und Führungsgruppen heute. Anmerkungen zu Methodologie-Problemen der deutschen „Elitologie", in: Hans Hubert Hofmann/Günther Franz (Hg.): Deutsche Führungsschichten in der Neuzeit. Eine Zwischenbilanz, Boppard 1980, S. 203–218, hier S. 210.

11 Siehe Ursula Wolf: Litteris et Patriae. Das Janusgesicht der Historie, Stuttgart 1996. S. 98f.

12 Unter 43 Neuzeithistorikern entstammten 14 den genannten Geburtsjahrgängen zwischen 1880–1895. Ein weiterer, quantitativ beträchtlicher Teil aus dieser Teilgruppe war in den Jahren zuvor geboren worden, wohingegen die Kriegsjugend- und Kriegskindergeneration des Ersten Weltkriegs eine klare Minderheit ausmachte. Siehe hierzu die Namenslisten und Zuordnungen bei Wolf: Litteris, bes. S. 411f., sowie die biographischen Angaben aus Kürschners Deutscher Gelehrten-Kalender, 1940/42, 6. Aufl. 2 Bde., Berlin 1941, sowie 7. Aufl., Berlin 1950.

13 Vgl. Christoph Cornelißen: Die Frontgeneration deutscher Historiker und der Erste Weltkrieg, in: Jost Dülffer/Gerd Krumeich (Hg.): Der verlorene Frieden. Politik und Kriegskultur nach 1918, Essen 2002, S. 311–337, hier S. 314–322.

14 Gerhard Ritter: Stein. Eine politische Biographie, Bd. 1, Stuttgart 1931, S. 5. Siehe auch seine ausführliche Darstellung der erzieherischen Absichten des Nassauer Reformprogramms, ebd., bes. S. 279, sowie Bd. 2, S. 105. In einer Gneisenau-Rede des Jahres 1932 formulierte Ritter einen ähnlichen Appell an den „unbedingten Willen der Nation zu politischer Selbstbehauptung" als dem obersten Regulativ aller wahren Nationalpolitik. Gerhard Ritter: Gneisenau und die deutsche Freiheitsidee, Tübingen 1932, S. 19.

15 Joachim Lerchenmüller: Die Geschichtswissenschaft in den Planungen des Sicherheitsdienstes der SS. Der SD-Historiker Hermann Löffler und seine Denkschrift „Entwicklung und Aufgaben der Geschichtswissenschaft in Deutschland", Bonn 2001, S. 98. Vgl. auch Wolf, S. 98.

16 Cornelißen: Gerhard Ritter, S. 159f.

17 Christoph Cornelißen: „Schuld am Weltfrieden": Politische Kommentare und Deutungsversuche deutscher Historiker zum Versailler Vertrag 1919–1933, in: Gerd Krumeich (Hg.): Versailles 1919. Ziele – Wirkung – Wahrnehmung, Essen 2001, S. 237–258.

18 Ders.: Historiker der Frontgeneration, S. 328–332.

19 BA, Nl. Ritter, N 1188/414, Kriegserlebnisse, S. 1.

20 Cornelißen: Frontgeneration, S. 330.

21 Ebd., N 1166/470, Handschriftliches Manuskript „Reich, Staat und Nation" [vom Januar 1934].

22 Universitätsarchiv Freiburg, Nl. Erich Hassinger, C 54/4, Brief Gerhard Ritters an Erich Hassinger vom 13.5.1933.

23 Vgl. Cornelißen: Gerhard Ritter, S. 342–351.

24 Cornelißen: Gerhard Ritter, S. 235–246. Zu den Zustimmungswellen für Hitler siehe Ian Kershaw: Der Hitler-Mythos. Führerkult und Volksmeinung, Stuttgart 1999, S. 151–181.

25 Zu Ritters Konzept eines „deutschen Liberalismus" vgl. Cornelißen: Gerhard Ritter, S. 188–190.

26 Gerhard Ritter: Friedrich der Große, Leipzig 1936, S. 252–269, hier S. 253f.

27 Cornelißen: Gerhard Ritter, S. 269–278.

28 Gerhard Ritter: Der Oberrhein in der deutschen Geschichte, Freiburg 1937, S. 36. Vgl. Cornelißen: Gerhard Ritter, S. 241–243.

29 Gerhard Ritter: Machtstaat und Utopie, 3. u. 4 Aufl., München 1943, bes. S. 11, 31, 33f., 117, 143 und passim.

30 Ebd., S. 189.

31 BA, Nl. Ritter, N 1166/329, Brief Leonhard von Muralt an G. Ritter vom 23.7.1947.

32 Vgl. hierzu und zum Züricher Historikertag Cornelißen: Gerhard Ritter, S. 236–240 und S. 252–261. Siehe dazu jetzt auch Schwabe: Geschichtswissenschaft als Oppositionswissenschaft, S. 90f.

33 Ebd., S. 352–369.

34 Denkschrift „Politische Gemeinschaftsordnung", in: Ritter: Briefe, S. 655–774, hier S. 703 und S. 715.

35 Vgl. Cornelißen: Gerhard Ritter, S. 299–315.

36 Zur Drucklegung und dann nicht mehr erfolgten Auslieferung der Aufsatzsammlung „Lebendige Vergangenheit" siehe ebd., S. 305f.

37 BA, N 1166/248, Ritter, Zur Psychologie des modernen Frankreich, Maschinenschriftliches Manuskript, S. 17.

38 Gerhard Ritter: Das Rätsel Russland. Geschichtliche Betrachtungen über das Verhältnis Russlands zu Europa (1943), in: ders.: Lebendige Vergangenheit. Beiträge zur historischen Selbstbesinnung, Leipzig 1944, S. 347–389, hier S. 368.

39 Gerhard Ritter: Historie und Leben. Eine Auseinandersetzung mit Nietzsche (1943), in: ders.: Lebendige Vergangenheit, S. 8–25, hier S. 17.

40 Briefe Gerhard Ritters an Friedrich Meinecke vom 7.10.1936 und vom 1.1.1940, in: Ritter: Briefe, S. 307–311 sowie S. 345–349.

41 Siehe dazu Gerhard Ritter: Leistungen, Probleme und Aufgaben der internationalen Geschichtsschreibung zur neueren Geschichte (16.–18. Jahrhundert), in: Comitato Internazionale Di Scienze Storiche X Congresso Internazionale di Sienze Storiche. Roma 4–11 Settembre 1955. Relazioni, Bd. 6: Relazioni Generali e Supplementi, Florenz o.J., S.167–330, hier S. 304, sowie Heinz Heimsoeth: Geschichtsphilosophie, in: Systematische Philosophie, hg. von Nicolai Hartmann, Stuttgart 1942, S. 563–646.

42 Gerhard Ritter:, Politische Ethik. Vom historischen Ursprung ihrer Problematik (1943), in: ders.: Lebendige Vergangenheit, S. 26–48, hier S. 47f.

43 Ritter: Briefe, Brief Gerhard Ritters an Hermann Witte vom 19.7.1944, S. 384.

Abkürzungen

AOK	Armeeoberkommando
DVP	Deutsche Volkspartei
EWZ	Einwandererzentralstelle
FGA	Feldgendarmerieabteilung
GFP	Geheime Feldpolizei
IMT	International Military Tribunal (internationaler Militärgerichtshof)
KPD	Kommunistische Partei Deutschlands
KWI	Kaiser-Wilhelm-Institut
NKWD	Narodny komissariat wnutrennich del (Volkskommissariat für innere Angelegenheiten), Vorgängerorganisation des KGB
NSB	Nationaal-Socialistische Beweging, nationalsozialistische Partei der Niederlande, gegründet 1931 unter ihrem Führer Anton Mussert
NSDAP	Nationalsozialistische Deutsche Arbeiterpartei
NSV	Nationalsozialistische Volkswohlfahrt
OKW	Oberkommando der Wehrmacht
OSS	Office of Strategic Services, Vorgängerorganisation der CIA
RIB	Reichsinspektion für die Einwohnermeldeämter
RKF	Reichskommissar für die Festigung deutschen Volkstums
RKPA	Reichskriminalpolizeiamt
RSHA	Reichssicherheitshauptamt
RuS	Rasse- und Siedlungswesen
RuSHA	Rasse- und Siedlungshauptamt
SA	Sturmabteilung
SD	Sicherheitsdienst
SiPo	Sicherheitspolizei
SS	Schutzstaffel
STO	Service du Travail Obligatoire (Arbeitspflicht)
UWZ	Umwandererzentralstelle

Zu den Autoren

Bajohr, Frank, Dr. phil., geb. 1961, Wissenschaftlicher Mitarbeiter der Forschungsstelle für Zeitgeschichte in Hamburg und Lehrbeauftragter am Historischen Seminar der Universität Hamburg; veröffentlichte u.a. Parvenüs und Profiteure. Korruption in der NS-Zeit (2001); „Unser Hotel ist judenfrei". Bäder-Antisemitismus im 19. und 20. Jahrhundert (2003).

Baruch, Marc Olivier, Dr., geb. 1957, Wissenschaftlicher Mitarbeiter am Institut d'histoire du temps présent (IHTP) Paris; veröffentlichte u.a. Servir l'État français. L'administration en France de 1940 à 1944 (1997); Das Vichy-Regime. Frankreich 1940–1944 (1999).

Cornelißen, Christoph, Dr. phil., geb. 1958, Professor für Neuere und Neueste Geschichte an der Universität Kiel; veröffentlichte u.a. Gerhard Ritter. Geschichtswissenschaft und Politik im 20. Jahrhundert (2001). (Mithg.) Erinnerungskulturen. Deutschland, Italien und Japan seit 1945 (2003).

Frijtag Drabbe Künzel, Geraldien von, Dr. phil., geb. 1965, Wissenschaftliche Mitarbeiterin am Nederlands Instituut voor Oorlogsdocumentatie, Amsterdam; veröffentlichte u.a. Het recht van de sterkste. Duitse strafrechtspleging in bezet Nederland (1999); Zum Einsatz deutscher Strafrichter in den Niederlanden und in Norwegen, in: Vierteljahrshefte für Zeitgeschichte 48 (2000).

Hartmann, Christian, Dr. phil., geb. 1959, Wissenschaftlicher Mitarbeiter am Institut für Zeitgeschichte und Lehrbeauftragter an der Universität München; veröffentlichte u.a. Halder. Generalstabschef Hitlers, 1938-1942 (1991); Massensterben oder Massenvernichtung? Sowjetische Kriegsgefangene im „Unternehmen Barbarossa". Aus dem Tagebuch eines deutschen Lagerkommandanten, in: Vierteljahrshefte für Zeitgeschichte 49 (2001).

Heinemann, Isabel, Dr. phil., geb. 1971, Wissenschaftliche Assistentin an der Universität Freiburg i. Br.; veröffentlichte u.a. „Rasse, Siedlung, deutsches Blut". Das Rasse- und Siedlungshauptamt der SS und die rassenpolitische Neuordnung Europas (2003).

Herbert, Ulrich, Dr. phil., geb. 1952, Professor für Neuere und Neueste Geschichte an der Universität Freiburg i. Br.; veröffentlichte u.a. Best. Biographische Studien über Radikalismus, Weltanschauung und Vernunft (1996); (Hg.) Wandlungsprozesse in Westdeutschland. Belastung, Integration, Liberalisierung 1945–1980 (2002).

Hirschfeld, Gerhard, Dr. phil., geb. 1946, Direktor der Bibliothek für Zeitgeschichte und Professor am Historischen Institut der Universität Stuttgart; veröffentlichte u.a. Fremdherrschaft und Kollaboration. Die Niederlande unter deutscher Besatzung 1940–1945 (1984); (Mithg.) Enzyklopädie Erster Weltkrieg (2003).

Hürter, Johannes, Dr. phil., geb. 1963, Wissenschaftlicher Mitarbeiter am Institut für Zeitgeschichte und Lehrbeauftragter an der Universität der Bundeswehr München; veröffentlichte u.a. Wilhelm Groener. Reichswehrminister am Ende der Weimarer Republik, 1928-1932 (1993); Ein deutscher General an der Ostfront. Die Briefe und Tagebücher des Gotthard Heinrici 1941/42 (2001).

Jersak, Tobias, Ph.D., geb. 1972, Wissenschaftlicher Mitarbeiter an der Universität Münster und Lehrbeauftragter an der Universität Stuttgart (bis 2003); veröffentlichte u.a. (Mithg.) Nationalsozialismus. Multimediale CD-ROM für Unterricht, Studium und Erwachsenenbildung (2003); A Matter of Foreign Policy: 'Final Solution' and 'Final Victory' in Nazi Germany, in: German History 21 (2003).

Kenkmann, Alfons, Dr. phil., geb. 1957, Professor für Didaktik der Geschichte an der Universität Leipzig; veröffentlichte u.a. (Hg.) Verfolgung und Verwaltung: die wirtschaftliche Ausplünderung der Juden und die westfälischen Finanzbehörden (1999); (Mithg.) Im Auftrag. Polizei, Verwaltung und Verantwortung (2001).

Lingen, Kerstin von, Dr. phil., geb. 1971, Wissenschaftliche Mitarbeiterin an der Universität Tübingen (bis 2003); veröffentlichte u.a. Kesselrings letzte Schlacht.

Kriegsverbrecherprozesse und Wiederbewaffnungsdebatte: Vergangenheitspolitik am Beispiel Albert Kesselrings, 1947–1960 (2004).

Romijn, Peter, Dr. phil., geb. 1955, Stellv. Direktor des Nederlands Instituut voor Oorlogsdocumentatie und Professor am Historischen Seminar der Universität Amsterdam; veröffentlichte u.a. Snel, Streng en Rechtvaardig. Politiek beleid inzake de bestraffing en reclassering van ‚foute' Nederlanders, 1945-1955 (1989); De oorlog (1940–1945), in: Geschiedenis van de joden in Nederland (1995).

Sachse, Carola, Dr. phil. habil., geb. 1951, Projektleiterin der Max-Planck-Gesellschaft zur „Geschichte der Kaiser-Wilhelm-Gesellschaft im Nationalsozialismus"; veröffentlichte u.a. Siemens, der Nationalsozialismus und die moderne Familie (1990); (Mithg.) Biowissenschaftliche Forschung an Kaiser-Wilhelm-Instituten und die Verbrechen des NS-Regimes (2000).

Sandkühler, Thomas, Dr. phil., geb. 1962, Wissenschaftlicher Assistent an der Universität Bielefeld; veröffentlichte u.a. „Endlösung" in Galizien. Der Judenmord in Ostpolen und die Rettungsinitiativen von Berthold Beitz 1941–1944 (1996); Die Täter des Holocaust: Neuere Überlegungen und Kontroversen, in: Wehrmacht und Vernichtungspolitik. Militär im nationalsozialistischen System (1999).

Wrochem, Oliver von, M.A., geb. 1968, Doktorand an der Universität der Bundeswehr Hamburg, Wissenschaftlicher Mitarbeiter am Hamburger Institut für Sozialforschung (bis 2001); veröffentlichte u.a. (Mithg.) Erinnerungskulturen im Dialog. Europäische Perspektiven auf die NS-Vergangenheit (2002); Integration und Ausgrenzung. Wehrmachtsangehörige im ersten Nachkriegsjahrzehnt der DDR, in: Hering/Nicolaysen, Lebendige Sozialgeschichte (2003).

Zimmermann, Michael, Dr. phil. habil., geb. 1951, Bildungs- und Kulturdezernat Essen und Privatdozent für Neuere und Neueste Geschichte an der Ruhr-Universität Bochum; veröffentlichte u.a. Rassenutopie und Genozid. Die nationalsozialistische „Lösung der Zigeunerfrage" (1996); (Mithg.) Sinti – Roma – Gypsies: Sprache – Geschichte – Gegenwart (2003).